PRÁTICAS DA
GESTÃO EMPRESARIAL DE ALTA PERFORMANCE
BASEADA EM PESSOAS

PRÁTICAS DA
GESTÃO EMPRESARIAL DE ALTA PERFORMANCE
BASEADA EM PESSOAS

Joamel Bruno de Mello
Marlene Ortega

 Práticas de sucesso que concretizam um sonho

FUNDADOR
VICTOR CIVITA
(1907 – 1990)

© Editora Nova Cultural Ltda. – São Paulo, Brasil – 2012
Todos os direitos reservados.
e
© Editora Alaúde – São Paulo, Brasil – 2012

Nenhuma parte desta publicação pode ser reproduzida, armazenada ou transmitida, total ou parcialmente, por quaisquer métodos ou processos sem a autorização do detentor do *copyright*.

Editora de Texto Leonice Pomponio
Capa e diagramação Mônica Maldonado
Imagem de capa Dreamstime
Ilustração de capa Silvio Gregório

ISBN 978-85-7881-147-1

Editora Nova Cultural Ltda
Av Fuad Lutfalla, 1709
02968-000 - São Paulo - SP

Alaúde Editorial Ltda.
R. Hildebrando Thomaz de Carvalho, 60
04012-120 - São Paulo - SP

Impressão e Acabamento: Prol Gráfica e Editora

Dados Internacionais de Catalogação na Publicação (CIP)
(Câmara Brasileira do Livro, SP, Brasil)

Mello, Joamel Bruno de
  Práticas de gestão empresarial de alta performance baseada em pessoas / Joamel Bruno de Mello, Marlene Ortega. – São Paulo : Alaúde Editorial : Nova Cultural, 2012.

  Bibliografia.
  ISBN 978-85-7881-147-1

  1. Administração de empresas 2. Administração de pessoal 3. Comportamento organizacional I. Ortega, Marlene. II. Título.

12-12000   CDD-658.3

Índice para catálogo Sistemático:
1. Administração de recursos humanos : Gestão empresarial 658.3
2. Recursos humanos : Gestão : Administração de empresas 658.3

Dedicamos este livro aos colaboradores e todos os parceiros de negócios que participaram da construção e do sucesso da Gestão Empresarial de Alta Performance Baseada em Pessoas (GEAP), com os quais convivemos tão harmoniosamente durante nossa jornada empresarial.

Sumário

Prefácio...1

Introdução 3

A. Estado da Arte. Pontos essenciais para perpetuar o negócio.

1. Cultura Empresarial 13
    1.1 - Credos / Ato de Fé...15
    1.2 - Visão...25
    1.3 - Missão..28
    1.4 - Valores - Mais do que Palavras..30
        1.4.1 - Ética...35
        1.4.2 - Clientes 46
        1.4.3 - Célula da Qualidade / Excelência...68
        1.4.4 - Agilidade..108
        1.4.5 - Criatividade, Ideias e Inovação..111
        1.4.6 - Lucro como Consequência...124
        1.4.7 - Paixão e Compaixão...128

2. Recursos Humanos e Seu Papel Estratégico 134

3. Liderança Baseada em Valores 170

4. Competências - Fator Atribuído (FA)..192

5. Comunicação Interna Empresarial..210

6. Sistema de Comunicação 219

B. A concretização dos métodos e de parceria

7. Modelo de Negócio - A base para o sucesso empresarial 227

8. Planejamento Estratégico - Plano de ação 247

9. Programa de Ação (pa) e Programa de Ação de Equipes (pae)........................274

10. Orçamento...284

11. Resultados...287

12. Participação nos Resultados - Partilha 304

C. Instrumentos para potencializar pessoas e resultados

13. Ferramentas..313
    13.1 - Programa de Melhoria Contínua - Genius 315
    13.2 - Diálogo com os Colaboradores - Comunicafé 329
    13.3 - Melhoria de Processos..336
    13.4 - Benchmarking - Referenciais para as Melhores Práticas............................347
    13.5 - Clube dos Pensadores 352
    13.6 - Clube do Livro / Revista...355
    13.7 - Associação dos Colaboradores 357

Epílogo e Reflexões..360

Notas...363

Anexo A - Palestras Sobre Temas Essenciais de Gestão 371

Anexo B - Código de Ética da Amesp Sistema de Saúde 381

Anexo C - Excelentes Exemplos de Filosofias Empresariais.......................388

Bibliografia..395

Prefácio

Há mais de 50 anos têm sido publicados livros sobre a melhor forma de gerir empresas. Alguns autobiográficos, outros histórias de empresas de sucesso, mas todos sugerindo ao leitor como administrar uma empresa para atingir o sucesso.

O tema da importância do engajamento de todos os funcionários e executivos também tem sido explorado. Alguns autores são mais egocêntricos, outros mais didáticos.

Neste livro, sem alarde nem pretensão, os autores abordam de forma simples, simpática e convincente a importância da filosofia e da cultura de uma empresa, a sequência lógica da missão e seus valores, e como estes se encaixam com perfeição.

Os escritores fazem referências a mais de setenta outros livros de gestão de autores nacionais e internacionais, ressaltando a importância primordial da comunicação formal e informal. A produtividade e a competência são tratadas com eficácia e entrelaçadas com a missão e a visão dos negócios.

A sequência dos capítulos é perfeita. Cada um foi escrito de maneira que pode ser lido independentemente, sem perder sua força e importância.

O subconsciente do leitor fica impregnado com os elos que unem uma equipe profissional participativa, motivada, combativa, que hastea e segue o estandarte da empresa.

Os anexos elucidativos, notas esclarecedoras e uma bibliografia riquíssima não deixam dúvidas de como os executivos que comandam uma empresa precisam agir.

São líderes servindo, orientando e motivando seu quadro de colaboradores para cumprir a missão com ética, criatividade, qualidade e lucratividade, assim se formando e se propagando no futuro.

Richard Civita

Introdução

Nossa experiência em escrever não tornou mais fácil a missão de construir e desenvolver este livro baseado em um modelo de gestão empresarial de sucesso, que pode ser aplicado a qualquer ramo de negócio e a qualquer porte de empresa.

Para um escritor é essencial ter a capacidade de olhar uma frase, parágrafo ou até uma página e identificar o que pode ser supérfluo, o que merece ser alterado, revisto, expandido ou cortado. Esperamos corresponder neste quesito.

Sabemos que não basta ter uma boa história para contar. O "X" da questão é o modo como é contada, que acaba convencendo ou não o leitor. O ideal é um texto que seja lido com prazer, pelo fato de ser consistente, inteligente e criativo.

A área da gestão é ainda considerada uma verdadeira "pedreira", e assim nosso desafio foi procurar elaborar uma redação didática e leve, que permita enriquecer as ações práticas no dia a dia das empresas.

Neste admirável mundo novo caracterizado pela complexidade, diversidade, velocidade, ansiedade e competitividade, as empresas são núcleos em torno dos quais as pessoas centram e organizam suas vidas. Nesses locais, elas se desenvolvem e participam para, de alguma maneira, contribuir com uma sociedade onde possam viver bem e felizes. As empresas com foco em pessoas e no bem comum são respeitadas e deixam suas marcas no planeta[1].

A gestão dessas empresas é rotulada como humanística,[2,3] e temos certeza de que a Gestão de Alta Performance Baseada em Pessoas (GEAP) que descrevemos pode ser enquadrada neste conceito.

Em cada capítulo deste livro fazemos uma pequena revisão da matéria correspondente, evidenciando o que mais nos sensibiliza, sem entretanto aprofundá-la demais, pois o leitor, se assim desejar, poderá facilmente pesquisar sobre o tema. Diferentemente de outros livros, vamos trazer nossa experiência em gestão – com a GEAP em particular –, colocando ênfase nas recomendações e práticas de como implantá-la.

Para ilustrar alguns exemplos, usamos descrições de casos conhecidos e publicados, assim como livros e artigos de autores nacionais. No entanto, as citações de casos e autores estrangeiros enriquecem e contribuem para a consistência do conteúdo de qualquer livro.

Se consultarmos o dicionário sobre o significado das palavras administração e gestão, veremos que elas se confundem. Mas será que são realmente semelhantes? Não são. A administração atua com as disciplinas de recursos humanos, economia, comercial, comunicação, marketing, etc., praticamente estanques. Na gestão, as disciplinas estão fortemente entrelaçadas, como um amálgama ou tecido conjuntivo, podendo haver a liderança de uma delas. Talvez por isso encontramos publicadas as terminologias de gestão de pessoas, gestão de comunicação, gestão de finanças, gestão de clientes, gestão de inovação, gestão de resultados, etc.

A moda desde meados do século passado é não mais dizer que está administrando, mas sim que está fazendo gestão. De qualquer maneira, para início de conversa, hoje sabemos que não são a mesma coisa.

Enquanto a administração das empresas continua com a influência dos conceitos da era industrial, a gestão, embora mostrando evoluções inequívocas, na verdade, ainda tem muito a avançar e então criar vantagens competitivas poderosas. Os empresários em geral, muito tradicionais, sentem-se confortáveis em fazer o mesmo que empresas do início do século passado fizeram com sucesso. Essa espécie de mimetismo empresarial nos coloca frente a uma sociedade de empresas similares, com pessoas de formação e ideias similares, que produzem coisas similares por preço e qualidade similares. Entretanto, o mundo se globalizou, a concorrência aumentou e a tecnologia está aí para todos. Consequentemente, hoje a propalada gestão deve ser eficaz e eficiente, conciliando liberdade com disciplina, senso de missão com foco em resultados, igualdade de oportunidades com meritocracia e transparência com confiança, levando a resultados positivos e sucesso.

A Gestão de Alta Performance da qual tratamos, engloba ciência que é representada pela sua objetividade, usando métodos,

INTRODUÇÃO

técnicas, normas, processos, indicadores, comparações e análise de resultados.

Agora, caro leitor, espere um momento, porque a gestão tão decantada como uma das maiores inovações do século passado, não é só ciência, mas também é arte. Aliás, como mera analogia, a medicina acumula a ciência, basicamente iniciada em meados do século XIX e a arte que ainda hoje passa de mãos em mãos na sequência de gerações[5,6].

Na GEAP, o foco arte é reconhecido na manifestação da criatividade, comunicação, liderança, comportamento, motivação e satisfação das pessoas envolvidas, o que a leva para o campo subjetivo. Pode-se dizer que a gestão, na sua amplitude, é uma disciplina que torna produtivos os saberes de vários campos do conhecimento e que seu foco é a obtenção de resultados superiores e, naturalmente o sucesso[7].

É importante que o leitor não pense que escrevemos sobre algo muito complexo como a Teoria dos Jogos e do Comportamento Econômico, mais conhecida como Teoria dos Jogos, que ganhou prêmios Nobel em 1994 e 2005. Nem tampouco tratamos de algo semelhante à missão Apollo, que acabou levando o homem à Lua, ou do robô Spirit, que transmitiu as principais imagens de Marte. Escrevemos sobre um novo foco de gestão, é verdade, mas com os pés na Terra.

Há inúmeros sistemas de gestão aplicados em diferentes empresas e alguns descritos na literatura. Com sucesso? Nem sempre. Tanto assim que algumas companhias naufragam ou simplesmente giram e giram e não saem do lugar.

A Gestão de Alta Performance Baseada em Pessoas (GEAP) que o leitor encontrará nas páginas deste livro, foi construída no decorrer de 45 anos e é resultado da soma de várias experiências vividas, além da incorporação de conhecimentos valiosos obtidos de diversas fontes, como as destacadas a seguir:

- Leituras de mais de duas centenas de livros e milhares de artigos sobre gestão presentes em nossa biblioteca.
- Visitas e conhecimento da gestão de empresas especiais, entre elas: Abril, SENAI, SESI, Osec-Unisa e Universidade de São Paulo.
- Palestras sobre temas de gestão realizadas no Caldeirão do Conhecimento e na Universo Qualidade. Esta última

especializada em realizar eventos de rico conteúdo, apresentando líderes de empresas renomadas (ver anexo A, na pág. 371).

- Palestras quando da organização de congressos e eventos na área da saúde.
- Exercício do sistema ISO e conquista das certificações ISO 9000 e ISO 14000.
- Exercício do sistema ONA (Organização Nacional de Acreditação) e conquista da certificação.
- Participação em congressos nacionais e internacionais de recursos humanos (Espanha, Inglaterra, Itália, Grécia, México, Argentina, Estados Unidos).
- Conhecimento de sistemas de gestão considerados especiais, como o *balanced scorecard*, expostos por consultores contratados.
- Práticas do sistema de gestão da D&F Consultoria Empresarial, aplicadas em vários ramos de negócio e baseadas na Tecnologia Empresarial Odebrecht (TEO).

Com nossa formação educadora e com foco humanístico baseado em pessoas, a GEAP foi construída em uma empresa operadora de saúde – Amesp Sistema de Saúde –, suas unidades de negócio – hospitais Jaraguá, Itacolamy, Itatiaia, Iguatemi e laboratório de análises clínicas (Novolab).

Esse sistema de gestão nos últimos quatro anos de exercício, teve como resultado o número de associados quintuplicado, faturamento multiplicado por seis e, mais importante, proporcionou uma grande e profunda união e respeito entre os colaboradores que verbalizam sentirem-se parte de uma grande família.

Alguns importantes enfoques para as empresas não estão contemplados nesse modelo de gestão, tais como: tecnologia da informação (TI), marketing, design, finanças, vendas, custos, negociação, entre outros. Obviamente, cada qual a seu momento, deve ser integrado ao esqueleto que julgamos fundamental para contribuir e dar forma e vida à gestão da empresa.

A tecnologia da informação (TI), em particular, merece destacado investimento em todos os setores de negócios. Grandes empresas como bancos, operadores de telefonia, empresas de logística, construtoras, varejistas, entre outras, informam que na crise ou na bonança os projetos de TI são executados.

Introdução

A razão para manter ou aumentar o ritmo dos investimentos em TI pode variar de empresa para empresa. Um dos pontos em comum é que muitos projetos são de longo prazo e estão diretamente ligados ao negócio central da companhia. Através da TI procura-se diminuir despesas, reduzir gastos operacionais, ganhar eficiência e aumentar a produtividade. Na verdade, é o velho jargão de fazer mais com menos.

Desse modo, toda empresa de qualquer porte deve investir desde o início em tecnologia da informação adequada ao seu negócio e necessidade, o que certamente trará retornos muitas vezes acima do esperado.

Dessa maneira, a GEAP também deve ser informatizada para ganhar eficiência e eficácia, e levar a resultados mais precisos e certamente mais rápidos.

Na verdade, o que pretendemos passar aos leitores é que tudo o que descrevemos é perfeitamente realizável por qualquer empresário/empreendedor, de qualquer área, que queira ser bem- sucedido, ousado, não se acomode e tenha um sonho que possa ser pactuado com colaboradores e clientes.

O brasileiro, ano após ano, está colocado nos primeiros lugares do ranking de empreendedorismo, mas nem todos têm o preparo necessário para gerir seu negócio, quer seja por falha educacional ou por uma série de outras condições, como por exemplo: baixa oferta de crédito, tributos exagerados e muita burocracia para as empresas. Consequentemente, segundo o IBGE e o SEBRAE (SP), grande número de empresas no Brasil fecha após um ano de vida, acontecendo o mesmo em outros países, inclusive nos Estados Unidos.

Incubadoras de empresas garantem vida mais longa às empresas recém-nascidas, pois são locais onde estas recebem auxílios básicos, como capacitação gerencial e assessoria jurídica, até se tornarem fortes o bastante para enfrentarem sozinhas o mercado. Segundo o SEBRAE, microempresas vindas de incubadoras, chamadas graduadas, crescem em um ritmo mais acelerado por receberem a informação necessária para fazer de uma boa ideia um bom negócio com capacidade para se desenvolver.

Mesmo com essas dificuldades reais, acreditamos que quer seja na sua forma completa ou não, o sistema de gestão (GEAP) poderá favorecer qualquer empresa, mesmo aquelas relatadas pequenas, pois se aplica a negócios de maneira geral.

A ORGANIZAÇÃO DO LIVRO

Com a intenção ou pretensão de sermos didatas, organizamos o livro em três partes. A primeira delas com matérias nas quais se considera predominantemente a arte. Entram nesta parte, capítulos relativos à Cultura, Crença e Ato de Fé e, oportunamente, apresentamos sete dos nove valores que exercitamos: Ética, Cliente, Qualidade/Excelência, Agilidade, Inovação, Lucro como Consequência, Paixão e Compaixão. Além destes, o leitor encontrará mais dois valores essenciais para o crescimento das empresas e ter sucesso: Educação e Formação de Pessoas e Respeito às Pessoas, no capítulo de Patrimônio Humano.

A Qualidade, com o tempo, passou a receber grande contribuição da ciência/metodologia, mas ainda assim a mantivemos na primeira parte em respeito aos seus primórdios.

Ainda na primeira parte, está contemplado o capítulo sobre Recursos Humanos (RH), que passamos a chamar de Patrimônio Humano (PH), que é a área guardiã desse sistema de gestão. Mais capítulos desta parte terão foco na Liderança, Competências, Sistema de Comunicação e Comunicação Empresarial.

Na segunda parte, estão as matérias nas quais predomina a metodologia. Nela o leitor encontrará os capítulos do Modelo de Negócio, Planejamento Estratégico e Plano de Ação, Programa de Ação e Programa de Ação de Equipes, Orçamento, Resultados e Remuneração e Participação nos Resultados.

Na terceira parte, destacamos importantes ferramentas usadas para complementar este processo da GEAP:

- Melhoria Contínua - Genius.
- Diálogo com os Colaboradores - Comunicafé.
- Gerenciamento de Melhoria de Processos – Siga.
- Benchmarking.
- Clube dos Pensadores.
- Clube do Livro/Revistas.
- Associação dos colaboradores.

Introdução

Para as empresas que estão iniciando seu conhecimento nesta disciplina – gestão –, sugerimos criar um roteiro e caminhar disciplinadamente pela prática dos vários enfoques.

Aqueles que já exercitam a gestão podem aplicar nossas sugestões no que porventura ainda falta.

Através da GEAP, esperamos passar uma visão clara para que o leitor entenda como obter resultados extraordinários com pessoas comuns e, assim, multiplicar com excelência as realizações humanas[8]. Este é apenas um original e bom modelo de gestão? Talvez seja, mas a maneira como propomos desenvolver a trama dessa gestão de negócios, mostrando práticas do dia a dia, cremos fazer toda a diferença. Por nossa experiência, podemos afirmar que há total condição de aplicar com sucesso a matéria aqui descrita.

Observe, porém, que enquanto alguns só pensam em números, nós pensamos também nas pessoas, pois são elas que realizam os números. Não acreditamos em pessoas apenas competentes. Elas têm que ser do bem e parceiras, o que com certeza contagia e leva uma empresa a fazer o que parecia ser impossível.

Caro leitor, você está convencido? Se não estiver totalmente, medite e reflita o quanto é bom ter resultados econômicos, viver num clima de confiança, respeito, desenvolvimento de todas as pessoas participantes da empresa e deixar um legado ocupando um espaço que nos foi dado ou que conquistamos neste período muito curto de vida diante da imensidão da eternidade.

A. ESTADO DA ARTE.
   PONTOS ESSENCIAIS
   PARA PERPETUAR O NEGÓCIO.

1. Cultura Empresarial

*A confiança no homem e nos destinos da espécie
é o fundamento das concepções filosóficas.*
Norberto Odebrecht

Conceito, ação e coração é vida.
Betânia Tanure

Como acontece em alguns outros capítulos, neste – Cultura Empresarial – encontramos na literatura uma série de palavras e termos que julgamos merecer esclarecimentos e definições, para que o leitor possa situar-se melhor no campo do conhecimento.

A cultura empresarial emana da filosofia das pessoas que fundaram a empresa e/ou a lideram nos seus aspectos relevantes. Essa cultura pode ser definida como o conjunto de padrões de comportamento, conhecimentos e costumes que distingue a empresa e a caracteriza, tornando-a singular[1].

Segundo Platão[2], a filosofia é o uso do saber em proveito do homem. Também pode ser descrita como a maneira na qual o ser humano busca compreender a si mesmo e a realidade circundante.

Esse foco empresarial é comunicado ao público em geral por meio de declarações e/ou enunciados com o rótulo de objetivo, credo ou ato de fé, nos quais são expressas a visão, missão, valores, máximas e pensamentos.

Credo é um conjunto de princípios, normas, preceitos e crenças pelos quais se pauta uma instituição. Fé significa, em sua essência, confiança absoluta e compromisso assumido a uma causa ou crença. Dentro desse foco, certamente, é conhecida a frase: "Bem aventurados os que creem sem terem visto"[3]. A fé revoluciona a empresa e enche os colaboradores de confiança.

Definir e construir esses enfoques não é fácil e leva tempo. No entanto, é muito importante, pois em algumas organizações criam uma nítida vantagem competitiva sustentável.

Uma cultura cuidadosamente explicitada à sociedade em geral, pode ajudar uma organização na sua trajetória, ao declarar o que é e o que não é importante na vida não só cotidiana do trabalho, mas também no ambiente social.

Ela tem que ser coerente e tão nobre que ninguém possa se opor. Não precisa ser longa e também não deve ser complexa.

Somente dentro do ambiente da maior liberdade, transparência, cooperação e confiança é que uma declaração colocada em um pedaço de papel tem vida.

Rotulamos a Gestão de Alta Performance (GEAP) que iremos discorrer neste livro de humanística,[4,5] pois além do acentuado foco em pessoas, visa o bem comum e contribui para o desenho de uma sociedade empresarial plana, participativa, baseada em valores coletivos e, consequentemente, energizada. Esse tipo de gestão naturalmente depende de inúmeros fatores. No entanto, um dos mais importantes, além de ser um dos pilares, é a cultura empresarial, que é um verdadeiro e grande capital intangível[6].

Uma vez explicitada, a Cultura Empresarial será apresentada sob a forma dos seguintes subcapítulos:

1.1 Credos/Ato de Fé.

1.2 Visão.

1.3 Missão.

1.4 Valores.

1.4.1 Ética.

1.4.2. Clientes.

1.4.3. Qualidade/Excelência.

1.4.4. Agilidade.

1.4.5. Criatividade, Ideias e Inovação.

1.4.6. Lucro como Consequência.

1.4.7. Paixão e Compaixão.

1.1 - Credos / Ato de Fé

*A fé supera a razão, mas não pode haver
oposição entre elas.*
Tomás de Aquino

*Se tiver fé serei capaz de fazê-lo, adquirirei certamente
a capacidade de realizá-lo, mesmo se não a possuía ao começar.*
Mahatma Gandhi

Como exemplo de credos, filosofias, objetivos e atos de fé que expressam culturas de empresas nacionais que tivemos oportunidade de conhecer, vivenciar ou pesquisar, podemos destacar as seguintes: Natura, American Express do Brasil, Grupo Abril, Gerdau, Suzano Papel e Celulose, CPFL Energia, Grupo Promon, Odebrecht Internacional, Amesp Sistema de Saúde (ver anexo C, na pág. 386).

Na empresa referência – Amesp Sistema de Saúde - o Credo, denominado Ato de Fé, foi construído no decorrer de sua existência e praticado em todos os momentos.

A finalidade foi posicionar a empresa no mercado, em seu segmento de atuação e comprometê-la com a sociedade, colaboradores, prestadores de serviços e clientes.

Preferimos usar o termo Ato de Fé para expor nossa cultura, visto que a fé significa confiança absoluta e compromisso assumido a uma causa e/ou crença que leva às pessoas confiança, energizando a empresa.[1,2]

Iniciamos o Ato de Fé com palavras de patriotismo. É importante, principalmente em nossos dias, dar um caráter de cidadania e amor ao nosso país por todos os motivos conhecidos. Além da frase por nós usada, se o leitor quiser incluir este foco no Credo de sua empresa, poderá inspirar-se nos hinos e símbolos nacionais e até nos versos excepcionalmente criados por Vinícius de Moraes[3].

Como referimos anteriormente, incluímos na crença da empresa alguns pensamentos, reflexões e enfoques que refletem o jeito de ser e como a empresa quer ser reconhecida.

O item Pensamento, composto de três parágrafos, foi extraído do livro *Falar com Deus*[4]. Evidencia-se nele compaixão, respeito e comprometimento com as pessoas.

A máxima agir com paixão, sendo uma proposição maior, foi elaborada para enfatizar, comprometer e energizar as pessoas e consequentemente a empresa. Outra possibilidade é abordá-la na forma composta. Compaixão reflete a intenção de valorizar a solidariedade. Paixão e Compaixão são explicitadas no subcapítulo 1.4.7.

Mudanças no credo

Isto não é o fim. Nem mesmo é o começo do fim.
Mas talvez seja o fim do começo.
Winston S. Churchill

Se você realmente quer entender alguma coisa,
tente mudá-la.
Kurt Lewin

A visão, missão e os valores de uma organização podem mudar, mas em sua essência normalmente devem se manter intactos.

O que mais ocorre em empresas que seguem com disciplina seu credo são debates frequentes que estimulam seu entendimento.

O credo mais conhecido e divulgado mundialmente parece ainda ser o da Johnson & Johnson[5], originalmente escrito pelo General Robert Wood Johnson em 1943, no qual são apresentadas as responsabilidades da companhia primeiramente para com os médicos, enfermeiras e pacientes, para com as mães e pais e todos aqueles que utilizam o produto. Em seguida descreve a responsabilidade com os empregados, com a comunidade e, finalmente, com os acionistas.

Nosso credo – Johnson & Johnson

Cremos que nossa primeira responsabilidade é para com os médicos, enfermeiras e pacientes, mães, pais e todos os demais que usam nossos produtos e serviços. Para atender suas necessidades, tudo o que fizermos deve ser de alta qualidade.

Devemos constantemente nos esforçar para reduzir nossos custos, a fim de manter preços razoáveis.

Os pedidos de nossos clientes devem ser pronta e corretamente atendidos. Nossos fornecedores e distribuidores devem ter a oportunidade de auferir um lucro justo.

Somos responsáveis para com nossos empregados, homens e mulheres que conosco trabalham em todo o mundo. Cada um deve ser considerado em sua individualidade.

Devemos ter em mente maneiras de ajudar nossos empregados a atender as suas responsabilidades familiares.

Os empregados devem sentir-se livres para fazer sugestões e reclamações.

Deve haver igual oportunidade de emprego, desenvolvimento e progresso para os qualificados. Devemos ter uma administração competente, e suas ações devem ser justas e éticas.

Somos responsáveis perante as comunidades nas quais vivemos e trabalhamos, bem como perante a comunidade mundial.

Devemos ser bons cidadãos, apoiar boas obras sociais e de caridade e arcar com a nossa justa parcela de impostos.

Devemos encorajar o desenvolvimento, o civismo e a melhoria da saúde e da educação.

Devemos manter em boa ordem as propriedades que temos o privilégio de usar, protegendo o meio ambiente e os recursos naturais.

Nossa responsabilidade final é para com os nossos acionistas. Os negócios devem proporcionar lucros adequados.

Devemos experimentar novas ideias. Pesquisas devem ser levadas avante, programas inovadores desenvolvidos e os erros reparados.

Novos equipamentos devem ser adquiridos, novas fábricas construídas e novos produtos lançados.

Reservas devem ser criadas para enfrentar tempos adversos. Ao operarmos de acordo com esses princípios, os acionistas devem receber justa recompensa.

A Johnson & Johnson realiza periodicamente sessões de reavaliação e questionamento de seu credo. O resultado disso é a consolidação dos valores corporativos com o passar do tempo, com base no debate de centenas de gerentes-chaves que participam do que eles denominam de "sessões de desafio". Grande parte do benefício desses debates vem do engajamento das pessoas e promove, sobretudo, o entendimento de como os valores devem ser aplicados.

O exemplo de posicionamento da Johnson & Johnson deixa claro que o maior respeito por um credo, por mais forte que ele seja entre todos, é a determinação de analisá-lo a qualquer tempo. E a lição mais fácil de aprender é que ideologia, credo, filosofia e valores podem sim mudar em determinadas e importantes circunstâncias, mas não voluvelmente.

A General Eletric[6], nos Estados Unidos, durante décadas produziu produtos elétricos até muito simples. Os líderes da GE queriam exercer controles rígidos sobre as pessoas em todos os negócios onde atuavam. Portanto, havia um staff central forte que determinava desde a escala uniforme de remuneração por todas as centenas de operações da GE até a regra rígida direcionada aos líderes de negócios, que eram obrigados a recorrer à sede a fim de solicitar permissão para resolver os problemas mais simples. E havia uma miríade de outras ferramentas para controlar o comportamento em uma empresa com tal diversidade. Culturalmente, a empresa procurava por "gente GE", fortemente adaptada ao seu sistema burocrático. O objetivo maior era ter o orgulho de manter uma máquina bem ajustada operando com previsibilidade. Quando Jack Welch assumiu o posto de CEO, ele tinha ideias diferentes, baseadas em um ponto de vista educativo próprio. Para ele, as décadas de 1980 e 1990 seriam épocas brutalmente competitivas. Considerava a ideia da GE, de ser uma empresa de eletricidade em geral, como um desperdício colossal do capital do acionista e da energia da administração. Ele queria uma empresa adequada às severas condições de mercado, para vencer, sendo a melhor e a mais brilhante. Começou assim a mudar o foco da GE.

Também sabia que para vencer, as operações da GE teriam de se livrar da centralização burocrática que as tornava previsíveis, mas glacialmente lentas. Eliminou assim muitos controles do sistema anterior, como as escalas uniformes de remuneração e a máfia financeira. Eliminou quase todo o staff de planejamento estratégico corporativo da GE, composto de mais de cem pessoas. No lugar, instituiu um sistema de diálogo aberto entre ele e seus treze líderes de negócios globais. Essas pessoas deveriam apresentar suas estratégias de forma honesta e objetiva, e Welch debateria. Juntos iriam definir as respostas.

Noel M. Tichy, professor da University of Michigan Business School, trabalhou com Jack Welch durante a revolução da GE, dirigindo e modernizando o instituto de desenvolvimento gerencial da empresa, em Crotonville, New York. Tichy, em seu livro *O motor da Liderança*[5], tece as seguintes considerações: "Quando Jack Welch assumiu a GE, havia um conjunto bastante arraigado de ideias e de valores que se complementavam. A ideia de negócio da GE era estar em todos os mercados que pudesse, independentemente de seu desempenho nesse negócio ou seu potencial de lucro. A GE estava atrás de amplitude e uniformidade, e os valores de toda a empresa estavam alinhados a essa ideia. De um modo geral, as pessoas valorizavam a estabilidade. Defendiam e preservavam um complicado sistema burocrático. Poder e controle eram muito importantes. Quanto maior o escritório, mais poder e status a pessoa tinha. Isso determinava seu comportamento".

Para podermos comparar o antes e o depois da entrada de Jack Welch como CEO da GE, relacionamos os antigos valores:

* Respeito pela autoridade.
* Cumprimento estrito dos procedimentos.
* Elaboração de orçamentos conservadores que seguramente serão atingidos.
* Abordagem de negócio metódica.
* Não à perturbação da estabilidade.

Quando Welch assumiu, suas novas premissas exigiam nova filosofia e valores. Ele enxergava a competição mundial como agressiva demais para poder continuar em todos os negócios onde a GE não fosse competitiva. Queria que a GE fosse a nº 1 ou nº 2 em cada setor em que atuasse. Caso contrário, deveria recuperar, fechar ou vender esse negócio. Isso significava que a GE tinha de abandonar valores que varriam os conflitos para "debaixo do tapete" e substituí-los por outros que a levassem a se confrontar abertamente com a realidade e decidir como responder. Welch entendeu que velocidade era a chave para o sucesso e, portanto, decidiu acabar com os controles burocráticos. Para a nova "gente GE", isso significaria valorizar a autonomia e ter mais iniciativa.

Na nova GE, Jack Welch desenvolveu ideias e valores de forma diferente. Começou com ideias e depois deu forma a um conjunto de valores. Empresas formais e inchadas como a GE não conseguiriam competir nesse ambiente hostil, disse ele em 1981, bem antes de isso se tornar uma afirmação da moda. Com essas ideias, ele começou a definir um conjunto de valores organizacionais. Welch iniciou com a agilidade. Os empregados da GE seriam aqueles que iriam querer realizar coisas cada vez mais rapidamente. A maneira de ganhar agilidade seria através da simplicidade. Depois voltou-se para a autoconfiança. Welch queria empregados que fossem autoconfiantes o suficiente para deixar os outros realizar seu trabalho e que se concentrassem apenas nas tarefas importantes e não construíssem burocracia para controlar gente. Finalmente, em meados dos anos 1980, ele introduziu o conceito "sem fronteiras". "Sem fronteiras" significa que as pessoas devem valorizar a formação de equipes para fazer as coisas acontecer portando-se de modo flexível e atentas em satisfazer os clientes e não as exigências internas.

Dessa maneira, foram criados os novos valores da GE:

- **Agilidade:** gostar de ser mais rápido que os outros.
- **Simplicidade:** procurar pela resposta certa e não pela complicada.
- **Autoconfiança:** ser honesto sobre a realidade competitiva e ter confiança para tentar coisas novas, mesmo que possa falhar.
- **Elasticidade:** lutar por coisas difíceis de serem alcançadas; caso contrário, nunca se saberá até onde ir.
- **Sem fronteiras:** ter paixão por eliminar fronteiras, formando equipes para satisfazer clientes.

Na verdade, Jack Welch fez o que Peter Drucker também recomendava – leia-se em *Administrando em Tempos de Grandes Mudanças*[7]. Escreve Peter: "caso as hipóteses sobre as quais a organização foi construída e está sendo dirigida não mais se encaixem com a realidade, é preciso mudar. E o que muda é a teoria do negócio, que precisa ser clara, consistente, focalizada e extraordinariamente poderosa. Uma teoria do negócio tem três partes. Primeiro, hipóteses a respeito do ambiente da organização, da sociedade, mercado e cliente. Segundo, hipóteses a respeito da missão específica da organização. Terceiro, hipóteses a respeito das competências essenciais necessárias à realização da missão". Sobre essa matéria de Drucker, o leitor pode ter mais detalhes no capítulo 7 deste livro.

Aqui no Brasil temos como exemplo a considerar sobre alterações nos valores de empresas a Abril, a Amesp Sistema de Saúde e a subsidiária brasileira da alemã Boehringer Ingelheim. Cada uma por razões diversas. Tanure[8] traz contribuições relevantes sobre a matéria.

José Wilson Armani Paschoal[9], ex-vice-presidente de Recursos Humanos e Desenvolvimento Organizacional da Abril, escreveu o livro *A Arte de Gerir Pessoas em Ambientes Criativos*. Conta o autor que, com o crescimento, a Abril, fundada no início da década de 1950 por Victor Civita, chegou a ter 11000 colaboradores e se transformou em pouco tempo em um império.

Um império sustentado pelo sólido alicerce da integridade e da ética, que era para o negócio de mídia uma vantagem competitiva inigualável.

Na empresa, segundo Paschoal, havia dois mundos distintos que separavam os profissionais da área comercial, publicidade, circulação, administração, financeiro e operações do pessoal do editorial, conteúdo jornalístico, educacional e de entretenimento. Eles próprios se reconheciam em diferentes mundos, também autodenominados respectivamente de *Estado* e *Igreja*.

Sempre determinada a crescer, a aumentar seu raio de ação, e no auge da explosão em investimentos em novos negócios, a empresa passou a incorporar profissionais de televisão, radialistas, apresentadores, produtores, programadores de softwares que deram à empresa ares de uma intensa e inspiradora diversidade multicultural. Seu maior objetivo era ser não somente a maior editora do país, mas também um enorme grupo multimídia.

Diante desse cenário, o núcleo criativo – a Igreja – aumentava, formando um incrível grupo corporativista muitas vezes hostil às mudanças organizacionais necessárias. Pascoal conta em seu livro, que cabia ao RH ser o mediador da questão e dar apoio às mudanças que vinham sendo pensadas e articuladas pela alta direção.

A Abril sentiu a necessidade e decidiu rediscutir os seus valores, reconhecendo, sobretudo, que precisava capacitar sua liderança para enfrentar aquele que seria o mais decisivo e incontornável imperativo: a busca da rentabilidade.

Logicamente, pela própria essência do negócio, seus comandantes sabiam que nada poderia ser feito sem o envolvimento e a participação do núcleo criativo, por onde os problemas e as soluções passavam obrigatoriamente. A discussão dos valores teria que começar com o envolvimento de todas as áreas da empresa, mas principalmente com a presença dos membros desse núcleo.

Os cinco valores da Abril – Integridade, Ética, Valorização das Pessoas, Pioneirismo e Excelência – estavam devidamente incutidos na cultura, cabeça e comportamento de cada funcionário.

O que mais perturbava a empresa naquele momento de redefinição era a situação perigosa de perda de controle dos custos que vinha ocorrendo em função dos exageros que a equipe da Igreja praticava em nome da honra ao valor Excelência. Cometiam-se atrocidades contra a consciência de custos, criando-se uma prática perdulária.

As novas proposições do grupo representante do Estado perturbavam os representantes da Igreja, que demonstravam clara indisposição em relação à rigidez administrativa, além da pouca consciência sobre as questões do custo do capital.

Paschoal relata o trabalho delicado a cargo do RH, procurando uma comunicação adequada entre as partes.

Assim como na Johnson & Johnson, a iniciativa para discussão dos valores e do credo corporativo foram determinantes para repensar o conjunto de valores que deveria nortear a empresa em sua empreitada futura.

O encontro, que marcou um grande avanço nas relações entre Igreja e Estado, trouxe à mesa a necessidade de incorporar novos valores àqueles que haviam levado o grupo a se tornar líder do mercado brasileiro de publicações periódicas, na época, com mais de 60% de *market share*.

A questão da rentabilidade apareceu na maioria dos grupos de discussão, bem como o foco no cliente em oposição ao foco no produto, e a questão da competitividade.

A Igreja, isto é, os criativos, por sua vez marcava posição conservadora, fazendo barulho. Pareciam acreditar que qualquer coisa que viesse do seio das novas escolas de administração poderia macular a base ética dos "produtos" que faziam.

Julgaram exagerado incorporar rentabilidade, foco no cliente e competitividade ao rol dos valores clássicos da organização. Entretanto, admitiram ser pertinente a criação de um rol de novos

Cultura Empresarial

princípios que passariam a nortear as ações de todos os executivos da corporação.

Muito mais do que uma contribuição semântica – demarcar uma certa distinção entre valores e princípios –, o importante foi o envolvimento do núcleo criativo na discussão de temas dos quais, normalmente, e por opção, preferia manter-se distante.

Dessa forma o conjunto de valores clássicos foi mantido intocado, mas três novos princípios foram instituídos: Rentabilidade, Competitividade e Foco no Cliente.

Após seu momento de revisão de valores, a Abril teve, como a GE, um avanço formidável. Afinal de contas, a busca da Excelência já não poderia mais ser feita a partir de "voos livres" e destituídos de importantes parâmetros organizacionais. Tudo bem fretar um helicóptero para captar a melhor luz branca no Caribe, mas agora a equação não era mais Excelência x Excelência, e sim Excelência x Rentabilidade + Competitividade + Foco no Cliente.

Recentemente, Martin Nelzow[10], primeiro presidente brasileiro da Boehringer Ingelheim do Brasil, laboratório com sede na Alemanha, reescreveu a visão, a missão e os valores emoldurando o mercado local. Seria a "tropicalização" da empresa alemã com os seguintes dizeres: Visão: Saúde, bem-estar e inovação acessíveis à humanidade. Missão: Somos uma empresa de saúde, independente e ágil, com soluções integradas e inovadoras, garantindo a sustentabilidade do negócio com responsabilidade socioambiental. Nossos valores: Ética, bem-estar, servir ao cliente, colaboração, inovação, coragem, rentabilidade.

Também na área da saúde temos o exemplo da filosofia de uma operadora e suas unidades de negócio (hospitais, centros médicos e laboratório de análises clínicas) – Grupo Amesp Sistema de Saúde – empresa fundada em 1962.

A empresa desenvolveu uma forte cultura derivada dos seus valores inicialmente implícitos na sua maneira de ser, agir e comunicar.

Foi nos anos 1980 que a Amesp, por meio de contribuições de inúmeros colaboradores, explicitou e divulgou amplamente seu credo corporativo, denominado Ato de Fé (ver anexo C, na pág. 386).

Com a evolução do mundo dos negócios e a maior competitividade no setor da saúde, a empresa, com a prudência e urgência necessárias, percebeu que deveria repensar sua crença para enfrentar os difíceis desafios do futuro.

Os seis extraordinários valores construídos pelos fundadores em parceria com os colaboradores não pareciam mais suficientes para o modelo de atuação que levaria a empresa a crescer.

A cautela e o apego à tradição, que sempre prevaleceram na tomada de decisões da empresa até a metade da década de 1990, pareciam agora sinônimos de lentidão e ameaça para os negócios.

Estava claro para o Conselho Diretor a necessidade de maior agilidade e espírito inovador dentro da empresa. Dessa maneira, para garantir que os novos valores criassem verdadeiro significado, a área de Patrimônio Humano, com sua equipe de desenvolvimento de pessoas, preparou um programa cujo objetivo foi esclarecer junto aos 3000 colaboradores o que a empresa entendia por agilidade e inovação, e o que passou a esperar de todos seus participantes a partir daquele momento.

No rol de cursos oferecidos anualmente pela Academia do Conhecimento, mais detalhadamente abordado no capítulo 2, para uma média de 1000 colaboradores, foram colocados pela empresa, à disposição de todos, cursos voltados para maior compreensão e aplicação da agilidade nos negócios, bem como cursos teóricos e práticos para exercitar a inovação e criatividade no ambiente de trabalho (subcapítulo 1.4.5).

A palavra da alta direção é muito importante nos momentos de mudança. Assim, uma nova declaração oficial do presidente do Conselho sobre os novos valores que norteariam o futuro da empresa, foi realizada em solenidade de encerramento de ano, para um público de aproximadamente 1600 pessoas, entre colaboradores e seus familiares. O manifesto deu origem a uma publicação especial sobre o tema, distribuída não só para os colaboradores, mas também para empresas terceirizadas, credenciados da rede de apoio e demais públicos parceiros.

1.2 – Visão

O pensamento, a visão, o sonho...
sempre precedem a ação.
Orison Swett Marden

Ou acharemos um caminho,
ou então o construiremos.
Aníbal

Os consultores Marco Ornellas e Waldemar Faria de Oliveira[1], dizem: "visão é a imagem do que a empresa gostaria de ser no futuro dentro do mercado e na comunidade. Não olhar para o longo prazo passou a ser um fator de risco para a sobrevivência de qualquer negócio".

A visão cria uma imagem em perspectiva de algo de grande valor para a empresa. Mais que um desejo mágico ou uma frase de efeito, é um importante direcionador estratégico que determina um alvo a ser alcançado, exigindo um conjunto de medidas concretas para que o desejo se transforme em realidade. Precisa também ser suficientemente forte para resistir as intempéries e furacões pelos quais a empresa poderá passar.

O conteúdo da visão envolve mente, espírito e é capaz de fornecer um mapa da direção futura, de forma eficiente, gerando entusiasmo por essa direção. Mesmo as empresas que não possuem uma frase oficial têm, com certeza, uma visão a ser definida em determinado momento, a partir de citações cotidianas repetidas pelos gestores. O conceito e enunciado da visão nunca foram tão importantes como no mundo de hoje, com organizações achatadas, desestratificadas e descentralizadas, onde deve haver harmonia e coerência entre colaboradores e organização.

Quando construída de forma clara, o trabalho do Patrimônio Humano fica facilitado, pois a organização tem maior probabilidade de selecionar novos colaboradores, com visão pessoal que seja compatível com a da empresa, sendo evitada a maioria dos equívocos.

O processo de elaboração da visão

Um bom enunciado de visão expõe aspirações futuras em cerca de 25 palavras ou menos, segundo o especialista D. Shaaf[2]. Para John Naisbitt[3], em algum momento devemos nos perguntar qual é, efetivamente, a natureza do nosso negócio e assim fazer perguntas diretas e obter respostas sinceras, que podem ajudar a saber quem somos e quem desejamos ser.

Muitas organizações já possuem declarações de visão, mas a maioria parece irrelevante quando olhamos para onde elas estão indo. Será que essas declarações estão malformuladas? Se esse for o caso, como podem ser melhoradas? O objetivo de uma declaração de visão é criar uma organização alinhada, energizada, onde todos trabalham juntos para os mesmos fins almejados[4].

Pesquisas demonstram claramente o extraordinário impacto de uma visão compartilhada ou de uma ideologia básica no desempenho financeiro de longo prazo. O retorno acumulado sobre o investimento em ações das empresas consideradas visionárias, pesquisadas por Collins e Porras[5], foi seis vezes maior do que o das empresas bem-sucedidas que usaram para comparação e 15 vezes maior do que o mercado em geral, durante um período de 50 anos. Portanto, tudo começa com uma visão.

Visão e liderança

Segundo Ken Blanchard[6], visão sempre remete a liderança. As pessoas olham para seus líderes em busca de visão e direção. Se a verdade é que os líderes devem envolver os colaboradores no estabelecimento da direção a seguir, a responsabilidade por assegurar e manter a visão também permanece nas mãos desses mesmos comandantes e não pode ser delegada a outros. Criar uma visão e mantê-la viva não é o tipo de atividade que pode ser assinalada como cumprida numa lista de tarefas. É um dos papéis mais sérios e constantes da liderança.

Não é preciso esperar pela visão organizacional para começar. Visão é responsabilidade de cada líder em cada nível de uma organização, e é possível criar visões para seus departamentos, mesmo quando o restante da organização não tem uma.

Quando pessoas-chaves da empresa se reúnem para tratar do assunto (visão), elas mesmas se surpreendem com seus pensamentos divergentes.

Experiência pessoal

Tivemos uma experiência muito interessante. Nossa empresa referência desenvolveu com um grupo de líderes e fundadores uma missão. Com esforço coordenado construiu também uma relação de valores, mesmo sem ter uma visão explícita. Em determinado momento, depois de muitos anos, com a participação de todos os responsáveis reunidos para discutir o planejamento estratégico para o triênio seguinte, o PH fez um desafio aos presentes: desenhar a visão da companhia. Àquela altura, com a empresa bem posicionada no ranking de mercado e inclusive admirada pela sua cultura, pareceu muito simples a todos. Com tempo confortável, os participantes dividiram-se em quatro grupos isolados para enviar um enunciado. A surpresa foi que as quatro contribuições encaminhadas foram muito distintas, e após calorosos debates não foi possível consolidá-las. Assim, por unanimidade, foi aceita aquela construída com menos palavras e mais abrangente a exemplo da visão da American Express (ver anexo C, na pág. 388).

Na gestão de uma empresa, naturalmente são estabelecidos os meios e os fins desejados. A visão seria o fim, o que ela queria ser e onde estar no futuro. A missão seria composta dos meios para chegar lá. De maneira resumida, pode-se dizer que visão sem missão é apenas um sonho.

1.3 – Missão

Conceito sem ação é vazio.
Ação sem conceito é cega.
Kant

Somos o que repetidamente fazemos.
Aristóteles

Dentro do mundo dos negócios, a missão é construída para definir condições, competências, caminhos e limites a serem seguidos pela empresa. Deve esclarecer não só a razão de ser da organização, mas também delimitar as fronteiras em que está e, inclusive, definir posicionamentos como nichos de atuação. Empresas podem se perder por falta de clareza sobre em que negócio estão[1].

Uma observação importante: uma missão muito estreita reduz a percepção e possibilidades para novas oportunidades de negócios; se muito ampla, pode levar não só a dispersão de investimentos, mas também a dificuldades de se fortalecer em segmentos específicos. Por tais características, a missão deve representar a competência central de cada organização.

O resultado econômico é tão-somente uma consequência da adoção de atitudes corretas, construtivas, transparentes e compartilhadas. O fundamental é criar e manter a empresa centrada em uma missão bem articulada.

Ao oferecer um sentido de missão, de forma coerente, os colaboradores se comprometem com o seu conteúdo, o que pode levar não só a excelência do serviço prestado ao cliente, mas também a resultados superiores.

As organizações mais bem-sucedidas sempre criaram um sentido de missão eficaz, verdadeiro, fácil de entender e, tanto quanto possível, inspirador e motivador das pessoas.

A descrição de uma missão deve ter um conteúdo totalmente inteligível e sempre que puder com poucas palavras.

Vale a pena ler o artigo de Jack Welch[2] na revista Exame – *Empresas à Deriva* – sobre a matéria. Diz ele sobre a construção da missão: "O processo começa e é de responsabilidade do líder, que será chamado em algum momento a prestar conta da missão. Ouça todos que tiverem algo inteligente a dizer sobre o mercado, os produtos e serviços de sua empresa. Ouça especialmente os críticos e os clientes internos e externos. Reúna o máximo de dados que puder e procure compreendê-los. Depois defina o modo como quer que sua empresa vença". Em seguida, o autor descreve a missão do Google que considera objetiva e serve de modelo: Organizar a informação disponível no mundo e torná-la acessível e útil. Diz Jack Welch: "É uma missão inspiradora e factível e, melhor de tudo, totalmente inteligível".

Quer seja por esse motivo ou muitos outros, a corporação Google "vai de vento em popa", tendo recentemente adquirido a Motorola.

1.4 - Valores – Mais do que palavras

Em lugar de ser um homem de êxito, procure ser
um homem valioso: o restante chegará naturalmente.
Albert Einstein

Para construir organizações realmente empreendedoras
é preciso substituir o poder pela responsabilidade.
Peter Drucker

Oitenta por cento das companhias listadas na revista *Fortune 100* promovem seus valores publicamente com a intenção de parecerem politicamente corretas. Entretanto, os valores são tão importantes que podem diferenciar uma empresa dos seus concorrentes, principalmente quando esclarecem sua identidade e servem, de fato, de referência para seus colaboradores.

Vale destacar que criar valores sólidos e manter-se fiel a eles exige dedicação e coragem.

Os valores podem ser divididos em essenciais e desejados. Os primeiros constituem os princípios mais enraizados e que orientam todas as ações da empresa. São marcos culturais e não podem ser comprometidos. Em geral refletem os valores dos fundadores das companhias e são sua fonte de diferenciação.

Os valores desejados são aqueles que a empresa precisa criar para dar apoio a uma nova estratégia ou para atender as exigências geradas por mudanças em seu mercado ou setor.

E geral na área de PH, os colaboradores, da primeira entrevista ao último dia de trabalho, devem ser constantemente lembrados de que os valores essenciais formam a base de todas as decisões da companhia. Os candidatos, desde o agente de atendimento aos mais altos postos, devem ser admitidos não apenas com base

Cultura Empresarial

em suas habilidades, experiências e competências, mas também avaliando sua adequação aos valores e, no sentido mais amplo, à cultura da empresa. Depois os colaboradores são acompanhados e avaliados, entre outros critérios, também com base na prática dos valores essenciais. E isso garante a solidez da empresa.

Os valores de uma pessoa são formados fundamentalmente na infância, com a família, para depois serem lapidados no convívio social, escola, clubes, religião, descobertas e experiências, acontecimentos da vida, nos relacionamentos e no encontro com pessoas marcantes.

O mundo globalizado parece induzir a grande polêmica sobre valores. Algumas vezes lamentamos sua falta, enquanto em outras ocasiões presenciamos o que parece ser sua inversão. A verdade é que, enquanto décadas atrás predominavam valores humanísticos, infelizmente, nos dias de hoje parecem ser fortemente valorizados, os materialistas, mais ligados às questões de poder.

Carlos Alberto Libânio Christo (Frei Betto)[1] assim se manifestou sobre a questão: "Dissemina-se uma cultura centrada no epidérmico, no qual há mais estética que ética, nádegas que cabeças, urros que melodias, ambições que princípios, devaneios que utopias. Tudo é aqui e agora. Nossa autoestima passou a depender do que vem de fora – da gula e da antropofagia visual aos arremedos da fama, fortuna e poder".

Em certa medida, ocorreu realmente a perda ou inversão de valores na família, comunidade, sociedade, empresas, política, órgãos de comunicação e assim por diante. Em decorrência, houve desagregação e erosão dessas áreas, como estamos acostumados a ver e ouvir no cotidiano.

À falta de normas e valores foi dado o termo anomia, de origem do grego "anomos", explorado pelo sociólogo francês Emile Durkheim[2] no século XIX. O termo poderia, entre outros, significar alienação.

Atualmente, a anomia é considerada doença endêmica, já passando a epidêmica em grupos e na sociedade em geral.

Ao focalizar apenas os organismos empresariais que refletem as pessoas que os compõem, verificamos que são poucos aqueles com um conjunto de normas e valores explícitos.

Os valores nas corporações estão ocultos e não são sequer abordados de maneira clara. O que mais parece existir são quadros pregados na parede, contendo uma sequência de palavras politicamente corretas, mas nem de longe praticadas.

A produtividade e os resultados dependem de modelo de negócio, estratégia, técnicas operacionais, estilo de gestão adotados e, fundamentalmente, da prática de seus valores e crença. Empresas americanas de grande sucesso, como a South West Airlines, Cisco Systems, PSS World Medical, creditam seus resultados extraordinários à prática quase que religiosa de seus valores[3].

Em declaração pública, o brasileiro Carlos Ghosn[4], CEO da montadora japonesa Nissan - uma das mais lucrativas do mercado – e também responsável pela Renault, revela que o sucesso empresarial depende não só da qualificação dos executivos que ali trabalham, mas também do ambiente oferecido a eles para seu desempenho. Ghosn estava falando dos valores empresariais.

Os gestores de Recursos Humanos querem recrutar os melhores talentos para comporem seus quadros. É fundamental perguntar o que atrai pessoas talentosas para uma empresa, além da motivação financeira? A resposta é a imagem corporativa onde estão inseridos claramente os valores praticados. A empresa pode tornar-se o refúgio onde todos querem estar, sentindo segurança e orgulho por aquilo que emocionalmente necessitam (moral e conteúdo humanístico).

Deve haver alinhamento do modelo de gestão e valores corporativos, com os valores pessoais dos colaboradores que integram os times de trabalho[5]. Cabe às lideranças, por meio de comportamento exemplar, atuar dentro dos conceitos de *mentoring* e *coaching*, construir o tecido conjuntivo, o amálgama, a cola forte para unir os membros das equipes em torno desses valores empresariais.

Dessa maneira, os colaboradores entenderão facilmente que lutam por uma mesma causa, estarão mais dispostos a seguir o modelo de gestão preconizado e estarão envolvidos próativamente na busca por melhores resultados. É dentro dessa cultura e comunhão de intenções que nasce, a nosso ver, o sucesso empresarial.

Jack Welch[6], o famoso ex-CEO da GE, afirmava: "A única maneira que conheço para incutir confiança nos colaboradores é expor os nossos valores e depois mostrar que eles são postos em prática. As pessoas não fazem o seu melhor a não ser que julguem estar sendo tratadas com justiça e possuírem as mesmas oportunidades".

E quando não há valores na empresa? Qual o preço da anomia?

Certamente há queda da motivação e da lealdade, levando à alta rotatividade, custos elevados de recrutamento e treinamento, instabilidade da organização, serviço inadequado ao cliente e, consequentemente, menor produtividade e resultados inferiores.

Os valores empresariais tendem a ser constantes e raramente mudam. Quando são consistentes e bem fundamentados, basta apenas mantê-los "vivos".

Os valores, assim como a visão e a missão, devem ser exercitados no dia a dia. São produtivas as discussões deste rico conteúdo em reuniões formais de toda a equipe para melhor compreendê-los. Obviamente que em momentos especiais será possível modificá-los. Em geral agregando um novo valor desejado e aceito pela coletividade, fundamental para a empresa sobreviver e vencer neste mundo moderno de grande competitividade e repleto de mudanças.

O que se pode antecipar para as próximas décadas? As empresas que ainda valorizam o regime autocrático, onde o que vale são os resultados de curto prazo, sem limites para atingi-los, estarão automaticamente fora do mercado na segunda ou terceira geração de seus controladores, pela falta de uma cultura conceituada e praticada.

Construção de valores empresariais

Como a maioria das empresas não possui valores explícitos, é mais urgente e necessário descobri-los e identificá-los[7]. Não é fácil. Não é só tarefa dos fundadores ou dos grandes CEOs, tampouco responsabilidade apenas da área de patrimônio humano. Muito pelo contrário, deve receber contribuição de todos pertencentes à organização e ser motivo de longos debates em comitês criados especificamente para tal.

Alguns valores são considerados nobres e merecem ser lembrados, tais como: inovação, agilidade, liderança, comunicação, transparência, responsabilidade social, orgulho, ética, respeito às pessoas, educação e formação de pessoas, clientes, qualidade/ excelência, lucro como consequência, paixão, compaixão, confiança, cortesia, integridade, ousadia, humor, etc.

Uma forma de construção dos valores empresariais é relacionar alguns previamente escolhidos pela alta direção e solicitar a cada colaborador, ou pelo menos àqueles considerados talentos e líderes, que avaliem sua presença e prática na organização e em um nível de concordância, por exemplo, de 1 a 7.

Com as informações da avaliação dos valores presentes ou não na organização, a área de patrimônio humano, em conjunto com o grupo de empresários, CEO e acionistas, podem criar e desenvolver os valores essenciais da empresa. Nesta etapa deve-se considerar sempre outros elementos da cultura da organização, tais como a visão, missão e filosofia. Deve ser dada atenção também ao modelo de negócio e ao planejamento estratégico da companhia.

É uma construção difícil e necessariamente requer reflexão, ponderação e exercícios mentais para não haver enganos.

O passo seguinte será a comunicação aos colaboradores. Como implantar e disseminar os valores é também uma importante arte que pode levar tempo e necessariamente depende de exemplos de comportamento por parte dos líderes. Sobre valores, desenvolvemos três publicações.[7,8,9]

Àqueles interessados na construção de valores corporativos, sugerimos ainda conhecer o MackGVAL – Núcleo de Estudos sobre Gestão Baseada em Valores da Universidade Presbiteriana Mackenzie (São Paulo). Fomos pessoalmente conhecer a instituição e reconhecemos sua contribuição para com a sociedade em geral e empresas em particular. A entidade pesquisa, gera e dissemina conhecimentos sobre gestão baseada em Valores, estimulando discussões e reflexões sobre a influência dos valores no desempenho organizacional e nas relações com os *stakeholders*. Em 2006, realizaram o 1º Simpósio Internacional de Valores Humanos e Gestão Organizacional, e, em outubro de 2011, o 3º Simpósio Internacional. A entidade tem inúmeras publicações relativas ao assunto sob a forma de artigos, dissertações, monografias e teses.

Principalmente para aqueles que queiram mergulhar nesse tema, sugerimos ainda a leitura de *Managing By Values*, de Dolan, Garcia e Richley[10], que enquadraram os valores empresariais em econômico-pragmáticos: eficiência, desempenho, padrões e disciplina; eticossociais: como honestidade, respeito e lealdade; e emocional-desenvolvimentistas: entre eles confiança, liberdade e felicidade.

Os valores que exercitamos intensamente no dia a dia de nossa organização referência e que deram grande consistência à cultura

CULTURA EMPRESARIAL

empresarial – um dos pilares da Gestão de Alta Performance – serão apresentados em maior profundidade na forma de subcapítulos:

1.4.1- Ética.
1.4.2- Clientes.
1.4.3- Qualidade/Excelência.
1.4.4- Agilidade.
1.4.5- Inovação.
1.4.6- Lucro como consequência.
1.4.7- Paixão e Compaixão.

Educação e Formação de Pessoas e Respeito aos Clientes Internos serão abordados no capítulo de Recursos Humanos (capítulo 2).

1.4.1- Ética

Cumprir as promessas é um imperativo categórico que não admite nenhum tipo de exceção em nenhum caso.
Kant

A primeira e a melhor das vitórias é a conquista de si mesmo.
Platão

Se formos avaliar os valores citados pela maioria das empresas, sem sombra de dúvida encontraremos a ética ou seus desdobramentos liderando.

Dessa maneira, convencidos de sua importância e razão de ser de publicações anteriores,[1,2] damos à ética uma posição especial neste livro.

Se consultarmos o dicionário[3] sobre o significado da palavra "ética", encontraremos em todos eles: ciência da moral. Por outro lado, veremos como definição de moral: a parte da filosofia que trata dos costumes e dos deveres do homem; relativo aos bons costumes e ao domínio espiritual (em oposição ao físico ou material).

Ética significa ainda uma postura responsável nas relações pessoais, na política e nos negócios.

"Todos têm um preço" é uma expressão, porém a generalização é abusiva, pois faz da venalidade um traço congênito do homem.

Mas, então, quem reúne condições para ser aliciado, envolvido e ser considerado não ético? A pergunta é interessante. A resposta, no entanto, é difícil.

Faz parte da história que o filósofo Diógenes, denominado o cínico, munido de uma lanterna em plena luz do dia, procurou em vão um homem honesto em Atenas. Será que ninguém merecia crédito? É lícito pensar, nos dias de hoje, que a procura não foi adequada?

Pode-se avaliar outra expressão: "Na própria natureza dos homens existem maçãs boas e podres". Se isso fosse verdade, também não seria difícil aos dirigentes de empresa distinguir e separar o joio do trigo. Mais uma crendice, portanto. Porque muitos no topo da pirâmide, acuados pelas circunstâncias ou embevecidos pelo poder, deixam vulnerável seu ponto fraco e podem embarcar também numa cadeia de desvios morais.

Teorias éticas

Conceitualmente existe uma única teoria ética? Absolutamente, não! Há pelo menos duas: a da convicção (tratado dos deveres) e a da responsabilidade (estudo dos fins humanos), como ensina o alemão Max Weber, um dos fundadores da sociologia. Cada uma delas com subdivisões que não é o caso analisar no momento[4].

A ética da convicção diz: cumpra suas obrigações ou siga suas prescrições. É uma ética que se pauta nos valores e normas previamente estabelecidos. Não há dilemas ou questionamentos. É a ética do dever absoluto e não há a aferição dos efeitos gerados pelo julgamento. É convencional, disciplinada, formal e incondicional. O exemplo pode ser dado com um fato histórico. Quando condenado à morte pela Assembleia Popular Ateniense (Ekklesia), Sócrates, denominado o moralista, não se curvou nem fez concessões. Os ditames de sua consciência levaram-no a não aceitar a culpa das acusações que lhe foram feitas: não reconhecer os deuses do Estado, introduzir novas divindades e corromper a juventude. Rejeitou a ideia do exílio ou do pagamento de multa, apesar do fato de poder fixar a própria pena, como era de praxe, após o veredicto da condenação. Sócrates preferiu a morte para não abdicar de suas convicções ou trair sua consciência. E mesmo quando instado por seus amigos a fugir, manteve-se irredutível para não desrespeitar a lei. "A única coisa que importa" – disse ele – "é viver honestamente, sem cometer injustiças, nem mesmo em retribuição à injustiça recebida." Bebeu cicuta, sublinhando a dupla fidelidade que o animava - a fidelidade a si mesmo e aos compromissos assumidos.

Vale aqui a consideração de Herbert de Souza[5], o Betinho, defensor dos direitos humanos e do combate às desigualdades, hemofílico e HIV positivo: "A ética não é uma etiqueta que a gente põe e tira, é uma luz que a gente projeta para segui-la com os nossos pés, do modo que pudermos, com acertos e erros, sempre, e sem hipocrisia".

A máxima da ética da responsabilidade prega que somos responsáveis por aquilo que fazemos. Devem ser avaliados os efeitos que uma ação produz e seus resultados positivos para a coletividade, procurando sempre, com muita visão, ampliar o leque da escolha.

O famoso romance *A Escolha de Sofia*, de William Styron[6], adaptado para o cinema, conta-nos que, na fila em direção à câmara de gás do campo de concentração de Auschwitz, Sofia recebeu de um guarda alemão a proposta de salvar a própria vida e a de um de seus dois filhos, deixando o outro na fila para a morte.

Dilacerada diante de tão hediondo dilema, Sofia entregou Eva, de oito anos, e foi poupada juntamente com seu filho Jan. Se tivesse exercido a ética da convicção na sua vertente de princípio, ela teria recusado a oferta que lhe foi feita nos seguintes termos: "Ou os três se salvam ou morreremos todos". E por quê? Pelo simples fato de que vidas humanas não são negociáveis. Há como lhes definir um preço? Duas vidas valendo mais do que uma? A ética da convicção não tolera especulação alguma a esse respeito.

Para muitos, a opção de Sofia foi imoral. Outros a veem como amoral, uma vez que, refém de uma situação extrema, ela não tinha condições de fazer uma escolha. No entanto, convenhamos que ela fez sim uma escolha – a de salvar a própria vida e a do filho. Em troca entregou a filha. A morte provocada nunca deixa de ser uma escolha, tendo como exemplo os prisioneiros dos campos de concentração nazistas que preferiram o suicídio à morte planejada que lhes era reservada. Sofia adotou a ética da responsabilidade em sua vertente da finalidade: raciocinou que a salvação de duas vidas em troca de uma só justificava sua escolha. Pensou e chegou à conclusão de que estaria cometendo um mal menor para evitar um mal maior. Entretanto, o remorso a corroeu. Ela carregou sua angústia pela vida afora e acabou se matando. Por fim, no fundo de sua consciência, venceu a ética da convicção.

Ao adotar a ética da responsabilidade, realizam-se análises de risco, mapeiam-se circunstâncias, reflete-se sobre os fatos, persegue-se objetivos e mede-se as consequências das decisões que serão tomadas. Às vezes aceita-se cometer um mal menor para evitar um mal maior. Muitas vezes os tomadores de decisão tornam-se reféns de seus dilemas. É uma ética de dúvidas e de interrogações.

Ainda que haja convergências entre as duas teorias éticas, francas oposições podem existir entre elas. Roubar na ética da convicção é absolutamente condenável, mas para a ética da responsabilidade o furto famélico ou o roubo de projetos inimigos durante a guerra podem ser perfeitamente justificados. Falar a verdade pode ser o único norte na ética da convicção, já na ética da responsabilidade não deixa de ser adequado elogiar a sofrível comida que uma dona de casa nos oferece, num ato de gentileza. Também é aconselhável louvar o "bom aspecto" de um parente ou amigo muito doente a fim de melhorar seu ânimo. Isso significa que a ética da responsabilidade confere endosso a ações que presumivelmente engendram um bem do ponto de vista da coletividade.

Diz-se que uma é a ética da fé e a outra a ética da razão.

Na ética da convicção, como ficariam os casos de saque para saciar a fome, matar em legítima defesa, matar o inimigo numa guerra, direito de rebelião contra a tirania?

Quando pessoas comuns falam de ética ou de moral, elas se referem à firmeza de caráter. Ser ético é não abrir mão das suas convicções íntimas, mas ter princípios, não vilipendiar seus próprios valores e crenças, não se prostituir, ser um modelo de virtude e de retidão, não se prestar a ginásticas mentais ou "químicas". Há clara hegemonia discursiva da ética da convicção e das morais que preside. Porém, desconhecer a existência da ética da responsabilidade ou acreditar que a teoria ética se resume à da convicção, confere a esta última uma exclusividade que os fatos não sustentam.

Na verdade, há constantes conflitos entre as duas éticas, como exemplificado abaixo:

- Para os médicos, como conduzir o juramento de Hipócrates nos casos de atendimento a clientes da seita Testemunhas de Jeová, que não autorizam a transfusão de sangue?
- Sócrates disse ser justo que, vendo suas próprias tropas desanimadas, um general lhes anuncie falsamente a chegada de auxílio para devolver-lhes a coragem.
- É correto os pais enganarem a criança que precisa de remédio e não quer tomá-lo, impingindo-lhe o medicamento mesclado com os alimentos?

De qualquer maneira, deve-se manter congruência, adotando-se uma conduta altruísta, seja qual for a teoria defendida, não obstante a extrema dificuldade para tanto.

Mais alguns exemplos:

- Até que ponto um advogado pode argumentar em favor de um réu, seja ele confesso ou não? Ele deve se valer das brechas que as sutilezas processuais apresentam para reduzir a pena de seu cliente ou livrá-lo da acusação?
- Um cientista descobre um novo processo tecnológico de amplo interesse para a humanidade. O que fazer? Patenteá-lo e ganhar um bom dinheiro com as aplicações de sua invenção? Ou presentear a população com sua descoberta para que todos possam desfrutar dela?
- Separar irmãos siameses e optar pela vida de um?
- Durante a 2ª Guerra, médicos e enfermeiras sobrecarregados pelas centenas de feridos que recebiam por dia, procediam à triagem dos que seriam atendidos imediatamente e dos que aguardavam a vez, mesmo que sujeitos à morte. Já ouvimos e lemos sobre acontecidos semelhantes em pronto-socorros públicos de nosso país.
- Pessoas que obtêm informações privilegiadas em razão de cargos ocupados em empresas ou sociedades em confiança, podem comercializar essas informações em benefício próprio?

As duas teorias éticas, não obstante seus modos distintos de levar as pessoas a tomarem uma decisão, haurem suas forças numa mesma fonte – a do altruísmo, da prevalência dos escrúpulos, do cuidado com o bem-estar dos outros, da preocupação em fazer o bem aos demais.

Deve-se lembrar, porém, de que há enfoques para a ética do indivíduo, de grupos, de nações, de empresas, entre outras.

Ética empresarial

Sugerimos que a ética deve encabeçar a lista dos valores de uma empresa, pois ela por si só pode ser suficiente para aculturar a empresa ou ser considerada destaque e madrinha dos demais valores, como acontece na GEAP.

Como implantá-la? Acreditamos que o início de tudo é o exemplo dado pelos líderes no dia a dia da vida empresarial. Sem esse requisito essa prática torna-se inútil.

Na verdade, as empresas em geral precisam precaver-se contra o risco de seus funcionários cometerem desvios de conduta. É sabido que a recomendação de exigências morais nem sempre consegue silenciar a voz dos interesses materiais ou o turbilhão das ambições políticas, não importando o plano em que ocorram – pessoal, grupal, corporativo ou coletivo. As empresas acabam sendo reféns das múltiplas consciências individuais e dúvidas cruéis começam a surgir. Estariam os colaboradores agindo corretamente? Seriam eles leais à empresa?

Uma empresa deve aturar a deslealdade de seus colaboradores?

Exortações, sermões, ações pedagógicas têm eficácia restrita diante dos apelos ao consumo, ao enriquecimento, ao afã de vencer na vida. Sensibilizar ou tornar conscientes os colaboradores quanto às implicações morais de seus atos é, sem dúvida, necessário. Não parece suficiente, porém. Persuadi-los a tomar decisões que não sejam prejudiciais aos demais é também vital. Mas é inteiramente seguro? O grande desafio consiste em saber como coibir atos que só beneficiam interesses restritos, para não dizer egoístas.

Ainda no campo empresarial, vale destacar que a falta de ética é muitas vezes resultante de um círculo vicioso de emoções negativas: raiva, medo, culpa, poder, orgulho, carência, rejeição e impotência. Por outro lado, as emoções positivas constituem um círculo virtuoso, reforçando a ética: humildade, compreensão, aceitação, responsabilidade, parceria e prazer.

Para alguns, à maneira de Todorov[7], búlgaro da escola filosófica francesa, a ética tenderia a zerar e em seguida ressurgir. No entanto, para Miguel Reale[8], jurista, filósofo e ex-reitor da Universidade de São Paulo, seria uma ciência axiológica que vai se enriquecendo anos após anos de novos valores fundamentais, o último dos quais é a ecologia.

Alguns pensam que a condição ética seria transmitida por fatores genéticos; outros, que resultaria de um verdadeiro aprendizado no ambiente no qual a pessoa vive. Com este último foco destaca-se a ética empresarial, que é o conjunto de princípios e valores (destaque para honestidade, verdade e justiça) que norteiam as relações humanas.

Aguilar[9], Teixeira[10], Srour[4] e Badaracco[11] publicaram sobre o tema.

A ética empresarial foi reforçada após as crises das empresas Enron e World.com nos Estados Unidos, com a fraude das contabilidades na tentativa de maximizar o valor gerado aos acionistas. Como consequência, a Consultoria Arthur Andersen, que auditava essas empresas, retirou-se do mercado.

Os escândalos aceleraram um movimento que vinha se desenvolvendo nas organizações, sociedades, consultorias pró-ética que congregavam uns poucos participantes e viram multiplicar e muito a carteira de clientes que tiveram o cuidado de se fortalecer com conhecimentos e reconhecimentos.

Um dos mais recentes escândalos aconteceu com a Olympus, empresa japonesa fabricante de câmeras e aparelhos médicos para endoscopia, entre outros. A intensa repercussão internacional da fraude de US$ 1,7 bilhão abalou a marca, diretoria e conselho de administração. Mais consequências, por certo, estão por acontecer.

Nos Estados Unidos, fraudes rendem mais tempo de prisão do que o tráfico de drogas. A tolerância para isso é zero e as sentenças e penas de prisão são rigorosas.

Um dos aspectos mais interessantes dessas ocorrências é que as sentenças mais severas para os crimes do "colarinho branco" não estão sendo impostas apenas para evitar novos escândalos. Os juízes americanos estão tentando preservar um dos principais alicerces da economia dos Estados Unidos, a "cultura acionária".

Preocupados com esse problema, foi promulgada a Lei Sarbanes-Oxley que visa proteger os investidores de fraudes. Em teoria, suas intenções são simplesmente tornar mais transparentes e confiáveis as decisões dos administradores e os processos empresariais que afetam diretamente os resultados financeiros. Na prática, adaptar algo dinâmico como o cotidiano de uma empresa às exigências dos 69 capítulos da lei (também chamada abreviadamente de Sarbox ou Sox) tem consumido muito tempo dos executivos e dinheiro dos acionistas.

Esse esforço não está restrito às fronteiras dos Estados Unidos. As companhias de qualquer nacionalidade que lançarem ações em Wall Street ou as subsidiárias de empresas americanas no exterior têm, obrigatoriamente, de adequar-se em maior ou menor grau às exigências da Sarbox. No Brasil, esse movimento provocou um entusiasmo além do esperado. Pela fria letra da lei, somente as companhias brasileiras com papéis no mercado americano estavam obrigadas a adaptar suas normas até junho de 2006. No entanto, um levantamento das empresas de auditoria mostra que esse número pode avançar para até 150 companhias, ainda que de capital nacional e sem ações cotadas nos Estados Unidos.

Trata-se de um trabalho hercúleo. Mas a adaptação da contabilidade das companhias brasileiras à Sarbox está sendo vista como uma estratégia para diferenciar-se em um mercado de capitais cada vez mais competitivo.

Desvios contábeis, informações contestadas e fraudes corporativas são fatos recorrentes – e provavelmente inevitáveis – no mundo dos negócios. O que mudou foi a severidade das punições para os principais executivos quando isso ocorre.

"Quem estabelece as punições é a Comissão de Valores Mobiliários (CVM), e, se for comprovada a fraude, o Ministério Público pode abrir um processo", diz Leandro Zancan, sócio do escritório de advocacia Barbosa, Müssnich & Aragão[12].

Outra atenção especial é que essa lei exige que empresas tenham canal para denunciar fraudes. Segundo a auditoria Deloite, Touche Tohmatsu, o telefone foi o canal de denúncia em 60% dos casos e o correio eletrônico em segundo lugar, acompanhado pela internet.

Consultorias que atendem grandes conglomerados nacionais, tais como KPMG no Brasil, mostram que 69% das companhias já foram vítimas do problema da fraude, e 55% acreditam que a tendência é de aumento nos próximos anos.

A ética empresarial tem preceitos aplicáveis nas relações com os clientes, fornecedores, concorrentes, governo, comunidade, colaboradores e acionistas. Segundo Manhães[13], do escritório Manhães Moreira e Associados, as relações seguiriam as seguintes recomendações:

"Com os clientes, em geral, deve-se ter atenção nas atividades de pré-vendas, na publicidade e no marketing, que devem seguir padrões morais e certamente não prometer o que não poderá ser cumprido. Um cuidado especial deve-se ter com a entrega de brindes e presentes, que não podem ultrapassar valores padrões de mercado. Na atividade de vendas propriamente dita, a abordagem ao cliente deve ser verdadeira e transparente, e a negociação chegar a preços considerados justos. A atividade pós-venda, na atenção ao cliente, deve privilegiar o cumprimento do contrato, a avaliação de possíveis reclamações e se necessário a aceitação de uma arbitragem imparcial.

Com os fornecedores, é fundamental realizar uma concorrência aberta e transparente, evitar conflitos de interesse, acertar um preço justo e não imposto e dar preferência sempre que possível a empresas que priorizam a responsabilidade social.

Com os concorrentes, é imperativo haver absoluto respeito à propriedade industrial e intelectual e receber somente informações de fontes lícitas do mercado.

Com o governo, importa ter a plena aceitação das leis e regulamentos e usar somente argumentos técnicos e verdadeiros nas concorrências públicas.

Com a comunidade, o destaque é para a responsabilidade social na preservação do meio ambiente, proteção à saúde e segurança das pessoas.

No relacionamento entre os colaboradores é imprescindível dar atenção à necessária proteção contra o abuso de poder e assédio moral e sexual. Na relação empresa, empregado, procura-se promover uma justa remuneração, igualdade de oportunidades, transparência e adequado ambiente de trabalho.

Entre os colaboradores e acionistas espera-se lealdade, respeito, informações corretas e rápidas para a adequada avaliação da situação e, consequentemente, boa administração e gestão".

Código de ética empresarial

Por que criar um código de ética nas empresas? Segundo Peter Nadas[14], conselheiro da Fides (Fundação Instituto Empresarial e Social), muitas causas são listadas, como a prevenção de condutas inadequadas, instrumento disciplinar ou de orientação e proteção aos partícipes e à empresa. Outras razões também são descritas: como afirmação de princípios, imposição do mercado ou dos acionistas e a multiplicidade de origens culturais na empresa, que provoca um desequilíbrio dos valores quando do crescimento acelerado ou de fusões e aquisições.

Deve-se destacar que o código de ética não pode e não deve "engessar" a empresa, mas sim coibir abusos.

Para criar um código de ética na empresa, pela experiência na GEAP, procura-se compor uma força-tarefa de colaboradores de todas as áreas, naturalmente não faltando representante da alta direção e respaldo da área jurídica.

Como exemplo, temos no Anexo "B" (pág. 381), aquele por nós exercitado. Códigos de ética que podemos indicar é o do Centro de Medicina Diagnóstica Fleury. Representantes dessa entidade estiveram conosco no Caldeirão do Conhecimento (capítulo 2), onde tivemos a oportunidade de debater o tema com profundidade. Merece também atenção o código de ética do Hospital Albert Einstein.

O código de ética deve ser impresso e, sob a forma de um manual, distribuído pelo PH a todos os colaboradores da empresa. Também o receberão aqueles que serão admitidos pela área de recrutamento e seleção e que passarão pelo momento de integração para em seguida assumirem seus novos postos.

No período de implantação desse código, sugerimos algumas atitudes:

- Ao ler o Credo/Ato de Fé no início dos trabalhos e de reuniões do dia, dar destaque a este valor, discutindo-o e até pedir que seja avaliado e explicitado com alguns exemplos da prática, ou da falta dela, que aconteceram no dia a dia da empresa;
- Convidar pessoas de reconhecido conhecimento para fazerem apresentações sobre o tema em reuniões ou até no Caldeirão do Conhecimento (capítulo 2).

- Escrever artigos sobre o tema e divulgá-los em revistas da entidade de classe e depois obter números para distribuí-los aos colaboradores.[1,2]
- Discutir o tema com os colaboradores no início das reuniões do Diálogo com os Colaboradores – Comunicafé (capítulo 13.2).

Comitê de ética

A prática do código de ética é reforçada pela formação de um Comitê de Ética. Este, sob a liderança do CEO ou do representante dos acionistas, deve ser composto pelos líderes das áreas consideradas estratégicas e o ombudsman, ou, na falta dessa figura, pela pessoa que representa os clientes. Deve haver ainda um representante dos colaboradores, eleito para a posição e que pode ser, se houver, o presidente da Associação dos Colaboradores (capítulo 13.7).

A existência do comitê deve ser divulgada por toda a empresa, que sempre que possível deve lembrar a sua importância.

As reuniões do Comitê de Ética para análise de casos, reflexões e tomada de decisões serão periódicas, quinzenais ou mensais, de acordo com as necessidades, e devem ser totalmente sigilosas. Recomenda-se que sejam comandadas por um líder e secretariada, em rodízio, pelos vários integrantes do comitê. É necessário também ter pauta e um desenvolvimento dos assuntos tratados. Os componentes do comitê podem ter conhecimento de problemas ou haver denúncias. Quaisquer dos assuntos tratados deverão ter um relator que, se necessário, procurará evidências e/ou conhecer o prontuário dos colaboradores em questão ou ainda ouvir as partes interessadas – sempre no mais absoluto sigilo.

O relator trará nas reuniões seguintes as informações para que sejam debatidas no comitê. As denúncias poderão ocorrer por telefone, e-mail, correspondência formal escrita, sempre identificada e como porta de entrada preferencialmente a área de PH. Podemos informar, ao leitor interessado, que nesses debates acontece de tudo. Desde queixas consideradas leves até casos gravíssimos que muitas vezes demandam atenção, tempo e bom-senso para elucidação e decisão de que medida deverá ser tomada. Quando finalmente apurada, a denúncia pode ser arquivada ou, no caso de haver verdadeira infração ao código de ética, ocorrer advertência verbal, por escrito, suspensão ou demissão – inclusive, dependendo do caso – por justa causa.

O Código de Ética e o Comitê de Ética são ferramentas fundamentais e espetaculares para que este valor seja realmente reconhecido e perpetuado na empresa.

1.4.2 - Clientes

Antes de propor ao cliente o que achamos que ele precisa,
precisamos atender ao que ele quer.
Norberto Odebrecht

Sempre que um cliente estiver a três metros de distância de mim,
irei sorrir, olhar no seus olhos e cumprimentá-lo.
Sam Walton

A rigor, qualquer profissional tem clientes. Estes podem ser externos ou internos, diretos ou indiretos. Desse modo, nenhum profissional pode dizer que não tem cliente. Os clientes são todos os envolvidos, de uma forma ou de outra, no seu trabalho. E o foco cliente não é somente moda. Na verdade, hoje precisamos substituir urgentemente o foco **no** cliente para o foco **do** cliente, isto é, precisamos ver nossa empresa com os olhos do cliente.

No mundo corporativo, quando se fala sobre fidelidade do cliente, é necessário primeiro valorizar e fidelizar os colaboradores. Esse grupo de clientes (internos) deve estar totalmente envolvido e integrado com os valores da empresa e, dentre eles, o cliente externo. Deve-se ouvi-los com atenção e respeito. Os colaboradores devem ser treinados para o atendimento em cada momento e principalmente para analisar situações de conflito e, sempre que possível e oportuno, tomar decisões em favor dos clientes ou consumidores, como também são chamados no segmento corporativo de varejo.

Caio Blinder[1] insiste na argumentação de que os colaboradores de uma empresa precisam se converter em genuínos advogados dos consumidores. Isso significa tornar-se um leal representante

Cultura Empresarial

dos interesses dos clientes, oferecendo-lhes informações abertas, honestas e completas. Deve-se ter em mente que, nos tempos atuais com todos os recursos de comunicação, o cliente vai, de uma forma ou de outra, descobrir a verdade. Portanto, Blinder ressalta que a advocacia dos interesses do cliente exige não só transparência, como também foco de longo prazo.

Segundo pesquisa da Forum Corporation, citada por Cristina Moutella[2] – MBA pela Fundação Getúlio Vargas –, 14 % dos clientes que deixam empresas de serviço o fazem por estarem insatisfeitos com a qualidade do que adquiriram, enquanto mais de 50% se afastam porque consideram os atendentes de serviço indiferentes ou pouco dispostos a ajudar.

Somos capazes de lembrar que, no princípio de tudo, as alternativas dos clientes eram poucas. Lembra-se dos carros Ford que no início eram todos pretos? Com o passar do tempo o cenário foi mudando paulatinamente. Novas organizações surgiram, a produção ganhou escala, veio a febre da qualidade e a moderna tecnologia. Os clientes passaram a ter mais oferta de produtos e serviços e tornaram-se mais exigentes. Hoje eles querem mais e melhor! Têm ainda a seu favor, além do Código de Defesa do Consumidor, os Órgãos de Proteção ao Consumidor, o Ministério Público, a internet, as redes sociais, a mídia e um infindável número de recursos que podem ser usados.

Como referimos, num ambiente cada vez mais complexo e competitivo, as empresas acordaram para o que pode realmente fazer a diferença: seus colaboradores. Em seguida, o salto é para fora, isto é, ter clientes satisfeitos e fiéis. Mas como mobilizar todos na organização, do porteiro ao presidente, para o público externo? É um verdadeiro desafio. A maioria das empresas diz que é voltada para o consumidor. Mas não é verdade. A tendência das equipes de atendimento é estar com visões distorcidas e voltadas para si mesmas, cometendo atos imperdoáveis na linha de frente, e é essa a maior causa de infidelidade do cliente. Deve-se ressaltar, no entanto, que o problema não é somente daqueles que atendem no "balcão", mas uma responsabilidade de todos: do primeiro ao último da organização. Essa é uma das razões pela qual, segundo Alexandre Diogo[3], presidente do IBRC (Instituto Brasileiro de Relações com o Cliente), o Patrimônio Humano (PH) tem papel estratégico na empresa. A este setor cabe desenvolver programas de treinamento, com o intuito de criar um clima de comprometimento e o sentido de servir ao cliente. O PH tem a missão de ser catalisador das necessidades da companhia e conseguir transformar os desejos de sucesso da empresa em realidade. Assim, essa área tem grande chance de preparar a estratégia para fidelizar os clientes através de pesquisas, informações, processos educacionais, treinamento dos colaboradores e, dessa maneira, contribuir para os resultados e sucesso da empresa.

É importante e necessário aferir o que querem os clientes. Aquele básico e mínimo prometido e esperado? Não, não é mais assim. Os clientes querem mais, apesar de, na maioria dos casos, não conseguirem verbalizar exatamente o que querem porque se baseiam apenas nas experiências que já tiveram. Entretanto, Jaime Troiano[4], presidente do Grupo Troiano de Branding, diz: "Dê ao consumidor apenas aquilo que ele diz querer e você vai ver o que acontece. Um dia certamente aparecerá alguém – uma empresa ou uma marca – oferecendo a ele aquilo que ele nem sabia que desejava tanto, até porque ele nunca julgou que fosse possível." Conclui Troiano: "O consumidor é ótimo para julgar, mas péssimo para criar".

Segundo Steve Jobs[5], muitas vezes as pessoas são sabem o que querem até que alguém lhes mostre o caminho.

Não estamos aconselhando fundamentar o trabalho em conjecturas, percepções e pressupostos gerados internamente para encantar os clientes. Isso seria uma tremenda miopia. Se você se volta para dentro da empresa e insiste em ouvir somente as pessoas ao seu redor, as ideias podem chegar distorcidas, maquiadas e parciais. E se o seu pensamento costuma ser "estamos no caminho certo, pois ninguém nos critica", cuidado. Isso pode ser, e muitas vezes é, uma cilada. As pesquisas deixam claro que pouquíssima gente – em média, 4% dos clientes – se manifesta espontaneamente para reclamar. A esmagadora maioria dos insatisfeitos não diz nada, simplesmente vai para a concorrência. E tem mais: relatam a experiência negativa a inúmeras pessoas do seu convívio, e hoje em dia, com as redes sociais, seus comentários chegam com enorme velocidade para centenas e milhares de internautas.

Ken Blanchard[6], em seu livro *Liderança de Alto Nível*, insiste que em organizações de alto desempenho tudo começa e termina com o cliente. É a diferença fundamental em relação a organizações cujo modelo de negócio coloca o cliente apenas como receptor e no final da cadeia. Nas organizações de alto desempenho, a gerência tem contato habitual com o cliente no pré, intra e pós-venda, o que permite de forma rápida, resposta a condições que estão em constante mudança.

Perguntas sobre os clientes e a empresa

Gary Hamel[7], o visionário guru, apresenta uma relação do que devemos questionar sobre o cliente. Algumas vezes aplicamos este questionário na empresa, dentro do foco da GEAP. Não é fácil, pelo contrário; alguns itens são caprichosos e demandam tempo, reflexão e pesquisa. Mas, se tivermos paciência e investirmos na obtenção das respostas, teremos uma melhor visão da empresa e poderemos nos propor a desenvolver ações que não imaginávamos que fossem tão importantes para o cliente. As perguntas são de caráter estratégico e devem ser respondidas por todos os envolvidos no processo:

- Qual o nosso sonho?
- Que tipo de diferença queremos fazer?
- Somos capazes de oferecer aos clientes uma "solução total" para suas necessidades?
- Será que existem tipos de clientes ignorados pelas empresas do setor?
- De que maneira os concorrentes tentam se diferenciar no setor?
- Conhecemos nossos concorrentes?
- Existem outras dimensões de diferenciação a serem exploradas?
- Estamos nos empenhando duramente em busca de oportunidades de diferenciação em todas as dimensões?
- Quais são nossas competências essenciais?
- Nossos conhecimentos são:
    - Exclusivos?
    - Valiosos para os clientes?
    - Aplicáveis a novas oportunidades?
- Quais são os verdadeiros benefícios que nossas competências proporcionam aos clientes?
- E se introduzíssemos nossas competências essenciais onde os concorrentes não possuam a mesma habilidade?
- Existem habilidades fundamentais que não possuímos?

- Que novas competências deveríamos agrupar?
- Quais são os nossos ativos estratégicos?
- Somos capazes de explorá-los de novas maneiras?
- Quais são os nossos processos mais críticos que criam mais valor aos clientes?
- Como chegamos ao cliente?
- Que canais utilizamos para chegar aos clientes? São eficientes? São fáceis? Poderiam ser mais agradáveis?
- O que de fato sabemos sobre os clientes?
- Estamos aproveitando todas as oportunidades para aprofundar nossos conhecimentos sobre as necessidades e desejos dos clientes?
- Estamos captando todos os dados possíveis?
- Fornecemos aos clientes todas as informações necessárias para as decisões de compra?
- Que outras informações são interessantes para os clientes?
- Que sentimentos evocamos em nossos clientes?
- Será que investimos nos clientes?
- Despertamos nos clientes senso de associação?
- Como superar as expectativas dos clientes?
- Pelo que nossa empresa está efetivamente cobrando?
- Qual o paradigma de preços em nosso setor?
- Conhecemos a percepção dos clientes quanto àquilo que estão pagando?
- Qual a percepção do cliente dos benefícios recebidos?
- Que benefícios de fato estamos fornecendo aos clientes?
- Será que existem benefícios necessários que o cliente talvez valorizasse?
- Qual a necessidade essencial que estamos pretendendo atender?
- Estamos oferecendo benefícios que não são importantes para os clientes?
- Com que eficácia estamos utilizando nossos fornecedores como parceiros?
- Que oportunidades temos para nos associarmos a outras empresas e tomar de "empréstimo" ativos e competências, e assim oferecer soluções mais completas aos clientes?
- Será que conseguiríamos cooptar outras empresas para uma causa comum?
- Efetuamos uma análise das fronteiras da nossa empresa?

- Testamos nossos pressupostos sobre o valor que os clientes extraem de nossos serviços?
- Em que extensão nossa empresa se afasta da média do setor?
- Quais os pontos de diferenciação? E que benefícios trazem para os clientes?
- Temos um conceito que explore o efeito multiplicador de rede?
- Temos condições de provocar efeitos de feedback positivo?
- Estamos realmente aproveitando todas as oportunidades de aprendizado?
- Nossa empresa corre risco de tornar-se um seguidor perpétuo?
- Será que nossa empresa e sua estratégia são capazes de inibir os clientes de migrar para outros fornecedores?
- Temos foco?
- Quais as vantagens de um amplo portfólio de produtos ou negócios?

A empresa deve se ajustar entre os acionistas de um lado e os clientes do outro. Sem esses extremos nada acontecerá. Em todas as leituras que se faz do TEO da Organização Odebrecht[8], desde os seus primórdios, verifica-se a importância dada aos clientes, sem os quais o negócio não existirá.

Movidos por este verdadeiro desafio, demos na GEAP a importância que o cliente merece. Sobre o tema temos a publicação Clientividade[9], que espelha o nosso interesse, sentimento e recomendações para que a relação cliente/empresa seja agradável, de longo prazo e atenda o interesse das partes.

Estudos da Consultoria Bain & Company mostram que manter um cliente é bem mais barato que recuperar um consumidor perdido. Dependendo da empresa, é preciso conquistar de três a dez clientes fiéis para compensar o estrago causado por um único cliente furioso. Ainda segundo a Bain, cada aumento de 5 pontos percentuais no índice de retenção de clientes pode fazer o lucro por consumidor aumentar até 85% em bancos de varejo, e até 135% nas operadoras de telefonia. Investir no bom relacionamento não é só garantia de sobrevivência, mas também de crescimento no longo prazo, diz Rodolfo Spiellman, sócio da Bain no Brasil[10].

Pesquisa de satisfação do cliente

É preciso ouvir o cliente. Segundo Sérgio Almeida[11], autor do livro *Cliente, Eu não Vivo sem Você*, é preciso enxergar o cliente como um consultor que nos oferece "feedback", indica pontos de melhoria, emite opiniões e sugere novos produtos e serviços.

A jornada de aprendizado com o cliente começa com alguns pontos básicos: o cliente é uma pessoa igual a você; o serviço ao cliente deve ser um relacionamento e não uma transação comercial; ter sempre em mente que todo problema com o cliente é uma oportunidade de aprender coisas muito importantes e; não se iluda, tudo isso vai dar muito trabalho.

Procurando aprimorar os canais de relacionamento, foram criados SACs, ouvidorias, grupos de clientes para se manifestarem. Empresas como Monsanto e Pão de Açúcar, que possui a "Casa do Cliente", dedicam-se à construção de meios para aproximar e ouvir os consumidores. São instrumentos, além das pesquisas de avaliação do grau de satisfação, de queixas e sugestões. Todas estas ferramentas ajudam a formar a mentalidade de que o consumidor exige atenção e respeito e constroem o tão desejado relacionamento firme, duradouro e fiel.

Quando uma empresa deve dar início a ações para reter os clientes? Como diz Sérgio Almeida, já! "Pode ser que amanhã seja tarde demais. Lembre-se de que este é um processo cultural e, como tal, leva tempo para ser digerido. Se você ainda não começou está atrasado".

Para aprender com quem está do outro lado do balcão é essencial também haver persistência. Ouvir o cliente é o tipo da coisa inútil se você faz isso uma única vez ou de maneira esporádica. Não é porque um cliente comprou seu produto ou seu serviço que você pode esquecer seu compromisso com ele. "Toda vez que o cliente volta a se relacionar com você, redesenha-se um novo ciclo de serviços", diz Almeida. Ele nunca está definitivamente conquistado. O segredo consiste em conhecê-lo, cultivá-lo e desenvolver uma parceria de longo prazo. Só assim você conseguirá fidelizá-lo. Afinal, o custo de conseguir um cliente novo é cinco a sete vezes maior do que o custo investido em mantê-lo.

Consumidor consciente, cliente exigente

Segundo Aron Belinsky[12], já se foi o tempo em que o consumidor estava satisfeito com empresas que vendiam bons produtos, tinham bons preços, geravam empregos e cumpriam as leis. Hoje eles querem mais. Pesquisas feitas pelo Instituto Akatu mostram que aumentou o índice de consumidores preocupados com questões como cuidados com o meio ambiente, ações de responsabilidade social, sustentabilidade, utilização de mão de obra infantil, propaganda enganosa de produtos e serviços. Conforme os dados, 42% dos pesquisados já decidiram comprar um produto ou serviço por levarem em conta ações de preservação ambiental praticadas por uma determinada empresa. Além disso, outros cerca de 40% já deixaram de realizar uma compra como forma de punição. Por isso, é preciso estar com os olhos abertos.

O gerente do Akatu vai além. Ele afirma que surgiu uma mudança de paradigma na relação entre empresas e clientes. Antes elas projetavam uma imagem e os consumidores compravam a ideia. Agora não é mais assim. As companhias não conseguem obter sucesso pelo que elas dizem de si mesmas, mas sim pelo que falam delas.

Portanto, os clientes não compram mais apenas o produto ou serviço, mas também o não produto e o não serviço. Compram o intangível e o simbólico.

Pesquisas

As empresas podem e devem renunciar à posição ditatorial de "nós sabemos mais" para a posição de "vamos compartilhar ideias" e "você é a parte importante e vital do processo". Dessa maneira, forma-se um alto grau de comprometimento com o consumidor, uma verdadeira aliança estratégica e evidentemente, maior lealdade.

Rodolfo Spielmann[10], sócio da Bain Company – Brasil, publicou um artigo interessante com o tema "as razões pelas quais você não entende o seu cliente". Na saída de um resort luxuoso, 50 questões pedem avaliação de cada detalhe de sua estada – do conforto da cama ao equipamento de fitness. Mesmo com tantas perguntas a pesquisa não consegue identificar o que realmente falta para encantar o cliente, e os poucos hóspedes que se dispõem a gastar seus vinte preciosos minutos com a pesquisa recebem um e-mail padrão de agradecimento, sem qualquer indicação de que o feedback será usado para a melhoria dos serviços.

Em vez de servirem de fonte de informação sobre o que seus clientes valorizam, as pesquisas de satisfação podem se tornar umas das principais razões pelas quais as organizações não entendem seus clientes. Spielmann lista os cinco principais motivos de por que essas pesquisas muitas vezes não funcionam:

1 *Perguntas demais para os clientes errados*
Diversas pesquisas exageram no número de perguntas, o que eleva os custos de realização, desencoraja potenciais respondentes e diminui o tamanho da amostra. Você de fato quer ouvir a opinião de pessoas que não têm nada melhor para fazer além de responder pesquisas intermináveis? As chances são de que seus clientes mais rentáveis as ignorem. Pesquisar os clientes errados somente levará a conclusões erradas.

2 *As pessoas certas nunca ouvem os problemas*
Os extensos relatórios de pesquisas chegam às mãos de poucos executivos com atraso de alguns meses e, tipicamente, acabam em suas gavetas. As pessoas que realmente podem agir sobre uma insatisfação quase nunca recebem os resultados a tempo e tampouco dispõem de um processo estruturado para entender melhor a causa-raíz do problema, o que acaba não levando a mudança alguma.

3 *Resultados de pesquisas convencionais não têm relação com o desempenho*
Estudos da Bain & Company mostram que as correlações entre os resultados de pesquisa de satisfação e comportamento dos clientes são, no máximo, superficiais. A análise de clientes individuais mostra que 60 a 80% dos clientes que cancelam produtos e serviços haviam declarado estar "satisfeitos" ou "muito satisfeitos" em pesquisas anteriores.

4 *Pesquisas não acontecem no momento certo*
Pesquisas de satisfação são muitas vezes complementadas com questões que buscam avaliar a qualidade de uma única transação, e pior, geralmente são feitas no momento errado. A melhor maneira de avaliar a percepção do cliente em relação a uma experiência-chave é logo após esta ter ocorrido.

CULTURA EMPRESARIAL

Dessa forma o cliente tem a experiência "fresca" em sua mente. Um relacionamento é composto de cada uma dessas experiências. Portanto, é essencial identificar em quais delas você encanta seu cliente e quais contribuem para deteriorar seu relacionamento com ele.

5 *Manipulação mina a credibilidade*

Alguns clientes receberam um e-mail da gerente de seu banco, um dos maiores bancos brasileiros, informando que receberiam em breve uma pesquisa de satisfação. No mesmo e-mail, essas pessoas foram convidadas para um evento sobre investimentos, reforçado com a frase: "Eu, fulana, sua gerente de relacionamento, o indiquei a participar do evento. Conto com a sua presença e com sua nota 10!". Este tipo de interferência tira totalmente a credibilidade das pesquisas de satisfação junto aos clientes.

A verdade é que métricas de satisfação nem sempre ajudam as empresas a crescer. O que uma empresa precisa não é de clientes satisfeitos, mas sim de embaixadores apaixonados pela empresa. Como conseguir isso? Adquira o hábito de coletar dados sobre o engajamento de seus clientes e disponibilize-os imediatamente à linha de frente.

Um foco importante que pode ser utilizado nas pesquisas é saber quantos clientes recomendariam sua empresa para um parente, colega ou amigo. Essa pergunta mostra o interesse em identificar quantos clientes são promotores e quantos são detratores da sua empresa. Dessa maneira, foi criado o Net Promoter Score (NPS), que tem clara relação com desempenho.

O NPS, portanto, é calculado a partir das respostas à pergunta: "Você nos recomendaria a um amigo ou colega?". Numa escala de 0 a 10, busca descobrir quais clientes são "promotores" de seus produtos e/ou serviços (notas 9-10); quais estão passivamente fazendo negócios com você (7-8); e quais são na verdade "detratores" de sua empresa (0-6). Ao subtrair a porcentagem de "detratores" da porcentagem de "promotores", obtém-se o NPS.

A chave para o crescimento está em criar uma organização que tenha inúmeros promotores; que colete informações em tempo real sobre os clientes que importam; que melhore os processos prioritários de interação com o cliente, medindo as melhorias de forma constante frente aos concorrentes. Daí o valor em se acompanhar uma única métrica simples e fácil, como o NPS.

Uma recente publicação[13] informa que grandes e notáveis companhias, como Phillips, Allianz, Ford, Xerox, Lego e Siemens, estão adotando o NPS. Dentre as companhias da lista das mil maiores da revista Fortune, 35 a 40% usam o NPS.

A Apple, por exemplo, começou a medir o NPS de suas lojas em 2007. Naquele ano, o índice foi de +58. A empresa então decidiu ouvir o que os consumidores que não recomendavam a empresa tinham a dizer. As filas encabeçavam a lista de reclamações. Com número maior de caixas e um sistema mais rápido de pagamento, houve a redução do tempo de atendimento. No ano passado, a última leitura de NPS feita pela empresa apontou índice de +72.

Entre nós, a Serasa Experian adotou a NPS. Há quatro anos, quando da primeira medição, o índice estava em +30. Descobriram que o problema estava na falta de flexibilidade de pagamento. A empresa, então, adotou prazos mais longos e o último NPS ficou em +58.

Estudos da Bain & Company mostram que empresas com maiores NPS em suas atividades crescem 2,6 vezes mais que seus competidores.

A pesquisa de satisfação, tanto quanto possível, deve ser profissionalizada.

Também dependendo do porte da empresa, deve haver um ombudsman (ouvidor), que coordene as queixas e sugestões dos clientes e, com bom discernimento, monte uma planilha para posteriormente ser avaliada pelos responsáveis da área de atendimento e apresentada nas reuniões de resultado da empresa (capítulo 11).

Tivemos também na empresa referência, onde desenvolvemos a GEAP, boas avaliações quando "ao vivo e a cores" sentávamos ao lado de um cliente e fazíamos perguntas sobre o serviço prestado naquele momento e também em experiências anteriores. Às vezes, a avaliação também era feita em outros locais de atendimento. Interessava saber se o cliente conhecia a concorrência e como avaliava e comparava as empresas. Questionávamos sobre as diferentes etapas do atendimento em toda a sua cadeia de serviços e investigávamos sobre o conhecimento do produto ou serviço e há quanto tempo ele era cliente. Desse modo, sem um roteiro preestabelecido e com muita descontração, extraíamos do cliente todas as informações pertinentes ao negócio. Por isso, recomendamos fortemente esta modalidade de pesquisa simples, útil e que impressiona bastante o consumidor.

Outra forma também de fácil execução, é a pesquisa ao fim da utilização de serviços, com uma série de quesitos importantes para serem respondidos com um simples "X", medindo a satisfação com o atendimento: bom, regular e insatisfatório. Essa prática é comumente utilizada em hotéis, hospitais e eventos. Para produtos, esta aplicação é pouco adequada.

As diversas formas de pesquisa devem oferecer um indicador que nos alerte e diga como estamos naquele mês (ideal) ou trimestre.

Na GEAP, esses números (indicadores) são divulgados na apresentação mensal dos resultados. Se o negócio tiver várias unidades ou filiais, deve-se procurar ter o resultado da satisfação do cliente de cada uma delas.

É fundamental ter uma meta, por exemplo, uma porcentagem de clientes altamente satisfeitos. Esta meta deve ser "perseguida" por todos os colaboradores da empresa, uma vez que, direta ou indiretamente, todos os clientes internos contribuem para sua construção. Sugerimos criar um mote, um apelo de fácil assimilação pelos colaboradores. Em nossa experiência, o nome "Operação 92" gerou rápido entendimento do que queríamos alcançar e impregnou o ambiente da empresa com o desejo de vencer o desafio. Obviamente, deve haver suportes para fazer acontecer. Entre eles, fazer reuniões semanais apresentando as avaliações das pesquisas para aqueles envolvidos na operação, com o objetivo de rapidamente contribuir e corrigir possíveis distorções.

Nas reuniões mensais de resultados, como dissemos, também eram apresentados a todos os resultados das pesquisas de satisfação.

Na GEAP, os indicadores de satisfação do cliente, exemplo 92%, sempre foram incluídos obrigatoriamente no Programa de Ação (PA) de cada um dos empresários e colaboradores – PAE – (capítulo 9) e naturalmente contribuíam para a participação dos mesmos nos resultados da partilha (capítulo 12).

A *personalização do produto e do serviço*

Lior Arussi[14], presidente do Grupo Strativity, afirma que o desejo dos clientes está alterando os objetivos das empresas. Dessa maneira, o que é novidade hoje pode ser "commodity" ou, pior, obsoleto amanhã. Em consideração ao cliente, deve-se sempre procurar novas alternativas e inovação.

É preciso lembrar também de que não estamos mais nos tempos da sociedade de massa, em que, os clientes eram uniformemente classificáveis. As pessoas – clientes – têm necessidades próprias que as chamadas "linhas de montagem" não conseguem mais atender totalmente. Há consumidores – clientes – com visões extremamente particulares e com desejos a partir de suas experiências no mundo, origens culturais, estilo de vida e outros aspectos.

Portanto, no mercado, o que diferencia e individualiza seria o sentido que se dá ao que se consome.

A consequência é que esta regra de liberdade de diferenciação que sucedeu ao mercado de massa, no qual todos deveriam ter a mesma coisa, na mesma hora e nas mesmas condições, deu lugar à customização, em que o individualismo é a nova religião.

Por causa dessa individualização, temos a possibilidade de diferenciação, e assim é possível ter uma Brastemp, um tênis Nike, um computador Dell com configuração própria. Por esta razão, a customização deve se sobrepor à massificação, pelo menos neste início, para classes sociais mais privilegiadas.

Prahalad[15], o guru, nos ensinou que o objetivo dos consumidores não é obter um bem, mas possuir algo que o faça acessar uma experiência.

Seguindo esse caminho, algumas empresas estão promovendo uma mudança radical de um modelo que se ajusta a todos para modelos de experiências mais pessoais. Ao desenvolver seus produtos, elas permitem e encorajam uma participação verdadeira, trazendo o cliente para dentro da fase inicial do processo de criação. Um ótimo exemplo disso é a NikeID. Disponível pela internet, esse serviço da Nike permite que o cliente adapte o modelo do tênis que compra com suas próprias especificações. O cliente escolhe as cores e o estilo. Obviamente que o tênis customizado é mais caro do que aquele encontrado na loja. Porém, esse custo adicional é um pequeno ônus a ser pago pela personalização proporcionada. O cliente do serviço NikeID está criando um tênis muito exclusivo e que faz, de fato, parte de sua personalidade. Os tênis são tão exclusivos quanto seus estilistas (o consumidor) e refletem preferências, valores e personalidade de cada um. Essa intimidade entre produto e cliente é o nível mais alto de experiência do cliente.

Examinando o fenômeno iPod, é possível identificar um comportamento similar. O sucesso do iPod deu-se pela possibilidade de cada cliente criar a própria lista de gravações de canções que refletem seu gosto musical e personalidade individual.

Marketing

Hoje em dia, quando se fala em cliente/consumidor tem-se que falar também sobre marketing, que nada mais é que um conjunto de atividades da empresa que cria valor e faz o relacionamento do produto ou serviço com o consumidor.

Lindstrom[16], em seu livro *A lógica do Consumo – Verdades e Mentiras Sobre Por Que Compramos*, analisa as forças subconscientes que nos motivam a comprar.

O neuromarketing, uma nova ciência que estuda a essência do comportamento do consumidor por meio da análise das reações neurológicas a estímulos externos, ainda está engatinhando. Por mais que seja explorado, talvez nunca consiga nos dizer exatamente onde fica o "botão de compras" no cérebro. Miguel Nicolelis[17], o superpremiado neurocientista brasileiro, estudou profundamente o funcionamento do cérebro, declarando que sua atividade elétrica não respeita limites e fronteiras.

No entanto, o neuromarketing poderá ajudar, com o tempo, a prever certas direções e tendências que vão alterar a configuração e o destino do comércio.

Alex Periscinoto[18], publicitário, incansável observador e protagonista do mercado, afirma que 70% do impulso de compra é emocional e supérfluo.

Philip Kotler[19] diz que a chave da vantagem competitiva, muitas vezes, é a análise do valor, para o cliente, daquele produto ou serviço. Cita ainda a importância do valor agregado. Nesse caso, o quanto mais, melhor e, se possível, um punhado de benefícios. Segundo o consultor e autor, as empresas, para continuarem competitivas devem ampliar e impulsionar continuamente os pacotes de valor agregado, que é o que contribui para conservar os clientes por toda a vida.

Entretanto, nem todos os clientes são iguais. Alguns autores, como Kotler, sugerem que as organizações deveriam estabelecer relações mais fortes com seus clientes mais rentáveis. É o chamado mercado estratificado. Todavia, cada vez mais se avolumam vozes criticando essa filosofia, porque, entre outras razões, haveria perda de clientes, de escala e críticas à marca.

O CRM (Customer Relationship Management), que é uma infraestrutura que implementa a filosofia do "um a um" de relacionamento com o cliente, ainda está na ordem do dia. O CRM é uma estratégia de negócio voltada ao entendimento e à antecipação das necessidades dos clientes atuais e potenciais de uma empresa. Do ponto de vista tecnológico, envolve capturar os dados do cliente, analisá-los e usar essas informações ao interagir com ele.

Segundo Don Peppers e Martha Rogers,[20, 21] umas das maiores autoridades de marketing do mundo e criadores do conceito, é esse o pensamento que as empresas precisam ter para poder prosperar no século XXI. Para eles, o segredo do sucesso comercial não depende apenas da obtenção de novos clientes, mas também e fundamentalmente da conservação dos clientes conquistados.

De acordo com esses mesmos autores, existem dois tipos de clientes: os que fazem uma reclamação para a empresa e os que reclamam da empresa para outros (clientes ou não). Acrescentam que os primeiros são os mais benéficos para a companhia, pois, embora estejam reclamando, o fato de entrarem em contato com a empresa significa que eles prezam a instituição, e, se tiverem suas queixas atendidas, provavelmente permanecerão clientes e divulgarão os bons serviços que receberam. Já os clientes que falam mal dos serviços ou produtos para outras pessoas e empresas, estão minando a credibilidade dessa companhia. "Eles são verdadeiros terroristas", advertem.

Algumas "dicas" de Peppers e Rogers para quem planeja implantar o CRM:

1. Saiba realmente quem é o seu cliente.
2. Descubra o que ele quer.
3. Produza exatamente o que ele quer e entregue no prazo combinado.
4. E, antes de tudo, tenha certeza de que seu produto/serviço possui qualidade compatível com a do concorrente. Em seguida pense em como personalizá-lo.

Fases do marketing

Ao longo dos anos, o marketing foi evoluindo e passou por três fases: mkt 1.0, 2.0 e 3.0.

O mkt 1.0 era centrado no produto. Na era da industrialização, era preciso padronizar o produto e ganhar escala para reduzir os custos de fabricação. Bastava produzir um bom produto a preços razoáveis e colocar à disposição para que o maior número de consumidores pudesse adquiri-lo. O importante era vender produtos.

O mkt 2.0 surgiu na era da informação. Os consumidores tornaram-se bem mais informados com o advento da internet, podendo comparar várias ofertas de produtos e serviços semelhantes. As empresas adotaram o dogma de que o cliente é rei e apresentaram produtos superiores para mercados segmentados. O importante era satisfazer e conservar o cliente e a questão era que, mesmo tendo foco no cliente, o mkt 2.0 ainda o via como um agente passivo frente a suas mensagens.

Agora estamos no momento do mkt 3.0, que é centrado no ser humano e na responsabilidade corporativa, como bem descreve Kotler[19]. Isso porque os consumidores estão cada vez mais com o espírito preparado para lutar contra as injustiças sociais e transformar o mundo globalizado num mundo melhor. Esses consumidores buscam satisfação funcional (precisam me dar os benefícios que eu espero), emocional (precisam me inspirar confiança, gerar em mim uma experiência agradável) e espiritual (precisam atender aos meus anseios e valores) nos produtos e serviços que escolhem. O foco dessa tendência atual é fazer do mundo um lugar melhor.

As empresas que já praticam o mkt 3.0 oferecem soluções para a sociedade como um todo. A GE, por exemplo, tem em seu projeto *Ecoimagination* o objetivo de oferecer produtos que atendam as necessidades do consumidor e melhorem o mundo onde vivemos. A Diversey, empresa de produtos para uso industrial e residencial, tem em seu slogan a frase: "Para um futuro mais limpo e saudável".

A Unilever também se destaca neste aspecto. Em um evento da Universo Qualidade que teve como tema "A Lógica do Consumidor"[22], Ricardo Sapiro, então vice-presidente de Marketing da empresa, comentou que hoje as marcas se destacam quando existe relacionamento de confiança com o consumidor.

No caso do Omo, em que o bordão era "lava mais branco", houve uma mudança de 180 graus na informação dos benefícios que a marca oferece aos seus consumidores, adotando a frase "porque se sujar faz bem". A finalidade é levar a mensagem de desenvolvimento do potencial dos filhos, permitindo que tenham experiências, vivam intensamente e se sujem. O bordão faz com que as pessoas se sintam mais tranquilas porque o Omo lava mesmo.

Com estes exemplos, verificamos que hoje os consumidores compram coisas que tenham significado na sua vida.

Estamos vivendo a forma de marketing mais sofisticada que já vimos. Estamos centrados no consumidor que demanda abordagens mais colaborativas, culturais e espirituais. Os avanços tecnológicos facilitam a disseminação da informação, ideias e opinião pública e permitem que os consumidores colaborem para a criação de valor. O mkt 3.0 pode ser dividido: no contexto, mais colaborativo; no conteúdo, mais global; na ação, mais criativa.

Kotler termina seu recente livro *Marketing 3.0* relacionando os credos que a empresa necessariamente tem que seguir para ser líder e atingir seus objetivos:

Credo I: Ame seus clientes e respeite seus concorrentes.

Credo II: Seja sensível à mudança e esteja pronto para se transformar.

Credo III: Proteja seu nome, deixe claro quem você é.

Credo IV: Um cliente é diferente do outro, procure primeiro aqueles que podem se beneficiar mais de você.

Credo V: Ofereça sempre um bom pacote por um preço justo.

Credo VI: Esteja sempre disponível, divulgue as boas novas.

Credo VII: Conheça seus clientes, cultive-os e conquiste outros.

Credo VIII: Não importa em qual setor você atue, será sempre no setor de serviços, pois todo produto envolve serviços.

Credo IX: Aperfeiçoe sempre seu processo de negócios em termos de qualidade, custo e entrega.

Credo X: Colete informações relevantes, mas use sua sabedoria para tomar a decisão final.

Pós-venda

O foco principal de qualquer negócio, independentemente do seu mercado, segmento, ramo ou localização, está voltado para a venda de seus produtos e serviços[23]. De modo geral, todas as empresas procuram aumentar ou, no mínimo, manter as receitas geradas pelas vendas e, para isso, muitas exercem pressões enormes junto aos seus departamentos comerciais e investem milhões em publicidade, marketing, eventos, etc.

É verdade que o foco em vendas de forma alguma poderia ser outro, pois, sem a receita gerada pelas mesmas, nenhuma empresa sequer sobreviveria. No entanto, muitas empresas têm perdido a preciosa oportunidade de efetuar novas vendas aos seus próprios clientes, devido ao fato de eles migrarem para a concorrência no momento da troca do seu produto por um novo ou na hora da renovação de um serviço.

Um dos principais motivos dessa perda reside na má qualidade do atendimento e dos serviços prestados no pós-venda. Um pós-venda de má qualidade faz com que o cliente fique irritado com a empresa e, muitas vezes, decepcionado com a marca. Isso faz com que ele vá mais longe ou pague mais caro por um determinado produto ou serviço do concorrente.

O erro cometido pelas empresas está no esquecimento do compromisso firmado com o cliente no momento da venda. Esse lapso deteriora de forma devastadora o bom relacionamento iniciado com o cliente, deixando-o completamente exposto aos concorrentes. Como alternativa, as empresas acabam investindo equivocadamente na prospecção de novos clientes, fomentando um círculo vicioso, uma vez que a tendência é que esses novos consumidores sejam igualmente perdidos.

Ao contrário do setor de telecomunicações, onde a preocupação com a saída de clientes é extremamente alta e gerenciada sistematicamente, as montadoras e concessionárias de automóveis ainda não perceberam que podem ter sua participação no mercado fortemente alavancada, caso venham a prestar um pós-venda de melhor qualidade. Pesquisas revelam que, após o término da garantia dos veículos, independentemente da marca, apenas 20% dos proprietários voltam à rede de concessionárias para realizar as revisões, manutenções e reparos em geral. Entre os motivos apontados pelos pesquisados, e considerados como os principais geradores desse baixo índice, estão o atendimento extremamente burocrático, a falta de transparência e a má qualidade dos serviços executados.

O que tem que ser reavaliado é o modelo atual de atendimento e de prestação de serviços do pós-venda.

O pós-venda deve funcionar como uma ponte entre a venda passada e a venda futura. Para isso é primordial que as empresas mudem sua visão entre esses dois momentos e façam dessa fase uma verdadeira ferramenta preparatória de novas vendas. Assim, o pós-venda tem a nobre missão de fidelizar e trabalhar os clientes diariamente, se for o caso, em doses homeopáticas, transformando-se num importante instrumento de vendas.

O relacionamento com o cliente, preconizado na GEAP e que deve ser aplicado no dia a dia, tem que ser constante. Deve haver um departamento ou setor; ou no mínimo pessoas encarregadas do pós-venda, mantendo contato com o cliente pessoalmente. O setor pode ser chamado de Relações Empresariais (RE), por exemplo, e trazer as possíveis sugestões e queixas colhidas junto ao cliente para solução. Dentro da característica desse tipo de gestão, deve-se ter confiança e dar liberdade ao colaborador (bastante treinado e preparado) para solução de problemas que estejam dentro de sua alçada. No entanto, a condição fundamental é haver urgência absoluta na resposta a ser dada.

Utilizamos também a estratégia da visita diferenciada e recomendamos que os empresários se constituam em verdadeiros "padrinhos" de algumas empresas clientes, com visitas regulares. O critério para apadrinhar pode ser o mais variado, desde localização da empresa a conhecimentos pessoais, não necessariamente empresariais. Até o CEO e acionistas devem entrar nesse programa. Os resultados são muito bons, formando-se um elo entre as empresas com um canal de comunicação diferenciado. A OdontoPrev, empresa líder no mercado de planos de saúde odontológicos, adotou esse tipo de relacionamento com as empresas clientes e obteve sucesso.

Eventos

São acontecimentos (esportivos, informativos, educacionais, festivos, etc.) organizados por especialistas com os mais variados objetivos.

Segundo Amauri Marchese[24], os especialistas em comunicação e marketing quando falam sobre eventos afirmam que: fazer é difícil e mais difícil ainda é pensar. Isso porque é no pensar o evento que está toda a diferença entre seu sucesso ou seu fracasso.

CULTURA EMPRESARIAL

Pensar está diretamente ligado à estratégia, enquanto fazer é tático. E convenhamos, fazer de qualquer maneira é muito fácil.

Os eventos devem ser considerados instrumentos estratégicos de comunicação, cuja finalidade precípua é abrir e reforçar os relacionamentos entre a empresa e os diversos públicos de seu interesse. Desse modo, alcançarão a adesão desses públicos para sua marca institucional e a marca de seus produtos e serviços. Cada vez mais os eventos estão se tornando atividades fundamentais para o sucesso dos negócios das empresas.

Geralmente os eventos institucionais têm o objetivo de agregar valor à imagem da marca e conceito da empresa no mercado. No caso de um evento promocional, o objetivo final é estimular a venda.

Sem dúvida, numa visão atual, quaisquer ações de comunicação desenvolvidas pelas empresas devem contribuir para a geração de resultados. Quando bem concebidos, planejados e executados – e não utilizados apenas como uma tática emergencial – os eventos propiciam reações e resultados muito eficazes. Eles aproximam as pessoas, promovem o diálogo, mexem com as emoções, criam sentimentos e permitem a guarda de lembranças.

O evento é um dos mais ricos instrumentos de comunicação, pois reúne ao mesmo tempo comunicação oral, escrita, visual e aproximativa.

Entre outras vantagens, o evento possibilita o estreitamento do relacionamento com todos os públicos estratégicos (*stakeholders*), gerando maior simpatia pela empresa como um todo e obtendo comportamentos favoráveis. Possibilita também mostrar produtos e serviços, sensibilizando e estimulando os potenciais compradores; obter informações estratégicas sobre o mercado e a concorrência; atualização profissional e técnica por meio da troca de experiências e obtenção de conhecimento atualizado; e, fortalecimento da imagem institucional.

Perante o exposto, conclui-se que os profissionais responsáveis pelas áreas de marketing e comunicação das organizações devem utilizar os eventos de modo cada vez mais estratégico, totalmente integrado ao mix de suas atividades.

Comungando com este enfoque, construímos há 15 anos a Universo Qualidade (UQ), entidade sem fins lucrativos que realiza eventos únicos pela sua excelência de conteúdo e apresentação (ver anexo A, na pág. 371). As agradáveis sessões em meio período do dia, com temas atuais e rico saber, são apresentadas por reconhecidos empresários de organizações de destaque ou consultores titulados e admirados pela facilidade de comunicação e grande conteúdo (capítulo 2).

As pesquisas de opinião ao final do evento revelam um cliente extremamente satisfeito e encantado com a marca (da UQ e do patrocinador).

Na maioria das vezes, os eventos da UQ são assistidos por cerca de 400 gestores/empresários de cerca de 280 empresas, convidados e inscritos formalmente. Uma fórmula que consideramos essencial, e nem sempre utilizada pelas empresas patrocinadoras, é ter um colaborador o mais diferenciado possível para receber e dar atenção ao cliente convidado.

Quanto aos resultados, destacam-se os seguintes:

- A excelência do evento da Universo Qualidade é de modo automático linkada com a marca do patrocinador.
- Possibilidade de aproximar ou reaproximar clientes.
- A oportunidade de encontrar clientes do patrocinador em "campo neutro" e desfazer possíveis mal-entendidos que porventura tenham acontecido anteriormente.
- Fechar negócios ainda pendentes.

Empresas de pequeno porte que não possam desenvolver seus próprios eventos, ou mesmo de grande porte que não tenham aptidão ou tempo para esta área, podem patrocinar ou copatrocinar eventos para os quais convidam seus clientes. Entretanto, é necessário selecionar bem o evento, os convidados, e ter um anfitrião para receber e dar atenção aos clientes desde sua chegada ao local até o final da sessão.

Atendimento das reclamações

Algumas empresas, como o Bradesco, têm todas as reclamações transformadas em relatórios diários distribuídos a toda a diretoria.

As reclamações mais frequentes são tema de reuniões bimestrais de que participam a ouvidoria e representantes de todas as áreas envolvidas. "Esses encontros dão mais sentido de urgência aos problemas, além de ser a oportunidade de as áreas conversarem sobre como resolvê-los", diz Julio Alves Marques, diretor da

Cultura Empresarial

ouvidoria do Bradesco. Em casos extremos, quando surge uma queixa que possa representar um risco para a imagem do banco, ela é levada ao conselho de administração. Quando fica comprovado que um funcionário comportou-se de maneira inaceitável, como no caso de um correntista que ouviu uma atendente de sua agência chamá-lo de "mala", ele é demitido.

Talvez a grande resposta ao desafio do relacionamento com o consumidor seja encará-lo como o que realmente é: um componente vital do negócio.

Sendo assim, faz todo o sentido alinhar a remuneração variável dos principais empresários e também dos colaboradores a metas de atendimento, como preconizamos no sistema de Gestão de Alta Performance (GEAP) que estamos descrevendo, e como fazem o próprio Bradesco e a Natura, maior fabricante de cosmético do país. Essa opção acaba por desencadear uma série de medidas. Afinal, quem quer perder seu bônus por causa de um possível mau humor do cliente?

A rede de lojas de roupas Renner dá autonomia para que cada um dos seus funcionários resolva os problemas na hora em que estes aparecem, e paga um prêmio mensal aos melhores em atendimento. A cada semestre, o melhor funcionário da melhor loja recebe uma TV e participa de um almoço com a diretoria da varejista. "Eu mesmo, às vezes, banco o atendente da loja para ver de perto o que nosso cliente quer", afirma Jose Galló, presidente da empresa.

Ficar em estado de alerta permanente, como fazem Bradesco, Natura, Renner e outras empresas avaliadas em pesquisas, é uma atitude com impacto direto na lealdade dos clientes. Isso num mundo, é bom não esquecer, cada vez mais infiel.

Atenção especial deve-se ter com as redes sociais, como Facebook, Twitter e os blogs, seja para o bem ou para o mal das empresas. O objetivo é pegar carona na credibilidade que os blogueiros têm com os leitores e conquistar espaço nos posts publicados por eles (é a voz do autor). Não é fácil ganhar uma menção. Um produto ruim é facilmente detonado.

Uma estratégia para se aproximar é abrir as portas da empresa e municiá-los de informações relevantes, como fazem Nokia, Microsoft, Kellogs, entre outras. Jamais deve-se esquecer do óbvio – que sem cliente não existe empresa –, e que entender o cliente (pessoa física ou empresa) é uma arte que poucos, muito poucos, conhecem adequadamente.

Expusemos neste capítulo alguns focos sobre o cliente, inclusive nossa real experiência na GEAP, e esperamos ter conduzido o leitor às diferentes facetas do tema.

1.4.3 - Célula da Qualidade/ Excelência

*Se você não buscar a perfeição,
nunca alcançará a excelência.*
Ken Blanchard

*Todos precisam ser maníacos
em relação a qualidade.*
Jack Welch

Para uma gestão eficaz, as empresas devem ter um setor focado e especializado no sistema de Qualidade, que pode estar sob o "guarda-chuva" da área do Patrimônio Humano, da Tecnologia da Informação, da Administrativa ou ainda da área Operacional. Esta célula deve gerir o sistema da Qualidade em toda a empresa, suas unidades de negócio, áreas, departamentos e setores. Tal iniciativa contribui fortemente para a empresa tornar-se melhor estruturada e se diferenciar das concorrentes.

Na GEAP, privilegiamos esse sistema e, a nosso ver, as empresas deveriam inicialmente "fazer um estágio," conhecendo e praticando a Qualidade, para em seguida "mergulhar" em um outro sistema de gestão por ela escolhido.

Ressaltamos ainda que nas propostas de práticas de gestão, consideradas as mais modernas há sempre uma referência à Gestão da Qualidade Total (GQT), como por exemplo no Balanced Scorecard de Kaplan e Norton[1], que ressaltam a Qualidade, em vários parágrafos. Falconi[2] também dá ênfase ao GQT.

O movimento pela Qualidade é tão importante nos sistemas de gestão atuais, inclusive no GEAP, que vamos nos permitir tecer considerações mais detalhadas sobre esse sistema desde os seus primórdios.

Afinal, o que é Qualidade e o que é Excelência? Segundo

o dicionário Houaiss[3], a Qualidade é "uma propriedade que determina a essência ou a natureza de um ser ou coisa; característica comum que serve para agrupar; característica superior ou atributo distintivo positivo que faz alguém ou algo sobressair-se em relação a outros; virtude; destaque em uma escala corporativa". Já a Excelência é citada como "a qualidade muito superior; acima de qualquer coisa, grandeza; superioridade".

Com esses conceitos verifica-se que é possível tratar dos temas Qualidade e Excelência juntos e ao mesmo tempo, sendo que esta última significa superioridade. Por essa razão, a Fundação Prêmio Nacional da Qualidade –, FPNQ – utiliza os chamados "Critérios de Excelência", e o SEBRAE, com o Programa de Qualidade Total, criou o Prêmio Excelência Empresarial para as pequenas empresas.

De qualquer maneira, nos principais textos sobre a matéria – Qualidade – encontra-se de um lado o conceito de estar em conformidade com os requisitos, que são especificações criadas antes da fabricação de um produto, ou que um serviço seja oferecido ao consumidor, e que devem ser respeitadas na fabricação ou na entrega do serviço. Por outro lado, é fundamental que a Qualidade seja uma característica que venha atender as expectativas e necessidades dos clientes.

Um conceito moderno de Qualidade determina que ela deve ser abrangente, preventiva e voltada para as exigências do cliente interno e externo.

Hoje em dia é preciso prestar atenção não só na Qualidade do produto, mas também na Qualidade do serviço oferecido previamente e posteriormente a produção dele. É fundamental ainda atentar à Qualidade para aqueles que prestam serviços.

Assim, é importante fazer perguntas e ter respostas do mercado consumidor, do concorrente, do fornecedor e do mercado interno, principalmente quando da realização do planejamento estratégico da empresa (capítulo 8).

Mercado consumidor:

Quem são meus clientes? Quais suas características? O que gostam mais ou menos na nossa empresa? Qual o seu nível de satisfação? O que de exclusivo ofereço aos meus clientes? Como os clientes podem se comunicar com a nossa empresa? Com que rapidez respondo às manifestações dos clientes?

Mercado concorrente:

Quem são meus principais concorrentes? Qual nossa posição em relação a eles? Quais as características e nível de satisfação dos clientes dos concorrentes? O que esses clientes gostam mais e menos? O que de exclusivo os concorrentes oferecem como serviço? O que o líder de mercado vem fazendo em relação a essas perguntas? O líder de mercado está em ascensão ou decadência? Como alcançar os líderes de mercado?

Mercado fornecedor:

Qual o nível de qualidade de nossos fornecedores? Eles se sentem motivados a trabalhar com nossa empresa? O que faço para obter dos fornecedores alto nível de qualidade e satisfação?

Mercado interno:

Quem são e quais são as características dos nossos colaboradores? Qual o nível de satisfação deles? Como nossos colaboradores estão posicionados em relação ao mercado? Oferecemos condições de trabalho atraentes e motivadoras? O que de exclusivo oferecemos aos colaboradores? Propiciamos ambiente de trabalho para que eles deem o melhor atendimento ao cliente externo?

A história dos sistemas de Qualidade

Após a Segunda Guerra Mundial, o Japão viu-se diante da necessidade de recriar o país. Precisava recuperar os estragos materiais e sociais resultantes da derrota e superar o estigma de produtor de bens de baixa Qualidade. Temos de admitir que, para enfrentar tal desafio, era preciso ter muita coragem, determinação e excelente estratégia. O mesmo desafio e coragem que no terremoto com consequente tsunami e vazamento nuclear, em março de 2011, exigiu do governo e da população japonesa um esforço hercúleo para superar o desastre ambiental que destruiu e matou tantas pessoas.

Em meados do século passado, decididos a encontrar o rumo certo, os japoneses colocaram a Qualidade como objetivo central de tudo o que fariam dali para a frente. Queriam produtos de Qualidade, satisfação dos clientes e competitividade. Não bastasse o propósito correto, eles, sem nenhum ressentimento, chamaram

CULTURA EMPRESARIAL

William Edwards Deming, um especialista americano que havia auxiliado seu país no esforço de guerra. Daí em diante o Japão mudou e o restante do mundo também vem mudando.

Desde aquela época, muitas empresas tentam implementar a visão sistêmica da gestão baseada na melhoria contínua de produtos e serviços baseados nos "catorze pontos de Deming"[4]:

1. A melhoria de um produto ou serviço tem de ser um propósito constante.
2. Uma nova filosofia precisa ser adotada. Não se pode mais aceitar normalmente atrasos, erros, materiais defeituosos e erros humanos no trabalho. Qualidade precisa se tornar uma nova religião.
3. É fundamental acabar com a dependência da inspeção em massa e assegurar-se da incorporação da Qualidade mediante a mensuração por meio de evidências estatísticas. A qualidade não vem da inspeção, e sim da melhoria do processo.
4. O negócio não deve ser encarado na base exclusiva do preço.
5. O sistema de produção e prestação de serviços tem de ser melhorado continuamente.
6. A formação na empresa deve ser institucionalizada. Treinar para educar, capacitar, confiar, delegar e inovar.
7. A liderança deve ser adotada e instituída. Deve-se adotar novos métodos de gerenciamento dos empregados, com ênfase na Qualidade, para melhorar a produtividade.
8. O medo deve ser eliminado. Afaste-o do ambiente de trabalho, para que todos possam executar suas atividades de forma efetiva para a empresa. Encoraje a criatividade e os métodos para a solução dos problemas e melhore a produtividade.
9. As barreiras entre os diferentes departamentos devem ser eliminadas. Todos os setores precisam trabalhar juntos.
10. Slogans e exortações dirigidos à força de trabalho devem ser eliminados. Elimine metas numéricas, slogans e alvos para os empregados, se não forem fornecidos métodos efetivos para que sejam atingidos.
11. As cotas numéricas impostas à força de trabalho devem ser eliminadas. A liderança de Qualidade incentiva os trabalhadores a monitorar diversas variáveis, dentro e

fora da organização. Essas variáveis abrem caminho para a compreensão mais profunda da organização, e não são usadas como critérios para julgar indivíduos.

12. As barreiras que retiram das pessoas o orgulho no seu trabalho devem ser eliminadas. Existe uma unidade de propósitos em toda a empresa, de acordo com uma visão clara e amplamente compreendida. Esse ambiente propicia um comprometimento total de todos os funcionários. As recompensas vão além de benefícios de salários, instituindo a crença de que "somos uma família" e fazemos um trabalho excelente.

13. A educação e o estudo devem ser encorajados. Em uma organização de Qualidade, todos estão aprendendo o tempo todo. A gerência incentiva os funcionários a elevar constantemente seu nível de capacitação técnica e habilitação profissional. As pessoas adquirem um domínio ainda maior de suas tarefas e aprendem a ampliar sua capacidade.

14. É necessário iniciar ações imediatas para que a transformação aconteça. Tome a iniciativa para realizar a transformação. A transformação é tarefa de todos.

Qualquer empresa que esteja sendo analisada por suas estratégias de gestão da Qualidade e por resultados de sucesso no mercado competitivo sempre poderá aprender um pouco mais lendo e relendo essas premissas.

Para complementar seus catorze pontos, o dr. Deming ajudou os responsáveis pela gestão da Qualidade a utilizarem um processo sistêmico que anteriormente já havia sido discutido por Shewhart no Japão. Chamada de Ciclo PDCA ou Ciclo Shewhart, esta visão sistêmica tem se tornado desde os anos 50, dentro ou fora do Japão, o dogma daqueles que querem acelerar o processo de Qualidade em suas organizações. Interessante notar a atenção que Falconi[2] dá a este ciclo.

CICLO PDCA OU CICLO DE SHEWHART

O mais conhecido dos ciclos de controle de processos, o PDCA, trata:

- Do planejamento (PLAN) da atividade ou tarefa, da sua execução (DO).
- Da comparação dos resultados com os padrões previamente estabelecidos (CHECK), da implantação de ações de melhoria (ATC) (ou ações corretivas, sempre que forem observados desvios).

Os anos 1950 podem ser considerados os anos da revolução do sistema de gestão, e os especialistas daquela época tornaram-se gurus mundiais, seguidos por muitos executivos e empresários até os dias de hoje. Joseph M. Juran[5], Kaoru Ishikawa[6], Armand V. Feigenbaum[7] e Philip Crosby[8] estão incluídos na lista dos gurus da Qualidade e somam, junto com o dr. Deming e Walter Shewhart, ensinamentos que cada vez mais se incorporam às organizações. Cada um desses gurus agrega um valor especial ao conceito de Qualidade.

Os dez pontos de Juran fizeram com que o Japão, naquele período, reforçasse o conceito de Qualidade. Vale ressaltar que a sua teoria de que "as soluções para os problemas devem ser rapidamente implementadas" está sendo atualmente colocada em prática nos programas de Qualidade e de Gestão em todo o mundo.

10 pontos de Juran:

1. Deve-se ter consciência da necessidade e oportunidade de melhorar.
2. Metas precisam ser estabelecidas.
3. Para que as metas sejam alcançadas é necessário que a empresa se organize criando um conselho ou comitê de Qualidade, nomeando coordenadores, selecionando os projetos de melhoria e identificando problemas.
4. É necessário formar e treinar pessoas.
5. As soluções para os problemas devem ser rapidamente implementadas.
6. Os progressos devem ser relatados.
7. O trabalho efetuado deve ser reconhecido.
8. Os resultados devem ser comunicados.
9. Os resultados conseguidos devem ser mantidos.
10. O programa anual de Qualidade deve fazer parte da rotina da empresa.

Cultura Empresarial

A história de Kaoru Ishikawa, filho de um grande industrial, nascido em 1915 e falecido em 1989, iniciou-se em 1949, com grande dedicação ao controle da Qualidade no Japão. Segundo ele, não se pode definir Qualidade sem levar em conta o preço e a utilidade. Para se obter controle do preço é necessário controle de tudo o que se relaciona com a Qualidade.

O diagrama de Ishikawa, ou diagrama de espinha de peixe, é uma ferramenta utilizada em inúmeros programas de Qualidade para ilustrar claramente as várias causas que afetam o perfeito desempenho de um processo.

"Pensando na Qualidade em todas as etapas, o resultado final é melhor e pode ser mais barato, uma vez que elimina todo tipo de desperdício, inclusive os de retrabalhos." (Kaoru Ishikawa)

Em 1979, Philip B. Crosby foi o precursor do ato de fazer certo desde a primeira vez e, dessa maneira, obter "zero defeito". No Brasil, algumas empresas adotaram seus princípios.

"Qualidade significa conformidade às especificações, após pesquisa de mercado para adequação às necessidades e expectativas dos clientes. É por meio da prevenção que se deve alcançar a Qualidade, e o nível de desempenho deve ser o de zero defeito." (Philip B. Crosby)

Armand V. Feingenbaum, Ph.D. pelo Massachusetts Institute of Technology (MIT), é o criador do conceito de Controle da Qualidade Total, abordagem de Qualidade e lucratividade que influenciou profundamente a estratégia de gestão na disputa por mercados mundiais nos Estados Unidos, Europa e Japão. É importante ainda citá-lo como responsável pela introdução do conceito da importância da satisfação do cliente.

Cada uma dessas teorias guarda em si verdades a serem adaptadas e introjetadas nas organizações. Todavia, para que todos esses ensinamentos possam ser aplicados e produzam resultados satisfatórios, é fundamental o comprometimento das pessoas. Sempre que recorremos ao exemplo do sucesso do Japão, identificamos a dedicação e esforço coletivo que os colaboradores dispensam às suas organizações.

Além dos nomes acima, acrescenta-se a importância de Peter

F. Drucker, reconhecidamente o grande mestre da administração moderna. Pode-se dizer que Peter Drucker foi o guru que possuiu o maior número de seguidores no final do século passado. Drucker também atuou no Japão, contribuindo para a sua ascensão à liderança mundial nos negócios.

Em 1946, Drucker lançou o conceito em que define os funcionários como recurso em vez de custo. No livro *Administrando em Tempos de Grandes Mudanças*[9], Drucker escreveu aos gerentes, insistindo que era preciso falar a linguagem das pessoas e promover verdadeiros relacionamentos. Muitos gestores fazem superespecializações técnicas, julgam-se pessoas diferenciadas e acabam esquecendo que sua equipe de trabalho e a maioria de seus clientes não vivem no mundo dos superespecialistas e tampouco entendem sua linguagem.

Para compreender cada vez mais o segredo do sucesso alcançado pelo Japão, Estados Unidos e por várias organizações ao redor do mundo, é preciso ler e reler as mensagens dos grandes mestres, não esquecendo de que a redundância é parte integrante do verdadeiro aprendizado.

MOMENTOS DA QUALIDADE:

1997 – Prêmio Codman
1996 – Publicação da série ISO 14000 (ambiental)
1992 – Prêmio Europeu da Qualidade
    Prêmio Feingenbaum
1991 – Prêmio Nacional da Qualidade (PNQ)
1987 – Publicação do "Sistema ISO 9000" (TC 176)
    Prêmio Malcolm Baldrige
1985 – Karl Albretcht – Qualidade Total em Serviços
1980 – Tom Peters – Busca da Excelência
1979 – Philip Crosby (EUA) – Zero Defeito
1960 – Implantação dos Círculos de Controle da
    Qualidade – CCQ. Kaoru Ishikawa e a JUSE
    lançam a revista *Controle da Qualidade*
1954 – Joseph M. Juran introduz o conceito de
    Controle da Qualidade
1951 – Inicia o ensino da Pesquisa de Mercado utilizando
    técnicas de amostragem
    Criado o Prêmio Deming no Japão

1950 – William Edwards Deming inicia seus trabalhos a pedido da JUSE
1948 – A JUSE começa a compreender a importância dos métodos Shewhart
1946 – Fundação da JUSE – Sindicado Japonês de Cientistas e Engenheiros
1930 – Walter A. Shewhart – Gráfico de controles

Para estimular as empresas a desenvolver programas de Qualidade e consequente aumento de produtividade, foram criados prêmios em diferentes partes do mundo. O mais antigo, provavelmente, é o Prêmio Deming, instituído no Japão em 1951 e até hoje condecorando as empresas que aplicam com sucesso o Controle da Qualidade Total.

Em 1987, foi criado por uma lei americana o Prêmio Nacional Malcolm Baldrige, considerado o "Nobel" da Qualidade, com o objetivo de conscientizar os gestores e aumentar o valor das empresas com ênfase na Qualidade. O prêmio permite identificar quem oferece melhores produtos e/ou serviços e é reconhecido como principal indicador de Qualidade pelas empresas americanas.

Em 1992, foi instituído pelo governador de Massachusetts o Prêmio Armand V. Feingenbaum Massachusetts Quality, com o intuito de reconhecer anualmente as organizações comerciais que apresentam a liderança no mercado onde atuam.

No Brasil, o PNQ – Prêmio Nacional da Qualidade foi criado e modelado a partir do Prêmio Malcolm Baldrige.

Gestão da Qualidade Total

Um programa de Gestão da Qualidade Total (GQT) é iniciado quando há a percepção, por parte dos líderes da empresa, da necessidade de melhoria da Qualidade e produtividade de produtos ou serviços a fim de garantir a competição no mercado. Portanto, é necessário existir a participação efetiva de todos os empresários da organização e, mais ainda, do CEO (Chief Executive Officer) e/ou presidente do conselho de administração.

Deverão também ser encontradas pessoas que liderem o programa com interesse, dedicação e verdadeira obsessão.

Na verdade, serão os responsáveis e coordenadores das ações estratégicas para desenvolver a Qualidade.

Na empresa, possivelmente serão formados comitês: diretivo (responsável da gestão estratégica e o CEO), gestor (responsável pela gestão de negócios e executiva) e setorial (responsável pela gestão funcional). Por fim, a participação de todos os colaboradores se fará por intermédio de múltiplos enfoques, quer na construção da filosofia e credo, na descrição e melhoria dos processos, no desenvolvimento de equipes, com visão multifuncional. Em resumo, todos devem participar.

Os conhecimentos e informações são disseminados em "cascata", do comitê diretivo para os demais setores.

É desejável que haja um responsável que possa se dedicar em tempo integral às necessidades da manutenção, desenvolvimento e divulgação da Qualidade. Uma secretaria e uma secretária também são importantes para uma boa organização administrativa da GQT.

Em Qualidade, considera-se o cliente sob duas óticas: o interno (colaborador) e o externo (cliente propriamente dito). Se o cliente interno não estiver satisfeito, jamais haverá a satisfação do externo. Não há GQT bem-sucedida sem a participação integral dos colaboradores que possuam substanciais reservas de orgulho, competência, imaginação e aspirações a serem exploradas e incentivadas pelos líderes do processo. Segundo Claus Moller[10], se você colocar seus funcionários em primeiro lugar, eles colocarão o cliente em primeiro lugar.

A satisfação do cliente externo é verdadeiramente fundamental na GQT. Armand V. Feingenbaum concentra-se na necessidade dos clientes. No seminário "Gestão para Excelência", parte da "Conferência Internacional de Qualidade"[7] realizada em São Paulo, ele afirmou que 9 em cada 10 americanos adquirem produtos em decorrência das características de Qualidade.

Vários slogans de grandes empresas procuram destacar a importância dos clientes internos e externos. Entre eles vale citar o lema dos hotéis Ritz-Carlton: "Senhoras e senhores cuidando de senhoras e senhores", ou da British Airways que promove "Colocando as pessoas em primeiro lugar".

Desse modo, além da atenção ao cliente externo, o colaborador também deverá ter um salário dentro da média do mercado, adequadas condições de trabalho e benefícios em geral, um verdadeiro reconhecimento pelas suas contribuições

CULTURA EMPRESARIAL

ao desenvolvimento da empresa, receber constante treinamento e ter a sua disposição programas para melhorar sempre seu nível educacional e capacidade de absorver e transmitir conceitos e informações. Consequentemente, conhecendo a missão, a visão e os valores da empresa e estando motivado, o colaborador estará potencialmente preparado para participar da GQT.

Recomendam-se visitas por parte do comitê diretivo e dos líderes do programa a empresas que tenham GQT instalada com sucesso, a fim de que sirvam de exemplo e até de novos paradigmas (benchmarking).

É essencial também que essas lideranças estudem, participem de seminários e congressos, pondo-se a par do que há de mais importante e atual no campo da Qualidade.

Nesse estágio, a GQT pode decolar procurando descrever processos passo a passo, geralmente por parte de um grupo de melhoria multifuncional que utiliza como valiosa ferramenta de trabalho o desenho do fluxograma do processo (capítulo 13.3). Uma vez terminado e aprovado (pelo comitê gestor ou diretivo), implantam-se indicadores de desempenho, que podem ser de tempo, conformidade, redução de custos, satisfação do cliente, entre outros. Esses indicadores deverão ser monitorados periodicamente para acompanhar a performance, os resultados e uma possível proposta para nova melhoria.

Para treinamento, os primeiros processos a serem descritos devem ser os mais simples, até que se conquiste boa integração e bom preparo das equipes. Em seguida, a GQT deve identificar os processos vitais da empresa e concentrar-se neles, pois a tentativa de abrangência de todos os processos ao mesmo tempo leva à pulverização dos esforços e, certamente, não traz resultados eficazes para a organização.

É aconselhável ainda que o grupo dos comitês diretivo e gestor procure conhecer conceitos de benchmarking e encontre referenciais de excelência como descrevemos no capítulo 13.4.

Durante seis anos exercitamos a GQT. Visitamos várias empresas líderes nesse processo de Qualidade. Foram convidados consultores e empresários para, em reuniões programadas, trazerem mais conhecimento sobre a matéria. Aprendemos os conceitos e praticamos a construção de fluxogramas, descrição de processos e demos ênfase ao desenvolvimento estruturado da cultura da empresa. Nesse período, procuramos conhecer também outros sistemas da Qualidade, como o ISO 9000 e ISO 14000. Todo o processo e conhecimento da Qualidade muito nos facilitou em tornar a empresa mais estruturada, plana e voltada para o cliente. Quando desenvolvemos a GEAP, a Qualidade já estava introjetada na empresa, o que facilitou sobremaneira o desenvolvimento deste nosso excepcional modelo de gestão.

A Qualidade pode ser desenvolvida mais consistentemente se a empresa procurar uma certificação, por exemplo, o ISO 9000, o Prêmio Nacional da Qualidade ou o prêmio de Excelência Empresarial do SEBRAE, ou, na área da saúde, a Acreditação Hospitalar (ONA).

Prêmio Nacional da Qualidade

A seguir, transmitiremos informações básicas para a compreensão do papel do Prêmio Nacional da Qualidade (PNQ) na evolução do nível de Qualidade nas empresas brasileiras e um resumo dos principais passos a seguir rumo à conquista do prêmio.

Os inúmeros exemplos de mudanças promovidas nos modelos de gestão dentro das organizações, após a conquista do PNQ, demonstram que as empresas estão determinadas a adotar novas técnicas e incorporar valores que as levem a obter alto nível de Qualidade e competitividade. Com esta condição, as empresas tornam-se aptas a enfrentar, em pé de igualdade, o mercado globalizado.

De fato, as organizações precisam e querem estar classificadas na lista das empresas de "Classe Mundial".

Para enfrentar o desafio de mudar a estrutura intelectual e operacional vigentes, as empresas precisam de muita determinação e investimento de intensos esforços em equipe. Sabe-se que, quando há persistência de propósitos, as recompensas podem ser gratificantes para as empresas e para os clientes.

Com o objetivo de incentivar e disseminar os melhores modelos de gestão da Qualidade, o Prêmio Nacional da Qualidade (PNQ) foi criado no Brasil em 6 de maio de 1991, pelo Comitê Nacional da Qualidade e Produtividade. A estrutura do PNQ é baseada em dois outros prêmios bastante conhecidos: o Prêmio Nacional da Qualidade Malcolm Baldrige, concedido anualmente a empresas americanas, e o Prêmio Deming, já citado anteriormente neste capítulo.

Esses prêmios reconhecem as empresas que, mediante critérios preestabelecidos, demonstram excelência de gestão com resultados de Qualidade em produtos e/ou serviços.

Para o PNQ, a palavra Qualidade é compreendida como sendo "os diferentes níveis de satisfação das expectativas do cliente (interno ou externo) numa relação interna ou externa". Enquanto o termo excelência é utilizado para denominar "o mais alto grau de Qualidade alcançado numa relação". O PNQ está estruturado para conceder prêmios anuais, distribuídos em organizações do mercado competitivo e órgãos da administração pública (executivo federal).

O sistema de avaliação do PNQ considera critérios de Qualidade de referência mundial e acrescenta alguns pontos exclusivos, incorporados para adaptação à realidade brasileira.

Com a criação desse prêmio, tem-se à disposição um conjunto de critérios-padrão que, se utilizado, leva as empresas a desenvolver suas estratégias de gestão da Qualidade. Permite também que as melhores empresas dentro desses critérios compartilhem os resultados e sirvam para outras organizações como referencial das melhores práticas de Qualidade (benchmarking).

Para participar do PNQ a empresa deve demonstrar as ações implementadas em função de um conjunto de critérios para a excelência do desempenho. O escopo de avaliação para o prêmio está embasado em oito critérios que abrangem uma estrutura genérica para o desenvolvimento da Qualidade. Cada critério do PNQ, é desdobrado em alguns itens que complementam em detalhes a abrangência. O modelo aponta enfoques sem especificar como deve ser feito; dessa maneira, cada empresa pode desenvolver ações considerando suas características próprias.

Critérios de Excelência

Os oito Critérios de Excelência são:

1. Liderança
Aborda os processos gerenciais relativos à orientação filosófica da organização e controle externo sobre sua direção; o engajamento,

Práticas da Gestão Empresarial de Alta Performance

pelas lideranças, das pessoas e partes interessadas na sua causa, e o controle de resultados pela direção.

2. Estratégias e Planos
Aborda os processos gerenciais relativos a concepção e a execução das estratégias, inclusive aqueles referentes ao estabelecimento de metas, definição e acompanhamento de planos necessários para o êxito das estratégias.

3. Clientes
Aborda os processos gerenciais relativos ao tratamento de informações de clientes e mercado e a comunicação com o mercado e clientes atuais e potenciais.

4. Sociedade
Aborda os processos gerenciais relativos ao respeito e tratamento das demandas da sociedade e do meio ambiente, e o desenvolvimento social das comunidades mais influenciadas pela organização.

5. Informações e Conhecimento
Aborda os processos gerenciais relativos ao tratamento organizado da demanda por informações na organização e o desenvolvimento controlado dos ativos intangíveis geradores de diferenciais competitivos, especialmente os de conhecimento.

6. Pessoas
Aborda os processos gerenciais relativos à configuração de equipes de alto desempenho, ao desenvolvimento de competências das pessoas e à manutenção do seu bem-estar.

7. Processos
Aborda os processos gerenciais relativos aos processos principais do negócio e aos de apoio, tratando separadamente os relativos a fornecedores e os econômico-financeiros.

8. Resultados
Aborda os resultados da organização em séries históricas e acompanhados de referenciais comparativos pertinentes, para avaliar o nível alcançado e os níveis de desempenho associados

aos principais requisitos de partes interessadas, para verificar o atendimento.

Itens

Os oito Critérios de Excelência subdividem-se em 23 itens:

1. Liderança
1.1 Governança corporativa;
1.2 Exercício da liderança e promoção da cultura da excelência;
1.3 Análise do desempenho da organização.

2. Estratégias e Planos
2.1 Formulação das estratégias;
2.2 Implementação das estratégias.

3. Clientes
3.1 Imagem e conhecimento de mercado;
3.2 Relacionamento com clientes.

4. Sociedade
4.1 Responsabilidade socioambiental;
4.2 Desenvolvimento social.

5. Informações e Conhecimento
5.1 Informações da organização;
5.2 Ativos intangíveis e conhecimento organizacional.

6. Pessoas
6.1 Sistemas de trabalho;
6.2 Capacitação e desenvolvimento;
6.3 Qualidade de vida.

7. Processos
7.1 Processos principais do negócio e processos de apoio;
7.2 Processos relativos aos fornecedores;
7.3 Processos econômico-financeiros.

8. Resultados
8.1 Resultados econômico-financeiros;
8.2 Resultados relativos aos clientes e ao mercado;
8.3 Resultados relativos à sociedade;
8.4 Resultados relativos às pessoas;
8.5 Resultados relativos aos processos;
8.6 Resultados relativos aos fornecedores.

Sabe-se também que muitas das ações implementadas na gestão das empresas são informais e baseadas apenas no bom-senso de cada um e na capacidade de reter informações na memória. Com a visão dos critérios do PNQ é possível promover a transformação da empresa mediante a adoção de um modelo objetivo que permite um desenvolvimento contínuo.

No momento em que uma empresa se torna candidata ao PNQ e dá início à elaboração do relatório de inscrição, que é composto pelos dados referentes a todos os critérios e itens, pode-se perceber algumas inconsistências no enfoque da gestão, na evidência da aplicação prática ou, ainda, nos resultados. A figura mostra o modelo de Gestão para a Excelência.

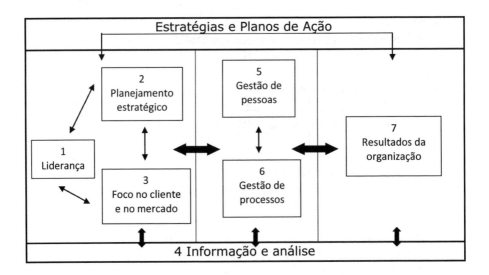

A iniciativa do Prêmio Nacional da Qualidade deve ser louvada pela missão que vem cumprindo: "Promover a conscientização para a Qualidade e produtividade das empresas produtoras de bens e serviços; facilitar a transmissão de informações e conceitos relativos às práticas e técnicas modernas e bem-sucedidas da gestão da Qualidade, inclusive com relação aos órgãos da Administração Pública, por intermédio do Prêmio Nacional da Qualidade".

De 1992 a 2011, inúmeras organizações foram reconhecidas com o PNQ nas diversas categorias e facilmente identificáveis no site da Fundação Nacional da Qualidade (FNQ). São empresas de grande expressão, bem geridas e com resultados expressivos. Podemos destacar, a partir de 2005 as seguintes empresas:

2011
Coelce;
CPFL Paulista;
Eletrobras Eletronorte – Superintendência de Geração Hidráulica (OGH);
Rio Grande Energia (RGE).

2010
AES SUL;
ELEKTRO.

2009
AES Eletropaulo;
Brasal Refrigerantes;
CPFL Piratininga;
Volvo Caminhões.

2008
CPFL Paulista;
Cia. Suzano Papel e Celulose.

2007
Albras Alumínio Brasileiro S. A.;
Gerdau Aços Longos S. A. - Unidade Gerdau Riograndense;
Promon S. A.;
Fras-le S. A.;
Petróleo Brasileiro S. A. - Área de Negócio e Abastecimento.

2006
Belgo Siderurgia S. A. - Usina de Monlevade.

2005
Companhia Paulista de Força e Luz;
Petroquímica União S. A.;
Serasa S. A.;
Suzano Petroquímica S. A.

Prêmio de Excelência Empresarial SEBRAE

O prêmio está aberto a quatro categorias: Indústria, Comércio, Indústria & Comércio e Serviço.

São oito critérios, sendo que do primeiro ao sétimo analisam os métodos utilizados pela empresa, sua adequação e sua aplicação. O oitavo critério analisa somente os resultados, que são consequências da aplicação do método e devem mostrar o nível de desempenho, bem como tendências históricas e comparações com referenciais comparativos pertinentes. Espera-se que esses resultados estejam organizados, preferencialmente, por meio de tabelas e/ou indicadores gráficos.

a) **Critério 1 – Liderança:** examina como ocorre a ação do empresário e de seus sócios na administração e liderança da empresa. Como os mesmos se envolvem e participam da criação, definição e divulgação das metas e objetivos da organização para todas as partes envolvidas (colaboradores, administração, fornecedores e clientes), bem como dos valores morais e de comportamento que serão praticados por ela, levando-se em conta todas as necessidades dos envolvidos.

b) **Critério 2 – Estratégias e Planos:** examina como são definidos os planos da empresa e as estratégias (formas e ação) que serão implantadas na mesma. Verifica também como as estratégias serão transformadas de ideias em ações, levando-se em conta os pontos fortes da empresa (fortalezas), a minimização dos efeitos daqueles pontos que necessitam ser trabalhados/melhorados (fraquezas) e os impactos/influências do ambiente externo à empresa, que é dinâmico e está em permanente mudança.

c) Critério 3 – Clientes: examina como a empresa busca compreender, antecipar e acompanhar se os seus produtos atendem/superam as necessidades/desejos de seus clientes atuais e potenciais (aqueles que ainda não são, mas podem vir a ser). Verifica também como são divulgados (propaganda, marketing, internet, etc.) seus produtos e suas marcas.

d) Critério 4 – Sociedade: examina como a empresa contribui/participa para o desenvolvimento econômico, social e ambiental (do país, do estado, do município e da comunidade em que está inserida) de forma permanente. Avalia ainda se a empresa relaciona-se com a sociedade com ética e honestidade, comunicando-sede forma clara e compreensível.

e) Critério 5 – Informações e Conhecimento: esse critério avalia como a empresa recolhe e utiliza as informações de seus processos/atividades. Analisa como é gerenciado e protegido o conhecimento adquirido nessas atividades, passando a considerá-lo como parte do patrimônio da empresa.

f) Critério 6 – Pessoas: analisa como a empresa administra sua equipe de colaboradores, fornecendo condições para o seu desenvolvimento. Examina como é que se busca a instalação de um clima organizacional interno que facilite e incentive a melhoria do desempenho de cada um.

g) Critério 7 – Processos: examina todos os aspectos/detalhes dos processos produtivos e de apoio à produção da empresa, inclusive à administração financeira e àqueles relacionados com os fornecedores de produtos e serviços.

h) Critério 8 – Resultados: examina a evolução dos resultados da empresa em relação aos clientes, à situação financeira, aos processos produtivos e aos processos de apoio. Aqui, obrigatoriamente, devem ser comparados os resultados obtidos pela empresa com os dados externos: setoriais, da concorrência, do mercado, etc.

Podem ainda ser realizadas questões complementares para a empresa cidadã:

a) Responsabilidade social interna:
1. Atividades educacionais (bolsa de estudos, cursos, etc.).
2. Atividades culturais (apresentações teatrais, shows, etc.).
3. Atividades recreativas (ruas de lazer, campeonatos, clubes, etc.).
4. Projetos na área de alimentação (vale-refeição, cesta básica, etc.).
5. Plano de previdência privada (complementação de aposentadoria).
6. Atividades de assistência social (creches, avaliações sociais, sensibilizações, recuperação de alcoólatras/drogados, etc.).
7. Plano de saúde (convênio médico/odontológico, vacinas, campanha antitabagismo, etc.).
8. Campanhas e/ou cursos internos contra drogas, álcool, fumo, violência, AIDS, tabagismo, etc.).
9. Subsídio financeiro (empréstimos, complementação salarial com licença médica, etc.).
10. Política de emprego para deficientes.
11. Auxílio-maternidade.

b) Responsabilidade social externa:
1. Área de educação (bolsa de estudos, cursos, etc.).
2. Área da cultura (apresentações teatrais, shows artísticos, etc.).
3. Área de lazer/esporte (ruas de lazer, campeonatos, etc.).
4. Área de saúde (vacinação, ações da saúde bucal, etc.).
5. Área de meio ambiente (limpeza de rios, plantio de árvores, coleta seletiva do lixo, etc.).
6. Investimentos em melhorias/conservação da infraestrutura (escolas/hospitais, creches, ruas, praças, asilos, presídios, etc.).
7. Recuperação de patrimônio histórico (reformas e/ou conservação de obras, etc.).
8. Área de habitação (regime de mutirão, reformas habitacionais, etc.).
9. Doações/campanhas (roupas, alimentos, equipamentos patrimoniais, etc.).

10. Ações de cooperação com empresários do mesmo segmento.
11. Apoio educacional às favelas e/ou bairros pobres.
12. Doações financeiras.

Sistema ISO

Entre os diversos projetos de Qualidade que podem ser introduzidos nas organizações de qualquer segmento, está o sistema de Qualidade baseado nas normas da família ISO 9000. O ISO 9000 é um certificado de Qualidade formado por um conjunto de normas internacionais que garantem o controle de Qualidade das empresas em quesitos como documentos, registros, análise e melhoria do produto ou serviços, entre outros pontos. Numa negociação nacional ou internacional, o fato de uma empresa ter o ISO 9000 já é uma garantia de que ela segue os requisitos mínimos dos padrões de Qualidade. Essa foi uma das razões pelas quais a norma tornou-se famosa. Cerca de 1 milhão de empresas em todo o mundo têm o ISO 9000.

Nossa robusta experiência com o sistema ISO 9000 e ISO 14000 levou a várias publicações e entre elas o livro *Qualidade na Saúde - Práticas e Conceitos – Normas ISO nas áreas Médico-Hospitalar e Laboratorial*, publicado pela Editora Best Seller[11].

O ISO é uma excelente ferramenta para atingir o objetivo de padronização e controle dos processos incluídos no sistema de Qualidade, favorecendo a disciplina e análise de dados.

Pode-se ainda citar mais algumas razões para a implantação do sistema ISO de garantia da Qualidade:

- Melhoria da Qualidade da Gestão.
- Crescimento da eficiência (fazer as coisas da maneira certa).
- Aumento das informações acessíveis sobre os processos e seu desempenho (gestão baseada em fatos e dados).
- Melhor posicionamento no mercado (o ISO é um sistema que diferencia a empresa diante de seus clientes e fornecedores).
- Redução do desperdício com diminuição dos custos (aumento da competitividade).
- Aumento da satisfação dos clientes (eficácia).

A decisão de implantá-lo deve, preferencialmente, partir da liderança da empresa, com a consciência de que a aplicação das normas ISO não representa o ponto-final na busca pela Qualidade Total, mas sim uma excelente ferramenta para a gestão.

Pela experiência prática vivida, podemos dizer que a implementação do sistema de Garantia da Qualidade dá um grande passo para a mudança cultural e educação das pessoas para a Qualidade.

Os treinamentos realizados durante a implantação do sistema conseguem transmitir aos colaboradores o que significa processo multifuncional, qual a importância de descrevê-lo e de treinar todos os envolvidos na sua execução, de apontar falhas, propor mudanças (capítulo 13.3) e de pesquisar a satisfação do cliente diante de serviços prestados (capítulo 1.4.2). Depois da implantação, torna-se automático para as lideranças programar treinamento para os novos colaboradores de maneira que ganhem conhecimento sobre Qualidade e sobre o padrão adotado na execução dos serviços.

Percebe-se em pouco tempo que o número de falhas na execução dos processos passa por significativa redução. Toda a movimentação para discutir e promover melhorias constantes no sistema facilita a formação de equipes, o que representa grande benefício para a empresa que precisa da participação de todos no gerenciamento dos serviços.

O desafio de conquistar a certificação de Qualidade e mantê-la deixa vivo o interesse em evitar erros e apontá-los quando houver, de maneira a tomar ações corretivas em tempo de criar indicadores para monitorar como anda o desempenho e a satisfação do cliente. Aos poucos, e com muita determinação dos líderes, essa cultura vai se estabelecendo.

É interessante comentar alguns exemplos de como os elementos da norma ISO podem ser fortes aliados na gestão:

- **Auditorias internas da Qualidade:**
  Está previsto que haja acompanhamento do sistema de Qualidade em intervalos predefinidos. Apesar de critérios específicos de atuação, as auditorias internas funcionam como reforço dos conceitos de Qualidade e como forma de treinamento. Funcionam como reciclagem das pessoas e feedback do sistema.

CULTURA EMPRESARIAL

- **Situação de inspeção e ensaios:**
  São realizadas inspeções no momento do recebimento de materiais considerados críticos no atendimento ao cliente. São descritos e documentados processos para essa atividade, sendo definido padrão para aceitabilidade, o que assegura que somente produtos aprovados sejam colocados em uso; atendendo ao requisito, aumenta a segurança na realização do trabalho e, consequentemente, para a instituição.

- **Controle de equipamentos de inspeção, medição e ensaios:**
  O atendimento a esse quesito traz maior confiabilidade às medições realizadas pelos instrumentos e equipamentos utilizados.

Também mediante o plano de manutenção preventiva de equipamentos e calibração de instrumentos pode-se oferecer maior segurança às equipes internas e ao cliente.

São vários os exemplos que poderiam ser citados para demonstrar quanto as normas ISO podem fortalecer a gestão da estrutura colocada a serviço do cliente. É certo que elas contribuem para o desenvolvimento da Qualidade, mas, assim como qualquer outra metodologia de sucesso, sofre críticas, como por exemplo a burocratização.

O ISO não necessariamente burocratiza a empresa, como querem afirmar seus adversários. O que pode gerar a burocratização é o gestor e sua visão conservadora sobre as coisas. O ISO traz disciplina e organização interna, o que é necessário.

A alegação de que o ISO não considera a satisfação dos clientes também não é verdadeira. Mais adiante será demonstrada nossa experiência quanto à evolução da satisfação do cliente com a implantação do sistema ISO.

As críticas direcionadas para a norma poderiam direcionar-se para aqueles que fazem uso do ISO com certa limitação. Ele é apenas o meio de gerenciar as atividades e não um fim em si mesmo. É um método para melhorar a organização. Se a norma de certificação for utilizada em conjunto com as normas de gestão, os resultados serão bastante ampliados.

A implantação do sistema ISO pode, com uma boa liderança, atuar na motivação das pessoas, incentivando-as para a Qualidade e aproximando líderes dos colaboradores da linha de frente.

É bastante sadio o envolvimento e a competição interna que ocorre para se obter o certificado. As equipes formadas para atender aos elementos do sistema de Qualidade querem ter sucesso, alcançar os objetivos de Qualidade oferecendo, inclusive, esforço extra para cumprir prazos estipulados. Querer o certificado é um bom começo. Daí para a frente, dependerá somente da liderança da alta administração.

Se a liderança da implantação é dos principais empresários, o entusiasmo gerado na equipe e a visão de Qualidade podem crescer muito. Se isso não acontece (ouve-se repetidamente a pergunta sobre essa ausência), não impede a implantação de um sistema da Qualidade, mas diminui a velocidade e exige maiores sacrifícios daqueles que abraçam o desafio.

Outros pontos de melhoria são colhidos no decorrer do atendimento aos 20 elementos da norma. As provas estão no estreitamento do relacionamento com fornecedores e prestadores de serviço. Para atender aos requisitos e promover a Qualidade, todos são acionados e convidados a estabelecer melhorias em seus processos.

Com a implementação do sistema ISO, a administração pode estabelecer ótimas condições para a busca da excelência. Os profissionais ganham novas qualificações, os processos são organizados e os dados para a avaliação de desempenho mais consistentes. Esse conjunto de fatores permite à empresa traçar metas mais audaciosas.

Ao fazer a análise crítica do sistema de Qualidade, os gestores conseguem, mediante evidências objetivas, avaliar o grau de conformidade do sistema (para usar terminologia clássica). Uma série de informações é coletada para dar suporte a essa avaliação, como dados estatísticos, indicadores, resultados de pesquisa com clientes, relatórios de reunião de Qualidade, etc. Tudo muito útil para quem precisa de visão ampla do negócio.

Em relação aos resultados de pesquisa de satisfação de clientes, é possível confirmar o impacto da implementação do sistema de Qualidade na percepção e opinião dos clientes.

Os gráficos a seguir mostram um exemplo de pesquisa em um dos hospitais da empresa certificados pelo ISO 9000. Os resultados caracterizam o grau de satisfação do cliente em várias situações de atendimento, como por exemplo atendimento da recepção, do médico, tempo de espera. São resultados de pesquisas sequenciais realizadas em período distintos: antes do ISO, durante a implantação do sistema e duas realizadas após a certificação, demonstrando que o cliente percebeu melhorias crescentes na Qualidade dos serviços. O indicador de satisfação de clientes é a prova de que vale a pena implementar o sistema de Qualidade baseado nas normas ISO 9000.

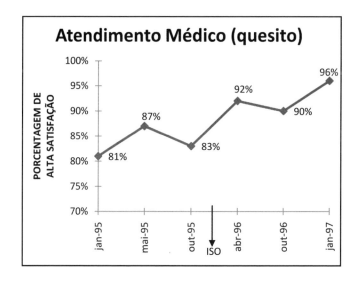

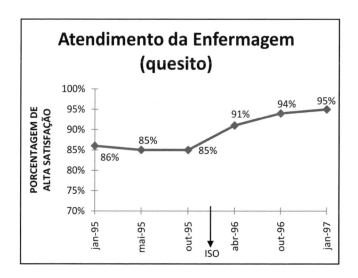

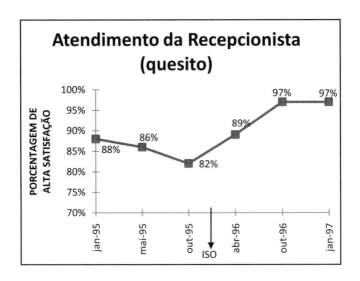

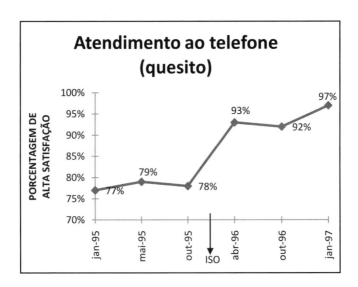

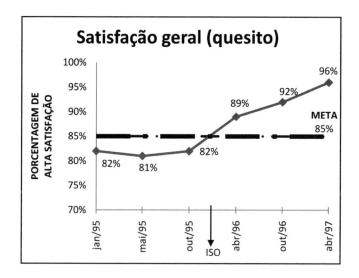

Vale ressaltar que, além daquilo que o cliente percebe, existem outras melhorias que ele positivamente não percebe, como a segurança adicionada ao atendimento com a calibração de instrumentos e com a qualificação de fornecedores.

Mesmo que tenha dúvida do que fazer para melhorar a Qualidade da organização ou a indecisão de qual projeto de Qualidade implantar, o gestor precisa colocá-la em prática. Com a experiência adquirida será possível avaliar melhor os passos cada vez maiores em direção ao caminho da Qualidade Total.

Sempre haverá organizações que demonstrarão sucesso e outras que apresentarão resultados mais restritos, independentemente da metodologia de Qualidade adotada. A firmeza de propósitos da alta administração, seu perfil de liderança e visão estratégica são os componentes mais fortes da equação que leva as organizações a obterem nível de excelência em produtos e serviços.

Todo empresário sabe que ter uma clientela fiel é importante, e ter entre as conquistas do negócio um certificado como o ISO 9000 amplia e muito as possibilidades para o empreendimento. Essa é uma das razões pelas quais o certificado é tão almejado.

Empresas de quaisquer porte e setor podem obter o certificado. O primeiro passo é a empresa implementar uma série de processos com os quais terá mais chances de satisfazer os clientes.

As normas aplicadas podem variar bastante de negócio para negócio. O essencial é que cada empresa tenha a sua política de

Qualidade e que ela funcione na prática. Após a implementação das normas e a empresa sentir-se preparada, a próxima etapa é procurar um órgão certificador. Em seguida o empreendimento passará por uma auditoria onde será avaliado se ela realmente está cumprindo em que as exigências da norma.

Entre as vantagens de o negócio ter o ISO 9000 está a confiança do mercado naquela empresa, além de certezas como a redução no número de reclamações, satisfação maior dos clientes e maior competitividade, tornando-se um ótimo cartão de visita. Numa comparação entre duas empresas que fornecem para o mercado o mesmo produto, uma que tenha o ISO 9000 e a outra não, a primeira oferece um grande diferencial. O ISO é uma indicação de que se tem um sistema organizado.

O tempo estimado para que uma micro ou pequena empresa consiga o certificado pode variar entre nove e doze meses e o trabalho não termina com a conquista do ISO 9000. Muito pelo contrário. O certificado tem a validade de três anos e a cada seis meses a empresa passa por uma auditoria a fim de verificar se os procedimentos continuam a ser seguidos.

No final de 2008, o ISO 9000 sofreu algumas alterações, mas nada tão grande como na revisão das normas em 2000. Os pontos principais dessa última versão visavam melhorar o entendimento da última reforma que havia apresentado dificuldades, além de aliar o ISO 9000 com a Norma 14.000 (meio ambiente).

SEBRAE oferece programa sobre ISO 9000

Desde 2000, o SEBRAE-SP disponibiliza para os micro e pequenos empresários o Programa Rumo ao ISO 9000. O objetivo é deixar o empreendedor preparado para obter a certificação.

Além disso, o programa também visa o estabelecimento da padronização de processos da empresa e a implementação de um Sistema de Gestão da Qualidade que atenda aos requisitos da série de normas NBR ISO 9000. O programa tem a duração de um ano e dele participam, além do empresário, um coordenador interno e dois colaboradores da empresa. O curso engloba um período de treinamento, consultoria e auditoria.

A procura pela capacitação vem de empreendedores de setores

CULTURA EMPRESARIAL

bastante variados (comércio, serviços e indústria) e a grande maioria deles chega lá pela exigência que o próprio mercado impõe de constante aperfeiçoamento. É importante que o negócio seja competitivo e o ISO vem dessa necessidade, a fim de fornecer as ferramentas necessárias para o empresário.

Acreditação

Na área da saúde, a melhoria da Qualidade também pode ser certificada por um sistema chamado Acreditação. O termo "acreditação" significa ter boa reputação, merecer crédito, ser digno de confiança. Nos Estados Unidos onde a melhoria da Qualidade é a "frase-chave" desta década, tem sido dada especial atenção aos projetos de Acreditação por intermédio da Joint Commission on Accreditation of Health Care Organizations (JCAHO).

São milhares de organizações que participam do sistema de Acreditação nos Estados Unidos, estando entre elas:

- Hospitais gerais psiquiátricos, pediátricos e de reabilitação.
- Cadeias de empresas de atendimento à saúde, incluindo planos de saúde.
- Organizações de atendimento domiciliar.
- Casas de convalescença.
- Organizações de atendimento a distúrbios comportamentais;
- Ambulatórios de atendimento.
- Laboratórios clínicos.

Conceitua-se Acreditação Hospitalar, após inúmeras discussões, como sendo um sistema de avaliação periódica, voluntária e reservada, para reconhecimento da existência de padrões previamente definidos na estrutura, processos e resultados, com o objetivo de estimular o desenvolvimento de uma cultura de melhoria contínua de Qualidade na assistência médico-hospitalar e a proteção à saúde da população.

O projeto de Acreditação avalia, padroniza e melhora os recursos da instituição, quer seja de sua estrutura ou de seus processos, procurando obter melhores resultados.

A avaliação da estrutura (física, tecnológica, de suprimentos, pessoal, etc.) não é difícil porque é mais tangível. Entretanto, a mais perfeita estrutura não garante Qualidade. Há necessidade de reconhecer e conhecer os procedimentos e processos em sua intimidade e melhorá-los.

O projeto precisa da participação de toda a equipe envolvida com a Qualidade (gestores, técnicos, enfermeiros, médicos) e ter como meta a melhoria dos procedimentos e processos que devem ser executados com toda habilidade, presteza e segurança. Isso propiciará resultados facilmente detectáveis pela utilização de indicadores que servirão de controle para avaliar as melhorias.

Em seminário realizado em São Paulo, Carol M. Gilmore[12], membro da JCAHO, destacou que nos Estados Unidos as instituições determinam-se a participar desse sistema com o objetivo de obter vários benefícios, como por exemplo:

- Melhoria da assistência ao cliente.
- Fortalecimento da confiança da comunidade.
- Suporte técnico.
- Atrair referências profissionais.
- Atender às exigências de órgãos financiadores.
- Reduzir custos.
- Estimular o envolvimento do staff.
- Ser reconhecida e distinguida pela companhia de seguro e outras.

É fundamental a participação do profissional médico integrando equipes (de Qualidade, como avaliadores da Acreditação), pois quase sempre a conduta médica tem por base critérios que praticamente podem ser avaliados somente por outro médico.

Também é importante que a enfermagem esteja totalmente comprometida com o programa de Qualidade, uma vez que esse setor, entre todos os que trabalham no hospital, é o grupo profissional permanentemente presente nas 24 horas do dia e que atua na "ponta do atendimento". Com formação acadêmica (pelo menos as chefias, muitas vezes as supervisoras e às vezes todo o grupo) atualizada em termos gerenciais e habilidades para implementar e monitorar o projeto de Qualidade, essa equipe é fundamental para que um hospital seja Acreditado. Pode ser dito que um estabelecimento hospitalar é Acreditado quando seus recursos, processos e resultados possuem Qualidade pelo menos satisfatória.

CULTURA EMPRESARIAL

Os Estados Unidos são o país mais avançado no que se refere à padronização de hospitais com visão de Qualidade de estrutura, processos e resultados. Nos dias atuais, a maioria deles, superadas as fases iniciais, já se dedica a avaliar resultados e melhorá-los por meio de indicadores facilmente identificados. Para atingir esse ponto tiveram de passar por numerosas etapas. Dr. Ernest Codman, médico do Estado de Massachusetts, apresentou em 1913 a dissertação "O Produto dos Hospitais" para discutir a padronização dessas organizações. Em seguida, o Colégio Americano de Cirurgiões aderiu à ideia e foi estabelecido o Programa Nacional de Padronização Hospitalar, que foi o precursor do processo de Acreditação Hospitalar.

Em 1999, foi fundada a ONA – Organização Nacional de Acreditação, liderada pelo médico Luiz Plínio de Moraes Toledo e da qual participamos. Acredita hospitais, laboratórios de diagnóstico, ambulatórios e serviços como os de hemoterapia. Acredita os estabelecimentos com Nível 1 – analisando capacitação das pessoas, estrutura básica (recursos) e segurança para o cliente. Nível 2 – Pleno – analisando normas, rotinas, procedimentos e documentos, melhoria contínua dos processos, foco no cliente. Nível 3 – Excelência – analisando indicadores, evidência de ciclos de melhoria, satisfação dos clientes.

Às pessoas interessadas, sugerimos a leitura do capítulo 16 – Acreditação Hospitalar – do livro *Qualidade na Saúde* de nossa autoria em 1998[11].

Não temos dúvida, inclusive pela nossa prática, de que na área da saúde quaisquer das certificações – ISO, PNQ ou Acreditação – levam à melhoria da Qualidade, diferenciação no mercado e resultados empresariais expressivos.

Six Sigma

No Brasil, é a hora e a vez de os empresários, executivos e gestores refletirem sobre o papel que desempenham dentro das organizações. Espera-se que, como principais líderes, sejam ativos e promovam a mudança de cultura e atitude de seus colaboradores em relação aos clientes. O foco atual é a busca da excelência e do erro zero.

Quando se fala em erro zero deve-se destacar o Six Sigma, por isso é interessante saber como esse processo de Qualidade foi implantado na GE pelo lendário Jack Welch. É fácil a leitura sobre esse processo de qualidade no livro Jack Welch[13] - *O Executivo do Século* e, no livro escrito por ele próprio, agora compartilhado com Suzy Welch[14] – *Paixão por Vencer – A bíblia do sucesso*. Para facilitar, vamos relatar alguns dos principais tópicos e também as valiosas mensagens sobre o tema.

O conceito de Qualidade estava dirigindo a General Electric com inabalável intensidade, fazendo-se notar em cada negócio da empresa em todo o mundo.

Evidentemente, a Qualidade não era um conceito novo. Empresas como a Motorola estavam vivendo a Qualidade havia anos. Mas quando Jack Welch adotou a ideia, ele o fez assumindo um compromisso verdadeiro e envolvendo-se com sua habitual paixão. E, como a história mostrou durante esses anos, foi seu forte entusiasmo que o ajudou a tornar programas comuns adotados nas empresas em poderosas iniciativas estratégicas, capazes de transformar a GE.

Ele considerou a Qualidade tão importante que focou quase toda sua atenção nela, mobilizando toda a empresa nesse esforço. Estava convencido de que a melhoria da Qualidade seria a estratégia revolucionária de negócios que tornaria a General Electric a empresa mais competitiva da Terra.

Mais uma vez Welch estava tentando dar um passo adiante, mudando antes que fosse absolutamente necessário fazê-lo.

Por que naquele momento? E por que o enfoque na Qualidade? Isso não quer dizer que a GE não tivesse dado a devida importância ao tema no passado. Ao contrário. A Qualidade para a General Electric sempre foi importante. E os produtos duráveis da GE sempre foram considerados de alta Qualidade.

No entanto, seus produtos e processos não tinham a Qualidade de nível mundial.

Durante os anos 80 e início dos anos 90, a GE penetrou apenas nos mercados em que assumia posições competitivas poderosas e vantagem tecnológica. A empresa abandonou negócios como os eletrônicos, no qual simplesmente não tinha tal vantagem.

A estratégia funcionou extremamente bem. O faturamento da empresa triplicou, os rendimentos quadruplicaram e o retorno anual médio aos acionistas saltou em 23%.

Embora a GE tenha tido o luxo de escolher seus campos de batalha no mercado, algumas empresas, como Motorola, Texas Instruments, Hewlett-Packard e Xerox, não tiveram o mesmo privilégio. Como Welch descreve, aquelas empresas foram pegas "pelo furacão asiático" e tiveram de lutar "corpo a corpo" com a invasão japonesa, que derrubou muitas indústrias norte-americanas. Como seus concorrentes asiáticos atingiram novos níveis de Qualidade em seus produtos, a Motorola e outras empresas norte-americanas tiveram de aprimorar os níveis de Qualidade ou teriam de fechar as portas. Como resultado, após anos de esforço excepcional, adquiriram um nível de Qualidade comparável ou superior ao de seus concorrentes globais.

Quando a GE tomou aquelas empresas como modelo de benchmarking, ficou muito claro que havia muito espaço para melhorar a Qualidade dos próprios produtos e processos.

Aprendendo com a experiência daqueles empreendimentos norte-americanos, Welch decidiu fazer da Qualidade um foco gerencial crucial na GE. E a Qualidade tornou-se uma obsessão.

Certamente, Welch e seus funcionários sabiam que havia espaço para melhorar. Mas no início, o presidente da GE simplesmente supôs que a melhor forma era aprimorar a Qualidade obtendo mais velocidade, simplicidade e autoconfiança. Apenas ao descobrir que esses três fatores não estavam fazendo a mágica esperada, ele se convenceu de que era preciso algo mais.

A GE havia lançado programas de Qualidade no passado, porém estes não foram levados a sério. "Muitos de nós crescemos na empresa com programas de Qualidade", diziam os colaboradores, "mas eram slogans".

Durante vários anos, Jack Welch pedia níveis mais elevados de produtividade do pessoal da GE. No entanto, em meados dos anos 90, os funcionários alegaram que a maior produtividade não seria possível sem aprimorar a Qualidade dos produtos e processos. Gastava-se tempo demais consertando e refazendo um produto antes de ele sair da fábrica. Aquilo prejudicava a velocidade da empresa, um dos dogmas supremos da corporação, e também reduzia a produtividade.

Ninguém realmente via quanto era gasto por não fabricar um produto de alta Qualidade da primeira vez, tendo de refazer grande parte dele antes de estar pronto para ser expedido. Achava-se que o desperdício e o retrabalho faziam parte do custo do negócio.

Welch queria evitar o trabalho desnecessário. Queria aprimorar os processos de modo que a primeira tentativa fosse o mais próximo da perfeição. Ele achava que não bastava ter produtos e serviços que fossem meramente comparáveis ou melhores que aqueles dos concorrentes. "Queremos mais que isto", dizia Welch. "Queremos mudar o cenário competitivo não apenas sendo melhores que nossos concorrentes, mas alcançando um novo nível de Qualidade. Queremos tornar nossa qualidade tão especial, tão valiosa a nossos clientes, tão importante ao sucesso deles, que nossos produtos se tornem a única opção válida".

A questão era como chegar a uma campanha de Qualidade em toda a empresa que não repetisse os erros de programas anteriores. Welch e seus colegas descobriram a resposta no Six Sigma, o conceito que tinha sido pioneiro na Motorola, fabricante de equipamentos de comunicação e semicondutores.

O Six Sigma é uma medida de erros para cada milhão de operações distintas, aplicável a todas as transações e não somente à fabricação. Quanto menor o número de erros, mais alta a Qualidade. Um sigma significa que 68% dos produtos são aceitáveis; três indicam que 99,7% são aceitáveis; a meta final aponta que 99,999997% são aceitáveis. Com o Six Sigma, apenas 3,4 defeitos por milhão de operações ocorrem; com três e meio, que é uma medida média da Qualidade para a maioria das empresas, ocorrem 35 mil defeitos por milhão.

A Qualidade, como já vimos, há muito tempo é associada aos japoneses. Empresas como a Motorola sabiam que ser verdadeiramente competitivas significava superar os japoneses em seu próprio campo de Qualidade. Mas os elevados padrões de Qualidade do Japão aplicavam-se apenas a produtos como equipamentos elétricos, carros e instrumentos de precisão – e somente à área de produção. O Japão continuava a perder no esforço de aperfeiçoar os processos (como a GE tentaria fazer através de sua iniciativa de Qualidade Six Sigma).

No final da década de 1980 e início de 1990, a Motorola liderou a iniciativa de Six Sigma e, no processo, reduziu o número de defeitos em seus produtos de quatro para cinco sigmas e meio, obtendo 2,2 bilhões de dólares em economias. Outras empresas, como AlliedSignal e Texas Instruments, começaram a adotar seus próprios programas de Qualidade Six Sigma. A medida estava se tornando tão popular que acabou gerando empresas de consultoria.

Por fim, Welch foi convencido por seus próprios funcionários, principalmente o pessoal da fabricação e engenheiros. Eles foram os primeiros a reconhecer que a empresa precisava de uma sólida iniciativa de Qualidade. Esse pessoal "com a mão na massa" entendia que, após vários anos de enorme progresso na produtividade e nos giros de estoque, ainda era necessário reduzir o elevado número de defeitos em seus processos de fabricação para progredir mais. Ficou então mais evidente que várias empresas, incluindo a Motorola e a Texas Instruments, tinham atingido resultados espantosos através do programa Six Sigma.

O que mais atraía Welch ao Six Sigma era sua forte dependência de dados estatísticos. Esse programa de Qualidade não seria "suave", uma palavra que ele havia usado para descrever esforços de Qualidade anteriores na GE, que acabaram por cair em descrédito. A Qualidade deixaria de ser mais um complemento. Welch tinha a esperança de que esse programa de Qualidade não afundaria numa onda de indiferença como havia acontecido com os anteriores. Agora a Qualidade não seria mais um slogan. Não se tratava do programa do mês.

Ao decidir embarcar em um sério programa de Qualidade, a GE queria desenvolvê-lo no seu próprio estilo, de uma forma como nunca fora feita antes.

Se a GE pudesse desenvolver um programa de Qualidade bem-sucedido, as recompensas potenciais seriam enormes. O custo de permanecer em valores três ou quatro na medida sigma chegava a 10% a 15% do faturamento de uma empresa. Para a General Electric, isso se traduzia num custo de 8 a 12 bilhões de dólares.

Aumentando seu nível de Qualidade, a empresa gera mais rendimento ao acionista e também adquire maior participação de mercado, porque o cliente ficará muito mais satisfeito em relação aos concorrentes.

A GE fixou a meta de se tornar uma empresa de Qualidade Six Sigma próximo ao ano 2000, com produtos, serviços e transações comerciais praticamente sem defeitos.

Welch achava o Six Sigma a meta mais difícil que a GE já tinha procurado alcançar. Antes da iniciativa Six Sigma, os processos típicos da empresa geravam cerca de 35 mil defeitos por milhão de operação, ou sigma três e meio. Embora tal número de defeitos possa parecer uma quantidade astronômica, era consistente com os índices de defeitos da maioria das empresas dos Estados Unidos.

Fazendo uma comparação, as linhas aéreas têm um registro de segurança que é menor que uma falha por um milhão de operações, enquanto suas operações de bagagem estão na faixa de 35 mil a 50 mil falhas. Esse número também é típico das operações de serviços e fabricação. Normalmente ocorre com as contas dos restaurantes, o processamento de folhas de pagamento e prescrições médicas.

Para atingir o Six Sigma, a GE precisaria reduzir seus índices de defeito em uma média de 84% ao ano. Segundo dizia Welch: "O Six Sigma – a Qualidade GE 2000 – será a maior iniciativa, a mais recompensadora em termos individuais e finalmente a mais lucrativa de nossa história. Pelo ano 2000, queremos ser uma empresa ainda melhor que as concorrentes em Qualidade. Este reconhecimento não virá de nós, mas de nossos clientes".

A Motorola levou dez anos para atingir o Six Sigma. Welch esperava fazer isso em cinco anos. Seria possível?

Para o presidente da GE, a meta era realista. A Motorola, afinal, teve de liderar o programa. Teve de desenvolver as ferramentas. A GE possuía a vantagem de ter introduzido o programa depois. Welch estava confiante de que a GE faria mais rapidamente o que as outras empresas tinham levado muito mais tempo para realizar: "Não há empresa no mundo que tenha se posicionado para empreender uma iniciativa tão maciça e transformadora quanto esta. Toda a mudança cultural que fizemos nas duas décadas passadas nos dá condições de assumir este desafio excitante e recompensador".

O programa Six Sigma depende de uma nova "classe de lutadores" dentro da empresa para executar procedimentos e alcançar seus objetivos.

Em seu primeiro ano, os funcionários consideraram o Six Sigma outra moda gerencial, e lentamente ouvia-se falar do programa em toda a empresa. Não era o que os líderes da GE tinham planejado. Então Welch empregou seu fervor ardente para promovê-lo pessoalmente. Ele falava sobre isso sempre que tinha chance e até distribuiu um folheto sobre o programa (A Meta e a Jornada).

Na reunião dos gerentes operacionais, o presidente fez uma declaração surpreendente: anunciou que "os gerentes da GE teriam de embarcar na iniciativa da Qualidade e do Six Sigma ou enfrentariam a demissão".

Depois das repetidas advertências de Welch de que os funcionários da GE precisariam "ser voluntários" para o Six Sigma, não foi uma surpresa que o número de candidatos para programas de treinamento tivesse subido assustadoramente. Era possível sentir o entusiasmo que o programa estava gerando durante uma visita a várias instalações da GE. Parecia um campo de treinamento de recrutas, cuja finalidade era incentivar as "tropas" para o programa de Qualidade. No mínimo pode-se dizer que os funcionários da GE tornaram-se obsessivos com o programa.

Welch sabia que tinha estabelecido alguns alvos bastante ousados na iniciativa de Qualidade, mas não tinha a menor dúvida em estabelecer metas ambiciosas.

A empresa acrescentou 3 mil funcionários para lidar com o esforço Six Sigma e com essas contratações alguns na GE se preocuparam, pensando que o esforço poderia criar uma burocracia indesejada. Toda essa iniciativa de Qualidade seria disciplina ou burocracia? Ficou claro que era uma questão de disciplina.

A abordagem Six Sigma para melhoria da Qualidade nos processos de negócios envolve a formação de equipes de projeto, cada uma destinada a atingir o nível Six Sigma de precisão através de um processo envolvendo quatro passos, conhecido como MAIC (measure, analyse, improve, control):

- Medição.
- Análise.
- Aprimoramento.
- Controle.

A GE também planejou treinar cada um de seus 20 mil engenheiros de forma que todos os seus produtos novos fossem destinados à produção Six Sigma. E planejou treinar todos os funcionários da GE na metodologia.

A empresa elaborou cinco medidas corporativas para ajudar cada negócio a acompanhar o progresso no programa Six Sigma:

1. Satisfação do cliente.
2. Custo por falta de qualidade.
3. Qualidade do fornecedor.
4. Desempenho interno.
5. Design para viabilidade de fabricação.

Desde que a iniciativa Six Sigma, começou os resultados foram fantásticos, excedendo até mesmo as ousadas expectativas de Welch.

O Six Sigma tem o potencial de produzir centenas de milhões de dólares em ganhos anuais com a melhor utilização da capacidade, mão de obra e matérias-primas.

Alguns na GE admitiam ter dúvidas sobre o Six Sigma. Era um pouco assustador no início por causa de sua natureza estatística, mas a iniciativa teve a capacidade de ir além desta condição. Rapidamente, todos compreenderam o que era controlar, certificar-se de que um problema tinha sido resolvido. A ênfase em obter dados da primeira vez era o que realmente diferenciava esse programa dos outros no passado.

Os funcionários da empresa achavam que sabiam o que era importante para o cliente. Mas o Six Sigma revelou que o pessoal não sabia realmente o que os clientes queriam. Foi esse o caminho da Qualidade e do Six Sigma na GE.

Ao leitor interessado neste Sistema de Qualidade indicamos o livro *Six Sigma Revolution*, de George Eckes[15].

Conhecemos e exercitamos vários programas de Qualidade e acreditamos que vale a pena nos tempos atuais conhecer e refletir sobre o Six Sigma, pois, apesar da dificuldade da implantação, pode trazer benefícios surpreendentes.

No Brasil, o Six Sigma foi adotado por inúmeras empresas, como a AmBev, Carbocloro, Brasmotor, e agora está sendo conhecido e até implantado em pequenas e médias empresas.

Como destaque para o interesse do método, a organização Six Sigma Brasil comemorou seus quatro anos com 8000 associados. Merece atenção também quanto ao processo de Qualidade a organização do IV Congresso Internacional Six Sigma, realizado em São Paulo nos dias 23 e 24 de maio de 2012.

Devemos lembrar aos leitores que, apesar de tudo, a empresa que iniciou o processo de Qualidade, a Motorola, foi recentemente adquirida pelo Google, o que não representa insucesso do Six Sigma.

Não há mais dúvida de que as organizações precisam concentrar seus esforços para colocar produtos e serviços perfeitos à disposição dos clientes. Para isso necessitam desafiar as equipes de trabalho a melhorar a performance dos processos (capítulo 13.3) e a sistematizar a Qualidade, eliminando os altos custos resultantes exatamente das falhas da Qualidade. Todos os membros da organização precisam constantemente pensar e agir para obter melhores resultados.

De acordo com Feingenbaum[7], a tendência para este milênio é de que 1 bilhão de pessoas no mundo esteja comprando e vendendo para clientes altamente exigentes. O cliente será uma figura global e a Qualidade será definitivamente a linguagem mais importante dos negócios. Hoje em dia, 9 em 10 dez compradores do mercado mundial têm em vista a Qualidade como principal requisito. Há 20 anos esta relação era de 3 para cada 10 compradores. Para Feingenbaum, cada vez existe menos tolerância para falhas de qualquer tipo (tempo, precisão, atenção, etc.). Os clientes querem a perfeição de produtos ou serviços, preço razoável e finalidade de uso bastante específica.

Compete aos líderes identificar e implementar a melhor estratégia para o aumento da competitividade de suas organizações, solucionar rapidamente os problemas existentes, entusiasmar, formar pessoas e trabalhar em equipe.

Caro leitor, após a leitura deste capítulo – Célula da Qualidade/ Excelência, pode ficar a dúvida se "somente" um sistema de Qualidade pode levar uma empresa ao sucesso. Diríamos que sim e não. Inúmeras empresas, inclusive especiais pela marca, faturamento e rentabilidade, são geridas seguindo um sistema da Qualidade. Entretanto, a nosso ver, um sistema de gestão que inclua a Qualidade, mas tenha outros enfoques tais como o desenvolvimento de uma crença, intensivo empenho sobre a participação dos colaboradores, sistema de comunicação explícito, verdadeira transparência, livros abertos, planejamento estratégico para curto e longo prazo, programa de ação (metas) para os empresários e colaboradores, uma técnica especial para análise dos resultados e partilha inúmeras ferramentas para o desenvolvimento dos colaboradores (Melhoria Contínua, Diálogo com os Colaboradores – Comunicafé), terá mais chance de sucesso e resultados mais rápidos e consistentes. Razão pela qual estamos propondo este sistema de gestão que chamamos de GEAP – Gestão Empresarial de Alta Performance Baseada em Pessoas.

1.4.4 – Agilidade

> *A burocracia é um mecanismo gigante,*
> *operado por pigmeus.*
> Honoré de Balzac

> *Quanto mais alguém sabe,*
> *mais simplifica.*
> Elbert Hubbard

Agilidade tem sido um dos ingredientes corporativos mais desejados nas empresas. Nelson Blecher[1] descreve uma sondagem feita pela IBM com 450 presidentes de corporações mundiais, revelando que a falta de agilidade em todas suas manifestações – perceber uma nova direção a ser tomada, desenvolver novos produtos, recrutar bons profissionais, demitir maus profissionais, vender, comprar – tornou-se uma das maiores angústias e preocupação número um dos líderes.

Na pesquisa, a falta de agilidade foi citada pelos executivos como o principal obstáculo para que suas empresas estivessem aptas a identificar e perseguir as oportunidades de mercado. Oito de cada dez entrevistados elegeram a correção dessa falha como sua meta prioritária. Dela depende, segundo a maioria dos presidentes, a expansão do faturamento e dos lucros, uma vez que o ciclo de programas de redução de custo e de mudanças nos processos internos para torná-las mais produtivas praticamente se esgotou.

Em levantamento conduzido pela consultoria americana Heidrick & Struggles[2], com 540 presidentes de empresas em 40 países, a conclusão foi similar. Nada menos que 88% dos pesquisados estabeleceram como prioridade máxima dotar suas companhias de agilidade, flexibilidade e capacidade de se adaptar às mudanças como única maneira de se manter competitivas no mercado e, portanto, sustentar seu crescimento. A pesquisa indica que a saída é construir um ambiente com menos burocratas e mais homens de negócio. Quem ainda não cometeu o erro da *paquidermização* deve ficar atento para não trilhar esse caminho. Quem infelizmente caiu nessa vala, possivelmente ainda terá tempo de sair fora se for visionário, esperto, dinâmico e apaixonado.

Entre os executivos, de maneira generalizada, há a crença de que empresas com perfil ágil e flexível como o de um felino é que farão toda a diferença no futuro próximo. É interessante notar que, apenas poucos anos atrás, ganhar velocidade era a quinta prioridade de quem estava no comando de uma corporação. As pesquisas relativas a esse tema evidenciam uma característica biológica das organizações. Na medida em que crescem, seus escalões burocráticos engessam de tal modo as decisões, que elas acabam perdendo tônus competitivo. É nesse ponto que se torna necessário reciclar o metabolismo do "mamute" com doses de empreendedorismo, criatividade e resgate da eficiente simplicidade que marca os primeiros anos de atividade da empresa, para ter maior competitividade e melhores resultados. Estímulos nessa direção foram citados como prioridade de 78% dos entrevistados no mesmo levantamento da Heidrick & Struggles.

O processo de paralisia torna-se mais chocante ao pensarmos que o mundo dos negócios atualmente vive os efeitos da internet e da globalização, que mudaram completamente as transações, ou seja, no momento em que o mundo cobra mais agilidade, as companhias se embotam. "A internet acelerou drasticamente processos decisórios e fluxos de ideias, conectando o mundo em tempo real", afirma Larry Bossidy[3], presidente do conselho da Honeywell International e autor de *Encarando a Nova Realidade*, obra que se propõe a analisar o impacto que as rápidas transformações destes tempos produzem nas empresas.

Portanto, o paradigma do sucesso não é mais o tamanho, mas sim a capacidade de dar uma rápida resposta à altura das demandas dos clientes. Concorrentes surgem de onde menos se espera e grandes corporações são torturadas por rivais de pequeno ou médio porte. O ciclo de vida dos produtos estreitou-se. Em consequência, novidades retumbantes correm o risco de virar commodities poucos meses depois de lançadas. "Só agora estamos começando a descobrir as mudanças radicais e penetrantes da globalização", afirma Bossidy.

A rapidez para detectar tendências e se adaptar aos sinais emitidos pelo mercado é uma das razões que explica a solidificação do Wal-Mart como varejista número 1 do mundo. Apesar da enorme estrutura da companhia, seus executivos se atualizam através do maior banco de dados eletrônicos do planeta, que a cada dia fornece detalhes das operações em todo o mundo e, inclusive, de suas 535 lojas espalhadas pelos 18 estados do Brasil. A agilização também explica parte do sucesso da americana Dell, fabricante de computadores. Michael Dell, seu fundador, costuma dizer que, enquanto os concorrentes tentam prever o que os clientes desejam, seu sistema de venda direta de computadores permite saber o que realmente eles querem, bastando consultar milhares de encomendas que chegam à empresa por e-mail e telefone. Como resultado, a Dell obtém um giro de estoques sem paralelo na indústria da informática e lucros elevados, apesar dos preços mais baixos. E faz isso diminuindo a burocracia.

Para serem ágeis, as empresas precisam estar entregues aos dirigentes certos.

No Brasil, pesquisa realizada pela Consultoria Korn Ferry[4] com executivos que lideram empresas mostrou que 69% apontam para a agilidade como uma principal e importante característica que precisam ter os presidentes de companhias.

Verifica-se, portanto, que as empresas ágeis certamente têm maior produtividade, satisfação dos clientes e, óbvio, melhores resultados.

Na GEAP destacamos a agilidade como um dos importantes valores na composição da cultura organizacional. Como dissemos anteriormente, a necessidade de agilidade e inovação levou a empresa referência a mudanças em seu Credo/Ato de Fé, incluindo-os como valores, de início desejados, e posteriormente integrados como essenciais, sensibilizando e motivando seus colaboradores. E funcionou! Após algum tempo, naturalmente com uma série de medidas coerentes e concretas, houve grande desburocratização e facilitação no dia a dia da empresa. Havia inclusive propostas no Programa de Melhoria Contínua – Genius (capítulo 13.1) para simplificar em todas as áreas, o mesmo acontecendo com a ferramenta de Gerenciamento de Descrição de Processos – Siga (capítulo 13.3). Vale ressaltar também que, dentro do espírito de confiança, parceria, participação e delegação planejada, havia uma "cobrança" entre os próprios colaboradores de fazer acontecer com agilidade.

1.4.5 - Criatividade, Ideias e Inovação

Não há nada que seja maior evidência de insanidade
do que fazer a mesma coisa dia após dia
e esperar resultados diferentes.
Einstein

Entender inovação como vetor de crescimento
passou a ser fonte de sobrevivência.
Pedro Passos

Pareceu-nos que, ao tratar deste tema em nosso livro, deveríamos inicialmente conceituá-lo e em seguida focalizá-lo para pessoas, empresas e nações.

Desse modo, para facilitar o entendimento, tentaremos tanto quanto possível esclarecer o significado destas palavras. Veremos que é um propósito nada fácil, pois cada autor as utiliza a sua própria maneira e absolutamente não há um consenso quanto à terminologia. Se formos ao dicionário, por exemplo, o Houaiss[1], encontraremos as seguintes sinonímias:

Criar: conceber, dar existência, imaginar, inventar, produzir algo novo.

Criativo: provido de criatividade, criador, inovador, original.

Criatividade: inventividade, inteligência e talento natos ou adquiridos para criar, inventar, inovar.

Inovar: tornar novo, introduzir novidade, fazer algo como não era feito antes.

Inovação: coisa nova, novidade, qualquer elemento que surge, que não havia numa fase mais antiga, fazer algo como não era feito antes.

Ideia: representação mental de algo concreto, abstrato ou quimérico, maneira de ver, intenção de realizar, invenção, plano.

Imaginação: faculdade que possui o espírito de representar, imaginar, criar a partir da combinação de ideias.

Peter Drucker[2], o guru dos gestores e administradores do século passado, em seu livro *Inovação e Espírito Empreendedor*, destaca que é preciso identificar as diferenças existentes entre inovação, criação, mudanças e empreendedorismo. Coisas distintas que segundo ele podem ou não levar a empresa para o sucesso.

Marco Antonio Lampoglia[3], diretor da Active Educação e Desenvolvimento Humano, afirma que criatividade é a busca de soluções inovadoras.

Antônio Carlos Teixeira da Silva[4], criador do Projeto Pense Diferente e escritor, conceitua da seguinte maneira: "criatividade é a capacidade, a habilidade, o potencial que todo ser humano possui para gerar ideias. Sendo assim, ideia é o produto da criatividade. Porém, uma ideia não é necessariamente uma inovação. Há muitas ideias brilhantes que estão adormecidas no fundo de uma gaveta. A ideia só será transformada em inovação ao ser realizada, concretizada".

John Kao[5], professor de criatividade nas universidades de Harvard e Stanford, assim se manifesta: "defino criatividade como o processo através do qual as ideias são geradas, desenvolvidas e transformadas em valor. Em nosso vocabulário, criatividade conota a arte de lançar novas ideias e a disciplina de moldar e desenvolver essas ideias ao estágio de valor realizado. A definição de criatividade inclui o significado que as pessoas atribuem normalmente à inovação e ao espírito empreendedor".

Ricardo Bellino[6], empresário e autor do livro *O Poder das Ideias*, relata que a ideia não quer dizer necessariamente uma coisa nova, mas sim um jeito novo de fazer as coisas.

Edward de Bono[7], consultor, conferencista e professor em Cambridge, e que esteve algumas vezes no Brasil, define criatividade como um comportamento sistêmico, auto-organizado, que cria padrões assimétricos e desencadeia vários processos: o desafio, a provocação e a entrada aleatória. Afirma ainda que a criatividade é um processo no qual se utiliza um conjunto de habilidades mentais que não são patrimônio exclusivo dos inspirados.

De fato, realmente não há uniformidade conceitual dessas expressões, que são usadas aleatoriamente, como fazem inúmeros autores sem se preocupar com a semântica. Entretanto, numa tentativa de juntar e condensar os conceitos, diríamos que a inovação seria o produto final, acabado, concretizado, de ideias de valor geradas por pessoas criativas que usam suas habilidades mentais para imaginar algo novo.

CULTURA EMPRESARIAL

Quanto a pessoas, segundo Bono, todos somos criativos em maior ou menor grau, pois geramos ideias. Entretanto, podemos ser mais criativos se abandonarmos regras, estivermos atentos a tudo que ocorra ao nosso redor, formos curiosos, não tivermos medo, formos otimistas, mantivermos a mente aberta, tivermos autoconfiança, formos ousados, soubermos ouvir, questionarmos tudo, estivermos dispostos a correr riscos, fugirmos da rotina, registrarmos todas as ideias que temos. Contribuindo nessa linha, segundo Teixeira da Silva, devemos: jamais nos contentar com a primeira ideia que ocorra e sim buscar outras, para entre muitas escolher a melhor; não nos acomodarmos, porque sempre existe uma maneira de fazer melhor, mais fácil e mais rápido; buscar as causas e as razões das coisas; não acreditar em bordões como "isto nunca vai funcionar" ou "em time que está ganhando não se mexe"; ouvir os outros, pois as ideias se desenvolvem com a divergência; de vez em quando, fazer coisas que contrariem nossos hábitos, no trabalho e no lazer, porque sair da rotina é sempre estimulante para o cérebro.

O mais distante que estiver a pessoa de sua atividade especializada ou do conteúdo de seu diploma, mais fácil será o desbloqueio mental e encontrará centenas de possibilidades e perspectivas para aplicar seu conhecimento.

A história das descobertas e invenções está repleta dessas situações: John Dunlop, veterinário de Belfort, inventou o pneumático; Henry Sidgier, estofador inglês, criou a máquina de lavar roupa; Joseph Marlin, músico belga, criou o patim de quatro rodas; Bartolomeu de Gusmão, padre, desenvolveu os balões.

Na verdade, criatividade é uma habilidade que todos têm, mas que pode também ser estimulada e desenvolvida. Muitas vezes após curto treinamento, algumas pessoas se descobrem mais criativas, segundo Bono.

O tema criatividade parece mais atual que nunca. Líderes empresariais e políticos exigem encontrar soluções inovadoras para problemas como o desemprego em massa e o iminente colapso do sistema previdenciário. As empresas enviam seus colaboradores a *workshops* de criatividade; profissões criativas, como *designer* ou profissionais da tecnologia conquistam a preferência, mesmo em relação a médicos e advogados, e nas livrarias perde-se a conta dos livros de conselhos e treinamentos em áreas ligadas à criação.

Desde a invenção do fogo, da roda e da imprensa até a penicilina e a fissão nuclear, nosso desenvolvimento evolutivo da Idade da

Pedra até o século XXI só foi possível graças a um fluxo inesgotável de lampejos criativos do intelecto. E onde têm origem todas essas ideias? No cérebro!

Certamente, com este mote milhares ou milhões de inovações, algumas muito especiais e até complexas, ocorrem no planeta. Inclusive temas curiosos, conforme cita Ethevaldo Siqueira[8], como óculos que detectam mentira com confiabilidade superior a 90%; microrrobôs com cerca de 50 gramas que voam batendo asas e que podem levar microcâmeras de vídeo para vigiar ou inspecionar locais perigosos; um supercomputador da IBM capaz de fazer um quatrilhão de operações matemáticas por segundo, integrante de um telescópio superpotente nas pesquisas de estrelas situadas a 13 bilhões de anos luz da Terra.

Inúmeros brasileiros têm ideias brilhantes e inovam, resultando em grandes contribuições para a humanidade. Pela proximidade e facilidade, queremos destacar dois: Silvano Raia[9], professor emérito da Faculdade de Medicina da USP, um dos fundadores da Associação Brasileira de Transplante de Órgãos, foi o idealizador e o primeiro cirurgião a realizar um transplante de fígado intervivos no mundo. Essa modalidade ainda é a única opção terapêutica de cura para pacientes que aguardam por um transplante e não encontram doador. Miguel Nicolelis[10], neurocientista e líder de uma equipe, trabalhou inicialmente com animais (macacos rhesus), realizando uma comunicação entre o cérebro do primata e uma máquina, fazendo-a se mover. Agora, no projeto Walk Again, pretendem por meio da interface cérebro-máquina, restabelecer os movimentos de pessoas paralíticas. A intenção é que um tetraplégico, com a força do pensamento e toda a tecnologia necessária, dê o pontapé inicial no primeiro jogo da Copa do Mundo em 2014, que será realizada no Brasil. Os experimentos de Nicolelis dão esperança de reverter grande parte das características do mal de Parkinson.

Ser uma pessoa criativa é muito empolgante e a valoriza perante as demais no dia a dia da vida cotidiana e familiar, e no mundo dos negócios ela é a mola propulsora para o sucesso das empresas. Então, aqueles que quiserem prosperar a médio e longo prazo terão de praticar a arte da mudança contínua, inovando para melhor. Encontram-se corporações que contratam empresas especializadas, como a Ideo[11], do Vale do Silício, para inovar seus produtos e processos. Mas a grande maioria cria, inova e desenvolve "dentro de casa", de uma maneira ou de outra, fornecendo aos clientes

CULTURA EMPRESARIAL

produtos e serviços especiais. Dentre estas, algumas desenvolvem verdadeiros departamentos ou divisão de inovação, onde as pessoas só trabalham nessa área. Isso acontece na Natura, Banco do Brasil, Multibrás e Bunge Alimentos.

Dentro da empresa referência e na área de Patrimônio Humano, criamos a "Academia do Conhecimento" para o desenvolvimento educacional dos colaboradores (capítulo 2). No programa, ministramos um curso de três semanas sobre Inovação e Criatividade para vinte e cinco líderes, resumindo e refletindo sobre a leitura de seis livros: *Inovação - Como Criar Ideias que Geram Resultados*[4]; *O Pensamento Lateral*[7]; *Jamming - A Arte e a Disciplina da Criatividade na Empresa*[5]; *O poder da Ideias, PDI - Como Transformar Ideias em Tacadas de Sucesso*[6] e *A Arte da Inovação*[11]. Convidamos também para palestras pessoas consideradas expoentes em criação e inovação nas áreas de negócios (Didier Maurice Klotz), arquitetura (Ila Brajon), tecnologia da informação (Lincoln de Assis Moura), história em quadrinhos (João Paulo Martins), cirurgia plástica (Fabio Nahas) e design em vestuário feminino (Roberta Nahas).

A premissa de que somos criativos em menor ou maior escala nos levou a realizar pesquisa, solicitando aos alunos do curso, no seu início e ao término, após três semanas, que preenchessem o teste elaborado por Tânia Casado[12], da Faculdade de Economia e Administração da Universidade de São Paulo, que avalia a criatividade das pessoas. A pontuação do teste varia de 12 a 48, com faixas de 12 a 25 pontos para pessoas organizadas e dedicadas que se sentem desconfortáveis quando lhes apresentam problema, cuja solução não conhecem de antemão. São vistas como boas executoras, mas lhes falta um toque de ousadia. De 26 a 35 pontos para pessoas que diante de um problema não se contentam com os caminhos óbvios. Procuram alternativas. Consideram todas as possíveis soluções. E de 36 a 48 pontos para pessoas que têm muitas ideias o tempo todo e são vistas como criativas. Entretanto, algumas de suas ideias não são aplicáveis na prática.

Observamos nos 25 alunos, no início do curso, a média de 28,4 pontos e, após o curso, de 29,68. Constatamos ainda que, no primeiro teste, nenhum aluno estava na terceira faixa. No segundo, três estavam incluídos neste segmento. E, mais ainda, no primeiro teste homens e mulheres tiveram a mesma pontuação, mas, no segundo (após o curso), o sexo masculino teve 28,71 pontos e o feminino, 30.

Embora as diferenças não sejam significantes, os números sugerem que a criatividade pode ser aumentada com exercícios e conhecimento, e de fato as mulheres tiveram um melhor aproveitamento do curso.

Ao fim do curso, formulamos também as seguintes perguntas: Como posso ser mais criativo e inovador no trabalho? Qual desafio quero lançar a mim mesmo saindo deste curso?

As respostas foram:
- Mudar a abordagem.
- Dar e criar oportunidades.
- Não ter apego emocional às ideias.
- Trabalhar para conseguir o sim.
- Acreditar nas ideias.
- Ter atitudes.
- Contagiar pessoas.
- Multiplicar o conceito de inovação e criatividade.
- Quebrar paradigmas.
- Rever fluxos de trabalho.
- Aumentar o envolvimento dos colaboradores.
- Conhecer outros departamentos e ideias.
- Analisar rotinas que podem ser melhoradas.
- Implementar e estimular ideias criativas.
- Usar a criatividade do trabalho para melhorar a qualidade de vida.
- Construir e criar estações de trabalho.
- Criar canal de comunicação menos burocrático.
- Saltar barreiras.
- Melhorar o relacionamento e familiaridade com as pessoas.
- Permitir tempo para pensar.
- O catalisador de ideias, estar mais próximo dos colaboradores;
- Ouvir sem prejulgamento.
- Não apontar os erros das pessoas.
- Ter meios de recreação no trabalho.
- Sonhar mais.
- Mudar para melhor o programa de geração de ideias.
- Estimular a criatividade nos grupos de trabalho.
- Multiplicar os conhecimentos adquiridos.
- Ser mais ousado nas ideias.
- Não ter receio de se expressar.

CULTURA EMPRESARIAL

- Buscar mais informação.
- Tentar caminhos mais fáceis de fazer.
- Fazer diferente, porém de forma mais simples.
- Ser mais ousado.
- Acreditar sempre.
- Melhorar a integração dos colaboradores.
- Criar ambientes acolhedores.
- Mais reuniões festivas.
- Desenvolver curso de *brainstorm*.
- Liderança mais democrática.
- Criar grupo de solução de problemas.

Verifica-se, portanto, que realmente a criatividade pode ser estimulada com resultados práticos muito bons em relação a mudanças de atitude e que, uma vez provocadas as pessoas colocam parte do cérebro, que talvez estivesse adormecida, em atividade.

Vale a pena registrar a pesquisa da consultoria Strategos, do especialista americano Gary Hamel, na qual as empresas multinacionais se consideram fracas em inovação. Ainda assim, a maioria acha que está igual ou à frente das concorrentes. A enquete foi realizada com 557 diretores e presidentes de empresas com faturamento acima de 500 milhões de dólares.

A conclusão é de que as dificuldades quanto a este foco são de todas as empresas do planeta e o caminho até resultados desejados ainda é longo. Por outro lado, as empresas que conseguirem esta diferenciação serão certamente as com maior sucesso.

Entretanto, muito cuidado porque nem tudo que é novo inova. Assim, se não criar valor, não é inovação, mas apenas novidade. E novidade é irrelevante em negócios.

Inovar – e isso parece óbvio – é o princípio essencial para crescer. Sem novas tecnologias, novos produtos e, sobretudo, sem a descoberta de novas necessidades do mercado, o destino das empresas costuma ser a estagnação. Ou a morte. Quando se fala em inovação é preciso fazer duas observações. Primeira, nem sempre inovar faz parte do cotidiano da empresa. Mesmo a americana DuPont, conhecida pela capacidade de criar novos mercados, desenvolve produtos como o Teflon somente uma vez a cada década. De acordo com levantamento da McKinsey, 70% das companhias com resultados acima da média tiveram sucesso explorando negócios já existentes. A segunda observação é de que as inovações radicais, revolucionárias, dificilmente se repetem ao longo do tempo. Portanto, raramente se materializam em crescimento sustentado. As inovações radicais levaram empresas como a Dell à lista das maiores do mundo. Mas elas são exceção.

Na vida real, as inovações mais comuns – a despeito de qualquer ideia glamourosa – são as que mudam detalhes do dia a dia, no desenvolvimento de produtos, numa nova maneira de captar recursos ou num jeito diferente de organizar as equipes.

As empresas que absolutamente não inovam, ou nas quais as ideias utilizadas passaram a data de validade, são chamadas "asilo de ideias" e estão fadadas ao desaparecimento. Por outro lado, aquelas que muito inovam são denominadas "usina de ideias".

No Brasil, estudo publicado pelo Instituto de Pesquisa Econômica Aplicada (Ipea) mostrou que as empresas inovadoras conseguem produzir 2,7 vezes mais, usando a mesma quantidade de matéria-prima. Obtêm ainda 7,4 vezes mais produtividade no trabalho, alcançam preços até 30% maiores para seus produtos e têm 16% mais chance de exportar. Os benefícios também se desdobram: trabalhadores de empresas inovadoras ganham até 23% mais do que os empregados de firmas estagnadas. Com isso, conclui-se que inovar continuará sendo o fator decisivo entre a vitória e o fracasso.

A consultoria gaúcha Innoscience[13], especializada em estudos de inovação, criou um índice com as 31 companhias de capital aberto mais inovadoras do país – Ambev, Embraer e Natura fazem parte da lista. A seleção foi feita com base em diferentes rankings elaborados pela Fundação Getúlio Vargas, pela consultoria Edusys e pela revista *Fast Company*. De 2007 a 2011, as ações dessas companhias subiram mais que o dobro do Ibovespa. Isso ocorre também no exterior. Um indicador elaborado pela revista *BusinessWeek* com empresas consideradas inovadoras, como Apple, Coca Cola e Hyundai, teve desempenho superior ao do índice S&P 500, da bolsa de Nova York, nos últimos quatro anos.

O Instituto de Estudos para o Desenvolvimento Industrial (Iedi)[14], presidido por Pedro Passos, sócio da Natura Cosméticos, realizou pesquisa entrevistando os principais dirigentes de 40 grupos privados que atuam no mercado brasileiro. O resultado mostrou os principais vetores da inovação:

- Atender necessidades dos consumidores.
- Ampliar receitas.

- Aumentar produtividade.
- Reduzir custos.

A inovação nas empresas permite desenvolver novos produtos e serviços e, consequentemente, superar a expectativa do cliente, atrair preferências, estabelecer estratégias adequadas, encontrar soluções para os problemas, mudar comportamentos e quebrar paradigmas.

Em publicação na revista *Exame* com o título "Ideias que Viram Dinheiro" são elencadas as 6 características de toda empresa inovadora:

1. **Tem uma cultura que apoia a criatividade** – A inovação é encarada como estratégica. Todos estão comprometidos e contam com o apoio da alta direção para ousar.
2. **Entendem o mercado e o consumidor** – Valem-se de pesquisas convencionais e não convencionais para extrair conhecimento sobre as motivações dos consumidores, o que lhes permite antecipar-se à concorrência.
3. **Mobilizam as equipes** – Usando farta comunicação, conseguem mobilizar funcionários de diferentes áreas para gerar ideias que se transformam em novos e lucrativos negócios.
4. **Cultivam clima de liberdade** – Os funcionários podem expressar livremente suas opiniões a respeito de novos projetos. Em vez de punições, os erros geram aprendizado.
5. **Avaliam resultados** – Estabelecem métricas claras tanto para avaliar o retorno financeiro das inovações como para recompensar os membros das equipes responsáveis por projetos bem-sucedidos.
6. **Derrubam muros** – Algumas das empresas mais inovadoras estenderam seus processos de desenvolvimento de novos produtos também aos fornecedores.

Inovação no país e patentes

Não poderíamos, quanto a este mote inovação e criatividade, deixar de lado a situação das nações, berço das pessoas e empresas. A pesquisa é um dos caminhos para a inovação.

No campo das publicações sobre inovação, temos visto poucas referências aos resultados da área de Pesquisa e Desenvolvimento (P&D) em nosso país.

A preocupação com a área de P&D e consequente inovação é tão grande no mundo atual que os candidatos à presidência dos Estados Unidos dão ênfase especial à ciência e tecnologia e apresentaram à imprensa suas principais propostas. Entre elas estão pesquisas para desenvolver combustível a partir do hidrogênio, tecnologia inovadora para reduzir emissões de gases para a atmosfera, destinando no orçamento alguns bilhões de dólares.

Observa-se ainda que, enquanto nos Estados Unidos, na União Européia e na Ásia a origem da fonte de financiamento aplicada em P&D em mais de 65% foi de empresas, no Brasil a fonte nesta mesma proporção é governamental.

A conclusão é que os países ricos investem mais em P&D ou pode-se inferir que sua riqueza é consequência e não causa dos seus investimentos em P&D. Mantido o cenário atual mundial, os três blocos que mais investem hoje continuarão inovando e se desenvolvendo, enquanto os demais países terão um empobrecimento relativo.

Há muito tempo se diz que "país que não pesquisa, patenteia e inova será sempre colônia".

O balanço definitivo da Organização Mundial da Propriedade Intelectual (OMPI) sobre as patentes de 2010 solicitadas por meio do Tratado de Cooperação em Patentes (Patent Cooperation Treaty - PCT), mostra que houve um crescimento de 5,7% nos depósitos totais no ano passado em comparação com o ano anterior. Em 2010 foram requeridas 164.300 patentes, com destaque para a posição do continente asiático, que pela primeira vez superou a Europa em número de pedidos. Entre os países que registraram as elevações mais significativas no volume de depósitos estão China (55,6%), Índia (36,6%), Coreia do Sul (20,3%) e Japão (8%).

O Brasil registrou praticamente o mesmo número de depósitos em relação ao ano anterior, 493 em 2009 e 492 em 2010 — uma leve queda de 0,2% —, não seguindo a tendência de alta de grande parte das economias emergentes. Com o resultado, o país ficou na 24ª posição no ranking mundial.

DEPÓSITOS DE PATENTES NA FASE INTERNACIONAL DO PCT EM 2010
(por país de origem)

1º Estados Unidos	44.890
2º Japão	32.180
3º Alemanha	17.558
4º China	12.295
5º Coreia do Sul	9.668
6º França	7.288
7º Reino Unido	4.908
8º Holanda	4.078
9º Suíça	3.728
10º Suécia	3.314
11º Canadá	2.721
12º Itália	2.658
13º Finlândia	2.145
14º Austrália	1.776
15º Espanha	1.752
16º Israel	1.488
17º Índia	1.313
18º Dinamarca	1.173
19º Áustria	1.140
20º Bélgica	1.057
21º Rússia	735
22º Noruega	706
23º Cingapura	642
24º Brasil	**492**
25º Turquia	483

O aumento da competitividade da economia brasileira não pode depender de baixos salários, exploração irresponsável de recursos naturais ou subsídios estatais.

Tais subterfúgios, tradicionalmente utilizados em países em desenvolvimento, são uma armadilha para o desenvolvimento sustentado. Para que o país realmente dê um salto de competitividade, o caminho é a criação de um ambiente favorável à incorporação de conhecimento e à inovação tecnológica.

Esse diagnóstico faz parte do livro *Brasil – o Estado de uma Nação*, lançado pelo Instituto de Pesquisa Econômica Aplicada (Ipea), vinculado ao Ministério do Planejamento.

Para ilustrar o ambiente pouco estimulante ao investimento em inovação, o livro mostra que apenas 31,5% das empresas industriais do Brasil com mais de dez empregados fazem algum esforço de inovação. Na Alemanha, este indicador está em 60%.

Voltando ao campo empresarial, como fizemos referência nas páginas anteriores, após entender o que é inovação e transmitir conhecimentos, inicialmente às lideranças da empresa e em seguida a todos os colaboradores, espera-se ter este foco como associado aos demais valores empresariais. Na empresa referência em que foi considerado um valor importante e atual para sucesso, além da agilidade, tomaram-se as seguintes medidas: esses novos valores foram incluídos como desejados na filosofia – Ato de Fé – que é lida e relida diariamente para os colaboradores; os líderes foram estimulados a se aventurarem sobre os temas; foram realizados vários workshops sobre inovação; pelo menos dois diferentes artigos sobre o tema foram publicados em revista da associação de classe com os títulos "Pesquisa e Inovação"[15] e "A importância de Ser Diferente"[16], e depois distribuídos entre os colaboradores; houve um incentivo à inovação no programa de Melhoria Contínua – Genius (capítulo 14.1).

Esse exemplo mostra como novos valores devem ser incluídos, dentre os demais, para serem entendidos e validado por todos os colaboradores.

Com essas medidas, ocorre um processo de sensibilização, conscientização e preparação. O passo seguinte é fazer acontecer. Então entra novamente o destaque para a responsabilidade da liderança, que faz a diferença. Esta deve dar exemplo, estimular e cobrar dos seus liderados atitudes e resultados.

Para marcar posição, a inovação na empresa referência, foi incluída como uma competência desejada e estimulada quando da construção do Fator Atribuído – FA (capítulo 6), que, como veremos, tem peso importante na partilha dos resultados da empresa (capítulo 12).

Open Innovation[17] é um modelo que as companhias estão

adotando em resposta a um mundo cada vez mais globalizado e caracterizado pela partilha aberta de informações, com o objetivo de produzir conhecimento. Esse modelo se baseia na colaboração em rede da empresa com fornecedores, clientes, universidades e até concorrentes. A partir desse conceito a inovação passou a ser, buscada além das fronteiras das organizações.

A interação é a chave para esse processo se tornar real e as redes sociais representam hoje a melhor plataforma para empresas interessadas em inovação aberta. Entretanto, o desafio que se impõe é criar tecnologias que gerenciem a troca de informações realizadas nessa mídia.

O exemplo da montadora italiana Fiat, cujo modelo Fiat Mio foi construído com ideias enviadas por milhares de pessoas ao redor do mundo através do site www.fiatmio.cc, ilustra bem o modelo. O projeto economizou milhões de reais em pesquisas com o consumidor, para a concepção de um novo carro. Durante nove meses a Fiat recebeu sugestões de mais de 13 mil pessoas. A partir das informações enviadas pelos internautas de 160 países, a equipe de desenvolvimento da Fiat criou um protótipo totalmente adaptado às expectativas dos clientes. O carro foi lançado no Salão do Automóvel de 2010, com audiência de 750 mil pessoas e repercussão na mídia nacional e internacional.

Outra iniciativa de sucesso é a InnoCentive (www.innocentive. com), empresa desenvolvida inicialmente como um centro incubador de inovação para a indústria farmacêutica Lilly. Sendo uma entidade independente desde 2005, valendo-se do modelo de rede, ela funciona como um intermediário entre as empresas que buscam soluções e uma cadeia global de mais de 160 mil especialistas e "solucionadores de problemas" em 175 países.

Temos ainda o caso da cafeteria Starbucks, que mantém o site My Starbucks Idea para coletar insights dos clientes. Através do site, qualquer um pode sugerir ideias, votar e discutir com outros consumidores as melhores propostas. No seu primeiro ano, o My Starbucks Idea recebeu 75 mil sugestões, além de milhares de votos e comentários. Um dos consumidores sugeriu criar um "gelo de café", em vez de água, para que a bebida não ficasse aguada quando o gelo derretesse. A companhia considerou a ideia e foi um sucesso. São exemplos de grandes empresas, mas a inovação aberta é perfeita também para as pequenas e médias, porque seu custo é consideravelmente mais baixo, quando comparado aos métodos tradicionais. Em vez de depender apenas de ideias e habilidades da equipe interna, as empresas podem ter acesso gratuito a ideias inovadoras.

O que parece estar claro é que as melhores soluções nem sempre estão dentro da empresa e, além disso, que o produto desenvolvido com os dados coletados num ambiente de criação coletiva com o cliente tem mais chance de ser aceito no mercado.

Quando terminamos de escrever este capítulo – Inovação – tivemos a notícia do falecimento de Steve Jobs. Inovador, gênio, mágico, são as palavras que o distinguem. Na área digital, ele se superou e deu uma nova visão da tecnologia. Com seus computadores Macintosh, iPods, iPhones, iPads e o recente iClouds, Jobs revolucionou não apenas a maneira como as pessoas se relacionam com a tecnologia e interagem através dela, mas também tornou esses aparatos visualmente agradáveis, mantendo sua eficiência.

1.4.6 - Lucro como Consequência

> *Administrar só para obter lucro é como jogar tênis com os olhos no placar e não na bola.*
> Ichak Adizes

> *O lucro é consequência de um sistema empresarial que tem como propósito atrair e manter clientes.*
> Theodore Levitt

Vamos tratar de um assunto que poucas empresas ousam incluir na sua lista de valores. Acreditamos, entretanto, que este foco está sendo desmistificado, embora ainda seja timidamente aceito.

Segundo Helio Gurovitz e Nelson Blecher[1], duas pesquisas encomendadas pela revista *Exame* revelam uma contradição que perturba o ambiente de negócios no Brasil. Trata-se do fosso de percepções entre as expectativas que a população de um lado,

CULTURA EMPRESARIAL

e os empresários do outro, alimentam em relação às empresas. Questionados sobre qual a missão de uma companhia privada, 93% dos brasileiros mencionaram a geração de empregos – o item mais citado de uma sondagem conduzida pelo Instituto Vox Populi. O item menos citado, apenas 10%, foi o lucro. Já os presidentes de empresas, ouvidos pela FAAP, citaram o lucro em primeiro lugar, com 82% das menções.

Entre economistas e acadêmicos, ninguém tem dúvida de que o foco principal na missão das empresas é ser lucrativa. Sem lucro não há geração de riqueza, crescimento, emprego, justiça social. Não há, portanto, nada que justifique a existência das empresas. Mas o lucro está tão estigmatizado e tão satanizado na sociedade que os próprios empresários – embora intimamente reconheçam sua importância – em público, tomam cuidado para não defendê-lo com entusiasmo. Comportam-se como se tivessem vergonha, pudor ou sentimento de culpa pelo próprio sucesso. E fazem por instinto de sobrevivência. Não se trata, porém, da sobrevivência pessoal ligada ao medo de sequestro, por exemplo. É fato que ele existe, mas no mundo dos negócios brasileiros, quem festeja o lucro corre o risco de ser alvo de uma CPI, receber visita inesperada da Receita Federal ou mesmo ficar com a imagem arranhada perante a opinião pública.

"Os brasileiros habituaram-se a ver no capitalismo um mal responsável pela diferença de classes sociais, e o lucro também como um mal necessário", afirma Paulo Zottolo[2], ex-presidente da Phillips e da Nívea no Brasil.

A revista *Exame*[3] publicou um levantamento feito pelo Instituto Ipsos, onde verificou que os consumidores são propensos a recomendar a um amigo a aquisição de produtos e serviços de empresas que apoiam projetos educacionais, sociais, artísticos, investem em esportes e exigem comportamento socialmente responsável de seus fornecedores. Ações desejáveis, porém longe de serem consideradas uma obrigação das companhias. A mesma pesquisa, porém, mostra que os consumidores não se sensibilizam quando sabem que o fabricante do produto ou prestador de serviço cumpre à risca as obrigações legais, tais como respeitar as leis trabalhistas, pagar todos os impostos em dia e não oferecer propina ou vantagem indevida. O papel social da empresa ganhou mais importância que o econômico. Em razão dessa realidade os empresários acabam muitas vezes adotando uma postura tímida ao defender o papel do lucro das companhias que dirigem. Invariavelmente, sentem-se mais confortáveis discorrendo sobre projetos sociais do que os projetos econômicos do negócio.

Ainda na citada revista, duas pesquisas, uma de opinião pública e outra com o empresariado, mostram a discrepância de visões sobre o papel das empresas privadas no país.

A missão das empresas segundo os empresários.

O que diz uma pesquisa feita pela FAAP com 102 grandes empresários.

Dar lucro aos acionistas 82%
Ser ética nos relacionamentos 63%
Ajudar a desenvolver o país 50%
Aliar crescimento à justiça social 47%
Gerar empregos 34%
Recolher os impostos devidos 14%
Desenvolver trabalhos comunitários 5%
Sem ferir a ética, derrotar a concorrência 5%

A missão das empresas segundo a opinião pública.

O que diz uma pesquisa de opinião pública do Instituto Vox Populi.

Gerar empregos 93%
Ajudar a desenvolver o país 60%
Desenvolver trabalhos comunitários 42%
Aliar crescimento à justiça social 31%
Recolher os impostos devidos 29%
Ser ética nos relacionamentos 19%
Sem ferir a ética, derrotar a concorrência 10%
Dar lucro aos acionistas 10%

Também na revista *Exame*, Andrea Lahoz[3] relata que a experiência histórica mundial dos dois últimos séculos, indica que o lucro é muito mais do que um mal necessário, como costuma ser apresentado pelos críticos. É uma espécie de motor do crescimento e quem melhor definiu a importância do lucro, segundo a autora, foi Adam Smith há mais de 200 anos em sua obra máxima *A Riqueza das Nações*.

O sucesso de algumas empresas brasileiras pode ser medido pelos seus lucros em bilhões de reais. Em 2011 o Itaú lucrou 14,62; o Bradesco, 11,028; a Petrobrás, 35,2 e a Vale, 30,1.

Entretanto a sociedade espera que o lucro das empresas, obtido de forma ética, seja utilizado para seu crescimento e desenvolvimento com o natural aumento dos postos de trabalho, novas oportunidades, bem como com respeito ao meio ambiente e grande participação social.

Sobre o tema – Lucro – encontramos algumas declarações:

- DON PETERSEN, ex-diretor executivo da Ford comentou: "Houve muita discussão sobre a ordem da importância que as pessoas, produtos e lucros deveriam ter. Decidimos que as pessoas definitivamente tinham que vir em primeiro lugar, produtos em segundo e lucros em terceiro".

- MÁRCIO CYPRIANO, ex-presidente do Bradesco, afirmou: "Não é mais admissível buscar o lucro a qualquer custo. É preciso respeitar conceitos como a sustentabilidade do planeta e ter preocupações com valores universais".

- ROBERTO SETUBAL, do Itaú, lembrou: "As pessoas esperam mais de um banco do que apenas ganhar dinheiro".

Na GEAP, incluímos o lucro como um dos valores da empresa, mas como consequência de uma gestão eficiente, eficaz e que faz acontecer.

Quando há uma política de "livros abertos" e os resultados e os lucros da empresa são a cada mês e ano comunicados aos colaboradores, não há problema nenhum. Na GEAP o lucro é partilhado com regras preestabelecidas, nítidas e, consequentemente, é festejado por todos os colaboradores participantes. Sobre o tema o leitor poderá conhecer detalhes no capítulo 12.

1.4.7 - Paixão e Compaixão

Se a razão é a bússola,
as paixões são os ventos.
Pope

Uma pessoa com paixão é melhor que
uma multidão simplesmente interessada.
E. M. Foster

A) Paixão

Paixão pode estar incluída como um dos valores de destaque na cultura das empresas (Cia Suzano Papel e Celulose, por exemplo), por representar um grande entusiasmo e ânimo favorável a alguma coisa, pessoa e causa, e superar os limites da razão. Pode-se dizer que sem paixão nada de grande será realizado[1].

A expressão – Paixão – utilizada em vários textos sobre gestão, era e continua sendo o mote de inúmeras empresas e empresários no sentido de energizar os colaboradores e obter deles melhores resultados. Foi até título de livro de Jack Welch[2]: *Paixão por Vencer: As respostas.*

Quando se trata de paixão, deve-se lembrar de que ela acontece para o bem e para o mal.

Se o leitor desejar se aprofundar nesse tema, deve ler Hirschman[3] *As Paixões e os Interesses.* O autor diz:

- A solução repressiva das incontroláveis paixões do homem é acompanhada de grandes dificuldades. Uma solução é mobilizar as paixões, em vez de simplesmente reprimi-las.
- As paixões do homem concorrem para o progresso geral da humanidade.
- Ao seguirem suas paixões, os homens estão servindo a algum propósito histórico-mundial mais elevado, do qual estão totalmente inconscientes.

- A ideia de guiar o processo social pela oposição inteligente de uma paixão a outra, tornou-se um passatempo intelectual bastante comum no decorrer do século XVIII.
- A razão é tão-somente ato de escolher aquelas paixões que devemos seguir em favor de nossa própria felicidade.
- Os maiores impulsos do homem podem ser controlados, colocando em luta suas várias paixões para se neutralizarem umas às outras.
- Algumas paixões precisam ser domadas.
- Pouco a pouco as paixões foram reabilitadas enquanto essência de vida e força potencialmente criadora.
- Os homens podem diferir em natureza uns dos outros quando são agitados por paixões, e na medida em que um mesmo homem é agitado por paixões, ele é mutável e inconstante.

No livro *O Futuro da Administração,* Gary Hamel[4] menciona que a paixão é contagiante e transforma campanhas de uma só pessoa em movimentos de massa. Diz ainda que obediência, diligência e conhecimento tornaram-se commodities e "podem ser compradas por quase nada". Num mundo onde a eficiência e disciplina são os recursos básicos, se as habilidades humanas fossem medidas por sua relativa contribuição à criação de valor nas empresas, a escala ficaria assim:

Paixão	35%
Criatividade	25%
Iniciativa	20%
Intelecto	15%
Diligência	5%
Obediência	0%
	100%

A nossa prática quanto ao tema – Paixão – foi colocá-la no nosso Credo/Ato de Fé como uma máxima e assim repeti-la várias vezes ao dia. Verificamos que há pessoas (colaboradores) mais sensíveis para se apaixonarem, porém deverá haver contínuos estímulos para motivá-las. No nosso caso, os valores praticados, exemplos das lideranças, incentivo à parceria, participação e integração em todas as fases da GEAP, induziram a um ambiente agradável de trabalho e levou inúmeros colaboradores a se apaixonarem pela empresa. Como dissemos anteriormente, esses colaboradores sentiam-se fazendo parte de uma grande família.

B) Compaixão

Compaixão é considerada um sentimento de solidariedade e simpatia com aquele que sofre física ou mentalmente, está infeliz ou é menos favorecido.

Um símbolo e exemplo de compaixão foi a vida e obra de Madre Teresa de Calcutá[5]. Entre os inúmeros enfoques dessa missionária pode-se destacar algumas de suas frases:

- Muitas vezes as pessoas são egocêntricas, ilógicas e insensatas. Perdoe-as assim mesmo.
- Se você é gentil as pessoas podem acusá-lo de egoísta, interesseiro. Seja gentil assim mesmo.
- Se você é um vencedor, terá alguns falsos amigos e alguns inimigos verdadeiros. Vença assim mesmo.
- Se você é honesto e franco as pessoas podem enganá-lo. Seja honesto assim mesmo.
- O que levou anos para construir, alguém pode destruir de uma hora para outra. Construa assim mesmo.
- Se você tem paz e é feliz as pessoas podem sentir inveja. Seja feliz assim mesmo.
- Dê ao mundo o melhor de você, mas talvez isso nunca seja o bastante. Dê o melhor assim mesmo.

Também Mahatma Gandhi[6] foi exemplo de compaixão que, segundo Cecília Meirelles[7], era um homem em eterna vigília por uma humanidade melhor. Ele ensinava a não violência e vitória da reflexão sobre o impulso do espírito sobre a matéria, e da vida sobre a máquina.

Certa vez convidamos o padre Alejandro De La Garza[8], da Congregação Missionários de Cristo, a fazer uma palestra sobre o tema Compaixão no Caldeirão do Conhecimento (capítulo 2) e ouvimos os seguintes enfoques:

CULTURA EMPRESARIAL

- A Compaixão tem diversas formas de ser expressa e significa compadecer-se, ajudar e reconhecer a fraqueza, a impotência do outro que é pobre em alguma coisa. Somos parte de um todo, uma população, uma sociedade, uma comunidade, uma empresa e temos que compartilhar o que somos com as nossas possíveis qualidades, sabedoria, dons e princípios para ajudar aquele que está precisando da nossa força.
- Infelizmente os homens estão cada vez mais egoístas, levando-os a uma individualidade que, por sua vez, leva-os a insensibilidade e ao materialismo. Isso acontece nos dias de hoje, principalmente com os jovens. Somos indiferentes, não queremos saber, ouvir e fechamos o coração para os sentimentos. As pessoas estão se tornando fechadas. Mas atenção a quem muito foi dado, muito será cobrado. Somos todos pessoas, todos iguais e a felicidade verdadeira não está em possuir bens, mas em dar aquilo que ganhamos de graça.
- Devemos ter em mente quatro ideias verdadeiras: somos criados, somos vida, temos um tempo e haverá um fim. Mas o que estamos fazendo com essa vida? E o que é nosso tempo na eternidade? Precisamos ter consciência de que nosso tempo é apenas um pontinho na eternidade. Somos livres para fazer o que quizermos com nosso tempo, porém um dia teremos de dar conta desse tempo também. Temos um compromisso diante dos outros, inclusive com Compaixão, e com isso ter misericórdia, piedade, caridade e amor.
- Mas lembre-se de que precisamos reconhecer a dignidade das pessoas. A Compaixão jamais deve nos levar, em hipótese alguma, a humilhar alguém.
- Por outro lado, devemos também ser sensíveis e não orgulhosos e soberbos para permitir que outros nos ajudem com nossas fraquezas, uma vez que não somos perfeitos. Saber receber é um dom.

Gary Hamel[9] afirma que a Compaixão, assim como a verdade, sabedoria, justiça e liberdade são os imperativos morais que conduziram os seres humanos a realizações extraordinárias ao longo do tempo. Com essas virtudes é possível conseguir dos colaboradores contribuições generosas para as empresas, desde que percebam que estão trabalhando com esses objetivos.

No Ato de Fé da Amesp Sistema de Saúde, estavam incluídos os seguintes pensamentos[10]:

- Devemos não somente evitar de lançar preocupações desnecessárias sobre os outros, mas também ajudá-los a enfrentar as que têm.
- Sempre que possível auxiliaremos os outros nas suas tarefas humanas, nos fardos que a própria vida lhe impõe.
- Quando tiver terminado o seu trabalho, faça o do irmão, ajudando-o com tal delicadeza e naturalidade, que nem mesmo o favorecido irá reparar que você está fazendo mais do que em justiça deveria fazer.

Observe que esses pensamentos nada mais são que destaques e formas de Compaixão.

Além disso, dentro da empresa foi criada uma máxima que representa um princípio de conduta: agir com paixão, que pode ser interpretada isoladamente ou sob a forma de compaixão. Este mote era enfatizado em todos os momentos para que ficasse impregnado na empresa.

Acreditamos que a Paixão considerada como valor é muito forte e energiza as pessoas e a empresa de qualquer área de atuação. A Compaixão é mais sentimental, íntima, espiritual e necessita de mais vida interior e reflexões para ser aplicada em empresas dos vários ramos de negócio.

Constatamos que os três pensamentos do Ato de Fé (Compaixão) descritos acima, aplicam-se destacadamente ao cliente interno de qualquer organização. Com os clientes externos a Compaixão deve ser exercida e aplicada primordialmente na área de prestação de serviços, dentre elas a área da saúde e da educação.

Com o término do tópico Valores, encerramos as considerações e os exemplos que tínhamos a oferecer no primeiro capítulo - Cultura Empresarial.

Procuramos sempre dar exemplos de casos de empresas nacionais e a nossa experiência vivida na GEAP. Havendo maior interesse na compreensão e prática não só do diagnóstico da cultura de uma empresa, mas também como modificá-la e implantá-la, recomendamos o livro *Walking The Talk* de Carolyn Taylor[11]. A autora esteve no Brasil, a convite da Torres Associados – Consultoria de Benefícios, deixando ensinamentos sobre o significado da Cultura Organizacional, ferramentas para o seu diagnóstico e os principais desafios em um processo de mudança cultural. Fica a certeza de que para construir, sedimentar ou mudar a cultura empresarial é preciso propósito conjugado com ação, ou valores organizacionais associados aos comportamentos individuais.

Vale ainda comentar que o conjunto de valores da Torres Associados se assemelha a um guia de conduta, facilitando a compreensão dos comportamentos esperados no exercício do trabalho de cada um de seus colaboradores: Ética, Profundo Respeito ao Ser Humano, Profissionalismo no Trabalho e nas Atitudes, Integridade nos Comportamentos, Imparcialidade, Valorização, Auto Superação Contínua, Foco Pró-Ativo em todas as Abordagens, Capital Humano e Comprometimento.

Além destes, inúmeros outros exemplos empresariais poderiam ser adicionados a este capítulo, no entanto, a complexidade do tema possivelmente impossibilita que a questão seja explorada na sua totalidade e profundidade.

2. Recursos Humanos e Seu Papel Estratégico

*Educação é a linha divisória do sucesso: pessoas, empresas e países
com bom grau de escolaridade são pessoas,
empresas e países com maior chance de sucesso.*
Lester Thurow / Bill Gates

Qualquer indivíduo é mais importante que a via láctea.
Nelson Rodrigues

Este livro dá ênfase à estrutura que transforma a área de Recursos Humanos (RH) em ativo estratégico, e ressalta a importância das pessoas para o sucesso dos negócios. Dessa maneira, pretendemos demonstrar como as políticas e práticas de RH são fundamentais na construção de uma gestão empresarial baseada em pessoas.

Há muito a dizer sobre a evolução da área de Recursos Humanos que cumprindo a exigência de gerir pessoas, envolve-se com a organização em seus diferentes níveis. Muita coisa vem mudando nas empresas, principalmente em tempos de competição ferrenha no mundo dos negócios e um cenário de falta de mão de obra e de bons líderes em alguns setores. Tudo isso impacta diretamente a atuação da área de Recursos Humanos.

O RH debruça-se sobre questões que estão entre as que mais preocupam os presidentes de empresas no mundo todo. A falta de profissionais capacitados para os novos desafios empresariais tem determinado uma grande perda da tranquilidade de grandes

RECURSOS HUMANOS E SEU PAPEL ESTRATÉGICO

executivos e feito com que uma série de companhias se veja obrigada a postergar projetos de crescimento.

Em relação às qualificações profissionais necessárias no mercado de trabalho, verificamos a explícita redução do valor da força física com crescente ênfase no domínio de outras habilidades mais intelectualizadas. Na era industrial, recrutar era uma tarefa bem mais simples para o RH, que precisava oferecer fundamentalmente apoio às áreas de produção, realizando a contratação de trabalhadores com conhecimento técnico para cumprimento de tarefas especializadas. Com a evolução para a era dos serviços e absorvendo os avanços tecnológicos as empresas buscam profissionais que se destacam por suas competências de relacionamento, agilidade, energia, liderança, gestão, inovação, além dos necessários conhecimentos técnicos. Mudou-se o foco nas máquinas para o foco nas pessoas e o resultado foi que o conhecimento e o comportamento humano tornaram-se os atributos de maior significado para o ambiente corporativo.

O perfil dos profissionais e dirigentes de Recursos Humanos está mais estratégico, sobretudo em função dessas expressivas mudanças, sempre englobando pessoas. Claramente a atividade do RH ganha maior importância, deixa de ser uma área de apoio para integrar-se ao cenário de negócios, com o propósito de responder às atuais demandas do mercado. A área vem sendo remodelada, inclusive nos termos que a identifica, espelhando o valor dado ao capital humano em cada empresa. Além de área de "Recursos Humanos" para designá-la, encontramos nomenclaturas como "Desenvolvimento Humano", "Gestão de Pessoas", "Gestão de Talentos", ou "área de Patrimônio Humano", que passaremos a nominar simplesmente como PH.

O PH está no centro das atenções. As empresas perceberam que a tecnologia de ponta colaborará para a expansão de negócios, apenas se contar com pessoas engajadas e preparadas para operá-la. Espera-se que os profissionais especializados na gestão de pessoas se esforcem para atrair, formar e reter mão de obra qualificada, preparando e motivando continua e intensamente as pessoas para alcançarem mais do que apenas bons resultados. Este é um fator de desafio cada vez maior para o PH e para a empresa.

No livro *O Verdadeiro Poder*, Vicente Falconi[1] diz que "empresas excepcionais são feitas de pessoas excepcionais e uma cultura de alto desempenho".

Perguntas como: Quais são as estratégias do negócio?, Aonde

a empresa quer chegar? e Onde estão alocados nossos talentos atuais e para quais outros papéis devemos recrutá-los?", são questões fundamentais e uma legítima oportunidade para que os dirigentes de PH possam demonstrar capacidade como parceiro estratégico.

Destacamos as principais responsabilidades do Patrimônio Humano dentro do contexto da GEAP, que corrobora a condição estratégica da área. A intensa participação do PH na formação e condução da cultura empresarial, salienta os valores da Ética, Qualidade, Inovação, Lucro como Consequência, Paixão e Compaixão. Já os valores como Educação, Formação e Respeito às Pessoas estão integrados neste capítulo. A área de PH também atua nos focos como Liderança, Comunicação Empresarial e Sistema de Comunicação, Competências, Planejamento Estratégico, Programa de Ação e Programa de Ação de Equipes, Partilha dos Resultados e nas ferramentas contidas no capítulo 13.

Para facilitar a leitura deste capítulo identificamos alguns temas sobre os quais vamos tecer considerações: Cultura Empresarial – Desenvolvimento e Manutenção, Talentos, Atração e Retenção de Pessoas, Educação e Formação de Pessoas, Confiança, Transparência.

Dessa maneira, não vamos tratar de áreas como Departamento de Pessoal, Recrutamento e Seleção, Treinamento e Desenvolvimento como se fossem extintas. Pelo contrário, estamos na Era da Sabedoria (Deepack Chopra[2]), e nesse momento as pessoas e as estratégias para atraí-las, retê-las e engajá-las estão na ordem do dia, tanto que é o mote do Congresso do CONARH ABRH – edição 2012.

As empresas experimentam o desafio de expandir negócios graças ao momento econômico do Brasil que se mantém positivo a despeito dos efeitos das crises mundiais. E os executivos reconhecem, com veemência, que para cumprirem seus objetivos estratégicos, dependem de uma equipe altamente qualificada e comprometida.

Nada substitui à altura a contribuição das pessoas para o sucesso corporativo. Daniel Pink[3], autor do livro *Motivação 3.0*, diz que há de se considerar que – os trabalhos estão mais conceituais e os pensamentos mais sofisticados. E indo além, as pessoas querem dirigir a própria vida, ver um sentido no que fazem e aprender algo que para elas valha à pena.

A visão de Pink reflete a realidade que nos cerca e remete ao novo perfil do gestor de PH, que deve responder aos anseios das pessoas e às necessidades das empresas, além de agir rápido para atender as responsabilidades máximas da área.

Desenvolvimento e manutenção da Cultura Empresarial

Profissionais acima da média não são fáceis de encontrar e quando detectados, tornam-se muito disputados pelas empresas que os reconhecem como astros que exigem atenção especial, e às vezes até como sócios que se empenham pelo crescimento e perpetuação do negócio. Nesse relacionamento de dupla mão, a conciliação entre os valores individuais e corporativos é a condição essencial de sucesso. O PH, apoiado pelas demais lideranças e por boas práticas de gestão de pessoas, empenha-se para que os colaboradores percebam-se no ambiente de trabalho como indivíduos livres, comprometidos espontaneamente em favor de um propósito comum que os une àquela determinada organização.

Os colaboradores querem participar da empresa, mas necessitam saber onde estão e para onde caminhará o negócio. A cultura empresarial explica como a empresa envolve as pessoas nas decisões diárias, se deixa clara a autonomia e responsabilidade de cada um, se demonstra satisfação com o compartilhamento de resultados, se faz questão de que seus colaboradores tenham o sentimento de pertencer àquele meio, etc. A cultura empresarial não se revela de forma simplificada, como um quadro resumo do que se idealiza ter. Ela se materializa no comportamento das pessoas e principalmente através da conduta dos líderes. Cabe ao PH o papel fundamental na construção e manutenção da cultura empresarial. É o responsável pela área que tem o dever de promover debates contínuos sobre a cultura empresarial e seus reflexos no negócio em todas as reuniões, principalmente nas estratégicas.

Por que não começar e terminar uma reunião abordando a filosofia e os valores que guiam a conduta dos líderes na organização? Se o assunto é olhado com desdém, ao colocá-lo em pauta, surgem inúmeros comentários acalorados entre os participantes. Analisar a cultura organizacional é sempre oportuno. O leitor tem a sua disposição todo o capítulo 1 para analisar esse assunto.

Talentos na mira do Patrimônio Humano

No século XXI estabeleceu-se uma guerra pelos melhores profissionais em todos os pontos da cadeia produtiva, e cabe ao PH entender quais processos e diferentes meios podem direcionar a descoberta e o desenvolvimento de colaboradores excepcionais. De maneira ampla, compete ao PH criar um ambiente de trabalho positivo e produtivo não apenas em relação ao clima organizacional, mas também no que tange todos os aspectos da experiência do colaborador na vida corporativa. Cosentino[4] enquadra bem a situação presente e faz a projeção futura de como deve ser construído o relacionamento empresa e colaborador. Ele afirma que: "o advento da conectividade acabou com a separação entre vida pessoal e trabalho. Hoje não faz mais sentido as empresas impedirem o funcionário de usar o internet banking durante o expediente. Do mesmo modo que ele, às vezes, precisa fazer coisas pessoais no trabalho, por outro lado também resolve questões da empresa fora do horário. Além de um contrato de trabalho, bons processos e regras de conduta, a empresa precisa empenhar-se na construção de bons relacionamentos com seus colaboradores".

A postura da empresa na relação com seus colaboradores fará muita diferença na qualidade do clima organizacional e na confiança que se estabelecerá entre as partes. Para ser capaz de reter talentos é preciso, em primeiro lugar, demonstrar legítimo interesse por eles.

Atração e retenção de pessoas extraordinárias

Tanto as grandes como as pequenas empresas são beneficiadas ao colocarem as pessoas no centro da gestão empresarial. O PH, ao se preocupar com as necessidades das pessoas e com seu desenvolvimento no ambiente corporativo, colabora efetivamente para a concretização da estratégia.

A revista *Valor Carreira*[5], em edição especial que elege anualmente as melhores empresas na condução de pessoas, relata que os atributos Confiança, Talento, Equipe e Performance caracterizam os mais importantes desafios das lideranças de PH. Foi possível chegar a essa conclusão graças à pesquisa conduzida pela consultoria Aon Hewitt[6] em parceria com a revista.

Para ser bem-sucedido na responsabilidade de atrair e reter os melhores profissionais, o PH deve auxiliar os líderes a compreenderem por que a organização precisa de pessoas engajadas e com alto desempenho. Só depois de sensibilizar e conscientizá-los se conseguirá conquistá-los como parceiros na identificação e retenção dos talentos. A empreitada requer que o PH participe e lidere a avaliação sobre quais são as forças internas já existentes na organização e quais as fraquezas que devem ser superadas, a fim de melhorar a produtividade e vencer as duras metas corporativas. Como resultado, terá o mapeamento de onde a empresa já possui talentos atuando, e em quais pontos do negócio eles ainda não estão presentes. O empenho bem direcionado do PH certamente permitirá o fortalecimento das capacidades e resultados organizacionais.

A questão dos talentos é tão prioritária que existem presidentes que dedicam boa parte de seu tempo na empresa, tentando localizar colaboradores especiais. São empresários do alto escalão que valorizam cada contato no ambiente de trabalho como sendo uma rica oportunidade de localizar aqueles que mais se alinham com a cultura empresarial e demonstram potencial de crescimento. Algumas empresas estão colocando a identificação de talentos como meta a ser atingida por empresários e gestores. Os executivos devem dar explicações sobre o número de talentos que possuem em suas equipes e o que estão fazendo pelo seu desenvolvimento. Reproduzindo a afirmação da McKinsey & Company[7]: "O talento leva à vitória".

O assunto é tão relevante que vale a pena explorar os significados do termo Talento.

A Universo Qualidade promoveu o debate sobre o tema em três eventos distintos: Talentos (Nov/1998), A Era dos Talentos (Out/2004) e Talentos na Mira Empresarial (Abr/2010) (ver anexo A, na pág. 371).

Também divulgamos nossa visão sobre Talentos, publicando artigos na *Gazeta Mercantil*[8] e na revista *Medicina Social*[9].

Percebe-se que as pessoas que fazem a diferença no trabalho podem ser chamadas de destaques, talentos ou gênios. Ao consultarmos o dicionário Houaiss[10] observamos que "destaque" significa o que sobressai; "talento" o que apresenta grande habilidade e ou intelecto notável; e "gênio" seria o mais alto grau da capacidade intelectual.

Discute-se ainda se o talento advém de aptidão natural recebida através de DNA, ou de uma qualidade adquirida na interação com o meio. Segundo a maioria dos estudiosos modernos da matéria, o talento emerge da interação dos genes com o ambiente.

Usando exemplo do futebol, sabemos que tanto Pelé – denominado o "rei do futebol" – quanto Neymar, o mais jovem ídolo da modalidade, são talentos excepcionais na história do Santos Futebol Clube.

A Sport-Markt, líder mundial em análise, avaliação e consultoria de marketing esportivo, entrevistou 8.198 torcedores em todas as regiões do Brasil, e apontou ser Neymar o jogador mais querido do país. Habilidoso, extrovertido, descontraído e carismático o atacante arrebata a admiração de homens e mulheres que apreciam o esporte. Quando ele diz que brinca com a bola, dá indícios da manifestação da genética que produz a habilidade excepcional para a profissão que exerce. Todavia, esse jovem com desempenho muito acima da média, apresentou problemas de comportamento tanto em campo como fora dele. A falta de preparo para lidar com a fama, com o tamanho de sua responsabilidade diante dos companheiros e da torcida, e até com os relacionamentos amorosos, fez com que os dirigentes do Clube Santista organizassem um programa intensivo para ajudá-lo nas questões pessoais. E Neymar parece estar aprendendo muitas coisas novas ao desenvolver sua brilhante carreira. Seu comportamento quer seja em entrevistas, no papel de pai, ou como companheiro da equipe do Santos, levou vários patrocinadores a disputar a associação do nome Neymar à imagem de suas marcas. Não fosse a oportunidade e vontade de enriquecer seus conhecimentos para lidar com as diferentes circunstâncias, esse jovem talentoso poderia ver sua performance deslanchar ladeira abaixo, impactada pela repercussão de comportamentos inadequados. Desse modo, o dom de jogar futebol, associado à capacidade de aprender novas habilidades e às boas interações com o ambiente fazem dele um exemplo do que seja um Talento.

Sem mistificar o termo, todos nós podemos usar melhor nossos talentos pessoais e permanecer receptivos a novos aprendizados para crescermos mais e mais.

Do lado das empresas, vivemos a era do talento e o desafio é identificar pessoas que sejam mais do que bons profissionais e tenham competências necessárias para garantir o sucesso dos negócios no presente e no futuro.

RECURSOS HUMANOS E SEU PAPEL ESTRATÉGICO

Mas quais seriam as características do talento? Vejamos algumas delas:

- Confiança e Positividade.
- Comprometimento.
- Capacidade de tomar decisões rápidas.
- Habilidade para enfrentar riscos e superar obstáculos.
- Capacidade de planejamento.
- Senso de urgência.
- Ímpeto inovador.
- Disposição para mudanças.
- Atração por novos desafios.
- Paixão pelo que faz.

Apesar da complexidade que a questão apresenta, não é difícil perceber que tipo de gente é necessária para manter os negócios na direção certa. O rótulo de "Talento" virá em consequência das qualidades naturais de cada pessoa, sua capacidade de aprender e, ainda, associado à identificação do indivíduo com a cultura da empresa da qual faz parte. Identificar os potenciais talentos existentes na empresa, antes de buscá-los no mercado, estimula o desenvolvimento dos colaboradores e agiliza o processo de construção da excelência empresarial.

Na opinião de Kim Ruyle[11], vice-presidente de desenvolvimento de produtos da Korn/Ferry International, é preciso saber com que tipo de "high potential" está se lidando para desenvolvê-lo de acordo com as necessidades estratégicas da companhia.

Ruyle esteve no Brasil para uma conferência com os sócios-diretores da consultoria, e afirmou que existem muitos perfis de talentos. Entre eles se destacam a agilidade de aprendizado, criar confiança e inspirar os outros, ter alto desempenho mesmo em condições desfavoráveis, estar disposto a mudanças, ter habilidade de lidar com equipes de maneira construtiva, saber se comunicar e se sentir confortável com a diversidade e as diferenças de opinião. Mesmo sem saber definir com precisão o que seja um talento, os executivos encarregados de encontrá-los podem percebê-los e senti-los.

A revista *Exame*[12] publicou que nas últimas três décadas, Jorge Paulo Lemman, Marcel Telles e Carlos Alberto Sicupira construíram juntos negócios memoráveis. Apesar da ABInbev

– maior cervejaria do mundo – ser a empreitada mais conhecida do trio, em todos os negócios que investem tempo e dinheiro, eles buscam obsessivamente contar com as melhores pessoas. O que para muitas companhias não passa de "blá-blá-blá" corporativo, para eles sempre representou o alicerce.

Hoje Lemann, Telles e Sicupira têm uma rede que conta com fundações para promover o desenvolvimento de empreendedores, de estudantes universitários e até de professores da rede pública. "Essa máquina de multiplicação de talentos não visa só aos nossos interesses comerciais. Ela visa à nossa satisfação filantrópica e à construção de um Brasil melhor", diz Lemann, que hoje dedica quase 25% de seu tempo a essas iniciativas.

Aos poucos ficou nítido para esses sócios, que era preciso aumentar as frentes de multiplicação de talentos. Desenvolver gente dentro das próprias empresas já não bastava. Hoje uma das engrenagens mais poderosas dessa máquina é a Fundação Estudar, criada em 1991 para oferecer bolsas de estudo de graduação e pós-graduação no Brasil e no exterior. Instalados em um escritório em São Paulo, apenas seis funcionários coordenam o trabalho de atração e seleção de milhares de interessados nas vagas em escolas de primeira linha. Desde sua fundação, quase 500 jovens já passaram por esse funil. Tanto nas fundações, como nas empresas em que o trio investe, alguns mantras são sagrados. Sonhar grande, ter "brilho no olho" e acreditar em meritocracia, vale tanto para um trainee da AmBev quanto para um candidato a bolsista da Estudar ou para um empreendedor que busca apoio da Endeavor (ONG internacional de apoio ao empreendedorismo).

O empresário Carlos Alberto Sicupira dedica boa parte de seu tempo a formar talentos nessas três ONGs – a Endeavor, que promove o empreendedorismo; a Fundação Brava, que apoia projetos de gestão no setor público; e a Fundação Estudar, que patrocina bolsas de estudo. Cada uma a seu modo serve para "alavancar gente", como ele costuma dizer.

De acordo com Sicupira, as pessoas valem pelo que são capazes de fazer e não por aquilo que elas conhecem. Algumas sabem tudo, mas não conseguem transformar isso em nada.

Na opinião do empresário, se você se preocupar com as pessoas, elas vão transformar o resultado da empresa. Se você se preocupar apenas com o resultado, este pode acontecer, mas uma vez só. "Durante o ano inteiro, eu não pergunto a ninguém sobre o resultado. Minha preocupação é como posso ajudá-los a fazer isso acontecer".

Práticas simples para identificar pessoas excepcionais

Uma empresa que desenvolve a GEAP estará sempre alerta para localizar potenciais talentos a qualquer tempo e a qualquer hora.

Eles são encontrados e identificados não só no dia a dia, mas também dentre aqueles que trabalham nos programas de responsabilidade social, que frequentam espontaneamente cursos e outras atividades que proporcionem seu desenvolvimento contínuo. No modelo da GEAP que tanto valoriza a aprendizagem contínua por meio da programação anual da Academia de Conhecimento, do Caldeirão do Conhecimento e da Universidade Corporativa nota-se colaboradores ultra-envolvidos, rastreando as oportunidades que favoreçam enriquecer suas competências. Também se destacam dos demais, aqueles colaboradores que frequentemente apresentam boas propostas no programa de Melhoria Contínua – Genius (capítulo 13.1). Além dessas evidências, é possível sentir diferença na postura e nas opiniões desenvoltas que surgem nas oportunidades do diálogo com o colaborador – Comunicafé – quando há uma grande intimidade entre o condutor (um empresário/líder) e colaboradores de diferentes áreas de atuação (capítulo 13.2). Também podem ser identificados os *high potentials* nas interações que acontecem durante os eventos descritos nas ferramentas especiais do capítulo 13.

A GEAP coordena um verdadeiro sistema de aproximação e relacionamento entre líderes e liderados, justamente para multiplicar as chances de convivência dos empresários com grupos de colaboradores de áreas distintas às suas, de modo a permitir que consigam identificar profissionais com potencial de crescimento e alinhados à cultura da empresa.

Acertando o alvo

Após a reunião do Comunicafé, o líder registra suas percepções em um relatório específico. O PH estimula esse líder a indicar possíveis colaboradores que se destacaram na interação e que devam, na sua opinião, ser avaliados de forma mais ampla e profunda.

Quando um líder condutor faz uma indicação, o PH promove o contato direto com o colaborador, tendo o objetivo de aprofundar a investigação de suas competências profissionais, desejos pessoais e objetivos de carreira. Um leque de ferramentas para avaliação de perfil comportamental e diferentes dinâmicas de grupo, colaboram para que o PH formule uma espécie de dossiê do colaborador, que será utilizado para alimentar um plano de desenvolvimento de competências quase sempre acompanhado de uma recomendação para futuras movimentações na carreira.

O interesse legítimo de colocar os talentos no radar da empresa, checando vias para o crescimento profissional e realização pessoal dos colaboradores, torna o ambiente interno mais empolgante e gera uma força de trabalho qualificada e engajada.

Outra fonte para identificação de potenciais talentos acontece no momento de elaboração do Programa de Ação (PA) e também no Programa de Ação de Equipes (PAE), descritos no capítulo 9. No PA aparece o título "substituto". Todo empresário deve identificar ao menos um talento em sua equipe e prepará-lo para futuras posições de liderança, inclusive para o lugar dele próprio. Essa tem sido uma prática corrente nas empresas preocupadas em assegurar e manter o nível de excelência de sua equipe. A GEAP recomenda que a indicação oficial do nome de um substituto ocorra logo após o início do trabalho de desenvolvimento do mesmo. Neste programa, o líder assume o papel de mentor e o PH coordena as ações para o aprimoramento de competências.

RECURSOS HUMANOS E SEU PAPEL ESTRATÉGICO

Reter talentos

> *"Nosso forte nunca foi o planejamento estratégico.*
> *Nosso sucesso vem de identificar e integrar pessoas de talento".*
> Marcelo Odebretcht[13]

A empresa que quer liderar o seu mercado precisa atrair, motivar e reter as pessoas mais hábeis em sua área de atuação. O 60° Fórum da revista *Consumidor Moderno*[14], abordou qual o papel da área de PH na geração de melhores práticas internas e de retenção de talentos e chegou às seguintes conclusões:

- O clima da empresa e dos projetos devem fazer do profissional parte da organização.
- Não é o salário em si que faz com que as pessoas estejam mais ou menos comprometidas.
- As empresas não devem se preocupar somente com treinamento, mas com a formação global de uma pessoa;
- Deve-se criar na empresa um ambiente que propicie o aprendizado.
- Deve-se conhecer o profissional na organização e o potencial que ele pode oferecer.
- Entender de gestão de pessoas é o mesmo que gestão de talentos em qualquer empresa.
- A capacidade de fazer as pessoas despertarem seu potencial pode torná-las um talento dentro da empresa.
- Criar um plano de carreira na empresa é uma estratégia para a retenção de pessoas.

Subir Chowdhury[15] diz que as empresas que querem inovar e prosperar, devem focalizar duas coisas: talento e ambiente.

Segundo o autor, um talento é um criador, alguém que quebra regras, inicia mudanças e gera conhecimento. Os talentos são os espíritos de uma empresa, nunca estão satisfeitos.

Com os talentos cria-se uma força de trabalho unificada, novas formas de encarar problemas, oportunidades e um forte senso de urgência. Através deles, é possível criar uma cultura que efetivamente potencialize o status da empresa.

Para recrutar um talento as empresas precisam cultivar ambientes de alta performance a fim de atraí-los. Os talentosos fluem para empresas que oferecem melhores condições de trabalho. E a demanda por talentos gera novas demandas empresariais. Gerenciar talentos é uma lição a ser aprendida. Os gestores devem propiciar o cenário em que os seus talentos produzam o máximo de conhecimento e inovação, gerando o máximo impacto nos resultados.

Chowdhury recomenda às empresas criar um sistema de gerenciamento de talentos composto por quatro elementos:

1. **Atração de talentos:** como tornar-se um forte ímã para talentos.
2. **Retenção de talentos:** como criar e manter ambientes de trabalho rotineiros em que os talentos contribuam para o sucesso da empresa e possam buscar, de forma produtiva, a satisfação no emprego e os benefícios financeiros das suas contribuições.
3. **Gerenciamento de talentos:** como tratar os talentos como clientes e criar oportunidades e liberdades para que realizem os seus sonhos e possam fazer a grande diferença para a empresa e a sociedade.
4. **Identificação de talentos:** três maneiras de identificar os talentos visíveis e ocultos: (a) – note e identifique os destaques e talentos óbvios; (b) – utilize uma ferramenta de identificação baseada no desempenho; e (c) – utilize uma ferramenta de identificação baseada em testes.

As empresas procuram também saber o que um profissional desse calibre quer. A matéria publicada na revista *Exame PME* diz que o papel do líder é decisivo para afastar ou atrair talentos, e comenta que no livro *Clever*, escrito por Rob Goffe e Gareth Jones[16], dois professores da London Business School, investigaram como empresas que precisam de capital intelectual cada vez mais poderoso atraem funcionários talentosos.

A pesquisa constatou que os profissionais de desempenho superior não suportam conviver por muito tempo com chefes que ficam dando ordens sem explicar as razões; que abusam da autoridade como forma de persuasão e cobram execuções de pequenas tarefas em seus detalhes em vez de olhar para os resultados. "Gente talentosa precisa trabalhar com gente talentosa", diz o livro.

De acordo com os autores, além de estarem juntas as pessoas talentosas apreciam grandes desafios, pois só assim podem ser comparadas umas às outras e alcançar possibilidade de se destacarem. Do contrário, é muito provável que a mente brilhante não se sinta motivada a demonstrar as suas competências, e que acabe por buscar outro lugar para trabalhar.

Temos certeza de que existem inúmeros talentos nas empresas, precisando apenas ser identificados. Seriam chamados "talentos ocultos", dizem os professores O'Reilly e Pfeffer[17] da Universidade de Stanford.

Um grande exemplo sobre a transformação de um grupo de indivíduos talentosos em uma equipe de alta performance bem gerenciada é encontrado nos esportes que, mais uma vez nos servirá de exemplo para inspirar a aplicação na esfera empresarial.

No esporte, principalmente em jogos coletivos, é sempre necessário um líder ambicioso, corajoso, equilibrado, de bom relacionamento que encabece o grupo. No futebol encontramos vários treinadores, professores como são chamados, que afirmam não ser suficiente ter os melhores jogadores do mundo sem o entrosamento necessário que caracteriza uma equipe de sucesso. E essa sintonia precisa ser promovida e regida por um treinador também com perfil especial. Isso nos faz lembrar o time do Real Madri que no início da década gastou milhões de euros contratando os brasileiros Ronaldo e Roberto Carlos, o inglês David Beckham, o francês Zinedine Zidane, o português Luis Figo. Contrariando todas as expectativas a chamada equipe galáctica não foi "bem das pernas". Percebe-se que além de serem colocadas juntas com propósitos bem definidos, pessoas talentosas precisam de constantes desafios e uma liderança muito bem exercida.

Ainda no esporte temos um grande exemplo de líder atuando no voleibol masculino. Na Seleção do Brasil os inúmeros astros do voleibol jogam em equipe e são dirigidos por um admirado líder chamado Bernardinho[18].

"Ninguém ganha sozinho e nada substitui o trabalho em grupo." Essa frase expõe a personalidade de Bernardo da Rocha Rezende, o técnico campeão olímpico da Seleção Brasileira Masculina de Vôlei. Para chegar à medalha de ouro em Atenas, Bernardinho criou e sedimentou o espírito coletivo para estimular nas relações entre as pessoas a ética, o comprometimento, a cumplicidade, a motivação, a perseverança, a busca obstinada pela excelência e, consequentemente, uma trajetória vencedora. Dessa maneira, conseguiu reunir 12 talentos em um só time, com harmonia e firmeza de propósitos dentro e fora da quadra. Na campanha vitoriosa, ele provou que ninguém prospera sozinho. O treinador cobrou, exigiu e compartilhou. Demonstrou competência, carisma, caráter e lealdade ao grupo que ajudou a montar e ainda foi determinado, honesto e coerente. Através da orientação permanente para resultados, Bernardinho deu uma lição de liderança e comprovou que vale a pena a busca da perfeição.

A vitória desse projeto bem-sucedido merece uma homenagem de reconhecimento à estratégia, à disciplina, ao foco nas pessoas e à execução com qualidade. São traços desejados nos executivos e cortejados pelos pensadores da gestão moderna. Portanto, qualquer semelhança com as exigências atuais do cenário corporativos não é mera coincidência. No caso, troca-se arena esportiva pelo escritório.

Com o desafio de atrair e reter os talentos, Stephen Covey[19], diz que os líderes devem primeiramente fazer com que as pessoas se sintam compreendidas e expressem sua paixão. A empresa precisa alimentar um sistema de gestão que trate os colaboradores como investimento e não como despesa. Deixamos para trás o histórico da era industrial, onde a produtividade havia aumentado 50 vezes devido ao equipamento e não às pessoas. Na era da colaboratividade a produtividade aumentará 50 vezes devido às pessoas e não aos equipamentos.

Por isso, é imprescindível que as companhias utilizem mecanismos poderosos de retenção, capazes de segurar os bons profissionais. Infelizmente, muitas não dispõem desses processos – e não estamos nos referindo aqui a salários competitivos. A retenção começa quando a alta administração passa a se interessar realmente pelo assunto e não delega o problema apenas para a área de Patrimônio Humano. É um pecado perder um profissional que está entre os melhores da empresa.

Luiz Marins[20], presidente da Anthoropos Consulting e da Anthoropos & Sucess, diz que reter talentos não é fácil. Justamente por serem como são, eles exigem condições de trabalho especiais. Muitos deles não reclamam, não falam, não se justificam, e como sabem ser talentosos, simplesmente saem do emprego alegando qualquer motivo banal como "estou querendo dar um tempo para mim". Eles não dizem a verdade porque sabem que poderá ofender e não querem sequer ter essa preocupação a mais.

De acordo com Marisa Eboli[21], programas de formação e educação de pessoas como os desenvolvidos nas Universidades Corporativas, ajudam a atrair e reter talentos, uma vez que geram nas pessoas a percepção de que fazem parte de uma organização que oferece possibilidades diferenciadas de desenvolvimento pessoal. Essas universidades corporativas têm se multiplicado com o objetivo de evoluir em seus colaboradores as competências críticas que vão realmente fazer a diferença para os negócios.

A empresa tem que partir do foco estratégico para, em seguida, fazer um trabalho sobre as competências humanas necessárias. Ou seja, primeiro ela decide como quer se posicionar e se diferenciar no mercado e depois define os programas a serem implementados. Para Marisa o que facilita a retenção dos talentos é o desenvolvimento da carreira, sempre tendo como base a competência.

Enxergar o recrutamento com olhar estratégico

O PH é responsável por manter em equilíbrio o recrutamento interno e o externo de forma que haja sempre um olhar para dentro da empresa e outro para fora dela, procurando os melhores. O setor de Recrutamento & Seleção tem aprimorado o modo de identificar pessoas com habilidades profissionais e pessoais que demonstrem sinergia com a empresa.

O começo do trabalho do PH, na maioria das empresas, ainda ocorre quando um requisitante preenche um documento chamado comumente de "Requisição de Pessoal". Por meio eletrônico ou ainda utilizando papel, esse requisitante indica a posição em aberto e preenche dados sobre o perfil profissional desejado. Entretanto, os formulários na maioria das vezes oferecem informações insuficientes para identificar a pessoa certa para o lugar certo. O PHdecomp (abreviação de descrição de competências) representa um avanço nos procedimentos utilizados para levar adiante o recrutamento e seleção de candidatos. O formulário vai além da tradicional descrição das tarefas, indicação da formação acadêmica, experiência profissional desejada e faixa salarial disponível para a vaga.

O PHdecomp coloca foco nos comportamentos que serão esperados da pessoa no exercício da função (mais influenciador, mais técnico, flexível, assertivo, ético) e ainda especifica, para o conhecimento do candidato, as metas que o profissional deverá atingir e os indicadores de resultados que serão considerados na avaliação de seu desempenho na empresa. São informações que contribuem para que o processo de seleção seja mais eficaz. A entrevista quando bem realizada finaliza o processo de seleção, e compartilha com o candidato as bases da cultura organizacional, deixando claro o propósito maior que guia os passos da empresa no cumprimento de sua missão. Havendo sinergia entre as partes, aumentam-se as chances de sucesso com a contratação (vide quadro 2.1).

Resumindo, podemos dizer que a requisição de pessoal tradicional descreve o que o colaborador irá fazer, mas não especifica o como (comportamento), para quê (resultado) e para quem (ambiente e cultura empresarial).

A qualidade das informações disponibilizadas e utilizadas pelo PH irá repercutir no sucesso das contratações. A visão de negócios e a condução de um processo diferenciado de recrutamento e seleção tende a atrair a atenção dos talentos em busca de desafios interessantes e de um lugar com valores semelhantes aos seus.

Quadro 2.1 – MODELO E EXEMPLO DE PH DECOMP

PHDECOMP – DESCRIÇÃO DO PERFIL, METAS E COMPETÊNCIAS
RESPONSÁVEL POR: Sistema de comunicação / Fator: Líder imediato:
FORMAÇÃO DESEJADA   Superior completo preferencialmente em: Conhecimentos específicos em:
QUAL É O PAPEL
Será o responsável pelos resultados quantitativos e qualitativos da área.

QUAL O TRABALHO?

- Ser um catalisador de formação de novas equipes de alta performance.
- Definir as diretrizes, objetivos e metas principais.
- Estabelecer em seu PA (Programa de Ação) metas e prazos desafiadores que promovam o progresso das unidades sob sua responsabilidade.
- Cumprir e fazer cumprir o que foi planejado e orçado.
- Coordenar os esforços para que haja elevado padrão de atuação das diversas equipes de trabalho.
- Conhecer a operação, suas características e particularidades de maneira a poder representar e defender os pontos de vista específicos destas unidades perante a Corporação.
- Comunicar-se com os colaboradores, os clientes e os líderes de suas unidades de responsabilidade a fim de conhecer o nível de satisfação do cliente interno e externo e propor ações de desenvolvimento para os diversos pontos da cadeia de serviços.
- Oferecer feedback constante e informações transparentes sobre os resultados estimulando o diálogo, a gestão participativa e conquistando a credibilidade de sua liderança.
- Garantir o nível de qualidade da operação, dando atenção à gestão dos serviços, bem como aos serviços de administração e hotelaria pertinentes.
- Fazer a interface com as áreas multifuncionais do grupo, procurando sempre a solução que melhor atenda aos interesses da corporação.
- Propor mudanças de rumo sempre que necessário e qualificar as equipes para que se adaptem e implementem mudanças com a maior velocidade possível.
- Manter-se conectado com o mercado, atuando pró-ativamente para promover inovações e melhorias contínuas.
- Ter o papel de disseminar a missão e os valores corporativos.

QUAL PERFIL COMPORTAMENTAL DESEJADO / ESTABELEÇA AS PRIORIDADES

Diretivo (1)
Influenciador (2)
Controle (3)
Manutenção (4)

INDICADORES QUANTITATIVOS QUE DEVEM FAZER PARTE DO PROGRAMA DE AÇÃO (PA)

Financeiros/Operacionais

- % de absorção da demanda de alto custo.
- Taxa de ocupação.
- Custo paciente/dia.
- Custo do exame.
- Faturamento mensal.

Clientes Internos e Externos

- Índice de satisfação do cliente.
- Número de reclamações identificadas nos pontos de contato do cliente.
- Índice de satisfação do cliente interno.
- % de propostas Genius em economia e produtividade.
- Horas de treinamento colaborador/ano.
- Produtividade por colaborador.
- Números de recrutamentos internos com sucesso.

Processos

- Número de protocolos implantados.
- Número de padrões corporativos implantados.
- Auditorias das Certificações de Qualidade sem Não Conformidades graves.

INDICADORES QUALITATIVOS / COMPETENCIAS QUE DEVEM FAZER PARTE DO FATOR ATRIBUÍDO

INDICADORES	FOCOS A DESTACAR
• Princípios e valores compartilhados. • Foco no cliente. • Liderança. • Atuação estratégica. • Iniciativa e tomada de decisão. • Comprometimento com resultados. • Capacidade de comunicação. • Autodesenvolvimento. • Adaptação a novas situações. • Autocontrole.	• Exercitar ética, inovação, respeito às pessoas (Ato de Fé). • Atuar fortemente em campo. • Qualificar a equipe, desafiá-la a melhorar sempre. • Pensamento sistêmico/corporativo. • Agir com rapidez, posicionar-se. • Fazer as coisas acontecerem no tempo certo. • Envolver e comprometer os colaboradores. • Planejar e organizar eficientemente o bom uso do tempo e prioridades. • Ajustar-se constantemente as situações ou atividades de forma dinâmica. • Manter condições intelectuais e emocionais de administrar conflitos.

PHDecomp descrito por:

Solicitação da parte de:

Data:

Todos os gestores dentro da empresa são agentes envolvidos no processo de atrair e reter talentos, mas entre todos os responsáveis a área de PH exerce uma liderança natural nesse processo. Cabe a ela mostrar aos demais líderes como os elementos tangíveis e intangíveis da cultura empresarial podem aproximar ou afastar os colaboradores da empresa, principalmente quando falamos daqueles com alto potencial de desempenho. O PH faz a interface com quem entra e sai da empresa e é nesse momento que fica evidente o que mais agrada ou desagrada aqueles que interagem com a organização. As pessoas são atraídas e preferem estar ao lado das empresas que expressam e praticam seus valores fundamentais. Uma série de entrevistas de recrutamento confirma que principalmente os profissionais *top quality* buscam para si um ambiente de trabalho com valores que se assemelham aos seus. Eles não admitem um trabalho focado unicamente em obter resultados para um negócio que não lhes diz nada pessoalmente. As perguntas que fazem antes de aceitar uma proposta de emprego são: Por que devo vir trabalhar aqui?, Qual a proposição de valor que a empresa pode me oferecer?

Princípio vital: educação e formação de pessoas

Todos sabem que a educação no Brasil deixa muito a desejar. No dia a dia de nossas atividades, notamos o quanto ela falta nas pessoas que nos atendem ou com as quais nos relacionamos.

A Organização para a Cooperação e o Desenvolvimento Econômico (OCDE)[22], acaba de apresentar o desempenho no exame do Programa de Avaliação Internacional de Alunos (Pisa) que, a cada dois anos, aplica testes de matemática, ciências e compreensão de leitura para alunos de 15 anos em 65 países. Estudantes de Cingapura, Finlândia, Coreia do Sul, Hong Kong e Japão sobressaíram, enquanto os países da América Latina, e dentre eles o Brasil, tiveram uma classificação ruim.

Andreas Schleicher, supervisor dos exames do Pisa, diz que os resultados do aprendizado na escola permitem prever com bastante acerto os resultados em termos sociais e a riqueza que os países colherão no longo prazo. Em suma, o conhecimento e a capacidade tornaram-se a moeda global do século XXI.

Temos, portanto, duas novas e más notícias. Uma pesquisa do instituto Pró-Livro (IPL)[23], mostra que cerca de 75% da população brasileira jamais pisou numa biblioteca, apesar de saber da sua existência na cidade. E a pesquisa feita por Retratos da Leitura no Brasil [24], revelou que a leitura diminuiu no país. Hoje somente 50% dos brasileiros se dizem leitores.

Como reverter a situação em nosso país? O governo tem essa condição? Sim e não. Sim, se houver um projeto de longo prazo, sério e com bases sólidas que receba o investimento necessário. Infelizmente, sabemos que a possibilidade do "não" é muito maior.

Educar e formar pessoas foram nosso enfoque durante décadas em várias instituições nas quais trabalhamos. Para divulgar nossa posição e entendimento, publicamos artigo com o título "Era do Conhecimento"[25].

No momento, entra a questão do que empresas e empresários podem fazer nessa seara. Para evoluir com a educação e formação de pessoas dentro de uma empresa é necessário dispor de vários instrumentos, alguns deles descritos na sequência do capítulo.

A mão de obra qualificada tornou-se a verdadeira força motriz da vantagem competitiva e fez com que os programas para treinar e desenvolver pessoas tenha tanto valor. Ulrico Barini, profissional reconhecido por sua atuação na gestão de pessoas, afirma no livro *Educação Corporativa no Brasil* de Marisa Eboli[28], que o tema da educação corporativa vem crescendo em importância no conceito das empresas e deve estar no foco dos profissionais de PH que se dedicam ao desenvolvimento humano nas organizações. A educação corporativa tem tudo a ver com a estratégia de gestão empresarial por ser o caminho central para aumentar a competitividade nos negócios.

O mundo muda e as pessoas precisam se adaptar, entender e crescer no mesmo ritmo, coisa que não é fácil.

A educação e formação de pessoas fica normalmente sob a responsabilidade do PH que tem o desafio de manter e elevar o nível de excelência empresarial. Para algumas empresas a questão da educação corporativa é tão essencial que passa a integrar o conjunto dos valores vitais da empresa. Em nossa experiência a "Formação e Educação de Pessoas" é um importante valor a integrar o Ato de Fé, o Credo corporativo (capítulo 1).

Para que este princípio possa transformar-se em ação nas empresas é imprescindível programar investimentos não apenas para o curto, mas também para o médio e longo prazo.

Vamos abordar este tema na nossa prática de fazer acontecer: Academia do Conhecimento, Caldeirão do Conhecimento, Universo Qualidade e Universidade Corporativa. As ferramentas do capítulo 13 também promovem conhecimento e educam (Melhoria Contínua – Genius, Diálogo com os Colaboradores – Comunicafé, Melhoria de Processos, Benchmarking, Clube dos Pensadores, Clube do Livro/ Revista, Associação dos Colaboradores).

Academia do conhecimento

Empresas interessadas preparam suas pessoas para os novos desafios e cenários de maior complexidades e não admitem perder o bonde do crescimento. E é natural que esse desejo esteja nos planos de uma empresa, assim como no projeto de desenvolvimento de carreira das pessoas. De acordo com a filosofia da GEAP, a empresa e seus colaboradores crescem juntos – de mãos dadas.

Nossa vivência empresarial foi marcada pelo forte incentivo à capacitação dos colaboradores. A empresa precisa ter consciência do quanto é importante oferecer alternativas de autodesenvolvimento e crescimento profissional, do porteiro ao presidente da empresa.

A partir da década de 90, percebemos a importância de criar um modelo de aprendizagem contínuo que fosse totalmente integrado às necessidades dos negócios e pudesse atender aos interesses pessoais dos colaboradores.

A Academia do Conhecimento concretizou esse desejo de transformar a empresa em ambiente de aprendizagem, capacitando as pessoas para anteciparem-se aos acontecimentos. A Academia do Conhecimento foi e é uma ação que oferece suporte estratégico para o sucesso da GEAP e está suportada por 2 pilares:

- **Educação Continuada** - promovida através de cursos abertos para os colaboradores.
- **Educação de Líderes e Empresários** – Programas concebidos para estimular o desempenho de Alta Performance dos atuais e dos futuros líderes.

Na época, os cursos da Academia foram 100% presenciais e focavam a reciclagem de conhecimentos, a aquisição de novas competências empresariais e humanas, além de valorizar estudos sobre cultura e valores. O programa de educação corporativa foi desde o início tratado dentro do planejamento estrátégico da empresa.

E por que o nome Academia?

O nome Academia do Conhecimento foi inspirado na concepção da Academia de Platão fundada aproximadamente em 387 a.C. nos jardins localizados no subúrbio de Atenas. Foi considerada a primeira escola de filosofia. A escola de Platão primava pelo ensinamento dialético, onde o saber era encontrado mediante um processo pela busca individual através dos constantes questionamentos. O termo "Academia" ganhou, desde então e até os dias atuais, a acepção de local onde o saber não apenas é ensinado, mas produzido.

Quando implantado, o conceito da Academia do Conhecimento, foi uma novidade e precisou de um tempo para ser entendido. No primeiro ano de funcionamento os colaboradores consideraram que deveriam obrigatoriamente marcar presença nos cursos divulgados, normalmente aos sábados, mesmo sendo informados de que a adesão seria absolutamente espontânea e não obrigatória. A Academia foi criada para tornar-se um centro de autodesenvolvimento e seu slogan demarcava seu propósito: "Acreditar na capacidade de ser melhor é passo essencial para o crescimento e a concretização de seus ideais".

Apesar de nosso entusiasmo e crença na educação de pessoas, muitos colaboradores chegaram a conjecturar que caso não frequentassem aqueles encontros, poderiam ficar malvistos por seus líderes. O PH não fez nada para convencê-los do contrário (uma vez que não havia sentido aquela percepção) e simplesmente deu continuidade à divulgação da agenda de cursos programada em ciclos anuais. As oportunidades de aprendizagem na Academia integravam a educação continuada e alimentavam a movimentação de carreira dos colaboradores.

Somente para os cursos muito técnicos havia pré-requisitos de participação. Os demais conteúdos eram cursos abertos e não exigiam conhecimentos prévios ou atuação nesta ou naquela área. A oportunidade de experimentar conhecimentos variados atraía os profissinais das áreas de frente que passaram a enxergar

RECURSOS HUMANOS E SEU PAPEL ESTRATÉGICO

nas aulas, nos treinamentos ou vivências, a possibilidade de adquirir e testar as competências necessárias para o trabalho em outras posições. Todos foram esclarecidos sobre a importância de promoverem seu autodesenvolvimento, irem atrás de seus sonhos. Nós nos comprometemos a facilitar essa busca e essa construção de alternativas de valor para tal. Com essa filosofia acabamos também por ajudar os mais jovens colaboradores, ou filhos de nossos colaboradores, na escolha da faculdade ou dos cursos profissionalizantes que os preparariam para futuras carreiras. O quadro de colaboradores tinha idade média de 26 anos, e muitos deles experimentavam conosco o primeiro emprego.

Para ilustar o conteúdo e ritmo da Academia, citamos os títulos dos cursos que integraram o 10º ciclo da Academia do Conhecimento:

- Criatividade e Inovação.
- A Mulher do Século XXI – Qualidade de Vida, Alimentação, Nova Mulher.
- Ética, Cidadania e Responsabilidade Social.
- Orientação para Recolocação Profissional (para parentes de nossos colaboradores e aberto à comunidade).
- Orientação Profissional para Jovens (para filhos e parentes jovens dos colaboradores).
- Planejamento Familiar – Orçamento Doméstico, como Tratar as Melhores Decisões Financeiras.
- Gestão da Inovação.
- O Estresse na Equipe de Enfermagem.
- Global Marketing – Sobrevivendo e Prosperando nos Negócios.
- A Importância do Sistema de Gestão da Qualidade e Meio Ambiente na Área da Saúde.
- Código do Consumidor e o Relacionamento na Área da Saúde.
- Gestão em Saúde.
- Liderança, Atitude e Comportamento.
- Como Coordenar Equipes de Sucesso.
- As Competências de um Gestor de Sucesso.
- Coaching – O Líder Educador.
- Negociação Estratégica.
- CRM – Costumer Relationship Management.
- Expectativas de Nossos Clientes. Estamos Atentos?.

- Assertividade e Comunicação Positiva.
- Desenvolvendo as Competências para o Atendimento Eficaz.
- PNL – Programação Neurolinguistica no Atendimento.
- Comunicação em Saúde.
- Desenvolvendo a Competência Emocional.
- Qualidade no Atendimento a Clientes Internos no Âmbito Hospitalar.
- Prevenção e Tratamento das Úlceras por Pressão.
- Cuidados de Enfermagem com Cateteres e Drenos.
- Cuidados Integrais ao Paciente de Alto Risco.
- Laboratório Clínico, Fundamentos em Patologia, Gestão e Prática.
- Revisão de Cálculos de Medicação.
- Da Triagem Auditiva Neonatal à Audiometria em Idade Pré-Escolar.
- Atendimento na Urgência e Emergência.
- Recém-Nascido de Alto Risco.
- Gestão Financeira para não Financeiros.
- Gerenciamento de Projetos.
- Gestão de Custos e Orçamento.

O modelo adotado preconizava o envolvimento direto dos líderes, principalmente os seniores, para que se tornassem professores. Sempre acreditamos que os empresários devem colaborar diretamente com a formação e desenvolvimento dos demais colaboradores da empresa.

No decorrer dos anos, alguns dos principais líderes tornaram-se "professores famosos". Em alguns casos, a lista de interessados nas aulas anunciadas por eles era tão grande, que precisávamos organizar duas ou até três edições dos cursos para atender aos pedidos.

Os colaboradores recebiam um certificado após a realização do curso e tinham também uma anotação no prontuário profissional, compondo um dossiê de suas realizações. Com isso, acentuávamos o valor das iniciativas tanto para quem fazia os cursos, quanto para aqueles que se empenhavam em formatar conteúdos educacionais de qualidade para compartilhar em sala de aula.

Fechava com chave de ouro o programa anual de formação e educação de pessoas, uma festa de "formatura", com convidados, jantar, banda, etc. Era o maior sucesso e o evento mais esperado

RECURSOS HUMANOS E SEU PAPEL ESTRATÉGICO 159

na empresa. Tanta foi a importância atribuida à educação, que os colaboradores e seus convidados, absolutamente de forma espontânea e até surpreendente, davam preferência a roupas sociais e de festa naqueles eventos.

Vale ainda dizer que a frequência na Academia não era gratuita e havia uma cobrança simbólica de valores que aconteciam de acordo com as faixas salariais. Isso valorizou ainda mais o estudo e a entidade.

Caldeirão do conhecimento

Uma das formas que adotamos para aculturar os empresários, e também os colaboradores, foi construir um encontro democrático e informal, no qual eram convidadas pessoas de renomado saber para exporem conhecimento sobre temas dentro de uma agenda previamente estabelecida para cada ano. Demos atenção à Ética (convidando o Prof. Silvano Raia e Dr. Joaquim Manhães Moreira), à Compaixão (convidando o padre Alejando De La Garza e Dorita Porto), a Clientes (convidando os reponsáveis pelo Grupo Pão de Açúcar). As apresentações de alto nível eram debatidas durante cerca de 20 minutos com a plateia. Emergiam dúvidas, reflexões, questionamentos e informações que enriqueciam os conhecimentos de todos presentes.

Este encontro também não exigia presença obrigatória, mas observamos ao longo do tempo verdadeiros "fregueses", ansiosos por se aculturar.

Sugerimos que eventos como este ocorram duas vezes por mês, preferencialmente próximo ao fim do expediente e que não ultrapassem uma hora de duração. A seleção e convite para a palestra pode ficar a cargo do setor de Treinamento e Desenvolvimento e se houver interesse a sessão pode ser gravada para divulgação a outros colaboradores.

Universo qualidade

Projeto estratégico aproximando clientes internos e externos

A Universo Qualidade – projeto master que por seus excepcionais resultados originou uma entidade sem fins lucrativos e independente da estrutura empresarial, teve grande expressão dentro e fora dos muros de nossa empresa. No que diz respeito ao desenvolvimento de talentos, vale registrar que praticamente todos aqueles colaboradores identificados como destaques nos relatórios internos eram incluídos na lista de participantes da agenda das palestras e workshops. Os eventos foram produzidos por sete anos no teatro do Hotel Maksoud Plaza e depois por mais oito anos no teatro do Renaissance Hotel, ambos em São Paulo, sempre para público de aproximadamente 400 executivos de empresas de nosso relacionamento. A oportunidade de assistir as exposições e debates sobre temas de relevância para a gestão de negócios como Liderança, Marketing, Vendas, Estratégia, Sustentabilidade, Finanças, Gestão de Talentos era extremamente valorizada pelos diferentes públicos que unia, como clientes, fornecedores e colaboradores. Após cada encontro, dentro da empresa referência, o PH coordenava uma reunião com os colaboradores participantes do evento. Eles tinham o compromisso de participar dessa reunião especialmente realizada para avaliar o aprendizado de cada um deles e estudar a possibilidade de aplicação do conhecimento no ambiente da empresa (experiência de benchmarking).

Os eventos da Universo Qualidade nos quinze anos de atividade estão relatados no Anexo A (pág. 371).

Universidade corporativa

Este enfoque ficou em quarto lugar por uma razão muito simples: nós o desenvolvemos após ter criado e vivenciado os três primeiros (Academia, Caldeirão, Universo Qualidade). Entretanto todos os instrumentos para a educação corporativa podem ficar sob o guarda-chuva estratégico da Universidade Corporativa (UC).

Algumas empresas que deram o início da educação corporativa usando a terminologia Academia preferem manter a marca por seu significado abrangente. Exemplo disso é a Academia Accor. Todavia, muitas outras academias, faculdades e institutos migraram para o enfoque Universidade Corporativa.

Jeanne Meister[26], especialista em educação corporativa e presidente da Corporate University Xchange, diz que o esforço de preparar os profissionais para o alto desempenho deve ir além dos treinamentos tradicionais.

Foi Meister quem cunhou o termo Universidade Corporativa para definir a aprendizagem sintonizada aos interesses, objetivos e estratégias das empresas. Para ela os treinamentos convencionais desenvolvem as competências úteis para atender os problemas presentes da organização. Na Universidade Corporativa os programas e conteúdos são criados para atender as estratégias da empresa. Uma olha o status atual da empresa e a outra olha para o futuro do negócio.

Segundo a autora, esperava-se que no ano 2000 o número de Universidades Corporativas nos Estados Unidos ultrapassasse o das instituições de Ensino Superior. O que na verdade aconteceu.

Podemos caracterizar as UC como sendo um modelo educacional, cujo propósito é garantir mais do que a sobrevivência empresarial. O fato de colocar em foco o desenvolvimento de competências organizacionais estratégicas permite que a empresa esteja continuamente preparada para atender seus objetivos de crescimento, mantendo o tônus para competir no mercado globalizado e absolutamente instável.

De qualquer maneira, tudo que foi escrito anteriormente sobre os demais instrumentos da educação corporativa pode ser aplicado na Universidade Corporativa e ser esta entidade o guarda-chuva dos demais.

Na empresa referência e na construção da GEAP, tivemos uma clara visão da importância fundamental de reaparelhar a força de trabalho (colaboradores) com a participação das lideranças, inicialmente como instrutores – professores – e exemplo para os demais. Quando este enfoque foi solidificado (após 15 anos de batalhas com sucesso), construímos a Universidade Corporativa e nela procuramos desenvolver além dos talentos, os líderes e empresários. Sempre visando as necessárias e importantes competências para fazer acontecer o Planejamento Estratégico (capítulo 8), o resultado das metas estabelecidas nos Programas de Ação (PA) e Progamas de Ação de Equipes (PAE) (capítulo 9).

Nos baseamos na GE americana, que tem sua Universidade Corporativa num local chamado Astonville, próximo de Nova York. Fica a 60 km do aeroporto John Fitzgerald Kennedy, em uma área de 210.000 m² e foi fundada por John Welch. É a maior escola corporativa do mundo e os trabalhos/ensinos são realizados em dois prédios especiais, havendo ainda um terceiro para hospedagem dos alunos e professores (hotel) e também destinado a refeições e amenidades como descanso, jogos, comunicação, fitness. Cinquenta por cento dos CEO's da corporação emergiram desse grupo de frequentadores de Astonville. Jack Welch, o lendário CEO da empresa, frequentemente administrava aulas e cursos na universidade.

Certamente como uma das consequências ao descrito, a GE foi considerada a empresa mais admirada do mundo pela revista *Fortune*; a empresa mais respeitada do mundo pelo jornal *Financial Times*; a empresa do Século XX pela revista *Time*.

Sabe-se, entretanto, que a Educação Corporativa não necessariamente precisa ter uma sede física. Muitas se movimentam no mundo virtual via web. Notícias recentes apontam que no ensino formal, grandes universidades estão colocando em prática cursos superiores a distância, muitas vezes abertos de tal maneira, que os conteúdos podem ter origem de todos os lugares do mundo.

Contudo, nossa experiência nestes muitos anos como educadores não só em faculdades e universidades públicas e privadas, mas também na área empresarial, mostrou que o ensino presencial tem vantagens que não devemos menosprezar.

Desse modo, tendo como modelo Crotonville da GE, reformamos um prédio (antiga sede administrativa) que estava desativado e demos a ele o destino de atender unicamente a Universidade Corporativa. Construímos três grandes auditórios, várias salas de aula, biblioteca, sala de descanso, sala de professores, sala para comunicação e um espaço para café, pequenas refeições, churrascos e outros encontros informais. Tudo isso com intuito de formar uma convivência muito especial que deve ser valorizada. Neste período foram desenvolvidos alguns cursos da Academia (os demais nas próprias unidades de negócio), sessões do Caldeirão do Conhecimento e Clube do Livro/Revista (estes também realizados em algumas unidades).

A infraestrutura de qualidade permitiu dar mais um passo adiante, e contratamos a dra. Marisa Éboli para a construção

RECURSOS HUMANOS E SEU PAPEL ESTRATÉGICO

das bases e diretrizes da Universidade Corporativa da empresa. Dra. Éboli nos conduziu ao desenho das competências atuais e futuras necessárias para manter a empresa competitiva e líder no mercado.

Investigou-se quais seriam as competências organizacionais e individuais que deveriam assegurar o contínuo sucesso da empresa em seu mercado de atuação. E fomos compelidos a questionar qual seria nosso mercado de atuação na visão de 5 e 10 anos adiante.

Depois disso, definimos quais seriam os eixos estratégicos educacionais que prepparariam nossos líderes para os novos desafios que viriam. Criando um paralelo com as diversas disciplinas de uma Universidade Acadêmica, definimos cinco escolas que deveriam integrar a UC: Escola de Gestão, Escola Núcleo do Futuro, Escola de Macro Ambiente, Escola de Crenças e Valores e Escola Excelência no Mercado de Saúde.

A Universidade propriamente dita, iniciou sua atividade para desenvolvimento de líderes e empresários, contratando o IBEMEC e a Fundação Getúlio Vargas para aulas e cursos de especialização.

Desenvolvemos *in company* e em parceria com a Fundação Getulio Vargas (FGV), um MBA empresarial com customização dos conteúdos, abrangendo o mercado em geral, com ênfase na área de saúde e nas necessidades de desenvolvimento de novas competências para nossos líderes. Nos primeiros três anos de atuação, cinco turmas de aproximadamente 40 participantes cada, tiveram acesso ao MBA em parceria com a FGV.

A UC teve como missão perpetuar os valores corporativos, qualificar o desempenho estratégico das lideranças atuais e futuras.

Seu macro objetivo era dividido em 3 frentes:

- Promover maior sinergia entre a Estratégia Empresarial e as Competências Organizacionais e Individuais.
- Ser importante Instrumento de Crescimento Organizacional, conectando suas ações de desenvolvimento e aprendizagem à necessidade constante de superação de resultados e inovação no ambiente de negócios.
- Tornar-se um *benchmark* de Centro de Excelência de Educação em Saúde, assumindo relevante posição na capacitação profissional dentro desse setor de atuação.

Os leitores que quiserem se aprofundar no tema – Universidade Corporativa – podem ler os livros: *Educação para as Empresas do Século XXI – 2º seminário de Educação Corporativa no Brasil* de Marisa Eboli[27], e também o capítulo 1 – Reinventando a Educação Corporativa, do livro *Talentos & Competitividade* de César Souza[29].

A educação precisa estar incutida em todos os momentos em todas as pessoas da empresa. Como exemplo, temos a empresa Pormade[30] de União da Vitória no sul do Paraná, fabricante de portas. Essa empresa está entre as melhores empresas para trabalhar no Brasil e na América latina, além de receber o Prêmio SESI de Qualidade no Trabalho.

A empresa investe em seus funcionários tendo como base a educação, liberdade, confiança e desenvolveu a Unicop – Universidade Corporativa Pormade. Segundo os funcionários, todos gostam do que fazem, o que é muito bom para o ambiente de trabalho.

Claudio Antonio Zini, presidente da empresa, diz que dirigir uma empresa é 100% emoção. É ouvir as pessoas, educar, confiar nelas, importar-se com as mesmas, criar uma visão de bem-estar e diversão e que tenham o prazer de acordar e ir trabalhar.

Gestão estratégica de pessoas enriquece os recursos estratégicos de gestão

Nem todas as empresas conseguem a convergência entre os valores, práticas e objetivos empresariais. Reconhecemos que não é fácil tirar do campo da abstração as boas ideias que ajudam os negócios a evoluir, afinal na prática a teoria é outra. Porém, o interesse vale à pena. Na experiência que tivemos, a GEAP reduziu o *gap* entre o que a companhia pretendia atingir e os resultados acontecidos.

Há o ditado que diz: "o melhor só se consegue a custa de um grande sacrifício" (Colleen McCullough[31] em *Pássaros Feridos*), e realmente nossa caminhada foi extenuante até atingirmos um modelo de excelência para a gestão dos negócios.

Para registrar um pouco mais sobre a trajetória percorrida até a formulação da GEAP, devemos enfatizar a dedicação à Qualidade da gestão como uma obsessão dos fundadores do grupo referência,

RECURSOS HUMANOS E SEU PAPEL ESTRATÉGICO

165

bem detalhado no capitulo 1.3.4. Foi devido ao movimento contínuo de busca pela excelência que surgiu a oportunidade de conhecer e contratar a D&F Consultoria Empresarial[32], consultoria cujo principal executivo, Didier Maurice Klotz, com grande prestígio profissional e rica experiência, superou resultados na gestão de empresas como Plascar e Tenenge.

A D&F apresentou aos acionistas da empresa referência uma metodologia de Gestão Empresarial Profissional, baseada na participação e na delegação planejada. Os princípios e ferramentas que integravam o modelo surpreenderam e convenceram imediatamente os acionistas da possível sinergia com a própria filosofia que colocou no centro das decisões de negócios a confiança no ser humano.

A metodologia de Gestão Empresarial Profissional que a D&F compartilhou conosco, recebeu significativa influência dos princípios desenvolvidos por Norberto Odebretch (na década de 50), os quais deram origem à Tecnologia Empresarial Odebretcht[33] – TEO, que continua representando a força que assegura o direcionamento, crescimento e liderança nos negócios que a compõem.

Em resumo, ocorreu que aquele conjunto de conceitos e práticas da Gestão Empresarial Profissional deixado pela D&F para nossa aplicação, foram integrados e somados aos conceitos e práticas de gestão de nossa empresa. Nasceria anos mais tarde, graças à intensa dedicação dos líderes e demais colaboradores da empresa, a Gestão Empresarial de Alta Performance (GEAP), baseada em pessoas.

Muito da redação e dos fundamentos da GEAP permaneceram alinhados com o preconizado pela D&F. A exemplo disso, vale destacar o cabeçalho de sua introdução conceitual que diz: "São as pessoas, livres, capacitadas e unidas por um acordo moral e uma causa comum, as únicas responsáveis pela construção de um negócio capaz de agregar valor a todas as partes envolvidas, conduzindo a empresa ao futuro. Se as pessoas não fizerem o que devem fazer para construir as diretrizes estratégicas não haverá resultados a comemorar".

Conclui-se que não importa o caminho desbravado pelo empresário até encontrar o modelo de gestão empresarial que mais se adapte às necessidades de seu negócio. O que interessa é identificar-se verdadeiramente com pensamentos, filosofias e práticas capazes de expressar os propósitos corporativos. Acreditamos que muitos outros empresários possam identificar-se com a filosofia e o jeito de fazer acontecer que está no cerne da GEAP. Sua possível aplicação em diferentes empresas resultará em experiências únicas, dignas de serem compartilhadas, levando a resultados positivos e singulares.

A força da confiança na cultura empresarial

Jack Welch[34], o emblemático ex-CEO da GE, afirmava que a única maneira que conhecia para incutir confiança nos colaboradores é expor-lhes os valores que guiam a companhia e depois mostrar que são postos em prática. As pessoas não fazem o seu melhor a não ser que julguem estar sendo tratadas com justiça e possuírem as mesmas oportunidades.

Desencadear relações de confiança no ambiente de trabalho é um grande desafio para o PH. A confiança não seria um valor a compor o Ato de Fé, o Credo de uma empresa. Mais do que isso, confiança é o resultado da aplicação efetiva de valores nobres como respeito às pessoas, ética, formação e educação de pessoas, entre outros possíveis.

É preciso garantir a coerência entre o discurso institucional e a prática para que essa relação seja estabelecida. Ter um modelo de gestão de negócios e um credo corporativo consistente, verdadeiro, com exemplos dados pelas lideranças e compartilhado com todas as pessoas é a base para o estabelecimento da confiança.

A seção Recursos Humanos no caderno Eu & Carreira do *Jornal Valor Econômico* de 24 de outubro de 2011[35], publicou que estudo realizado pela AON Hewitt em parceria com o *Valor*, no ano de 2011, revela que a confiança é o componente mais importante no ambiente de trabalho para os executivos.

Na mesma matéria a CPFL Energia aparece como exemplo de empresa que atribui o clima de confiança nos mais diferentes níveis a sua sólida estrutura de governança.

Além disso, especialistas alegam que o diálogo, o feedback constante e a transparência na postura dos líderes, são itens que alimentam a confiança e provocam o engajamento das pessoas.

É verdade que uma parte dos empresários não tem o dom

RECURSOS HUMANOS E SEU PAPEL ESTRATÉGICO

nato da comunicação e falta a atitude espontânea para um diálogo mais aberto e transparente com os colaboradores. Alguns ainda são mais adeptos a dar ordens e conduzir, do que ouvir. A tarefa do PH é preparar os líderes para que se comportem como educadores.

No capítulo 13.2, descrevemos a ferramenta do Diálogo com os Colaboradores – Comunicafé – implantada na GEAP, justamente para favorecer conversas regulares entre líderes e liderados. O PH elabora agenda anual de encontros, unindo sempre um grupo de colaboradores de diferentes áreas e um líder da empresa. Todos são convidados para um bate-papo e café.

As pessoas participam ativamente dos encontros quando percebem que está sendo oferecida a oportunidade para falar com liberdade sobre o que pensam e sentem em relação à empresa. Práticas como essa fortalecem as relações de confiança na empresa e ajudam os líderes a realizarem um trabalho de grande significado, que atinge vários objetivos:

- Ouvem as críticas, sugestões, expectativas dos colaboradores.
- Conversam sobre o significado dos valores da empresa.
- Refletem sobre o alinhamento entre os princípios pessoais e os valores corporativos.
- Comunicam possíveis mudanças na organização.

Quer esteja em uma equipe esportiva, em um escritório, ou seja membro de uma família, se não puder confiar em seus companheiros, haverá problemas.
Joe Paterno, Treinador chefe de Futebol - Penn State University

O valor da transparência

Assistimos com frequência ao fracasso de empresas que tiveram pouca habilidade de comunicação com seu público interno, quer tenha ela 5, 50, 500 ou 5000 colaboradores. Essa falta de competência para trocar conhecimentos, afeta diretamente o desempenho empresarial com impactos negativos no engajamento, na produtividade e nos resultados. As empresas de sucesso reconhecem o valor da comunicação e da transparência.

Conforme a pesquisa Aon Hewitt/Valor[5], as melhores empresas na gestão de pessoas reconhecem a importância dos colaboradores terem uma compreensão clara das metas e dos objetivos da empresa, bem como o papel de cada um nesse processo. Não é mais possível sustentar uma agenda oculta no ambiente empresarial.

Para as pessoas é o diálogo nas suas várias formas que as prepara para compreender o significado de seu trabalho, entender a importância do papel que exercem, além de ajudá-las a perceber a conexão entre seus resultados individuais e o resultado corporativo.

Quando o colaborador atinge suas metas pessoais de produtividade, qualidade e satisfação do cliente, reconhece que contribuiu efetivamente para o crescimento da empresa. E compete, sobretudo aos líderes, cuidarem da transparência das informações. Omitir dados ou resultados enfraquece toda a filosofia e as práticas desse gênero de gestão. Oferecer informação em linguagem de fácil compreensão é um dos maiores desafios da comunicação interna (capítulo 5).

O que podemos dizer de nossa experiência é que da mesma forma como acontecia com a maioria de outros líderes e empresários, de início temíamos revelar aos nossos colaboradores uma série de dados considerados confidenciais e restritos ao grupo diretivo. Ao longo do tempo, abrimos a guarda e nos surpreendemos com o que aconteceu. O colaborador que conhece os dados e os resultados corporativos sente-se como sócio da empresa; tem vontade de celebrar os acertos; lamenta os erros e desenvolve naturalmente um senso de urgência muito útil na tomada de decisões, aceitando mais facilmente as eventuais mudanças de rumo em prol da superação de resultados.

Comunicar e dialogar com transparência é o mantra da GEAP. A prática constante da comunicação e do diálogo energiza os colaboradores e os deixa em condição de agir, distinguindo as prioridades e alinhando-se com os objetivos estratégicos da empresa. Este foco é chamado de "livros abertos".

O PH lidera ainda as ações de responsabilidade social, a atenção aos portadores de necessidades especiais (PNE) e sustentabilidade.

Ao terminar a leitura deste capítulo, o leitor pode sentir que o valor – Respeito às Pessoas – é totalmente atendido na GEAP se incluídos o conteúdo dos demais capítulos deste livro. O resultado é um excelente clima organizacional e enorme possibilidade de notáveis resultados empresariais.

3. Liderança Baseada em Valores

Liderança não é algo que você faz para as pessoas.
É algo que você faz com as pessoas.
Ken Blanchard

Procure ser uma pessoa de valor, em vez de procurar
ser uma pessoa de sucesso.
O sucesso é consequência.
Albert Einstein

Liderança tem sido o tema mais discutido e detalhado no campo da gestão de uma empresa. Neste capítulo, expomos nossa verdadeira contribuição de como enxergamos o líder e a liderança no contexto da GEAP.

Tão interessados e preocupados com este enfoque, publicamos anteriormente o artigo "Liderança e suas Diversas Faces"[1], em revista da associação a qual pertencíamos. Também promovemos na Universo Qulidade[2], eventos sobre liderança com a presença de mais de 400 empresários, representando cerca de 280 empresas com os seguintes temas: Liderança (04/98), Líderes (10/99), O Estilo de Gestão de Cinco Líderes de Verdade (10/00), Liderança de Impacto (05/03), Fórum Nacional de Liderança – A Palavra dos Presidentes (05/05).

Indicamos ao leitor algumas referências e publicações que nos sensibilizaram e que podem auxiliar no aprofundamento do tema: Bennis[3], Covey[4], Gaudêncio[5], Goleman[6], Hunter[7], Kotter[8], Kuczumarski[9], Magretta[10], McGregor[11], Semler,[12,13] Tichy[14]; além daquelas destacadas neste capítulo.

O sucesso de um negócio não está propriamente no negócio em si, mas nas *pessoas* que formularam seu modelo e que o conduzem.

Os administradores de empresas, acionistas e gestores, independentemente do tamanho do negócio que comandam, querem ter em seus quadros profissionais competentes e um time de pessoas especiais com capacidade de liderança que contribuam e coloquem o negócio no rumo certo.

Em um cenário onde o mundo corporativo tornou-se mais complexo, mais rápido e menos previsível, pessoas com perfil de liderança são cada vez mais importantes e peças fundamentais. Eles devem criar enorme valor para a organização e realmente fazer a diferença.

Os CEOs apontam a escassez de líderes como um dos maiores problemas para o sucesso dos negócios no presente e no futuro. Além da dificuldade de encontrar líderes prontos para atuar, há enorme responsabilidade em formá-los.

Definir as habilidades de liderança mais desejadas em cada companhia é o primeiro passo para procurá-los dentro ou fora dos seus muros, e em seguida desenvolve-los ainda mais.

Conceitos

O primeiro desafio das empresas é ter a definição do que seja um líder. Quais são as habilidades do líder? O que pensam sobre si mesmos? Como reagem à pressão por resultados? Como se relacionam em equipe? Como interpretam o desafio da sustentabilidade? O que querem para a carreira e para a vida?

Na realidade, não existe uma receita pronta. O líder de sucesso é aquele que não só se adapta à cultura da empresa, mas também contribui para torná-la mais produtiva por meio da construção de riquezas morais e materiais.

A liderança é uma característica pessoal e, de maneira geral, leva em conta também a experiência e o repertório do indivíduo ao longo de sua trajetória de vida e profissional.

Muitos são os atributos listados pelas empresas no perfil desejado de liderança. As empresas buscam os melhores talentos, com adequados valores, uma liderança que leve a resultados em todos os aspectos, destacando-se o desenvolvimento com crescimento saudável.

Devido a nossa experiência, propomos a substituição da tão conhecida expressão "liderança de resultados" por "liderança baseada em valores e exemplos". O termo *resultados* remete à busca por números melhores no desempenho administrativo-financeiro, ao cumprimento das metas de curtíssimo prazo, ao conhecimento técnico do profissional, dando ideia de uma visão mais setorial, imediata e não totalmente abrangente do que seria a função de liderar negócios.

O papel do líder cresceu e espera-se dele uma atuação mais sistêmica, com foco na maximização dos resultados, mas com foco acentuado na gestão de pessoas (que são responsáveis pelos resultados), voltando-se ao desenvolvimento e à promoção de sinergia dos colaboradores.

Entre os atributos desejados para o profissional que liderará negócios e pessoas, incluem-se qualidades de caráter racional e emocional. No livro *Sobreviver, Crescer e Perpetuar*, Norberto Odebrecht[15] diz que o líder nas organizações é um empresário. E esse empresário identifica, conquista a confiança e integra o homem, levando-o a ações coordenadas e simultâneas que produzem riquezas melhores e maiores para todos os *stakeholders*.

Tomando a visão de Norberto Odebrecht como uma verdade, iremos no decorrer deste capítulo, usar o termo empresário para identificar o líder capaz de organizar, coordenar e integrar o trabalho dos demais.

Consideramos então que são as diferentes habilidades dos empresários que promoverão o verdadeiro impacto positivo no progresso das companhias. Por isso o termo liderança baseada em valores diz mais do que liderança de resultados.

Procuram-se líderes baseados em valores

O esforço na procura pelas melhores lideranças é mais do que necessário e cabe ao gestor e/ou à área de PH encontrar os melhores talentos.

A prática do Recrutamento e Seleção de Talentos provou ao

Liderança Baseada em Valores

longo do tempo que o trabalho de identificação daqueles com maior propensão a se adaptarem à cultura da organização deve começar com três simples premissas:

1. O modo como a pessoa se comporta diz mais sobre ela do que seu currículo.
2. As ideias e crenças que foi capaz de colocar em prática em suas experiências anteriores são exemplos da efetiva capacidade de agregar valor.
3. Uma liderança verdadeira é aquela que acredita na associação de seu trabalho ao trabalho de outros colaboradores (formação de equipes).

Inúmeros empresários, com ótima formação acadêmica e carreira executiva, chegam à sala do PH com a intenção de assumir postos de liderança, com propostas de superação dos resultados atuais e construção de progresso futuro.

Apesar do excelente currículo e da qualidade da conversa (quase) sempre presente na entrevista de seleção, como ter a convicção de estar com a pessoa adequada a sua frente? Profissionais de Recursos Humanos mais experientes conseguem reduzir equívocos nos processos de contratação, mas reconhecem ser pouco provável a certeza absoluta da escolha.

A despeito das limitações inerentes aos processos seletivos, é possível obter dados valiosíssimos do candidato, investigando as práticas adotadas por esse líder ao longo de sua jornada profissional.

Ao tomar conhecimento dos êxitos já alcançados, aprofunda-se um pouco mais sobre a forma como os resultados foram construídos. Vale a pena saber sobre o dia a dia do líder ao lado de sua equipe. O que gostaria de destacar do seu período anterior de gestão? As histórias de relacionamento e coordenação da equipe, dirá muito mais do que o currículo. É fundamental perguntar: Como você fez os resultados acontecerem? Baseado em quê?

Teoricamente, o líder dirá que valoriza as diferenças de opinião e permite o erro, itens vitais para a inovação e o sucesso no longo prazo da organização. E ainda tenderá a afirmar que acredita que o principal papel do líder é desenvolver outros líderes. Ninguém no mundo corporativo seria capaz de discordar da importância desses princípios. Nesse momento o PH procurará saber como ele incentivou a participação dos colaboradores e apoiou as pessoas que cometeram erros na tentativa de inovar.

É preciso fatos para comprovar os argumentos. Imagine se algum candidato a qualquer função dentro de uma empresa, seria capaz de assumir seu mau humor ou impaciência ao relacionar-se com colegas ou superiores. É difícil supor um candidato à posição de liderança, dizendo que acha justo demitir aqueles funcionários que discordam de seu ponto de vista porque podem prejudicar decisões importantes e urgentes. Porém esses falsos líderes existem. E aos montes. Os empresários normalmente enxergam-se como pessoas conscientes, equilibradas e prontas para trabalhar de maneira sustentável em equipe e valorizar a diversidade. O perigo é nos deixarmos seduzir pelo discurso inflamado de alguns em defesa de princípios fundamentais da empresa que, no "frigir dos ovos", ficam apenas em tese. Cabe então ao recrutador colocar foco e examinar as habilidades práticas de liderança, aprofundando como o executivo conduziu as ações que deram respaldo as suas crenças e objetivos. De que maneira ele fez a sustentabilidade acontecer no dia a dia?

Um líder é verdadeiramente reconhecido quando tem um "jeito bom" de fazer as coisas. Seu estilo pessoal e comportamento influenciarão os processos e as pessoas de sua equipe nas diferentes funções.

Seguindo essa premissa, se o profissional demonstrar um repertório de boas práticas, teremos fortes elementos, levando-nos a apostar em sua capacidade de responder às demandas que enfrentará na empresa. Esse líder conseguirá produzir impacto positivo nas pessoas e nos negócios? Essa é a pergunta que deverá ser respondida ao final do processo de recrutamento.

José Tadeu Alves[16], presidente da Merck Sharp & Dome, dizia que: "Existem líderes e líderes. Aqueles que falam e aqueles que fazem". Em uma de suas palestras no Fórum Nacional de Liderança promovido pela Universo Qualidade, ele afirmou: "Boas ideias que não são postas em prática não têm qualquer validade".

No mesmo Fórum de Liderança, Manuel Felix Cintra[17], na época presidente da BM&F, contou um pouco da própria trajetória e compartilhou sua visão sobre liderança.

Cintra, desde a época do colégio, trazia consigo características de um líder e amadureceu seus conceitos ao longo dos anos. Afirmou que: "existem várias formas de liderar e só conseguimos identificar a melhor para nossa organização, tentando, errando e acertando". Manuel ressaltou que a humildade é um atributo essencial de um líder e que a formação desse tipo de profissional deve ser preocupação constante das organizações.

Ainda explorando o desafio de definir as qualidades que formam um líder, destacamos a colaboração de Fernando Tigre[18], completando o trio de admiráveis envolvidos em um instigante debate. Tigre diz que a pauta de sua agenda de diálogo com as lideranças, à frente da cervejaria Kaiser, incluía a questão das escolhas. "Além das regras básicas da liderança como bom humor, humildade, autoridade, conhecimento técnico, pouco se conseguirá de resultado se o líder não souber fazer opções. Os cargos de liderança exigem opções rápidas, e o líder não pode permanecer na inércia, em cima do muro", relatou. Procurando enfatizar o que acredita ser verdade, ele afirmou que: "é mais válida uma decisão 90% correta no tempo certo do que 100% correta fora do tempo". Atribuiu mérito aos líderes que sabem ousar na medida certa, não se acomodando com metas pequenas, e finalizou dizendo que o líder deve encarar o cargo que ocupa com coragem, sem arrogância, prepotência ou mau humor.

Escolhas

Concordamos plenamente com o enunciado de Fernando Tigre: "As escolhas caracterizam o líder e dependendo delas, acontece o sucesso ou mesmo o fracasso das empresas". Sobre o tema, publicamos o artigo "Escolhas – A Jornada da Vida"[19], no qual enfatizamos que o que ocorre a cada momento, não é o resultado do destino, acaso, sorte, azar, fortuna ou circunstância, mas sim das boas e más escolhas feitas.

É fácil e cômodo para muitas pessoas não assumir responsabilidades, não tomar decisões, ficar "em cima do muro" e não escolher.

Ser consciente das escolhas que fazemos é embarcar em um mundo de possibilidades. Não há um único caminho e mesmo que supostamente houvesse, teria várias maneiras de trilhá-lo.

Praticamos escolhas todos os dias, horas e minutos e os resultados virão a curto e longo prazo.

Um questionamento verdadeiro: como decidir num mundo que produz cada vez mais informações, e dá às pessoas cada vez menos tempo para pensar sobre os caminhos e as opções possíveis?

Tomamos decisões de forma tão automática que nem parecem escolhas. Mas são.

Psicólogos estudaram a vida de gestores de grandes companhias e verificaram que eles tomam uma decisão de certa importância a cada nove minutos e, consequentemente, podem errar. O homem moderno tem mais conhecimento hoje do que no passado, tem o apoio de computadores e outras ferramentas, mas ainda assim pode tomar decisões equivocadas.

A despeito dessa conjuntura atual, há indicações de que a maioria dos erros se deve à forma como as pessoas decidem, isto é, ao processo pessoal adotado para tomar decisões. Muitas vezes pela primeira impressão, paradigmas ou pelo sistema de tentativa e erro. As melhores decisões acontecem quando temos tempo para pensar de forma disciplinada, analisando os prós e os contras das opções. É preciso ponderar bastante antes de decidir.

Executivos desenvolveram ferramentas que auxiliam no processo de tomada de decisão, baseadas em modelos matemáticos complexos e na adoção de métodos, como, por exemplo, a matriz SWOT (forças, fraquezas, oportunidades e ameaças). A ideia básica é reduzir a subjetividade e auxiliar na assertividade. Entretanto, quando os recursos técnicos e racionais se esgotam, quando a informação disponível é imperfeita, então entra a intuição, mais privilegiada para uns do que para outros.

Nesse ponto vale o comentário de que pessoas bem-educadas e treinadas têm melhores condições de intuir o rumo a seguir. Malcom Gladwell[20], autor do livro *Blink. The Power of Thinking*, prefere chamá-la de "cognição rápida" e admite que as mulheres são melhores neste campo.

Algumas considerações adicionais merecem ser feitas sobre como e por que fazemos determinadas escolhas. Elas são resultado de um longo processo invisível, influenciado por inúmeras variáveis: a formação inicial familiar, escolar, religiosa, o nível de educação e o grau de inteligência, as habilidades e competências adquiridas, maturidade, amplitude de visão e valores.

A maturidade é adquirida com a vivência de múltiplas experiências de vida e com ela vem a sabedoria, que segundo o pensador Roberto Aylmer[21], seria hoje a reconhecida inteligência emocional (Goleman[6]). A utilização desse tipo de inteligência nos coloca em melhor condição para fazer escolhas mais equilibradas, visando o curto, médio e longo prazos.

Não podemos deixar de reforçar a importância do equilíbrio emocional na qualidade das escolhas que fazemos. Em momentos de crise, instabilidade, angústia e medo a probabilidade da escolha correta e ideal fica diminuída. Em razão disso deve-se tomar todo o cuidado para não errar e requerer tempo para o restabelecimento do equilibro razão/emoção. Sabemos que não é fácil pensar com clareza nessas horas e devemos estar prevenidos para todas as situações.

Lembre-se de que não escolher já é uma escolha.

Liderança globalizada

Os profissionais do mais alto escalão de uma empresa precisam estar preparados para os avanços acelerados no mundo dos negócios. Diante da economia globalizada é necessário preparar mais pessoas com capacidade para atuar em escala mundial. Consequentemente, procura-se líderes que respondam às demandas de mercado mais exigentes e também promissores para empresas grandes ou menores, que apresentem soluções inovadoras capazes de agregar valor no mercado nacional e internacional.

Um artigo assinado por três professores de universidades nos Estados Unidos e Canadá (Hal B. Gregersen, Allen J. Morrison e J. Stewart Black)[22], discorre de maneira clara sobre a necessidade da formação de líderes capacitados para atuar em qualquer parte do mundo, com objetivo de permitir que as empresa conquistem novos mercados.

Na visão dos professores, esses novos guerreiros são exploradores estimulados pelas oportunidades e atraídos pelos riscos dos mercados inexplorados. No ano de 2015, deveremos ter o nível de comércio entre nações superando o comércio total interno das nações.

Embora os autores atribuam que dois terços das características de liderança são gerais e se aplicam a qualquer líder, o desafio está no desenvolvimento de um terço das habilidades que são específicas.

Habilidades específicas

- Curiosidade, gosto pela aventura e desejo de experimentar coisas novas.
- Boa vontade para construir ligação emocional em diferentes contextos culturais.
- Integridade inflexível apesar dos diferentes padrões culturais;
- Compreensão de que tudo tem dois lados principalmente nas incertezas.
- Decidir com agilidade nas situações de mudança contínua e a escassez de informações.
- Administrar e tolerar as tensões geradas pela pressão de promover integração global e resposta local.
- Astúcia para identificar oportunidades e fontes de vantagem competitiva no mundo todo.
- Profundo conhecimento das capacidades organizacionais e das lideranças-chaves nos vários países.

Meta – Ferramenta da liderança

Os líderes não possuem respostas para tudo, obviamente. Não são invencíveis e tampouco se assemelham aos super-heróis. Para ser um líder de impacto, baseado em valores, não é mais necessário estar no controle de tudo e de todos. Ele compartilha objetivos comuns com os membros de sua equipe e estabelece relacionamentos de parceria com o time. A partir do momento que os instrumentaliza com metas e diretrizes estratégicas, esse líder tem ferramentas para agir.

De acordo com Vicente Falconi[23], o líder deve atuar por meio de metas. São elas que o ajudarão a exercer seu papel transformador dentro da empresa. O estabelecimento de metas permite ao líder ter foco, definição de onde quer chegar, quando e como.

Nossa experiência provou que o instrumento básico do líder é a definição de metas com sua equipe e o processo de estabelecimento dos meios efetivos para alcançá-las. A execução das metas deve colocar a empresa em um estado de crescimento futuro desejado.

As metas podem ser de curto, médio ou longo prazo. O importante é deixar claro o que se espera alcançar a cada período de avaliação dos resultados e como obtê-los. Líder e liderado devem estar de acordo com as metas, prazos e condições estabelecidas. As metas funcionam como um acordo entre pessoas livres, motivadas e unidas por objetivos claros e desejos comuns.

O Programa de Ação (PA) e o Programa de Ação de Equipes (PAE), ferramentas estratégicas detalhadas no capítulo 9, representam uma grande contribuição para o alinhamento de entendimentos entre o líder e seus liderados. Ajudará enormemente o líder a praticar uma delegação planejada, que significa dar autonomia para a equipe tomar decisões dentro dos parâmetros definidos.

Além dos benefícios para a empresa o líder que estabelece metas e detalha as diretrizes para alcançá-las terá maior tranquilidade para enfrentar crises. Mesmo diante das incertezas terá elementos que o deixem em situação mais confortável para ajustar-se às mudanças inesperadas.

Mantendo o comprometimento nas dificuldades

O ambiente corporativo foi previsível um dia, mas hoje a imprevisibilidade é a característica predominante. Os profissionais são pressionados a obter resultados cada vez mais expressivos com cada vez menos recursos diante de acontecimentos inesperados como inflação, novos competidores, nova legislação, novas tecnologias, catástrofes, etc.

Os ocupantes de postos de liderança precisam estar sempre atentos para as novidades que circundam o ambiente de negócios e aproveitar novas ideias da equipe da melhor maneira possível.

No livro *Unnatural Leadership*, David L.Dotlich[24] afirma que um líder que tem alta performance, recusa-se a ser um prisioneiro das vitórias que conquistou. Na lista de desafios da liderança surge em primeiro lugar a crítica ao apego excessivo às fórmulas que deram certo no passado. Logicamente que o sucesso referencia positivamente o líder e na maioria das vezes é o mais efetivo indicador de possibilidade de sucesso futuro. No entanto, devido às constantes mudanças nos processos, nas tecnologias, nas práticas empresariais e na concorrência, o líder tem de ter disciplina para olhar os problemas e oportunidades com novos olhos. Deve sempre se perguntar: quanto o futuro se parecerá com o passado?

Com a ajuda do Programa de Ação (PA) dos empresários e com o intenso envolvimento dos colaboradores no Programa de Ação de Equipes (PAE), o líder contará com uma valiosa colaboração para melhor compreender os problemas que surgem na rotina diária. Líder e liderado redirecionarão tempo, esforços e providências que renovarão as chances de sucesso.

O sistema de comunicação empresarial adotado no modelo GEAP constrói uma linha de atuação onde a hierarquia situa-se nos objetivos e não nas pessoas (capítulo 6).

Os líderes sabem que os acionistas estão ligados aos clientes através de um modelo de gestão onde todos são *responsáveis* pelo sucesso do negócio.

Por isso, não é preciso ter um cargo de "chefia" para ser o responsável pela solução do problema. Estará na liderança quem tiver o melhor conhecimento da situação. E algumas vezes, os líderes podem tomar decisões erradas por centralizarem e desejarem demonstrar conhecimento superior ao de todos que o rodeiam.

O modelo GEAP propicia o envolvimento e crescimento das pessoas à medida que os colaboradores sabem para onde a empresa está indo. Eles são envolvidos na construção do Planejamento Estratégico de longo prazo e no Plano de Ação anual, e entendem seu papel e suas responsabilidades ao montarem o Programa de Ação (PA), no caso do empresário, e Programa de Ação de Equipes (PAE), para os demais colaboradores. Estabelecem ainda, os desafios da avaliação do Fator Atribuído - FA (capítulo 4).

A segurança para tomar decisões e participar mais ativamente da gestão da empresa se consolida com o conceito de "livros abertos", porque as pessoas recebem mensalmente informações transparentes sobre os resultados por meio das reuniões de resultados corporativos – RM (capítulos 11 e 12) e da avaliação mensal sobre seu desempenho.

Líderes trabalham em time

Qualquer pessoa de sucesso sabe que é uma peça importante, mas que não conseguirá nada sozinha.
Bernardinho[25], técnico da seleção brasileira de vôlei masculino

Falconi[23] relata que um líder é uma pessoa que sabe utilizar uma equipe em benefício da empresa.

Os líderes têm a tarefa de construir alianças, relacionamentos e parcerias, tanto fora como dentro da empresa. Por incrível que pareça, muitos líderes sentem-se mais desconfortáveis ao aproximar-se das pessoas com quem trabalham do que buscando novos parceiros externos. Para facilitar essa missão a GEAP oferece alguns caminhos. Ao menos uma vez ao mês recomenda-se que o líder dedique um tempo especial – talvez uma hora – com cada um de seus liderados, fazendo o acompanhamento do programa de ação, oferecendo feedback sobre os indicadores de resultados e sobre as competências que o colaborador comprometeu-se a desenvolver naquele período.

O bom líder age como um treinador que procura assegurar a melhor atuação do time. Como treinador, deve ir a campo observar a atuação de cada liderado, e quando detecta uma não conformidade, orienta o que fazer para manter o ritmo e a boa performance.

Tomando o Programa de Ação e o Programa de Ação de Equipes como o acordo explícito que rege as relações entre líder e liderado, ambos estarão alinhados com os rumos a seguir, mesmo diante das mudanças de cenários provocadas pelas imprevisibilidades. O Programa de Ação e o Programa de Ação de Equipes, permitem adequado balanço entre controle e delegação para o líder, e entre dependência e autonomia para o liderado.

O que vimos ao longo do tempo na GEAP, foi de um lado o surgimento de uma equipe com pessoas conscientes sobre o caminho a seguir, satisfeitas por terem liberdade de agir, tornando-se verdadeiramente comprometidas com os resultados; e de outro lado, um líder mais convicto da importância de preparar seu time para vencer.

A liderança exercida sem ferramentas práticas, enfrentará dificuldades para traduzir em ação o que parece estar bem definido teórica e intelectualmente.

Liderança gera desconforto

Foi-se o tempo que as qualidades técnicas dominavam as exigências para a função de liderança. Alinhamento, espírito de equipe, capacidade de compartilhar, discrição e disposição para colaborar, integram o rol de competências esperadas da liderança.

E mesmo exibindo todas essas características, o líder nem sempre será bem-visto na organização. Isso porque caberá ao líder, em determinados momentos, tomar atitudes pouco simpáticas que acabam gerando resistências e críticas dos colaboradores. O professor de Harvard, Marty Linsky[26], aponta com clareza em seu livro *Liderança no Fio da Navalha*, que o líder que de fato lidera vive no "fio da Navalha".

Na visão de Linsky um dos comportamentos importantes associados ao exercício da liderança é a capacidade de aguentar as resistências e as críticas. A tolerância é um exercício fundamental.

Bom humor é considerado por muitos especialistas em Recursos Humanos como uma peça fundamental na performance do líder. Como disse Luiz Carlos Cornetta[27] na época em que presidia a Motorola do Brasil, "mau humor é pior do que mau hálito".

O líder deve ter consciência de que primeiro precisa liderar a si mesmo, desenvolver-se e ter autoconhecimento. Não há dúvida de que a vida pessoal e profissional de qualquer empresário é cheia de ambiguidades, desafios, dúvidas e interrogações. Fazer de conta que tudo está bem quando não está é uma ilusão que dura pouco.

Renato Bernhoeft[28], consultor de empresas, reforça que querer poupar os executivos de viverem as contradições próprias de suas dúvidas existenciais, é criar uma figura artificial. O líder deve estar permanentemente construindo e reconstruindo seus papéis, que mudam naturalmente com o tempo.

Há uma abordagem a fazer no que tange ao fator "desconforto". Imagine a situação de um líder ao assumir seu posto no

Liderança Baseada em Valores

primeiro dia de trabalho. Aliás, podemos pensar nos primeiros 100 dias de adaptação do líder às pessoas, aos processos, à nova cultura empresarial.

No livro *Virei Chefe – E agora?*, escrito por James Citrin e Thomas Neff[29], dois *headhunters* preocupam-se com o desempenho e o sucesso de profissionais que foram contratados para ocupar o primeiro posto da empresa e não escaparam da fase delicada que vivem os recém-chegados à organização. Tudo é novo para o líder e para as demais pessoas que o rodeiam. São muitas as perguntas que pairam sobre a cabeça de todos. Quais papéis terão mais prestígio a partir de agora?, questionam alguns. De outro lado está o líder procurando identificar rapidamente quem serão seus aliados e onde estarão as minas explosivas.

James Citrin e Thomas Neff oferecem uma régua de comportamento com 8 práticas que o líder deve seguir para ser bem-sucedido no período de integração:

1. **Ouvir** em vez de logo impor a própria visão. E esse conselho vale também para aqueles que já vinham construindo carreira na empresa e recebem uma promoção para a posição de liderança. Você não conhece tudo, mesmo com a experiência que adquiriu até aqui. Ouça sua equipe.

2. **Falar** o que espera, expor suas expectativas, seus princípios e valores principalmente em relação à equipe.

3. **Testar** as pessoas antes de dar início a mudanças na equipe. Por mais que tenha ouvido sobre elas, observe o modo do profissional trabalhar ao seu lado. Dê uma chance real a todos.

4. **Focar** quatro ou cinco metas principais, comunicando-as de maneira simples para que todos entendam.

5. **Conhecer** a cultura e as regras não escritas que moldam a maneira de as pessoas interagirem. Até os jargões internos da empresa podem ser uma charada a desvendar.

6. **Entender** as expectativas de quem o contratou, mantendo diálogo franco sobre suas preocupações. Facilita manter os aliados seguros a seu respeito.

7. **Saber** o que a equipe quer de você nos diferentes momentos e então procurar atendê-los, motivá-los.

8. Evitar prometer mais do que pode cumprir. Fuja das declarações grandiosas demais que podem causar desconfiança ou falsas expectativas.

Vale o exemplo prático de um executivo, de nome fictício João, que ao ocupar a presidência de uma empresa farmacêutica, enveredou esforços para conhecer prioritariamente as expectativas individuais de seus diretores, deixando de fora da primeira conversa discussões sobre a operação da empresa. Pediu aos membros da equipe que respondessem a quatro perguntas:

- O que sabemos sobre o João?
- O que queremos que ele saiba sobre nós?
- Do que gostamos na empresa e desejamos que não mude?
- Do que não gostamos e desejamos que seja mudado?

Empresários que exercem o papel de liderança sem imporem o status de superastros tendem a obter melhores resultados em sua curva de aprendizado. Cada pessoa tem uma visão e perspectivas diferentes, e o líder deve conhecê-las e refletir sobre cada uma delas.

Liderança e poder

As palavras acima caracterizam uma condição especial das pessoas na sociedade e nas empresas em particular. Conceituam-se como uma relação entre seres humanos.

No Houaiss[30] encontram-se os seguintes conceitos de poder: ter domínio ou controle; direito ou capacidade de decidir; supremacia; possibilidade natural ou adquirida de fazer determinadas coisas.

O poder frequentemente leva à autoridade, e no foco de Max Weber[31], conceitua-se poder sob a ótica de uma autoridade legítima que pode ser encontrada nos agregados sociais.

Hoje principalmente nas empresas, deve haver liderança com justo poder, abdicando da condução autoritária do passado. Sugere-se,portanto, um poder da liderança compartihado com a equipe.

LIDERANÇA BASEADA EM VALORES

O líder deve dar exemplo, ser modelo, capaz de motivar, e entusiasmar e reconhecer a equipe, valorizar, recompensar as pessoas, levando-as ao crescimento e desenvolvimento contínuo. E consequentemente, levar confiança aos liderados, pois sem confiança ninguém corre riscos, e sem correr riscos ninguém desenvolve coragem. Portanto, confiança e coragem são resultados e condições muito importantes para o sucesso das organizações[32].

Entretanto o poder autoritário ainda é muito frequente.

Hofstede[33] que estudou o tema, enfatiza que nos países latinos há grande distância do poder, enquanto que nos de língua inglesa e germânica a distância é menor.

Tanure[34] desenvolveu o tema – "O Poder: Um dos Pilares da Organização" – no Brasil e América Latina, trazendo conhecimentos sobre este foco e conceituando a concentração e distância do poder tão frequente entre nós. Relata também que Denison e Mishra[35] verificaram que as organizações americanas com maior envolvimento dos colaboradores são mais eficientes e crescem mais rapidamente que as demais.

Em todos os capítulos deste livro, mostramos a importância e o cuidado necessário para integrar as pessoas no modelo de gestão GEAP, aproximando ao máximo as pessoas do justo poder. Desenvolvemos um sistema de comunicação horizontal, onde a hierarquia situa-se nos objetivos e não nas pessoas. Envolvemos líder e liderados em praticamente todos os movimentos da gestão, tais como Cultura Empresarial, Planejamento Estratégico, Programa de Ação e Programa de Ação de Equipes, Participação nos Resultados e nas descritas ferramentas de Melhoria Contínua, Diálogo com os Colaboradores – Comunicafé –, Melhoria de Processos, Benchmarking, Clube dos Pensadores, Clube do Livro e Associação dos Colaboradores. Na área da educação de pessoas a Academia do Conhecimento, Caldeirão do Conhecimento, Universo Qualidade e Universidade Corporativa integram os colaboradores, levando-os ao desenvolvimento de maneira efetiva e sempre respeitando o interesse e energia de cada um.

Liderança espalhada no ambiente

No ambiente corporativo a liderança não está mais centralizada apenas nos líderes que ocupam postos na alta administração das empresas. Cabe a cada colaborador reconhecer a necessidade e oportunidade de liderar o espaço que ocupa na empresa, assumindo sua parcela de responsabilidade por decisões e aceitando os riscos na busca por melhores resultados.

No sistema de comunicação da GEAP que organiza as pessoas em equipes e as equipes em áreas responsáveis por um conjunto de indicadores corporativos, conseguimos identificar quem deve estar na liderança de acordo com o problema que está acontecendo. Não consideramos que a solução deve ser tomada apenas pelo responsável de área. Se há um problema na área de nutrição, por exemplo, envolvendo uma avaliação negativa do cliente sobre a refeição, além da supervisora da área, a equipe de cozinha, juntamente com a equipe de copeiras, devem tomar conhecimento do problema, analisar o caso e decidir o que fazer para dirimir a questão. Dependendo do que tiver acontecido, quem tem a responsabilidade assume a liderança de solução e o comando não fica centralizado na mão de poucas pessoas.

Os líderes tradicionais podem estranhar esse compartilhamento de poder, promovido por um sistema menos hierarquizado. Apontamos aqui uma forma de os líderes colocarem em prática o que enfatizam em seus discursos – como dividir as decisões e ser flexível.

As pessoas da GEAP quando estão diante de um problema, focam sua solução e a melhoria nos processos e não a discussão sobre possíveis erros e culpados.

O processo participativo é essencial porque o pessoal da linha de frente consegue descrever muito bem os pontos fortes e fracos da operação e conhecem, mais do que qualquer empresário, o cliente da companhia.

É preciso deixar que as pessoas participem da gestão dos negócios, sejam induzidas a administrar o seu pedaço dentro da empresa e preparadas para compreender como a empresa funciona e como seu trabalho se reflete nos resultados gerais da companhia. Essa é uma forma vitoriosa de promover o *empowerment* na organização. Verdadeiramente "empoderar as pessoas." Essas pessoas transformam-se em líderes espalhados pela organização.

Liderança Baseada em Valores

Grandes empresas perdem a oportunidade de conquistar melhores resultados justamente por não exercerem uma gestão participativa, nem investirem em uma liderança baseada na educação e sensibilização de pessoas. Tampouco utiliza de ferramentas práticas que possam uni-las em torno de objetivos comuns.

Modelo de gestão participativa ⟶ pessoas educadas para o negócio ⟶ liderança multiplicadas ⟶ responsabilidades compartilhadas superação de resultados ⟶ Clima interno positivo

Aproximando o líder de sua equipe

De nada adianta ter um modelo de gestão participativa excepcional se os principais líderes não estiverem preparados para atuar dentro dessa cultura empresarial.

Nas pesquisas de clima organizacional, é comum identificar que os colaboradores ressentem-se de alguma coisa no relacionamento com o líder. Por conta disso descrevem o ambiente corporativo como péssimo. E se o ambiente é péssimo o colaborador não se sentirá parte dele, nem estará disposto a se engajar na busca de objetivos. O que mais parece haver em comum entre líderes e liderados é a falta de aceitação entre as partes. Empresas grandes ou pequenas sofrem com os problemas de relacionamento no ambiente interno.

O modo como o líder vê a si próprio e como a equipe o vê, nem sempre está em consonância. Uma das alegações que se repete entre os colaboradores é a inadequada comunicação do líder. Não é raro que os líderes se escondam da equipe, mantenham certo afastamento das pessoas na rotina diária, optando por fazer-se mais presente e acessível nos encontros formais, com assuntos e pauta definidos. Pergunte ao líder de uma equipe o que está acontecendo na vida deste ou daquele liderado que está no seu time há anos. Muitos líderes não saberão dizer quase nada sobre o colaborador fora dos domínios da empresa.

Não é questão de misturar ou não a vida particular à profissional, mas, sobretudo refere-se ao vínculo emocional que se faz necessário para manter relações verdadeiras entre as pessoas. Se você como líder não conhece os anseios das pessoas de sua equipe, não reconhece que existem diferentes motivadores para cada um, como será possível trabalhar para que empresa e pessoas prosperem juntas? E se o líder não demonstra sensibilidade diante de algumas situações específicas e comuns que cercam os colaboradores, poderá ter atitudes inadequadas com impactos bem negativos no relacionamento entre as partes.

Citamos um exemplo de decisões equivocadas de liderança que fazem perder o esforço para construir relações de confiança.

Uma de nossas lideranças enviou uma solicitação à área de Patrimônio Humano, requisitando a demissão de uma colaboradora que já estava na empresa havia nove anos. Os motivos eram operacionais e poderiam explicar o pedido do líder não fosse pelo momento do ano em que nos encontrávamos. Estávamos em dezembro, os bilhetes de amigo secreto já circulavam nos setores, prenunciando as comemorações do Natal. Como é possível fazer um discurso aberto sobre a importância dos colaboradores, colocar o respeito às pessoas como um dos principais valores da companhia e na prática demitir uma colaboradora, solteira, com dois filhos e mãe doente às vésperas da data que chama o ser humano às atitudes mais fraternais? Suas falhas não eram graves, nada que a desabonasse tão enfaticamente que justificasse sua dispensa naquele momento.

Não somente ela e sua família, mas também os colegas ficariam, no mínimo, desconcertados com uma demissão naquela altura do campeonato.

O episódio despertou a necessidade de evitarmos que outros casos similares acabassem parando na mesa do PH. A situação foi colocada para todos os líderes em reunião e ficou consensado que solicitações de demissão deveriam ocorrer até a metade do mês de novembro e a exceção da regra para dezembro somente se daria mediante registro de falha gravíssima por parte do colaborador.

Sabendo que comportamentos equivocados por parte do líder podem impedi-lo de ter um bom relacionamento com a equipe e a empresa de obter maior sucesso, a GEAP oferece inúmeras oportunidades que estimulam as lideranças a pensar sobre as pessoas e conviver com elas, desvestindo-se de sua máscara enigmática e seu olhar indecifrável.

O líder sem terno e com giz na mão

Pode parecer antiga a alusão ao giz na mão de alguém, mas o que queremos salientar é que o líder precisa enxergar-se não como chefe e sim como um educador. Na agenda anual de educação e treinamento da empresa, os líderes devem ser incisivamente convidados a formularem conteúdos de cursos que possam ministrar ao seu próprio pessoal e a outros colaboradores.

Além de conhecermos a expressão "o melhor jeito de aprender é ensinando", os líderes estimulados a pensarem como professores tenderão a mudar sua forma de agir. Na experiência que tivemos por 15 anos na Academia do Conhecimento (capítulo 2), os cursos ministrados pelas lideranças aconteciam aos sábados pela manhã e tinham normalmente entre 8 e 24 horas de carga horária, dependendo do tema. Cada responsável de área e de setor assumia na agenda anual ao menos um curso da Academia do Conhecimento.

A mudança começava pela forma de se vestir. Por ser mais frequentemente aos sábados, o líder despia-se de sua armadura de executivo e vestia-se informalmente, usando jeans, tênis, camiseta, do mesmo modo que o pessoal que comparecia ao curso.

A sensação de semelhança favorece a aproximação. Já é ponto positivo para o líder.

Havia uma cartilha com diretrizes básicas para aquele momento de relacionamento e troca de conhecimentos. A recomendação era saber mais de cada participante, o que o levava até aquele curso, o que buscava ali?

Cada encontro abordava além do tema do curso, um texto específico que provocava a conversa entre todos. Podia ser uma pergunta: o que é compaixão? O que significa a ética no ambiente de trabalho em sua opinião? Como você sente o equilíbrio entre vida profissional e pessoal?

Filosofar um pouco, desarmar-se, aproximar-se mais. Assumimos que cada colaborador é importante e que devemos nos comunicar fortemente com ele, através do diálogo.

A força da convivência

"Uma providência imediata é ajudar as lideranças a reduzir o caráter imediatista do trabalho para que ele não se transforme em uma mera corrida atrás das metas. O que está faltando entre chefes e subordinados, em muitas ocasiões, é o mais simples dos atos: parar para conversar e trocar ideias".

Elizabeth Zorzi[36], da Quota Mais

No livro *O Monge e o Executivo*, James Hunter[7] sustenta que o verdadeiro líder é aquele que serve a equipe e não aquele que se serve da equipe. Na agenda da GEAP não existe lugar para o líder enigmático. O papel da área de Patrimônio Humano sempre foi o de desenvolver o líder servidor. Compete aos líderes também atuarem no programa de Responsabilidade Social, juntarem-se para comemorar os aniversários do mês, assistir aos jogos da Copa do Mundo ao lado do pessoal do escritório.

Enfim, estes e outros exemplos servem apenas para reforçar nossa tese de que para quebrar alguns velhos paradigmas da liderança é preciso trabalhar muito e firme. Não basta convidar as pessoas para a festa de fim de ano da empresa, imaginando que nesse dia colaboradores e empresários irão se divertir, beber juntos, mostrar que a relação é de amizade no ambiente de trabalho. Todos sabem que essas festas quase sempre produzem mais dor de cabeça do que animação e motivação. Artigos constantes em revistas e sites diversos sobre as festas de fim de ano na empresa recomendam que o colaborador chegue cedo, faça o chefe sutilmente perceber sua presença para então zarpar de mansinho. Os grandes caciques corporativos, na ânsia de provar que são tão humanos como os demais colaboradores, deixam como lembrança da ocasião algumas fotos indiscretas, dispensáveis, além de darem motivos de sobra para vários comentários maldosos sobre o quanto "o chefe" bebeu, com quem dançou, como dançou, os inúmeros foras que deu.

Se a empresa quer ter as habilidades para um relacionamento positivo no ambiente interno da companhia, precisará empenhar-se em fazer mais, muito mais. Coloque as pessoas para conviverem de verdade. Estimule, crie oportunidades e priorize-as.

Nenhum colaborador faz um trabalho pequeno demais para não ser ouvido, e nenhum líder é importante demais para não ter de escutar. A gestão empresarial baseada em pessoas tem conceitos firmes e práticas rigorosas.

Assim é a liderança baseada em valores que identificamos na GEAP. Naturalmente cada empresa desenvolve uma cultura própria, singular. Nas organizações vencedoras os valores pactuados são em geral nobres e facilmente assimilados, aceitos e incorporados.

Dentro desta cultura voltada para as pessoas, o líder deve navegar e procurar o caminho para fazer o resultado empresarial acontecer.

Os leitores podem conhecer aspectos da cultura empresarial no capítulo 1 e o âmago de alguns valores especiais no subcapítulo 1.4.

4. Competências - Fator Atribuído (FA)

A maior descoberta de qualquer geração é a de que
os seres humanos só podem alterar sua vida
se alterarem sua atitude mental.
Albert Schweitzer

O fio da meada está em como integrar as competências pessoais
com as competências empresariais,pois uma
não faz sentido sem a outra.
Cesar Souza

Competências compreendem o conjunto de características que uma pessoa dispõe e usa para realizar um determinado trabalho. São os conhecimentos, habilidades, experiências e valores que moldam atitudes e comportamentos na busca de resultados. A maestria no uso dessas ferramentas determina o crescimento profissional. Elas não são requeridas todas ao mesmo tempo, e algumas perdem alguma relevância à medida que se progride na carreira profissional.

Cada pessoa pode ser mais ou menos hábil numa certa competência, o que de certa forma define sua marca pessoal. Por outro lado, um executivo quando não se sobressai em uma competência que lhe é necessária, deve buscar seu aprimoramento.

As competências dos líderes de uma empresa devem ser conhecidas, analisadas e avaliadas, e como resultado traçar um

COMPETÊNCIAS - FATOR ATRIBUÍDO (FA)

perfil de pontos fortes ou fracos do empresário. Esse entendimento possibilitará desenvolver um trabalho de maior qualificação das competências necessárias ao crescimento e sucesso da empresa em determinado período.

Acreditamos ser importante para o leitor, conceituar e analisar algumas classes de competências.

Na prática, são três o conjunto das competências: Técnica, Humana e Organizacional. Segundo Gomes[1], a Competência Técnica é composta por um conjunto de habilidades e conhecimentos específicos de uma determinada área do conhecimento. A combinação de certas habilidades técnicas permite a execução de atividades muitas vezes complexas e sofisticadas.

Na profissão, transita-se de posições de especialista para generalista, na qual os temas técnicos têm menor peso nos problemas tratados. O grau de conhecimento técnico específico exigido em posições empresariais superiores, vai sendo relativamente menor em relação às demais competências empresariais.

Um dos grandes impactos na vida pessoal e profissional daqueles que ingressam nas empresas está no novo conjunto de relacionamentos que começam a desenvolver. Essas relações iniciam de forma relativamente simples e vão se tornando mais complexas. A capacidade para estabelecer vínculos interpessoais produtivos e saudáveis nos diversos papéis dentro das organizações, retrata a segunda importante competência, a Competência Humana. Ela inclui as relações interpessoais, grupais e gerenciais.

A qualidade do relacionamento com colegas e equipes de trabalho dá indicações da capacidade da pessoa para a colaboração, estabelecimento de parcerias e para a liderança. Por outro lado, os líderes avaliam continuamente a adequação do comportamento dos colaboradores nas diferentes situações de trabalho, buscando sinais de maturidade e eficácia pessoal.

Competências organizacionais

Além das competências humanas, fundamentais para a qualificação do profissional na empresa, há também a necessidade de competências organizacionais chamadas, por Gomes[1], de Terceira Competência.

A competência organizacional é importante para os gestores, pois é através dela que se consegue formular e pôr em prática enfoques como: crença e filosofia da empresa; sistema da qualidade; planejamento estratégico; programa de ação e as metas dos empresários; orçamento; preparo da avaliação do resultado mensal, trimestral, semestral e anual; foco no cliente; ferramentas que auxiliam a criar um ótimo clima organizacional; benchmarking; descrição de processos informatizados; programa de melhoria contínua; processo de treinamento e educação continuada empresarial. A competência organizacional e, naturalmente, as humanas dão vida à empresa e permitem traduzir ideias, muitas vezes, abstratas em ações concretas muito importantes para o sucesso. Criam desafios para serem superados.

As competências necessárias para o bom desempenho do negócio são identificadas no dia a dia da empresa e no planejamento estratégico para que aconteça o futuro desejado. Devem levar a uma melhoria do comportamento e atualização do conhecimento dos empresários.

Fator Atribuído

O conhecimento e desenvolvimento das competências das pessoas na GEAP é fundamental e merece esmerada atenção. Recomendamos a ferramenta denominada Fator Atribuído (FA) que tem enorme importância, pois leva a resultados empresariais expressivos como citado anteriormente[2].

O sistema GEAP privilegia a parceria da empresa com os colaboradores- empresários, assim como a delegação planejada. Entre os instrumentos para esta construção estão o Programa de Ação (PA) e o Fator Atribuído (FA), que contribuem para a disciplina de como fazer, e também para o desenvolvimento dos empresários com consequente obtenção de resultados vantajosos.

COMPETÊNCIAS - FATOR ATRIBUÍDO (FA)

Essas ferramentas (PA e FA) devidamente avaliadas a cada momento, determinam quantitativamente a participação do empresário na partilha dos resultados da empresa.

Na construção do Fator Atribuído são consideradas as competências essenciais que os empresários devem ter e/ou aprimorar para o negócio da empresa, num determinado período. Essas competências devem ser escolhidas e selecionadas estrategicamente pela alta administração e área de PH.

Através do FA, procura-se avaliar o empresário quanto àquelas competências e, na sequência, o quanto ele evoluiu no decorrer do tempo em cada um dos quesitos (competências).

Trata-se, mais uma vez, de um acordo entre líder e liderado, no qual este último procura se desenvolver e amadurecer como pessoa e empresário, gerando energia e sinergia, trazendo melhores resultados para a empresa e, consequentemente, enriquecimento econômico para ambas as partes.

Relacionamos algumas competências, mais frequentemente utilizadas para avaliar e obter o desenvolvimento de colaboradores, talentos e empresários:

ASSERTIVIDADE: Ter capacidade de analisar os fatos de maneira objetiva, firme e com respeito, inclusive quando exposto a conflitos, revelando equilíbrio e bom-senso.

Pontos a serem considerados no alinhamento:

✓ Apresenta e defende suas ideias de forma firme, com equilíbrio e bom-senso?

✓ Demonstra respeito pelas ideias de outras pessoas, analisando os fatos de maneira isenta?

✓ Analisa as situações de maneira objetiva, negociando com habilidade as divergências?

AUTODESENVOLVIMENTO: Buscar o aperfeiçoamento pessoal e profissional de forma contínua.

> *Pontos a serem considerados no alinhamento:*
>
> ✓ Participa das ações de desenvolvimento oferecidas pela empresa?
> ✓ Mantém o interesse contínuo no seu aperfeiçoamento, com objetivo de trazer soluções efetivas para o negócio?
> ✓ Possui iniciativa para a busca do conhecimento?

COMPROMETIMENTO COM OS RESULTADOS: Estar de fato comprometido com os resultados e administrar os recursos da empresa como se fossem próprios. Senso de urgência e atitude para fazer acontecer.

> *Pontos a serem considerados no alinhamento:*
>
> ✓ É comprometido com os resultados?
> ✓ Tem bons resultados na sua área?
> ✓ Traz contribuições que impactam os resultados?

CONHECIMENTO PROFISSIONAL: Demonstrar conhecimento do negócio, métodos, técnicas e procedimentos de sua área de responsabilidade.

> *Pontos a serem considerados no alinhamento:*
>
> ✓ Conhece o negócio da empresa, assim como as características e peculiaridades dentro da área que atua?
> ✓ Entende e conhece as tendências do mercado e respectivas implicações para os clientes? Tem capacidade de realização com experiências acumuladas e atualizadas?
> ✓ Denota conhecimentos técnicos adequados para a realização das suas atividades?

COMPETÊNCIAS - FATOR ATRIBUÍDO (FA)

EMPREENDEDORISMO: Ter capacidade de transformar a visão em ação. Atento às melhores práticas e melhorias. Ser pró-ativo.

> **Pontos a serem considerados no alinhamento:**
>
> ✓ Vai da visão para a ação com facilidade?
> ✓ Faz acontecer?
> ✓ Gera energia e desenvolve melhorias inovadoras que impactam o negócio?

PRINCÍPIOS E VALORES COMPARTILHADOS: Mostrar sensibilidade a questões éticas, morais, sistema de valores e códigos sociais, assimilando e disseminando os valores e as ações nele contidas.

> **Pontos a serem considerados no alinhamento:**
>
> ✓ Conhece, pratica e dissemina os valores da empresa, professando a crença e sendo fiel aos valores e ações nele contido?
> ✓ Promove um ambiente de trabalho propício a qualidade de vida das pessoas, procurando a valorização, o respeito e colocando em prática a crença da organização?
> ✓ Atua de maneira a consolidar, valorizar e fortalecer a imagem da empresa, atuando com responsabilidade social perante parceiros e comunidade?

FOCO NO CLIENTE: Ser capaz de compreender e antecipar as necessidades dos clientes internos e externos, tendo comprometimento, senso de urgência e agilidade para atuar de maneira prestativa, solidária e responsável. Gera confiabilidade.

> **Pontos a serem considerados no alinhamento:**
>
> ✓ Flexibiliza e agiliza os processos internos e na cadeia de valor, procurando simplificar os procedimentos, melhorando o tempo de resposta para o cliente?
> ✓ Participa ativamente de projetos e do acompanhamento de indicadores que privilegiam a satisfação dos clientes?
> ✓ Mantém profundo comprometimento com a qualidade dos produtos e dos serviços, buscando soluções especificas para os clientes?

INICIATIVA E TOMADA DE DECISÃO: Possuir capacidade para identificação de problemas. Analisa as circunstâncias, busca dados, subsídios e informações que sustentem a tomada de decisão. Age com rapidez e qualidade nas soluções e problemas.

> **Pontos a serem considerados no alinhamento:**
>
> ✓ Identifica problemas, analisa as circunstâncias e informações que sustentam a tomada de decisão?
> ✓ Pondera as consequências de seus atos? Apresenta novas soluções, assumindo riscos controlados?
> ✓ Age com rapidez nas soluções de problemas?

LIDERANÇA: Ter capacidade de influenciar e motivar pessoas, liderando através de exemplos e padrões claros em busca dos objetivos e metas da organização. Integra pessoas e processos. Forma e lidera equipes com habilidade. Sabe servir. É treinador.

> **Pontos a serem considerados no alinhamento:**
>
> ✓ Planeja e apoia o desenvolvimento da carreia do substituto/colaborador, investindo tempo e esforço no aconselhamento, orientação e feedback dos resultados?
> ✓ Dá o exemplo de como agir através de seus próprios comportamentos?
> ✓ Dissemina informação relevante e de interesse de todos no negócio?

NEGOCIAÇÃO: Possuir capacidade de persuasão, envolvimento e interesse na solução de divergências e conflitos. Chega ao bom termo em situações difíceis e de conflitos, visando a obtenção dos melhores resultados.

> **Pontos a serem considerados no alinhamento:**
>
> ✓ Apresenta boa capacidade de solucionar conflitos em sua área de atuação, em clientes internos e externos e/ou outras áreas?
> ✓ Possui autocontrole para enfrentar situações de conflitos?
> ✓ É capaz de gerar soluções criativas nas situações de negociação?

Competências - Fator Atribuído (FA)

Visão estratégica: Diagnosticar a situação atual com realismo, planejar e estruturar as ações necessárias para atingir os objetivos, tendo visão de longo prazo, pensamento sistêmico e foco em novas oportunidades de negócio. Antecipa problemas potenciais, desenvolve planos alternativos e ações corretivas e preventivas.

> *Pontos a serem considerados no alinhamento:*
> - ✓ Demonstra conhecer profundamente o negócio da empresa, suas estratégias vigentes e diferenciais competitivos?
> - ✓ Sabe implantar as estratégias e políticas da empresa, alinhando as metas a serem atingidas com recursos financeiros, materiais e humanos?
> - ✓ Diagnostica e tem flexibilidade para ações de mudança de rumo para o alcance dos resultados?

Trabalho em equipe: Compartilhar, colaborar e desenvolver trabalhos com outras pessoas de forma sinérgica e harmônica, a fim de alcançar o melhor resultado para a organização.

> *Pontos a serem considerados no alinhamento:*
> - ✓ Estabelece boa comunicação e relacionamento interpessoal com sua equipe no dia a dia obtendo sinergia e resultados?
> - ✓ Tem espírito de compartilhar, desenvolver trabalhos com parceiros de forma harmônica?
> - ✓ Estimula o fortalecimento do comprometimento de toda a equipe, sabendo negociar e resolver eventuais conflitos na relação com os colaboradores, pautando-se sempre pela crença da empresa?

Comunicação: Ter habilidades e bom domínio das técnicas de comunicação escrita e oral. Saber ouvir e ter capacidade de disseminar a informação relevante com clareza e eficácia.

> *Pontos a serem considerados no alinhamento:*
> - ✓ Expressa suas ideias de forma convincente, persuasiva e clara para os diversos públicos com os quais se relaciona?
> - ✓ Estabelece diálogos construtivos com sua equipe e parceiros estratégicos? (ex: reuniões periódicas, feedback com colaboradores, comunicafé)
> - ✓ Tem habilidade para realizar apresentações, cujo conteúdo contribui efetivamente para o negócio?

Inovação: Ter visão inovadora e capacidade de transformá-la em ação. Ser pró-ativo para promover mudanças quânticas e incrementais com criatividade, alinhado aos objetivos estratégicos e valores da organização.

> **Pontos a serem considerados no alinhamento:**
>
> ✓ Apresenta soluções inovadoras agregando valor ao negócio?
> ✓ Incentiva sua equipe participando das premiações do programa de Melhoria Contínua?
> ✓ Analisa as propostas do programa de forma ágil, buscando novas alternativas de melhoria para sua área/organização?
> ✓ Identifica novos negócios nos mercados de atuação e cria novos projetos que elevam a empresa a um novo patamar de competitividade?

Outras possíveis competências que podem ser utilizadas de acordo com a filosofia, estratégia, cenário de atuação e necessidades de uma empresa (Green[3]):

- Adaptação a mudanças.
- Autocontrole.
- Resolubilidade.
- Atenção a despesas e custos.

Cada empresa, de acordo com sua crença, atividade e necessidade, selecionará aquelas competências consideradas essenciais e que mais rápida e consistentemente poderão contribuir para o melhor resultado[4].

Avaliação dos empresários

No sistema GEAP cada responsável deverá ser analisado, considerando as oito competências essenciais pela empresa. As competências escolhidas facilitarão o alinhamento do empresário com a filosofia, crença e estratégia da empresa, assim como o incentivará a assumir novos desafios e contribuir para a melhoria dos resultados[4].

Deve haver quatro competências fixas predeterminadas e selecionadas pela área de PH, que obrigatoriamente serão avaliadas, podendo variar em função do grau de responsabilidade do empresário na organização. Por outro lado, deve ocorrer a negociação entre líder e liderado para a escolha das quatro competências essenciais variáveis, levando-se em conta os pontos específicos do empresário que deverão ser melhorados. Na sequência, são definidos os pesos relativos para cada competência, atribuindo-se mais peso para as competências nas quais se deseja a maior concentração e evolução do parceiro.

A escolha das competências que deverão compor o Fator Atribuído (FA) do empresário (quadro 4.1), deverá ocorrer quando da construção e negociação do Programa de Ação (PA) após o planejamento estratégico da empresa.

A avaliação das competências do FA do empresário deve ser realizada e registrada em documento contendo todas as competências essenciais selecionadas pela empresa.

O nível de performance em cada competência deve ser assinalado com um "X" de comum acordo entre líder e liderado, por meio de relacionamento aberto e franco.

Este documento de avaliação é a oportunidade do diálogo e identificação de forças e fraquezas do empresário na busca de melhores resultados – qualitativos e quantitativos. Espera-se que haja profunda reflexão a respeito de como melhorar o desempenho.

Quadro 4.1 – COMPETÊNCIAS ESSENCIAIS

ASSERTIVIDADE

Insatisfeito		Questionável			Média			Acima da Média		Excelente
0	1	2	3	4	5	6	7	8	9	10

AUTODESENVOLVIMENTO

Insatisfeito		Questionável			Média			Acima da Média		Excelente
0	1	2	3	4	5	6	7	8	9	10

COMPROMETIMENTO COM OS RESULTADOS

Insatisfeito		Questionável			Média			Acima da Média		Excelente
0	1	2	3	4	5	6	7	8	9	10

CONHECIMENTO PROFISSIONAL

Insatisfeito		Questionável			Média			Acima da Média		Excelente
0	1	2	3	4	5	6	7	8	9	10

EMPREENDEDORISMO

Insatisfeito		Questionável			Média			Acima da Média		Excelente
0	1	2	3	4	5	6	7	8	9	10

PRINCÍPIOS E VALORES COMPARTILHADOS

Insatisfeito		Questionável			Média			Acima da Média		Excelente
0	1	2	3	4	5	6	7	8	9	10

FOCO NO CLIENTE

Insatisfeito		Questionável			Média			Acima da Média		Excelente
0	1	2	3	4	5	6	7	8	9	10

INICIATIVA / TOMADA DE DECISÃO

Insatisfeito		Questionável			Média			Acima da Média		Excelente
0	1	2	3	4	5	6	7	8	9	10

LIDERANÇA

Insatisfeito		Questionável			Média			Acima da Média		Excelente
0	1	2	3	4	5	6	7	8	9	10

NEGOCIAÇÃO

Insatisfeito		Questionável			Média			Acima da Média		Excelente
0	1	2	3	4	5	6	7	8	9	10

VISÃO ESTRATÉGICA

Insatisfeito		Questionável			Média			Acima da Média		Excelente
0	1	2	3	4	5	6	7	8	9	10

TRABALHO EM EQUIPE

Insatisfeito		Questionável			Média			Acima da Média		Excelente
0	1	2	3	4	5	6	7	8	9	10

COMUNICAÇÃO

Insatisfeito		Questionável			Média			Acima da Média		Excelente
0	1	2	3	4	5	6	7	8	9	10

INOVAÇÃO

Insatisfeito		Questionável			Média			Acima da Média		Excelente
0	1	2	3	4	5	6	7	8	9	10

A partir daí, deve ser preenchido o quadro 4.2 com as quatro competências determinadas (fixas) e as quatro escolhidas (variáveis), assinalando também o peso e a nota inicial para cada competência.

Quadro 4.2 – COMPETÊNCIAS FIXAS E VARIÁVEIS

COMPETÊNCIAS	PESO	NOTA INICIAL
ASSERTIVIDADE		
AUTODESENVOLVIMENTO		
COMPROMETIMENTO COM OS RESULTADOS		
CONHECIMENTO PROFISSIONAL		
EMPREENDEDORISMO		
PRINCÍPIOS E VALORES COMPARTILHADOS		
FOCO NO CLIENTE		
INICIATIVA/TOMADA DE DECISÃO		
LIDERANÇA/COMUNICAÇÃO		
NEGOCIAÇÃO/FLEXIBILIDADE		
VISÃO ESTRATÉGICA		
TRABALHAO EM EQUIPE		
COMUNICAÇÃO		
INOVAÇÃO		
TOTAL	100	

Considerações Importantes:

_____

_____

_____

_____

_____

_____

_____

_____

Líder Imediato	Avaliado

O documento após ser preenchido e assinado pelas partes deve ser enviado à área de PH.

Avaliação do Fator Atribuído

Avaliado _____

Líder imediato _____

Data: _____/_____/_____

A reavaliação e alinhamento do FA ocorrerão em dois momentos (semestral e anual), seguindo o modelo do quadro 4.3:

Quadro 4.3 – SESSÃO DE ALINHAMENTO SEMESTRAL/ANUAL

Fator Atribuído

Nome_____

Unidade _____

Responsável _____

COMPETÊNCIAS OBRIGATÓRIAS

Fazem parte da avaliação de todos os responsáveis.

Competências	Definições	Peso	Nota Semestre	Nota Final
a) Princípio e Valores Compartilhados	Mostrar sensibilidade a questões éticas, morais, sistema de valores e códigos sociais, assimilando e disseminando os valores e as ações nele contidas.	5		
b) Foco no Cliente	Ser capaz de compreender e antecipar as necessidades dos clientes externos, tendo comprometimento, senso de urgência e agilidade para atender de maneira prestativa, solidária e responsável.	15		
c) Liderança	Ter capacidade de influenciar e motivar pessoas, liderando através de exemplos e padrões claros em busca dos objetivos e metas da organização.	15		
d) Visão Estratégica	Diagnosticar a situação atual com realismo, planejar e estruturar as ações necessárias para o atingimento dos objetivos, tendo visão de longo prazo, pensamento sistêmico e foco em novas oportunidades de negócio.	15		

COMPETÊNCIAS VARIÁVEIS – Escolha entre líder e liderado

Competências	Definições	Peso	Nota Semestre	Nota Final
Conhecimento Profissional/Global	Demonstrar conhecimento do negócio, métodos, técnicas e procedimentos de sua área de responsabilidade.			
Comunicação	Ter habilidade e bom domínio das técnicas de comunicação, escrita e oral. Saber ouvir e ter capacidade de disseminar a informação relevante com clareza e eficácia.			
Trabalho em Equipe	Compartilhar, colaborar e desenvolver trabalhos com outras pessoas, de forma sinérgica e harmônica, a fim de alcançar o melhor resultado para a Organização.			
e) Negociação	Possuir capacidade de persuasão, envolvimento e interesse na solução de divergências e conflitos, visando a obtenção dos melhores resultados	10		
f) Inovação	Possuir capacidade de transformar a visão inovadora em ação. Ser pró-ativo para promover mudanças quânticas e incrementais com criatividade, alinhado aos objetivos estratégicos e valores da organização.	15		
g) Iniciativa e Tomada de Decisão	Possuir capacidade para identificação de problemas. Analisar as circunstâncias, buscar dados, subsídios e informações que sustentem a tomada de decisão. Agir com rapidez na soluções de problemas.	15		
h) Autodesenvolvimento	Buscar o aperfeiçoamento pessoal e profissional de forma contínua.	10		
Assertividade	Ter capacidade de analisar os fatos de maneira objetiva, firme com respeito e isenta, revelando equilíbrio.			
	Total	100		

Quando houver avaliação semestral e anual do FA, deve ser preenchido o quadro 4.3, assinado pelo líder e liderado, com sinalização de "a" a "h" – competências obrigatórias e escolhidas –, assim como o peso dado a cada uma delas (de comum acordo).

Na parte inferior do documento, assinalam-se as ações de desenvolvimento pactuadas para aquele ano, de "a" a "h".

Exemplo:

a- Melhorar o entendimento da crença em toda a equipe.

b- Cobrar o comprometimento com o cliente.

c- Encontrar e trabalhar com o substituto.

d- Melhorar a visão de futuro e novos negócios.

e- Exercitar e obter mais conhecimento sobre a matéria.

f- Arriscar mais, visitar outros serviços, fazer benchmarking com a concorrência.

g- Melhorar a agilidade pessoal e também da equipe.

h- Fazer pós-graduação. Aumentar o tempo de leitura e reflexão.

1º Avaliação – (Alinhamento dos Itens do Atributo com pesos)
FEV/(ano)

Assinatura do Liderado

Assinatura do Líder

2º Avaliação – (Alinhamento dos Itens do Atributo com pesos)
DEZ/(ano)

Assinatura do Liderado

Assinatura do Líder

GEAP – Gestão de Alta Performance

Assim o responsável será avaliado quanto ao FA não apenas uma vez, mas também no fechamento do semestre e no final do ano.

a) Avaliação semestral do Fator Atribuído

Deverá ocorrer uma reunião semestral entre líder e liderado para avaliação das competências essenciais relacionadas na procura de evolução, melhorias e eventuais necessidades de coaching e outros apoios e incentivos.

Serão considerados o desempenho atual, a reflexão do líder sobre como apoiar o liderado em seu desempenho e a elaboração de um programa com as ações para melhorar o desempenho do liderado.

b) Avaliação anual do Fator Atribuído

Por ocasião do encerramento do ano será realizada a avaliação final do programa de ação (PA) e também do fator atribuído (FA) do gestor. O Fator Atribuído tem o importante peso de 30% na avaliação total do desempenho do empresário que contribuiu para a formação dos resultados da empresa (Capítulo 12).

Figura 4.1 – ALINHAMENTO AOS RESULTADOS EMPRESARIAIS

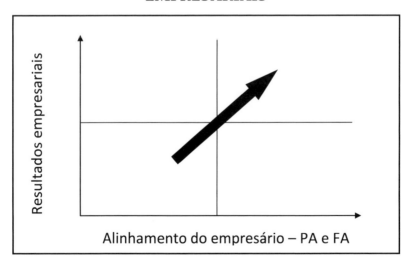

5. Comunicação Interna Empresarial

Quem não se comunica se trumbica.
Abelardo Barbosa (Chacrinha)

A comunicação é a habilidade mais importante na vida.
Stephen Covey

A comunicação é o que mantém o funcionamento saudável de uma organização e suas áreas. Porém, a comunicação das verdades só ocorre quando as pessoas (colaboradores) sentem-se seguras. Peter Drucker[1], professor de negócios, afirmava que "estamos muito longe de dominar a comunicação nas organizações por muitas razões, inclusive, porque a percepção humana não registra o que está além do seu alcance. Desse modo, a comunicação só é possível quando se usa a linguagem do receptor".

Antes de comunicar, precisamos conhecer o que o receptor espera ver e ouvir, e mais do que nunca lembrar de que palavras com associações agradáveis tendem a ser retidas. Se a comunicação vai ao encontro das aspirações, propósitos e até valores do receptor, ela torna-se poderosa.

Precisamos também ter cuidado, pois algumas vezes a informação não resolve o problema da comunicação, pelo contrário, quanto mais informação, maior a necessidade de comunicação efetiva e que funcione.

A verdadeira comunicação na organização acontece quando os colaboradores compartilham a responsabilidade de decisões na maior extensão possível, como preconizado pelo sistema GEAP.

COMUNICAÇÃO INTERNA EMPRESARIAL

Não haverá comunicação se esta for concebida do *eu* para *você*, mas poderá acontecer se for de *nós* para *vocês* e também no sentido oposto.

A comunicação empresarial é estratégica e deve ser realizada por meio de várias ferramentas que visam informar, treinar, educar e motivar os colaboradores. Com elas são transmitidas informações relevantes e, as vezes é possível reforçar o conhecimento da crença e filosofia empresarial detalhadamente; discutir o andamento do planejamento estratégico e plano de ação daquele ano e até, pela transparência da GEAP, levar comentários sobre os resultados da corporação e das unidades de negócio e/ou das filiais.

Pelo sistema de comunicação os colaboradores são incentivados a participar do programa de melhoria contínua, do programa de descrição de processos e são informados de novos projetos em desenvolvimento e dos que estão em andamento e precisam de reforço para maturação. É dada ênfase ao código de ética, aos índices de satisfação dos clientes da corporação e da unidade, a inclusão de novos valores (por exemplo: Agilidade e Inovação), a novos pensamentos incorporados pela empresa (tais como atenção à Compaixão). Os colaboradores são relembrados da importância da melhoria educacional e da participação na Academia do Conhecimento, inclusive do seu programa anual.

A coordenação do setor de comunicação empresarial é de responsabilidade da área do Patrimônio Humano corporativo, tendo a colaboração de todas as áreas e de todos os empresários.

Os principais veículos para esta comunicação são:

1) Escrita e visual
   a. Boletins – Empresa informa.
   b. Quadro de avisos.
   c. Publicações especiais.
   d. Intranet.

2) Oral
   a. Integração de novos colaboradores;.
   b. Encontros com colaboradores.
   c. Eventos.
   d. Reuniões.

3) Oral e escrita

Boletins – Empresa informa

Poderá haver edição trimestral, quadrimestral ou semestral, noticiando o que ocorreu naquele período na empresa e que possa ser levado para a casa do colaborador com informações que também interessem à família, tais como: a crença da empresa, a pesquisa de satisfação dos clientes, os cursos da Academia do Conhecimento que permitem a matrícula dos familiares (curso vocacional para preparação dos jovens), festas programadas (juninas, de fim de ano), resultados e fotos dos encontros sociais e esportivos. Com esse foco, procura-se integrar de maneira positiva a família do colaborador à empresa.

Quadro de avisos (QA)

Tem como objetivo informar os colaboradores sobre assuntos relevantes em tempo hábil. Além de informar também instrui e motiva.

Observações e critérios: todas as mensagens colocadas no QA devem ser objetivas e caracterizar a transparência da empresa e/ou unidade de negócio.

Características: texto curto, fácil leitura, estilo manchete, fontes padronizadas com serifa.

Assuntos que poderão ser abordados: benefícios, eventos, estímulo aos programas de melhoria contínua, de descrição de processos, do café com colaboradores, da Academia de Conhecimento, da Associação dos Colaboradores, reflexões (curtas), etc.

A coordenação do QA deve evitar a saturação de comunicados, alternando dias de divulgação; cada comunicado deve permanecer por tempo determinado (no máximo dez dias) para não cair em descrédito; se possível deve ser em papel com cores diferentes a cada renovação (para chamar a atenção); conter apenas informações da empresa e/ou unidade de negócio; não deve levar informações "ultrapassadas" e qualquer comunicado não autorizado não é colocado.

Publicações especiais

Algumas vezes, temas de interesse geral e educacionais merecem publicações especiais. Citamos como exemplo, resumos de livros considerados importantes para o sistema de gestão que estamos descrevendo (GEAP): *Administrando em Tempos de Grandes Mudanças* de Peter Drucker[2], *Liderando a Revolução* de Gary Hamel[3] e *O Motor da Liderança* de Noel Tichy[4]. Também podem ser resumidos livros considerados importantes para um sistema de gestão: *Feitas para Durar* de James Collins e Jerry Porras[5], *Made in Japan* de Akio Morita[6], *Jack Welch: O Executivo do Século* por Robert Slater[7], *Paixão por Vencer – A Bíblia do Sucesso* por Jack Welch e Suzy Welch[8].

Alguns folhetos focados em temas como o comportamento humano têm repercusão entre os colaboradores. Dentre eles pode-se destacar: *A Mensagem à Garcia* de Elbert Hubbard[9], escrito em fevereiro de 1899, no qual o autor procura "incutir radioatividade" para acordar as pessoas na rotina da vida diária. O exemplo dado pelo personagem da história – Rowan – é muito marcante, porque este recebeu uma incumbência, e, sem discutir, levou uma mensagem a Garcia no sertão de Cuba, em plena guerra entre Estados Unidos e Espanha. O autor termina o artigo com a seguinte mensagem: "A civilização busca ansiosamente, insistentemente, homens nessa condição. Tudo que um tal homem pedir, se-lhe-á de conceder. Precisa-se dele em cada vila, em cada loja, fábrica ou venda. O grito do mundo inteiro praticamente se resume nisso: Precisa-se, e precisa-se com urgência de um homem capaz de levar uma mensagem à Garcia."

O artigo publicado há um século em um pequeno jornal americano, *Philistine*, levantou um "pó cósmico" e no dia seguinte chegou um telegrama de George H. Daniels, da Estrada de Ferro Central de Nova York, dizendo: "Indique preço para cem mil exemplares do artigo Rowan, sob forma folheto."

O resultado foi que o Sr. Daniels ficou encarregado de reproduzir o artigo conforme lhe aprouvesse. Ele decidiu fazer em forma de folhetos, e distribuiu-os em tal profusão, que duas a três edições de meio milhão de exemplares se esgotaram rapidamente. Além disso, o artigo foi reproduzido em mais de duzentas revistas e jornais. Desde então, tem sido traduzido em todas as línguas.

Quando o Sr. Daniels estava fazendo a distribuição da *Mensagem à Garcia*, o príncipe Hilakoff, diretor das Estradas de Ferro Russas, estava neste país. Era hóspede da Estrada de Ferro Central de Nova York, percorrendo todo o país acompanhando o Sr. Daniels. O príncipe viu o folheto e se interessou mais pelo fato de ser o próprio Sr. Daniels quem o estava distribuindo em tão grande quantidade, que propriamente por qualquer outro motivo.

Quando o príncipe regressou a sua Pátria, mandou traduzir o folheto para o russo e entregar um exemplar a cada empregado de estrada de ferro na Rússia. O breve trecho foi impresso em outros países. Da Rússia o artigo passou para a Alemanha, França, Turquia, Hindustão e China.

Durante a guerra entre Rússia e o Japão, foi entregue um exemplar da *Mensagem à Garcia* a cada soldado russo que estava ao front.

Ao encontrar os folhetos em poder dos prisioneiros russos, os japoneses chegaram à conclusão de que havia de ser coisa boa, e não tardaram em traduzi-lo para o japonês. Por ordem do Mikado foi distribuído um exemplar a cada empregado, civil ou militar do governo japonês.

Mais de quarenta milhões de exemplares de *Mensagem à Garcia* têm sido impressos, o que é sem dúvida a maior circulação jamais atingida por qualquer trabalho literário durante a vida do autor, graças a uma série de circunstâncias felizes.

Este folheto, quando distribuído a todos os colaboradores, leva a reflexões positivas e construtivas do que fazer e do que não fazer.

Intranet

Deve ser criada com o objetivo de ser um meio de comunicação na empresa. De fácil acesso, sem burocracia, sem a necessidade de impressão em papel, divulga notícias recentes com rapidez. A responsabilidade da construção da rede é da equipe de TI e o conteúdo deve ter contribuição das áreas de PH, Administrativa, Comercial, Marketing, Ombudsman, Associação de Colaboradores e Unidades de Negócios, entre outras. Desta maneira, serão divulgadas as notícias mais recentes da empresa, entrevistas com colaboradores, formulários para recrutamento interno, premiações e certificações alcançadas pela empresa, relação de pontos de melhoria alcançadas nas descrições e padronizações de processos,

COMUNICAÇÃO INTERNA EMPRESARIAL

participantes do Programa de Descrição de Processos (Siga), promoções e campanhas comerciais, prestação de contas e novos convênios da Associação dos Colaboradores, fechamento de novos contratos, cursos da Academia do Conhecimento daquele período e muitos outros assuntos.

A atualização da intranet deve ser semanal. Nesse período haverá a coleta de material, revisão e a nova "página" irá ao ar.

Qualquer colaborador pode se cadastrar, obtendo um login e senha de acesso.

Integração de novos colaboradores

Atividade importante, geralmente desenvolvida pelo setor de recrutamento e seleção do Patrimônio Humano, apresenta aos novos colaboradores a filosofia da empresa, a visão, missão e os valores que representam o Ato de Fé. É dada ênfase à importância da aplicação do código de ética, o respeito aos clientes internos e externos, o valor do desenvolvimento pessoal e possibilidades de aculturamento através de cursos e seminários e a política de recrutamento interno, além de outras informações. Esta mensagem é realizada por meio de vídeos institucionais ou mesmo oralmente com transparências e cartilhas.

Ainda fazendo parte da integração, o novo colaborador é levado para conhecer as dependências da empresa e/ou unidade de negócio e as pessoas mais próximas com quem vai trabalhar.

Encontro com colaboradores

Todos os momentos possíveis devem ser utilizados para o relacionamento e encontro com os colaboradores. Como ferramentas planejadas na GEAP, relacionamos os programas de Melhoria Contínua – Genius, Diálogo com os Colaboradores – Comunicafé, Descrição de Processos – Siga, Clube do Livro/Revista, Clube dos Pensadores e Associação dos Colaboradores. Além destes, os eventos contribuem sobremaneira para a formação de uma verdadeira equipe energizada e confiante para fazer acontecer.

Eventos

São encontros nos quais será possível educar, aculturar, informar e integrar os colaboradores à empresa. Podem ser desenvolvidas as seguintes atividades:

- Festa junina.
- Festa de formatura da Academia do Conhecimento.
- Festa de fim de ano.
- Festa de aniversário da empresa.
- Workshops sobre temas diversos.
- Palestras sobre temas atuais, culturais e educacionais.
- Palestras para difundir um novo valor (exemplo: Agilidade, Inovação ou Compaixão).
- Palestras para lançamento de um novo serviço ou produto.

Reuniões

São necessárias e importantes para o conhecimento do que se passa na empresa em geral e nas suas diferentes áreas em particular. Devem ser enxutas, ter horários para início e fim e registros para posteriores consultas.

Naturalmente, cada empresa terá suas necessidades e ritmos peculiares, mas sugerimos na GEAP:

- Uma vez por semana, reuniões das diferentes áreas (Operacional, PH, Comercial, TI) com detalhes e estatísticas do acontecido no período.
- A cada duas semanas, reunião dos empresários estratégicos, com a presença do CEO e da alta administração, expondo cada um deles, a condução da atividade e contribuição da sua área.
- Uma vez ao mês, uma reunião de apresentação dos resultados do mês anterior (sempre que possível, na semana seguinte ao término do mês). Na sequência, apresentação desses resultados em reuniões nas unidades de negócios e/ou filiais.

Reunião flash

Se a empresa enfrentar uma crise de imagem com possível repercussão para os colaboradores e clientes externos, deve-se realizar uma reunião Flash.

É uma ferramenta de comunicação que leva informações estratégicas com precisão, tempo extremamente curto, com o intuito de evitar maiores repercussões.

Ao ser informado do problema, o CEO e/ou o responsável pelo PH convoca imediatamente reunião de emergência com os empresários para conhecimento e explicação dos fatos. Estes sem perda de tempo, deverão compartilhar as informações com seus liderados nos diferentes setores da empresa e então aos demais colaboradores.

Oral e escrita

Pronunciamentos ou reflexões da alta direção ou de pessoas especiais podem merecer publicação de um folheto. Pode-se incluir também palestras aos colaboradores ministradas por representantes do Conselho Administrativo, destacando os valores da empresa. Essas palestras costumam ocorrer no encerramento do ano e devem tratar de temas como: ética, educação e formação de pessoas, respeito às pessoas/clientes internos e externos, qualidade e excelência e outros valores que a empresa tenha.

Área de trabalho

Não é saudável que os colaboradores em geral e os empresários, fiquem "encastelados" em salas, isolados e de portas fechadas. Sempre que a planta física da empresa permitir, deve-se locar as mesas no mesmo ambiente ou construir grandes balcões de trabalho com o intuito de aproximar as pessoas.

Numa empresa transparente, não deve haver confidencialidade a não ser em raras exceções. Talvez a área jurídica possa merecer um certo isolamento. Assim, os departamentos de recursos humanos, financeiro, tecnologia da informação, comercial e marketing trabalham próximos um do outro e podem transmitir informações em tempo real e se aconselhar também.

Desso modo, haverá maior integração entre as pessoas e certamente aumentará a agilidade empresarial, contribuindo para os resultados da empresa.

6. Sistema de Comunicação

Quanto maiores somos em humildade,
tanto mais próximos estamos da grandeza.
Tagore

Estar no poder é como ser uma dama.
Se tiver que lembrar às pessoas que você é, você não é.
Margaret Thatcher

O sistema de comunicação de uma empresa deve ser construído de acordo com as áreas, setores e cargos existentes.

Na GEAP o tradicional organograma de visualização vertical, geralmente de formato triangular e base inferior, que sugere a ascendência draconiana e a ditadura do poder tão comum e ainda existente nas empresas, é substituído por um sistema de comunicação horizontal que denota e enfatiza a parceria entre os empresários e colaboradores.

Utilizando o exemplo de uma empresa de prestação de serviços com 3000 colaboradores e 70 empresários, o sistema de comunicação poderia ser assim construído (vide figura 6.1)[1]:

1ª coluna: Conselho (acionistas e/ou administrativo).

2ª coluna: Superintendente ou CEO.

3ª coluna: Gestão estratégica das áreas: Operacional, Patrimônio Humano, Tecnologia da Informação, Financeira,

Jurídico. Se a empresa não tiver algumas delas, elimine. Se tiver outras mais, acrescente.

4ª coluna: Gestão de Negócios – deverão estar incluídas as unidades de negócio e, dependendo da importância do setor para a empresa, a gestão de negócios da área comercial e/ou a área de marketing.

5ª coluna: Gestão executiva.

6ª coluna: Gestão Funcional - caracterizada por setores específicos, limitados e algumas vezes de apoio.

Em cada coluna, deve-se colocar o fator de participação na partilha de resultados desejados e pactuados.

Logicamente em cada empresa, dependendo da área de atuação (indústria, comércio, serviços, tecnologia), do porte e da importância das áreas, unidades, setores e até de pessoas, o sistema de comunicação será construído seguindo o formato e a "cara" daqueles que são os fundadores ou principais acionistas, ou ainda que tenham posição relevante e de destaque na empresa. Alguns exemplos de setores que podem ser alocados em outras posições no sistema a ser construído são: marketing, call center, custos, compras, programas de qualidade, auditoria, controladoria, pós-venda, relacionamento com credenciados, etc.

Na sua empresa poderá não haver setores descritos neste exemplo, mas deve existir alguns outros importantes que aqui não foram contemplados. Faça um exercício sobre este capítulo, não esquecendo de nenhuma peça do contexto da empresa e submeta o gráfico do sistema aos seus parceiros para que possa ser analisado.

A divulgação desse sistema de comunicação deve ser estratégica quanto à época, local, momento e como ser realizada. Quando ocorrer, espere manifestações de insatisfação e reivindicação (pois estamos falando de poder, prestígio e remuneração) que poderão ser ou não acolhidas dentro de um critério imparcial, justo, honesto e equitativo.

Nossa experiência na GEAP mostra que, com poucas exceções, ele é aceito, mas reivindicações poderão vir no decorrer do tempo. Em seguida, cada uma das "janelas" deverá ser preenchida com o nome do empresário que ocupa a posição. Algumas vezes existe

Sistema de Comunicação

a posição no sistema, mas ainda não há uma pessoa no momento ocupando o setor.

Mais uma vez aqui se aplica que nada na GEAP é pétreo, porém possíveis mudanças no sistema de comunicação da empresa devem ser bem analisadas e justificadas. O sistema de comunicação deve ser gerenciado pela área de PH e a superintendência.

Não se pode esquecer também que, de acordo com Programa de Ação (PA – capítulo 9), cada empresário obrigatoriamente deve indicar um substituto. Mais ainda, o Programa de Ação (PA) é do empresário e não da posição e cargo que ocupa e, consequentemente, se houver mudanças de pessoas dentro do sistema de comunicação, estes empresários deverão desenvolver seu próprio PA avaliado e consensado pelo seu líder.

O sistema de comunicação deve ser divulgado e relembrado com frequência em reuniões, intranet e jornais internos para não ficar dúvida de quem deve se reportar a quem, a fim de evitar "curtos-circuitos" muito frequentes nas empresas, e que levam a desconfortos e soluções algumas vezes equivocadas e de não interesse ou até mesmo prejudiciais à empresa.

Figura 6.1 – SISTEMA DE COMUNICAÇÃO

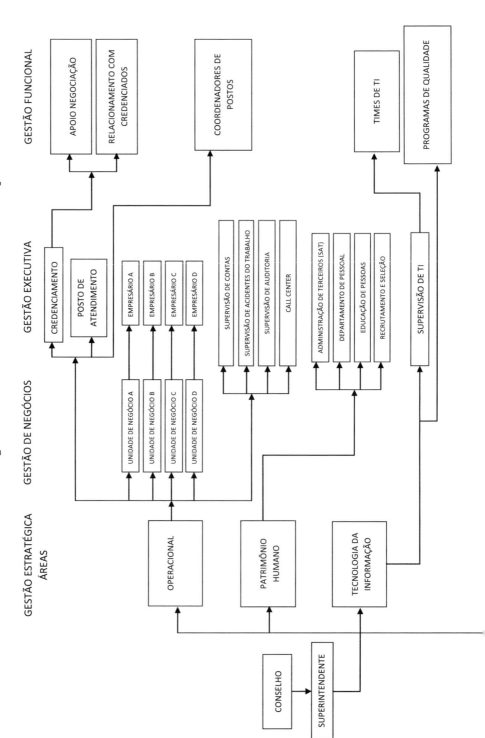

Sistema de Comunicação

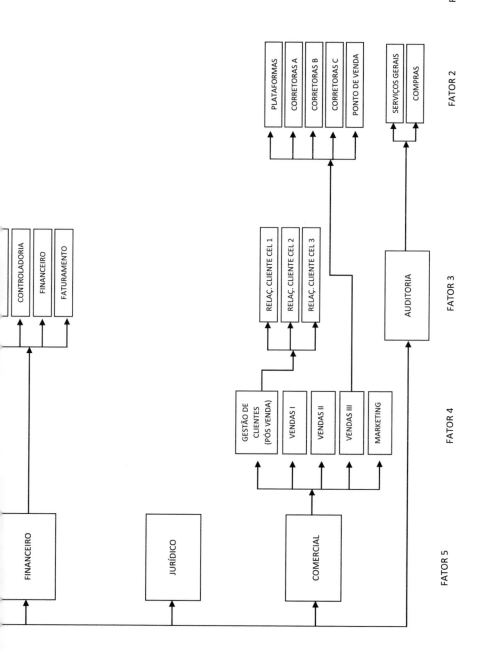

B. A CONCRETIZAÇÃO DOS MÉTODOS E DE PARCERIA

7. Modelo de Negócio – A base para o sucesso empresarial

Efetivamente não existe
nenhuma verdade universal.
Locke

Sonhe com o impossível e faça acontecer.
Eugene Cernan

O sistema de gestão que estamos descrevendo, GEAP, prevê no início do segundo semestre de cada ano o preparo do plano de ação da organização para o ano seguinte.

Com base nisso, serão desenvolvidos o Programa de Ação (PA) dos empresários, o Programa de Ação de Equipes (PAE) e o orçamento da empresa para aquele ano (capítulos 9 e 10).

No desenvolvimento do plano de ação, devem ser incluídos todos os empresários. Não deve haver o impulso do superintendente, do conselho da companhia, dos proprietários ou acionistas majoritários de que para "facilitar e ganhar tempo" preparem e listem os objetivos organizacionais sem ouvir os demais responsáveis pelas áreas do negócio. Este plano de ação para o ano deve ser extraído de um planejamento estratégico realizado anteriormente, em geral a cada três anos com a participação dos empresários e também de colaboradores que exercem posições de liderança (capítulo 8).

Durante a realização do planejamento estratégico, deve ser revisto também o modelo de negócio, isto é, as ideias e hipóteses que foram formuladas para a criação da empresa. É a chamada teoria do negócio que colocada em prática constitui o modelo de negócio. Neste caso não estamos falando de "como fazer" e sim "o que fazer".

Modelo de negócio tornou-se um jargão no mundo globalizado, da mesma maneira que acontece com gestão. Entretanto, deve-se chamar a atenção de que não adianta uma gestão eficaz se o modelo de negócio de uma empresa não for adequado ou se já estiver superado.

Sobre este tema o leitor pode se aprofundar nos clássicos de Peter Drucker,[1, 2] Noel Tichy[3], Gary Hamel[4], James Collins[5, 6], Joan Magretta[7], entre outros.

Incrível, mas a maioria dos empresários desconhece o significado da teoria de negócio. Talvez isso explique que, segundo o SEBRAE, cerca de 71% das micro e pequenas empresas abertas anualmente fecham antes de completarem cinco anos.

A teoria do negócio é o início dos inícios. Teoricamente o empresário deveria se importar em delinear o conceito de negócio de sua empresa antes mesmo de ela nascer, quando ainda é apenas um embrião.

Ele estará baseado em hipóteses sobre mercado, clientes, filosofia (visão e missão) e estrutura que dispõe e que deverão ser testadas, validadas e implementadas.

Peter Drucker[1], guru da administração, diz que "a teoria do negócio possui três partes: hipóteses a respeito do ambiente da organização, da sociedade e sua estrutura, do mercado e do cliente; hipóteses sobre a missão da organização e o quanto ela está alinhada com as demais suposições; hipóteses a respeito das competências essenciais necessárias à aplicação da missão da organização".

Essas hipóteses precisam se encaixar e estar dentro da realidade do mercado e do mundo globalizado.

Ao ser colocada em prática, a teoria do negócio se transforma em um modelo de negócio que deve ser conhecido e compreendido por todos dentro da organização.

Não há mais como recuar

O ambiente de negócios nos tempos modernos está marcado por desafios sem precedentes. O que diferencia uma empresa das demais? Tecnologia? Não crie essa ilusão, pois ela pode ser copiada ou reproduzida a qualquer hora. Os seus produtos? Quanto a isso, todos também devem se preocupar. O ciclo de vida dos produtos tem sido cada vez mais curto.

As empresas de um mesmo setor entregam o mesmo produto ou serviço, da mesma maneira, pelos mesmos canais, com os mesmos critérios. Você entende agora as regras da competição? Consegue imaginar por que as corporações têm se rendido à guerra de preços? Ora, porque são commodities! A primeira solução são as inovações incrementais – as melhorias contínuas, aquelas que não abalarão as estruturas da corporação. É um terreno mais seguro, porém só as mudanças quânticas – as radicais - levam a patamares de fato competitivos. A inovação não se baseia somente no desenvolvimento do conhecimento científico, tecnológico ou na promoção publicitária da marca, mas também em modelos de negócios novos.

O estrategista Gary Hamel[4], afirma em seu livro *Liderando a Revolução* que a "era do progresso" vem sendo substituída pela "era da revolução". Neste cenário o que realmente é válido são as oportunidades de inovações construídas com base na imaginação. E não se deve limitar a imaginar novos produtos e serviços ou novas características nos existentes. Deve-se pensar maior, utilizar os meios e tecnologias já existentes para inovar o modelo de negócio.

Algumas organizações comerciais ou sociais repentina ou paulatinamente entram em crise, mesmo estando bem geridas. Qual a razão desse paradoxo? Provavelmente seja porque as hipóteses ou suposições sobre os quais a organização foi construída não se encaixam mais com a realidade do mundo atual.

Toda organização, quer seja uma empresa comercial ou social, grande ou pequena, tem uma teoria do negócio. Você já refletiu sobre isso? Uma teoria clara, consistente e focada é extraordinariamente poderosa. No entanto, ao longo da história poucos dos criadores de ótimos negócios, principalmente os antigos, realmente planejaram e arquitetaram hipóteses ou suposições.

Sempre que uma organização enfrenta problemas, são

consideradas culpadas a gestão, as pessoas, a concorrência, a modernidade e assim por diante.

Se for aplicada uma gestão eficaz na empresa e assim mesmo não houver resultado, o modelo precisa ser reexaminado. Na verdade, o que está por baixo do insucesso de muitas organizações é que suas teorias de negócio não funcionam mais.

Modelos de negócio superados

Exemplos típicos foram os navios de transporte de passageiros. No advindo das empresas aéreas que conduzem com rapidez, principalmente pessoas, os navios se ressentiram e muitas companhias na época tiveram dificuldades. Porém, logo depois as empresas do setor perceberam que era possível entrar na área de turismo e se reencontrarem com rotas atraentes para todos os lugares do mundo, com muito conforto e sofisticação nas áreas sociais, gourmet, cassinos, shows, entre outras comodidades e prazeres.

A fotografia clássica sofreu muito com a entrada da era digital. Algumas empresas não resistiram e foi preciso haver uma rápida migração para este novo foco como condição de sobrevivência. A centenária Kodak, pioneira do filme fotográfico transparente (1885), da câmera compacta (1888) e do filme colorido (1935), sucumbiu à era digital. Recente notícia informa sua concordata.

As máquinas de escrever como Olivetti e Remington foram praticamente banidas do mapa com a entrada dos computadores e, em especial, dos PCs. Quase da noite para o dia essas empresas deveriam ter deixado de lado todas as suas políticas, regras, regulamentações, industrialização e migrar para projetar PCs e concorrer com os fabricantes da época. A própria IBM alguns anos mais tarde não resistiu ao PC.

Dessa maneira, as hipóteses iniciais da trama do negócio podem perder a validade.

Enquanto algumas empresas e modelos de negócio podem desaparecer do dia para a noite, empresas como Google, Twitter e Facebook podem surgir do nada. Um vídeo bastante acessado na internet captura a natureza geométrica dessas tendências, ressaltando que o que levou 38 anos para o rádio e 13 anos para a

Modelo de Negócio – A base para o sucesso empresarial

televisão atingirem audiência de 50 milhões de pessoas, a internet conseguiu fazer o mesmo em apenas quatro anos, o iPod em três anos e o Facebook em dois anos.

De qualquer modo, se a empresa não conseguir resultados mesmo com uma gestão eficaz, deve-se reexaminar o modelo começando com as hipóteses formuladas no passado, que devem ser testadas em ação e revisadas periodicamente.

O conceito, quando formulado pelos fundadores do negócio, ainda que com pensamento profundo e analítico, geralmente é abstrato.

No entanto, o termo Modelo de Negócio se tornou mais importante hoje, pela profusão de empreendedores à procura de um bom negócio e daqueles que tentam persuadir as pessoas a investirem mesmo antes de mostrarem que seus negócios funcionam, mas na base da reputação e confiança de quem lidera.

Um exemplo disso são as empresas do Eike Batista, dentre elas a OSX do setor naval, a MPX energia, a MMX da mineração, OGX petrolífera, LLX de logística e recentemente a NRX do serviço de catering. O empreendedor tem obtido sucesso em convencer o mercado financeiro a adiantar os recursos para as empresas que recebem o carimbo "X" (da multiplicação) e prometem transformar boas ideias em ouro fulgurante.

No fim do ano de 2011, houve notícia da queda de 32% do valor das ações da petrolífera OGX em razão de atraso operacional, queda logo compensada no início de 2012, com a descoberta de enorme reservatório de óleo e gás natural (3 bilhões de barris) em águas rasas da Bacia de Santos

No caso do Eike Batista, a OGX Petróleo na área do pré-sal, está baseado na hipótese de que o negócio necessita de grandes investimentos e depende do alto preço do produto no mercado para ser bem-sucedido.

Como dito anteriormente, a teoria do negócio precisa ser constantemente testada. São hipóteses de fatos, ideias, temas e interesses que estão em movimento constante: sociedade, mercado, política, economia, clientes, tecnologia. Uma coisa é certa: como nós humanos, as teorias não duram para sempre e a primeira reação de uma organização que foi sucesso, mas está se tornando obsoleta, é quase sempre defensiva. A tentativa seguinte é tentar remendar o modelo o que nem sempre funciona. Na verdade, quando aparecem os primeiros sinais de obsolescência, está na hora de pensar novamente com ideias originais e inovadoras quais hipóteses a respeito do ambiente, da missão (como ela está fazendo uma diferença na economia e na sociedade em geral) e das competências básicas, refletem a realidade atual.

Por isso, mais uma vez vale lembrar: a teoria do negócio deve ser testada constantemente e não só na época do planejamento estratégico. Há necessidade de cuidados preventivos além de ser fundamental um diagnóstico precoce.

Uma outra medida preventiva é sempre estudar aquilo que acontece fora da empresa, especialmente com os não clientes que são mais numerosos que os clientes. Um outro foco que merece atenção são os concorrentes. Uma organização deve ser movida pelo mercado e estar alerta às novidades que acontecem em todas as áreas.

De qualquer forma, cada modelo de negócio é uma história sobre as atividades de produzir e vender. Ele pode levar à criação de um novo produto ou serviço para uma necessidade ainda não atendida, ou pode produzir uma inovação no que já existe. Um novo modelo pode ser uma variação em algum aspecto de algo já existente.

Também é importante ressaltar que a teoria do modelo de negócio precisa ser conhecida e compreendida por toda a organização sem deixar de ser questionada e testada em todos os momentos.

Nenhum modelo de negócio pode ser fixado em um papel para sempre. A vida continua e as mudanças são frequentes.

Se um modelo de negócio fizer suposições erradas, irá ao fracasso. A verdade é que no início existe uma série de incertezas, o que não significa que não exista uma base de suposições razoáveis. Os que fracassam geralmente baseiam suas premissas em aspectos difusos ou em comportamentos improváveis.

Embutido em cada modelo de negócio, está um conjunto de hipóteses de como o mundo funciona ou pelo menos aquela área que está sendo analisada. Quem serão os clientes e como irão se comportar; quem serão os fornecedores e todos os participantes dos quais o modelo depende.

Deve-se lembrar dos recursos necessários, pois nenhuma organização pode existir sem estes, embora quanto aos outros aspectos possam existir diferentes combinações em diferentes graus.

Uma pergunta que deve ser feita é como a empresa mudará o mundo? E se isso for um exagero, como a empresa mudará a área onde está incluída ou ainda como participará ou contribuirá para melhorias nesta área?

Para o sucesso de uma empresa acreditamos que entender bem o que seja o modelo de negócio é tão importante, que vamos mostrar alguns exemplos de modelos que estão em prática no mundo e principalmente no Brasil, para exercitar o conceito. Apontados como modelos, eles poderão ajudar a entender o foco para que com as devidas modificações e inovações, constituam lembranças para aplicá-los em suas atuais ou novas empresas.

Genericamente existem duas modalidades de novos negócios, como descrevem Kim e Mauborgne[8]. Aqueles que nascem em mercados já existentes e maduros e são compelidos a disputar espaço com rivais solidamente estabelecidos (oceano vermelho), e outros, em menor número, que conseguem descobrir e atender necessidades e desejos até então quase ignorados dos consumidores e os que podem prosperar sozinhos, ao menos durante algum tempo (oceano azul).

Alguns modelos de negócios

1) Baixo Custo e Baixo Preço

Desde o início dos anos 90, três corporações americanas se transformaram em ícones do que os especialistas em marketing chamam de "poder do preço baixo"[9]. A rede Wal-Mart, a companhia aérea texana Southwest e a fábrica de computadores Dell, ajudaram a criar a mística em torno dos "hard discounters", empresas que graças ao poder de compras em escala gigantesca e à estrutura extremamente enxuta, são capazes de oferecer produtos e serviços por preços muito abaixo da média do mercado. Com um apelo irresistível ao bolso do consumidor, essas três empresas tornaram-se casos de estudo de especialistas de marketing e tiveram suas estratégias copiadas por empresas do mundo inteiro. Agora essas mecas do preço baixo começam a rever as fórmulas vencedoras em seu principal mercado, os Estados Unidos. O motivo é prosaico. Os rivais que sobreviveram ao massacre promovido por essas empresas, não apenas aprenderam com elas, como também melhoraram seus modelos. Assim, parte das vantagens competitivas dos pioneiros simplesmente evaporou e os resultados regrediram.

Mudar uma fórmula de sucesso em empresas de qualquer porte, exige coragem e determinação. Numa companhia gigantesca, com vários níveis hierárquicos e opiniões de todo tipo, esse esforço é ainda maior.

Mudanças de tal importância e com tamanho impacto raramente nascem espontaneamente. A regra é mudar apenas quando a situação se agrava de maneira que não haja alternativa. Antes que isso aconteça, as gigantes do preço querem se antecipar a esse cenário.

O Wal-Mart tentou mudar de perfil. Nos Estados Unidos, instalou sushi bar e área wi-fi nas lojas. A estratégia foi um fiasco. Os clientes de renda mais alta não compareceram e os compradores tradicionais rejeitaram as novidades. A rede voltou a focar nos preços, mas passou a investir também em serviços, como clínicas médicas onde os consumidores podem passar por consultas mais baratas.

Desde que foi fundada por Michael Dell em 1984, a fabricante de computadores Dell caracterizou-se pela produção e venda de máquinas confiáveis e de baixo preço, o que a transformou numa das principais fabricantes de PCs do mundo. Boa parte desse sucesso decorre de um sistema de venda direta que elimina a intermediação de varejistas e distribuidores e derruba os custos. Quando a empresa foi ameaçada e até ultrapassada pela HP, seus executivos experimentaram novos formatos. Para enfrentar a concorrente, a Dell fechou contratos com grandes varejistas e investiu também em produtos mais caros.

Da mesma forma, os executivos da companhia de aviação Southwest Airlines, uma das primeiras a adotar o modelo de baixo custo, não titubearam – mesmo diante de todos os riscos – em subverter a ideia básica sobre a qual o negócio foi construído. A Southwest tem uma política tão espartana que em seus voos não há lugar marcado e escolhe o assento quem chegar primeiro. No entanto, a empresa acaba de criar uma espécie de classe executiva estilo "low cost". Por uma taxa extra de alguns dólares, os passageiros têm mordomias como o direito de embarcar antes dos demais e, logicamente, sentar-se nos melhores lugares do avião.

Apesar do forte significado, as alterações realizadas pela Wal-Mart, Dell e Southtwest não significam que o modelo de baixo custo esteja comprometido. Na verdade, a busca pelo menor preço tornou-se uma tendência irreversível e a cada dia entram mais empresas nessa disputa. As três gigantes enfrentam o que os especialistas chamam de "ônus do pioneirismo". Depois de criar mercados e um novo conceito no mundo dos negócios, seus modelos foram intensamente copiados por velhos e novos concorrentes. Agora, elas precisam transformar o formato que as consagraram para garantir a mesma dianteira confortável do passado.

O modelo de preços baixos só tende a crescer e se todo mundo oferece preço baixo, é preciso diferenciar de outra maneira.

Dentro do foco baixo custo e baixo preço, temos alguns exemplos de modelo de sucesso no Brasil.

a) Habib's

O modelo de negócio de Alberto Saraiva, fundador e presidente da empresa, é a produção e venda de alimentos de grande aceitação e sem rejeição (produtos árabes). Isto é, nada que seja difícil vender. Pratica-se os menores preços possíveis; é um lugar onde as pessoas podem ir, sentar-se em um ambiente limpo e de boa aparência e que quando saem dizem: vamos voltar aqui[10].

Como estratégia, Saraiva montou uma central de produção. Ou seja, verticalizou o processo para conseguir preço baixo e ter boa qualidade.

Alberto Saraiva resume seu modelo de negócio como um tripé formado por produtos de grande aceitação, preços baixos e atendimento à população que não tem acesso a restaurantes sofisticados. A característica de sua verticalização foi a constituição de algumas empresas:

- Arabian Bread – Indústria de pães e sorvetes, vendidos também em supermercados.
- Vox line – Contact Center responsável pelo delivery da empresa. Tem 2,4 mil funcionários e atende também empresas como Telefônica, Yamaha e Aché/Biossintética.
- Promilat – Laticínio da rede, processa 130.000 litros por dia.

- PPM – Agência de publicidade que faz as peças e campanhas do grupo.
- Vector 7 – Empresa de engenharia e arquitetura que projeta e decora as lojas.
- Planej – Imobiliária que faz a captação de pontos comerciais da rede.
- Bibs's Tur – Agência de viagem.
- Ragazzo – Fast food da cozinha italiana, que leva ao consumidor o conceito de vender qualidade e preço baixo.
- Box 30 – Venda de salgadinhos e sorvetes, em pequenas áreas.

A Holding AL Saraiva controla o grupo. Com 330 lojas e faturamento de 1 bilhão anual, o Habib's tem ainda 12 centrais de produção com cozinhas gigantescas que produzem refeições preparadas para todas as lojas.

O Habib's é hoje a maior rede de fast-food do país. E para o futuro está planejando uma rede de postos de gasolina: Petro-Bibs.

b) Casas Bahia

É um modelo de negócio de sucesso que não está descrito formalmente. Sobre as leituras de inúmeros artigos e do próprio livro sobre Samuel Klein[11], pode-se dizer que do comércio varejista de eletroeletrônicos e móveis (que representam 95% dos produtos vendidos), a fórmula é a de vender financiado para as classes menos favorecidas, por meio de crediários onde o consumidor vai até a loja para pagar as prestações. Procurar reduzir o preço da compra (inclusive verticalizando a produção no caso dos móveis) e depois vender mais barato. Diminuir o tempo de permanência dos produtos nas lojas e no centro de distribuição. Antecipar-se a concorrência. Considerar os colaboradores um investimento. Apenas investir no próprio negócio. Rapidez nas decisões e suas implementações. A empresa tem como slogan: "Dedicação total a você".

Samuel Klein tem como estratégia a entrada em certos municípios e estados (recentemente no nordeste), a não terceirização para preservar a qualidade, a entrada no mercado online, a eliminação de intermediários nas negociações com a indústria e assim por

MODELO DE NEGÓCIO – A BASE PARA O SUCESSO EMPRESARIAL

diante. Contudo, o mercado ainda não entendeu a recente venda ou fusão da empresa com o grupo Pão de Açúcar.

c) Companhias de Aviação

No Brasil temos hoje praticamente um duopólio quanto às empresas de aviação: TAM e Gol. Não considerando as pequenas empresas (Trip, WebJet e Avianca), mas lembrando de que atualmente a Azul com baixo custo e baixo preço está aos poucos ganhando mercado e incomodando os líderes.

A Azul, companhia criada pelo empresário David Neeleman, se firma e se consolida no mercado. Depois de estrear na sexta posição em janeiro de 2009, a empresa surfou em um crescimento acentuado da população que utiliza a via aérea para suas viagens e desbancou as concorrentes Trip, Avianca (ex-OceanAir) e Webjet. Agora com fatia de cerca de 10% do mercado doméstico, ela só perde para a TAM e Gol.

Antes de entrar no mercado de aviação civil brasileiro, Neeleman, nascido em São Paulo, esteve envolvido na fundação das americanas Morris Air e JetBlue, além da canadense WestJet (todas de baixo custo e baixo preço).

A projeção da Azul é chegar em 2013 com 20% do mercado, mais ou menos metade do que a Gol detém hoje. O caminho para conseguir esse percentual será entrar fortemente na aviação regional e fazer uma fusão com a Trip.

Mas conhecemos e podemos descrever o modelo de negócio dessas companhias?

Temos como modelo a South West Airlines, grande líder no mundo, que mesmo durante os anos de crise no setor apresentou resultados positivos com usa política de baixo custo e baixo preço. É a maior companhia aérea doméstica dos EUA e também a maior operadora de Boeing 737. Com a padronização da frota, permite facilitar treinamentos e otimizar o desempenho.

A Gol entrou no mercado brasileiro com a proposta baixo preço e baixo custo, e uma frota de seis aviões Boeing 737 (frota padronizada), passagens 50% mais baratas que a concorrência, serviço de bordo simplificado e voos diretos (escalas encarecem a operação em cerca de 6%). Não há bilhetes e a aquisição de passagens é feita pela internet. A empresa não tem lojas, o serviço de solo é terceirizado e as rotas e manuais de voo estão na internet. A empresa procura conquistar clientes da classe C.

Alguns itens que permitem a operação com custos baixos são: gasto menor de combustível/Boeing 737 – o avião mais moderno e econômico da sua classe, racionalização de manutenção, serviços de bordo simplificado e automação de processos.

Este é o modelo que a Gol[12] aplica, copiado de uma série de empresas aéreas como a South West, JetBlue, EasyJet e Ryanair. Estas últimas, entretanto, já enfrentam a concorrência de outras empresas com custo baixo.

Por outro lado, a TAM teve um modelo grandioso iniciado pelo seu fundador comandante Rolim Amaro, no qual voar era uma experiência repleta de glamour. Por isso, ele criou uma empresa que servia champanhe na ponte aérea, acolhia os passageiros com concertos de piano, café da manhã cinco estrelas e estendia-lhes um tapete vermelho na porta da aeronave. Era o "estilo TAM de voar". Naturalmente, a empresa cobrava mais caro por isso e seu crescimento nos anos 90 era prova de que o modelo funcionava. Naquela época, sua concorrente direta, a Varig, já vitimada pela ineficiência também praticava altos preços, sem oferecer serviços especiais perceptíveis para o consumidor. A entrada da Gol no mercado no ano da morte do comandante Rolim, inverteu essa lógica. Com preços 39% mais baixos, serviço de bordo minimalista e ocupação máxima, a empresa surgiu para tentar ganhar o mercado. De repente o glamour de Rolim passou de vantagem competitiva a rematado anacronismo. Não bastava apenas ter uma nova estratégia, mas uma mudança radical do modelo de negócio. Houve demissão de funcionários, extinção de metade dos voos internacionais e um choque cultural. A venda de passagens pela internet teve de ser planejada e aplicada em caráter de urgência. Os analistas tentaram comparar a reação da TAM com a irlandesa Aer Lingus, a primeira companhia aérea do mundo que conseguiu transformar o seu modelo tradicional e aproximar-se da eficiência de sua concorrente "low cost" Ryanair. Com custos baixos, a TAM teria condições de fazer frente ao crescimento da Gol. Mas, na verdade, a empresa não tem hoje um modelo de negócio claro para seus colaboradores e público em geral. Parece "estar em cima do muro".

Em 2005, a TAM ainda tinha a participação de 42% do mercado doméstico, contra 29% da Gol. Segundo a Anac, em fevereiro de 2011, a Gol ficou com 39,77% e a TAM com 39,59%. Isso aconteceu, porque a Gol está melhor posicionada com a classe C, um público mais sensível ao preço e faixa que mais cresce no país. Em julho de 2011, a Gol adquiriu a Webjet e quando o Cade aprovar a negociação, a empresa irá disparar na liderança. Por outro lado, a TAM estrategicamente fatiou a empresa e constituiu como novos modelos de negócio a Multiplus (criada a partir do seu programa de fidelidade); a TAM Viagens, operadora de turismo com 72 lojas, mas que pretende chegar a 200 com um modelo de franquias; uma unidade de transporte de cargas e um centro de manutenção, que já atende além da TAM, a Lan e a Avianca. Entretanto, nada disso funcionou bem. Manter-se grande na indústria da aviação não é uma opção, mas uma questão de sobrevivência – o que justifica a série de fusões dos últimos tempos. Com dificuldades para crescer, os herdeiros de Rolim decidiram desengavetar um plano estudado havia cerca de 15 anos: a fusão com a Chilena Lan. O negócio deu origem à Latam, o maior grupo de aviação da América Latina. "Foi a melhor saída para a família", diz uma fonte próxima aos herdeiros de Rolim. Deve-se ter em conta os maus resultados financeiros divulgados recentemente pela Gol e Tam. Juntas, elas tiveram um prejuízo de mais de 1 milhão de reais no último balanço. Com isso, chega-se à conclusão de que é fácil vender barato, mas o "X" da questão está em ter custo baixo.

O modelo baixo custo/baixo preço, está afetando as companhias de todo o mundo.

O avanço arrasador das companhias aéreas de baixo custo na Europa, em especial sobre o mercado de médio percurso, obrigou a Air France, uma gigante do setor, criar uma nova estrutura e empresa para competir à altura: a Air France Express.

A confirmação da existência do projeto, previsto para entrar em funcionamento em 2011, foi feita em Paris por sindicatos que rediscutiram os acordos trabalhistas coletivos com a direção.

O objetivo da nova companhia será retomar fatias do mercado europeu prejudicadas pelas companhias de baixo custo, como a Ryanair e a EasyJet, cuja participação nos voos de média duração subiu de 15% para 60% em 10 anos.

A Air France não será a primeira gigante europeia a fazer isso. O confronto entre as companhias aéreas históricas e as de baixo custo vem se acirrando na Europa. Para confrontá-las, a Lufthansa criou na Alemanha a Germanwings, e a Ibéria criou a Clickair, na Espanha. Ambas seguindo o modelo de negócios das empresas

240 PRÁTICAS DA GESTÃO EMPRESARIAL DE ALTA PERFORMANCE

que se notabilizaram pelo preço baixo: aeroportos distantes que têm taxas mais baixas e serviços espartanos ou populares, algumas vezes com a cobrança por bagagens e a venda de "gadgets" durante o voo.

2) Esporte Interativo[13] – Modelo de negócio inovador

Hoje a Esporte Interativo (EI) é uma companhia multimídia que oferece conteúdo de esportes na TV, na internet e no celular. Ela tem uma vida financeira saudável, pois as receitas vêm crescendo cerca de 30% ao ano. Com um modelo inovador, a Esporte Interativo vem conseguindo sucesso em um negócio que costuma ser dominado por "gente grande": o conteúdo esportivo.

A empresa divide suas atividades entre um canal de televisão aberta - transmitindo para cerca de 15 milhões de domicílios brasileiros com antena parabólica, um site, uma loja virtual de material esportivo e serviços para celular. Um de seus maiores trunfos é o direito de transmissão de campeonatos do futebol europeu, que concentram os maiores craques do mundo. Essas partidas costumam ser transmitidas no Brasil nos canais de TV paga, e muitas delas acontecem em dias de semana e no meio da tarde. A EI transmite os jogos ao vivo na web e no canal da parabólica. Jogos de destaque chegam a atrair uma audiência de 4 milhões de pessoas e recebe a visita de quase 1% de todos os internautas brasileiros. E esse número deve aumentar com o crescimento da banda larga e a mudança de hábito dos fãs de futebol. "Existe uma tendência clara de que as pessoas assistam cada vez mais esportes pela internet", diz José Calazans, analista de mídia do Ibope Nielsen Online, instituto que faz as medições de audiência da internet no Brasil. "É uma cultura já enraizada em países como Alemanha, Espanha e Suíça, mas uma novidade por aqui".

A empresa não vive somente do futebol. Há transmissões de basquete e, após ter sido fechado um acordo com o Comitê Olímpico Brasileiro e com o Ministério dos Esportes, mais modalidades ganham espaço. Muitos eventos do interesse das pessoas não têm espaço na TV aberta. As receitas vêm da venda de publicidade e de serviços como o envio de notícias por SMS. Em apenas seis meses, a EI já contava com quase 1 milhão de assinantes desses microboletins por celular. As vendas de produtos esportivos contribuem com 20% do resultado. A empresa conseguiu o que muitos tentam, mas poucos conseguem: um tripé de publicidade, serviços e comércio eletrônico.

3) Casa do Saber

A Casa do Saber[14] – um misto de escola e ponto de encontro para relacionamentos – tornou-se uma coqueluche no cenário de entretenimento cultural paulistano.

Uma pesquisa encomendada a uma consultoria, confirmou a existência de um público endinheirado, a maioria na meia-idade, propenso a frequentar cursos rápidos em áreas como Filosofia, História, Psicologia, Literatura e Cinema. Um mercado formado por profissionais liberais e executivos com boa formação e pouco tempo disponível para voltar aos bancos das universidades. São pessoas dispostas a aprender um pouco de cultura e filosofia em particular, por meio de uma linguagem rigorosa, porém mais simples do que as usadas nas universidades.

Os empreendedores da Casa do Saber perceberam desde o início, que não bastava apenas oferecer uma lista interessante de cursos livres na área de humanas e transmitidos em linguagem acessível. Seria importante ministrá-los em um ambiente de acordo com o gosto exigido pela clientela.

Os espaços são tomados por cadeiras confortáveis, poltronas e "pufes" espalhados pelo chão. No intervalo de cada aula, os alunos podem tomar vinho importado ao som de música clássica. Na entrada há uma livraria e um café, administrados por empresários tradicionais do ramo. Um ambiente refinado que atraiu grande número de mulheres bem-vestidas, o que deu ao lugar o epíteto de Daslusp, uma mistura de butique com a Universidade de São Paulo, a USP.

A fama alcançada pela Casa do Saber despertou o interesse de vários empresários de outros países. O assédio vindo até da Argentina, tornou inevitável a discussão se não seria o caso de criar um sistema de franquias. Um estudo chegou a indicar a viabilidade econômica, mas a maioria dos sócios resistiu à proposta.

Atualmente há algumas cópias deste modelo, mas ainda não bem posicionadas.

4) Cirque du Soleil

Não é difícil lembrar empreendimentos criados por empresários que enxergaram oportunidades onde a maioria imaginava que não haveria mercado algum. Um exemplo é a canadense Cirque du Soleil, criado por artistas de rua em tempos de decadência da indústria do circo. Em vez de oferecer o tradicional espetáculo circense a um público infantil cada vez mais desinteressado por divertimentos desse tipo, o Cirque du Soleil resolveu promover produções sofisticadas, uma espécie de mistura de circo, teatro e shows da Broadway.

Com essa fórmula, atraiu adultos dispostos a pagar preços altos por grandes espetáculos e passou a correr o mundo. São criadores de oceanos azuis, como pesquisadores do Insead Chan, Kim e Mauborgne[8], denominam as companhias que, em vez de disputarem os mesmos clientes de um mercado sabidamente concorrido, souberam conquistar novos consumidores com ideias originais.

5) Aluguel de vídeos

A Blockbuster, maior locadora de vídeos do mundo, criada em 1985 e que ajudou a popularizar os aparelhos videocassete, tornando-se uma potência no entretenimento doméstico e expandindo agressivamente os negócios, esteve a perigo nos últimos anos e perdeu espaço para vídeos assistidos via cabo e serviços de entrega de DVD pelo correio.

Consequentemente, nos dois últimos anos, mais de mil lojas foram fechadas e a empresa foi à concordata nos Estados Unidos, afundada em dívidas.

O modelo não resistiu à web.

Mas não foi somente a Blockbuster. No Estado de São Paulo, 900 videolocadoras fecharam as portas em cinco anos. Sobraram cerca de 1900 estabelecimentos, dos quais 60% estão na Grande São Paulo, conforme o sindicato do setor. Quem persistiu no negócio teve de se reinventar. A maioria já não concentra todas suas "fichas" apenas na locação de DVDs. Vende brinquedos, livros, comida, sorvete e há quem ofereça show ao vivo para atrair a clientela.

Inspirada na Netflix, locadora virtual americana, depois de um exaustivo plano de negócio, a NetMovies do físico Daniel Topel entrou em operação na Grande São Paulo e tornou-se a maior locadora online do País[15].

Seis anos depois, a empresa já atuava em todos os Estados do Sul e do Sudeste (exceto Espírito Santo), com um acervo de 22 mil filmes e uma média de 10 milhões de locações por ano. A previsão de crescimento da NetMovies para 2010, era quase uma aberração no mercado brasileiro de locadoras. Ela pretendia ampliar o faturamento (não divulgado) em 350% em relação a 2009. Porém, tivemos novidades no setor e em dezembro de 2010, a Netmovies foi vendida à empresa norte-americana Tiger Global Management. Por outro lado, a Netflix noticiou sua chegada ao Brasil em meados de 2011. É a globalização funcionando e os modelos de sucesso se expandindo.

Além disso, o serviço de locadora virtual já começou a chegar na televisão. A LG fechou um acordo com a Saraiva e com NetMovies para que os espectadores possam assistir aos filmes da internet direto no televisor, conectado à banda larga.

6) Tecnologia

Ainda sobre Modelo de Negócio, não poderíamos deixar de mencionar o que ocorre atualmente no campo da tecnologia. Empresas poderosas com seus modelos bem definidos, travam uma verdadeira batalha pela liderança. Nos anos 90, os enfrentamentos foram entre Microsoft, Apple e IBM. Hoje a hegemonia no mercado digital é disputada pelo Google, Apple, Facebook e Amazon/Kindle. São consideradas as gigantes da tecnologia, sendo chamadas de "Camarilha dos Quatro". Contudo, são empresas com modelos de negócios diferentes. Talvez possamos encontrar alguma semelhança na área da saúde, na qual podemos ter operadoras e seguradoras de saúde, hospitais e medicina diagnóstica. Modelos de negócios diferentes, mas que podem se associar sob o mesmo guarda-chuva, pois são todas da área da saúde e, pela associação e verticalização, podem gerar resultados superiores.

Voltando a área da tecnologia, acontece o mesmo. As empresas citadas a cima e mais algumas delas chegaram ao topo por um conjunto de habilidades. Todas dominam e usam alguma coisa, que não é o quebra-cabeça todo, mas uma parte significativa dele. Assim, elas têm modelos de negócio extremamente diferentes nos quais lideram. Agora procuram aquisições e desenvolvimento em outros seguimentos para conquistar posições na acirrada disputa da área da tecnologia. Citamos como exemplo, o Google que fornece o sistema operacional Android, adquirindo a Motorola e suas milhares de patentes, em busca do "trono" da era digital e enfrentando a atual líder do setor, a Apple, que poderá enfraquecer pela perda de Steve Jobs.

Poderíamos dizer também que estamos neste segmento na era da convergência.

7) Alguns modelos em perigo

a) Lojas de armas e fábricas que concentram a produção nacional de armas e cartuchos estão em perigo. Com o Estatuto do Desarmamento no Brasil, no qual há um controle rigoroso sobre a venda e uso de armas de fogo, como ficarão nossas empresas produtoras, como a Taurus, Rossi, Baito e CBC? Para estas deve-se lembrar de que 70% da produção é para exportação e, possivelmente poderão manter-se no negócio. Mas as lojas que vendem armas, certamente terão que mudar seu modelo de negócio e algumas delas já partiram para soluções, tais como sistemas de segurança, vendas de equipamentos esportivos e camping, etc.

b) Jornais e revistas também correm um sério risco. Divulgando notícias regionais, estaduais, nacionais e internacionais, a circulação dos jornais está cada vez menor no mundo. O recuo é atribuído a cenários econômicos negativos, à internet, à redução dos classificados e a clipagem de materiais dos jornais, porque empresas e associações preferem contratar serviços de clipping eletrônico e distribuí-lo internamente.

No fim de 2008, o grupo Tribune – que controlava o *Los Angeles Time* (460 mil exemplares diários) e o *Chicago Tribune* (864 mil), além de 3 canais de TV de propriedade do investidor imobiliário Sam Zell, pediu concordata. Também em dezembro de 2008, o famoso *New York Times* hipotecou o edifício-sede em Manhanttan a fim de garantir empréstimos.

O *Jornal do Brasil*, fundado há 119 anos no Rio de Janeiro,

MODELO DE NEGÓCIO – A BASE PARA O SUCESSO EMPRESARIAL

circulou a última vez em 31 de agosto de 2010. Daí por diante, o *JB* terá apenas a versão na internet, um recurso para superar os problemas financeiros da empresa. O passivo acumulado chega a R$ 800 milhões em dívidas trabalhistas e fiscais.

Na verdade, os números variam de caso a caso, mas cerca de 60% dos custos de um grande jornal concentram-se em três áreas: papel, impressão e distribuição, que desaparecem se o jornal for veiculado pela internet.

Alguns jornais que não mudaram o modelo de negócio, procuram estratégias para reduzir custo. Um exemplo é partilhar entre eles alguns dos seus artigos e fotos, o que seria impraticável anos atrás.

O jornal do futuro terá de ser substancialmente diferente do que é hoje. O modelo de negócio terá que mudar. Passar a ser multimídia? (não esquecer de que Sam Zell não resolveu o problema). Passar a divulgar exclusivamente pela web? Associar o papel impresso com a web? Isto já está sendo feito por alguns grandes jornais sem que o problema seja resolvido; inclusive os empresários não sabem ainda se cobram ou não por este serviço.

O fato é que TV, rádio e internet puxam a expansão no mercado publicitário, enquanto jornais e revistas tiveram queda do faturamento.

Para reverter a queda na circulação, sete diários brasileiros passaram a ter como estratégia a versão Kindle (*O Globo* e *Zero Hora*, entre outros). Mas são apenas estratégias. A verdade é que o modelo de negócio – jornal impresso – deve ser mudado.

Na lista de vencedores do Prêmio Pulitzer de 2010, o mais importante da imprensa americana, foi dado o prêmio na categoria investigativa à matéria da jornalista Sheri Fink, que tinha como tema "Escolhas Mortais no Memorial", divulgado pelo site ProPublica (entidade sem fins lucrativos de divulgação) só pela internet e que sobrevive de doações. Este é um sinal indicativo de mudanças no mundo da comunicação e nos jornais impressos em particular, uma vez que a maioria dos leitores opta pelo jornalismo on-line, principalmente os mais jovens.

Em janeiro de 2012, houve o aumento de 3,5%, em média, da circulação de alguns jornais no Brasil em contraste com o que ocorre no restante do mundo (queda de 2%). Isso aconteceu em decorrência do crescimento de consumo das classes C e D e a retomada do investimento por parte das companhias de comunicação.

Em linha semelhante aos jornais, estão as revistas. A notícia que temos é de que a *Newsweek*, a segunda maior revista informativa semanal dos Estados Unidos, com 77 anos de edição, foi colocada à venda, pois a receita de publicidade caiu 37% e a circulação da revista foi reduzida em 42%.

Após esta exposição, você certamente está meditando sobre o modelo de seu negócio e se ele corre risco ou mesmo se já está "fora de moda". Gostaríamos de ajudar, dando um conselho. Faça a análise do modelo, com todas as pessoas possíveis a sua volta: empresários, colaboradores, fornecedores, clientes e, se for preciso, até consultores.

Se a dúvida ainda persistir, analise os concorrentes e reuna-se novamente com seu grupo até sentir-se tranquilo e poder dizer: Sim, este modelo ainda é vigente e podemos nos manter nele.

8. Planejamento Estratégico – Plano de ação

O que não é diferente, não é estratégico.
Gary Hamel

Definir estratégias para o longo prazo para conseguir definir prioridades e metas no curto prazo.
Jorge Gerdau

A palavra estratégia pode ser conceituada de várias maneiras, e a que mais nos sensibiliza é aquela que a define como um conjunto de ações que determinada organização utiliza para alcançar seus objetivos e que a colocarão em uma situação futura desejada, sempre melhor que a vigente.

Pode-se dizer que a previsão é baseada em probabilidades. É uma das áreas empresariais que atrai mais a atenção e gera controvérsias, sendo cada vez mais difícil devido às incertezas do mundo globalizado na economia, na sociedade, na ciência e na política. No entanto, os executivos têm que prever e tomar decisões, baseados em suposições a respeito do futuro, isto é, pensar adiante.

Para visualizar resultados futuros, os principais gestores das empresas procuram apoio em dados que mostram os resultados alcançados em períodos passados e que foram implementados no dia a dia da empresa. Associam, também, análise de projeções demográficas, financeiras, políticas e dados sobre as tendências de consumo, preparadas por especialistas e estudiosos das dinâmicas que influenciam os mercados.

Até esse ponto, não parece difícil compreender como devemos proceder na condução de nossas empresas no momento de pensar no ano seguinte, naquilo que vamos fazer e, principalmente no que devemos não fazer. É uma questão de treino, de aprimoramento de nossos conhecimentos e da possibilidade e capacidade de selecionar bons dados e estudá-los.

Entretanto, atenção às palavras de Gary Hamel[1]: "o que não é diferente não é estratégico". Segundo o autor, algumas perguntas sobre clientes têm de ser respondidas: Como faremos para ter mais clientes? Como devemos nos comportar para não perder aqueles que já são nossos clientes? Afinal, o que querem os clientes, quem são eles, e o que esperam de nós? Nem sempre os dados disponíveis (pesquisas) nos ajudarão a responder questões como estas.

Hoje em dia, se fala muito em "diferencial competitivo". Como traduzir isso é o ponto crucial do planejamento estratégico de qualquer empresa. Será que atender ao cliente com muita atenção, rapidez e compromisso de fazer mais do que ele pediu é um diferencial? E como os novos clientes irão saber que valorizamos de verdade essa dedicação a eles? Como fazer para os antigos clientes contarem aos nossos potenciais clientes que somos muito bons no que fazemos?

Se uma organização tem um desempenho superior ao das concorrentes, é porque a sua estratégia competitiva é melhor, e isso só será conseguido se ela conhecer muito bem a operação e a estrutura do setor em que está inserida. Somente após esse conhecimento, poderá planejar ações que possibilitem atingir um retorno sobre o investimento superior ao alcançado pelos seus competidores.

Se para superar os rivais, uma organização precisa conquistar uma vantagem competitiva, o desafio consiste em elaborar uma estratégia e torná-la compreensível para os colaboradores da organização.

Porter[2] apresenta três componentes que definem a estratégia:

- **Posicionamento:** a estratégia é a criação de uma posição única e valiosa, que envolve um conjunto diferente de atividades.
- **Opções Excludentes (trade-off):** a estratégia requer que sejam feitas opções para competir, ou seja, deve-se escolher o que não deve ser feito.
- **Sinergia:** A estratégia implica em criar uma sinergia entre as atividades da organização.

A estratégia competitiva, portanto, consiste em escolher deliberadamente um conjunto diferente de atividades que sejam compatíveis e sinérgicas.

Na opinião de Peter Drucker[3], devemos realizar a clássica pergunta: O que é mais provável que aconteça? Melhor ainda: O que já aconteceu e irá criar o futuro? Olhe os dados demográficos, o avanço da educação, a entrada das mulheres nas carreiras fora de casa, o envelhecimento da população, a migração das populações rurais para as cidades e consequente falta de infraestrutura, a ascensão das classes sociais, a participação atual da tecnologia.

O que significam esses fatos para os negócios? Quais as ameaças e as oportunidades? Que mudanças elas exigem?

Peter Drucker ainda pergunta: Que mudanças em ciências em geral e tecnologia já ocorreram, mas ainda não tiveram tanto impacto?

Quem quer que explore devidamente as tendências, terá maior possibilidade de sucesso. Um exemplo é sobre a distribuição da renda disponível dos consumidores. Observa-se no Brasil, o grande aumento da classe C e suas consequências. Mais um fato importante, é que os últimos aumentos de renda da população têm sido gastos, do ponto de vista macroeconômico, em lazer, saúde, educação e comunicação.

Será que continuará dessa maneira? Acreditamos que sim! Principalmente na saúde, em decorrência do crescimento populacional de idosos, do aumento das doenças neurológicas, das doenças crônicas e do avanço da carcinogênese.

Na educação, verifica-se grande demanda em decorrência da ansiedade da população para galgar posições na sociedade. Consequentemente, houve um grande aumento de faculdades e universidades criadas nos últimos tempos no Brasil.

Quanto ao lazer, basta prestar atenção ao que acontecia há cerca de 30, 40 anos e hoje, com as facilidades de crédito, custo menor do turismo e ascensão das classes sociais. Algumas vezes, é necessário realizar reservas de transporte e hotéis com antecedência de meses, e para visitar algumas cidades, é preciso selecionar os meses adequados para poder ser bem acolhido.

Do ponto de vista microeconômico, observa-se também a questão da moradia. Uma despesa que está aumentando a cada ano. Será que esta tendência está chegando ao fim com as mudanças no tamanho e composição das famílias? Obviamente, há diferenças neste aspecto entre países desenvolvidos e em desenvolvimento. O "boom" imobiliário aqui no Brasil chama atenção.

A parcela gasta em produtos eletrônicos e telefonia vem crescendo aceleradamente nas últimas décadas. Está no fim? Não parece, pela variedade dos diferentes iPods, iPhones e iPads comercializados. A nanotecnologia tem contribuído fortemente para o desenvolvimento deste setor, criando novos chips e condutores.

A renda dos idosos e aposentados que acumulam um enorme poder tende a crescer?

Se quisermos ainda acrescentar fatores que influenciam alguns negócios, poderíamos lembrar: taxa de juros, fontes e políticas de financiamento, política cambial, inflação, sistemas de tributação na atividade da empresa, sistemas de tributação do rendimento dos clientes, incentivos à atividade empresarial, política de emprego e formação profissional, ambiente econômico, influência da tecnologia no mercado, fatores políticos-legais, regulamentação governamental, fatores socioculturais e fenômenos de opinião/moda, hábitos de consumo, etc.

São perguntas que precisam de respostas para a eficácia de uma estratégia.

Peter Drucker[4] ainda questiona: O que já aconteceu que irá fazer o futuro?. Esta pergunta define o potencial de oportunidades para uma dada empresa.

Ainda é preciso saber em que esta empresa é boa? O que ela faz bem? Que forças lhe dão vantagem competitiva? Aplicadas a quê?

A análise de forças também mostra onde é preciso melhorar e aumentar as forças existentes e onde encontrar novas.

Entretanto, segundo Henry Mintzberg[5], nenhuma análise pode revelar se a estratégia é boa. É o mercado que vai dizer isso.

Como deve ser desenvolvido o planejamento estratégico? Por quem? Pelo conselho? Pela diretoria? Por todos os líderes da companhia? Com complexos exercícios analíticos, planos trienais e sessões de *brainstorming*? O pensamento estratégico já foi iniciado quando da construção de um modelo de negócio para cumprimento do propósito específico da organização. A estratégia, porém, transcende porque o modelo não traz números, geralmente é abstrato e não trata de algo que é fundamental no mundo comercial e que cresce com rapidez: a concorrência que acontece cedo ou tarde.

Como consumidores e clientes, estamos sempre escolhendo seja quando da compra de um carro ou aplicação de um saldo de nossa

PLANEJAMENTO ESTRATÉGICO – PLANO DE AÇÃO

conta bancária. Sempre existem alternativas. No momento que uma empresa prometer um retorno maior ou mais oportunidades, ela vence a batalha da concorrência. A mesma lógica é válida no setor social, onde há uma concorrência pelos doadores e patrocinadores. A competição exige que a empresa faça um trabalho melhor e muitas vezes diferente que as alternativas existentes. Portanto, vem aí a estratégia: como fazer melhor sendo diferente, inclusive em custos.

Dessa maneira, há escolhas sobre quais clientes e mercados atender, quais produtos e serviços oferecer e que tipo de valor criar. Escolhas estratégicas benfeitas, permitem que um empreendimento tenha um melhor desempenho que seus competidores.

Na guerra ou na política só um lado ganha. A vitória de um é a derrota do outro. Nos negócios e no setor social há espaço para mais de um vencedor. É preciso foco para descobrir maneiras específicas de competir.

Estratégia é arte unida à ciência. Difícil, mas fundamentalmente precisa levar a resultados.

Quando alguém faz algo novo ou reduz preço em algum negócio, logo toda a concorrência faz a mesma coisa.

O jogo é ser e permanecer diferente para as organizações tornarem o que fazem único, em vez de parecer uma commodity. A estratégia vem com a pergunta: como podemos diferenciar o que fazemos ou como fazemos para os clientes perceberem que não temos substituto? Deve-se considerar a importância da marca para reduzir a probabilidade de que os clientes migrem.

O que torna a estratégia difícil é que nunca se está sozinho. O pensamento estratégico é necessariamente interativo, ele reconhece que o mundo está cheio de potenciais rivais e aliados e que permite tanto a competição como cooperação.

Cada movimento provoca uma reação. Para entender o que pode acontecer, é necessário imaginar os movimentos possíveis de todos os participantes e depois preparar sua reação a eles. Em seguida, é fundamental não perder de vista toda a cadeia de valor e o que cada participante acrescenta ao todo.

Mesmo em um negócio simples, há muitos jogadores em campo e ainda muitos outros podem surgir e que nem sempre são previsíveis.

Alguns erros não devem ser cometidos, como o preço alto, pois é sabido que o lucro total depende mais e fundamentalmente do número de atendimentos ou unidades vendidas.

O preço deve ser fixado em relação ao que o mercado possa suportar e também aos custos. O que funciona é preço ditando os custos. A única maneira sensata de fixar preço é começar com aquilo que o mercado está disposto a pagar.

Não se deve trabalhar somente com os problemas, mas também cuidar das oportunidades que são verdadeiramente as que levam a resultados e crescimento.

Grandes componentes da estratégia

Na estratégia, segundo Gary Hamel[1], deve-se estar atento a quatro grandes componentes: estratégia essencial, recursos estratégicos, interface com o cliente e rede de valor.

a) A estratégia essencial é desdobrada em três subgrupos: missão do negócio, escopo do produto, base de diferenciação.
- A missão é como o modelo pretende atuar.

  Perguntas a serem feitas: Qual a nossa missão no negócio? Qual o nosso sonho? Que tipo de diferença queremos fazer? Será que nossa missão é relevante para os clientes? Temos uma missão distinta da missão de outras empresas do mesmo setor?

- Escopo do produto ou serviço no mercado é a essência de onde a empresa compete: que clientes, que áreas geográficas, que segmentos e onde ela não compete. Deve ser bem diferente dos concorrentes tradicionais.

  Perguntas a serem feitas: Somos capazes de oferecer aos clientes algo mais próximo de uma solução total para as suas necessidades e assim aumentar o escopo? Será que existem clientes que foram ignorados pelas empresas do setor?

- Base de diferenciação, significa como a empresa compete e se diferencia no mercado.

  Perguntas a serem feitas: De que maneira os concorrentes tentam se diferenciar no setor? Existem outras dimensões

PLANEJAMENTO ESTRATÉGICO – PLANO DE AÇÃO

de diferenciação a serem exploradas? Podemos acentuar uma diferenciação? Nos empenhamos em busca de oportunidades de diferenciação em todas as dimensões do modelo?

b) Os recursos estratégicos devem ser enfocados em: competências essenciais, ativos estratégicos, processos essenciais.

- Competências essenciais referem-se aos conhecimentos da empresa. Abrange habilidades e capacidades exclusivas.

  Perguntas a serem feitas: Quais são as nossas competências essenciais? Quais são os nossos conhecimentos exclusivos? Quais são os nossos conhecimentos valiosos para os clientes? Quais são os benefícios profundos que nossas competências essenciais nos permitem proporcionar aos clientes? Que novas competências devemos agregar ao nosso conceito de negócio?

- Ativos estratégicos são as propriedades, marcas, patentes, infraestrutura, padrões, design, dados sobre clientes.

  Perguntas a serem feitas: Quais são nossos ativos estratégicos? Podemos explorá-los de maneira diferente para fornecer novo valor aos consumidores ou para outros propósitos?

- Processos essenciais são os que a empresa de fato faz, ou seja, os métodos e rotinas utilizados na prestação de serviços ou na transformação de insumos em produtos. Destinam-se a conversão das competências, ativos e outros insumos em valor para os clientes.

  Perguntas a serem feitas: Quais são nossos processos mais críticos? Quais processos criam mais valor para os clientes e são mais exclusivos?

c) Interface com o cliente compreende: efetivação e suporte, informação e insight, dinâmica do relacionamento, estrutura de preços.

- Efetivação e suporte são o modo como a empresa chega ou está no mercado. Como de fato alcança os clientes, que canais utiliza, que tipo de suporte oferece e que modalidade de serviço presta aos clientes.

  Perguntas a serem feitas: Como chegamos ao cliente? Qual o benefício para o cliente? Somos capazes de operar de maneira mais fácil e mais agradável para os clientes? Como seria se projetássemos nossa operação a partir do cliente em direção à empresa? Temos condições de oferecer ao cliente dados honestos para comparação? Será que de fato removemos todos os elementos onerosos para o cliente? Será que você tem alguma fantasia sobre a maneira como a sua empresa reinventa seus vínculos com os clientes?

- Informação e insight incluem todos os conhecimentos decorrentes do relacionamento com o cliente e aplicados para melhor servir. Também refere-se à capacidade de extrair novas ideias dessas informações, que ajudarão a prestar bons serviços. Abrange as informações que a empresa fornece aos clientes antes e depois da compra. Em breve todas as pessoas estarão armadas de informações sobre serviços e produtos que proporcionam melhor combinação de cobertura, qualidade e preço.

  Perguntas a serem feitas: O que sabemos sobre os clientes? Estamos aproveitando todas as oportunidades para aprofundar nossos conhecimentos sobre as necessidades e desejos dos clientes? Como utilizamos esses conhecimentos para desenvolver novas maneiras de servir os clientes? Que outras informações são interessantes para os clientes, sob o ponto de vista deles?

PLANEJAMENTO ESTRATÉGICO – PLANO DE AÇÃO

- Na dinâmica do relacionamento procura-se elementos emocionais, assim como transacionais na interação e que podem ser a base de conceitos de negócio altamente diferenciados.

  Perguntas a serem feitas: Que sentimentos encontramos em nossos clientes? Quais as emoções do cliente em relação as suas interações conosco? Investimos nos clientes? Onde podemos superar as expectativas do cliente? Quais são as dez mais notáveis experiências com clientes? Podemos reproduzi-las no relacionamento com os nossos clientes?

- Estrutura de preços. Existem muitas opções sobre o que é cobrado. Pode-se cobrar no final ou ser intermediário. Os componentes podem ser enfardados como um pacote ou vendidos isoladamente como itens. Pode-se cobrar preço fixo ou variável com base em critérios de tempo e distância.

  Perguntas a serem feitas: Pelo que sua empresa está cobrando? Qual o paradigma de preço em seu setor? Você conhece as percepções dos clientes pelo qual estão pagando? A atual estrutura de preços penaliza alguns clientes e subsidia outros? Há como mudar esta situação?

- Os benefícios para o cliente se referem às necessidades e carências básicas que de fato estariam sendo atendidas, segundo as perspectivas do cliente. Um fator importante é a decisão quanto à composição do conjunto de benefícios.

  Perguntas a serem feitas: Que benefícios estamos fornecendo aos clientes? Será que existem benefícios acessórios que o cliente talvez valorizasse? Qual a necessidade essencial que estamos pretendendo atender? Será que definimos esta necessidade com suficiente abrangência? Ou será que estamos oferecendo benefícios que não são importantes para o cliente?

d) A rede de valor complementa e amplia os próprios recursos da empresa e muitas vezes se situam fora de seu controle direto. São os fornecedores, os parceiros e possíveis coalizões. *Perguntas a serem feitas*: Temos olhado o "mundo", o "mercado" como um reservatório que poderia ser usado? Que oportunidades estão disponíveis para nós se pudéssemos tomar de "empréstimo" ativos e componentes de outras empresas? De que forma utilizamos nossos parceiros para alavancar nossas capacidades e oferecer soluções mais completas aos clientes? Será que conseguiríamos cooptar outras empresas para uma "causa comum" e alterar a dinâmica competitiva do setor?

Cenários

Como o futuro é incerto, os cenários constituem uma poderosa ferramenta de planejamento, um apoio fundamental para a tomada de decisões estratégicas. Os cenários são não só diferentes das pesquisas de mercado e da simples extrapolação da tendência, eles constituem uma possibilidade muito mais ampla quanto ao futuro, elaborada segundo uma configuração predeterminada do ambiente.

As principais funções dos cenários são:

- Proporcionar meios seguros para reflexão sobre a maior quantidade possível de alternativas que podem ocorrer.
- Prever o significado que essas opções poderão ter sobre a empresa.
- Preparar a organização para a tomada de decisões que possam contribuir para conquistar uma vantagem competitiva.

Para que o planejamento por cenários seja realmente efetivo, é preciso abranger a maior quantidade possível de alternativas, assegurando a avaliação das hipóteses mais divergentes.

O conjunto de tais cenários distintos, constitui o "retrato" dos futuros possíveis. Assim, em vez de apontar para um determinado caminho, o planejamento anteciparia como as diversas forças e os diferentes fatores externos influenciariam o negócio.

Esta é a etapa em que os possíveis cenários devem ser

selecionados e, em seguida, desenvolvidos. É preciso ter em conta que é quase impossível assegurar que um deles venha a ocorrer integralmente, mas é muito provável que vários elementos de cada cenário se realizem se os quadros forem bem elaborados.

Modelo das cinco forças da concorrência

A análise setorial pode ser realizada por meio do modelo das cinco forças da concorrência, desenvolvido por Michael Porter[6] na década de 1970. Por esse sistema seria possível fazer uma relação entre o potencial de lucratividade das organizações que participam de um determinado setor e as chamadas cinco forças competitivas. O modelo vem recebendo críticas ao longo do tempo, mas continua a ser utilizado pelas organizações.

O modelo das cinco forças possibilita fazer uma análise do grau de atratividade do setor. Este modelo identifica cinco conjuntos de forças competitivas que afetam a concorrência, dos quais um (rivalidade entre os concorrentes) está dentro do próprio setor e os demais são externos. A força ou poder conjuntos de tais forças determinará o potencial de lucro do setor.

A rivalidade entre concorrentes pode ser considerada a mais significativa das cinco forças. Aqui, os aspectos mais importantes são a atividade, a agressividade dos concorrentes e as ferramentas de competição que são usadas para conseguir mais mercados ou os melhores pedidos vindos de clientes.

Como já foi dito, a vantagem competitiva existe quando as empresas conseguem se defender, manter seus clientes e crescer. Isso poder ser conseguido com bons produtos a preços baixos ou usando a diferenciação e oferecer um produto melhor pelo qual o consumidor estará disposto a pagar um preço maior.

Definir o objetivo, o escopo e a vantagem exige um jogo de concessões, algo que Porter considerou fundamental para a estratégia. Se decidir priorizar o crescimento ou o porte, a empresa deve aceitar que a rentabilidade ficará em segundo plano. Se resolver atender a clientela institucional, pode ser que ignore clientes individuais. Se a proposta de valor for preço baixo, a empresa não conseguirá competir com base no estilo. Por último, se a vantagem vier de economias de escala, a empresa não poderá acomodar necessidades peculiares de cada cliente. É esse tipo de troca que distingue estrategicamente cada empresa.

Defina os objetivos

O planejamento estratégico deve ter relação direta e estreita com o estabelecimento de objetivos estratégicos, também denominados objetivos chave. Tais objetivos visam reforçar as competências centrais das empresas.

A empresa tende a confundir a declaração de valores ou de missão com o objetivo estratégico.

Empresas de um mesmo setor muitas vezes têm a mesma missão. Também podem ter os mesmos valores e até compartilhar de uma única visão: uma meta futura indeterminada, como ser a "líder reconhecida do setor". É pouco provável, no entanto, que duas empresas ainda que do mesmo setor, tenham o mesmo objetivo estratégico. Aliás, se a estratégia de uma empresa puder ser aplicada a qualquer outra é sinal de que ela não é muito boa.

Uma saída fácil é proclamar que o objetivo da empresa é maximizar o valor ao acionista. Até certo ponto, toda estratégia tem essa finalidade. Mas a questão a lançar na hora de criar uma declaração estratégica praticável é: Que objetivo tem o maior potencial de maximizar o valor ao acionista no decorrer dos anos? Crescer? Atingir uma certa participação no mercado? Conquistar a liderança do setor? O objetivo estratégico deve ser específico, mensurável e sujeito a prazos. Deve, também, ser uma meta única. Não basta dizer: "Queremos crescer de modo rentável". O que importa mais? Crescimento ou rentabilidade? Um representante de vendas precisa da resposta para poder calibrar sua agressividade nos preços. Pode haver uma série de metas subordinadas, todas decorrentes do objetivo estratégico. Mas o objetivo supremo, aquele que norteará a operação da empresa pelos próximos anos, deve ser absolutamente claro.

O objetivo eleito tem impacto profundo na empresa.

Defina o escopo

O escopo de uma empresa abarca três dimensões: cliente ou produto, localização geográfica e integração vertical. A definição de limites em cada área deve deixar claro para o empresário em que atividades a empresa deve se concentrar e, mais importante ainda, de quais deve se isentar.

O escopo de uma empresa não determina exatamente o que deve ser feito dentro dos limites estabelecidos. Além disso, deve estimular a experimentação e a iniciativa. Mas para garantir que essas fronteiras fiquem evidentes para todo colaborador, o escopo deve especificar em que terreno a empresa ou negócio não pisará. Isso evitará que gestores percam longas horas com projetos que serão rechaçados por não condizerem com a estratégica.

Defina a vantagem

Uma vez que a vantagem competitiva sustentável é a essência da estratégia, não deve ser surpresa que ela seja o aspecto mais crítico da declaração de estratégia. Clareza em relação àquilo que distingue a empresa é o que mais ajuda a pessoal a entender de que maneira contribuir para a execução da estratégia.

A definição da vantagem competitiva de uma empresa tem duas partes. A primeira é um enunciado com a proposta de valor para o cliente. Qualquer declaração de estratégia incapaz de explicar por que o cliente deve optar por seu produto ou serviço está fadada ao fracasso. A segunda resume as atividades singulares, ou a complexa combinação de atividades que permite à empresa – e somente ela – tornar a proposta de valor uma realidade. É aqui que a declaração de estratégia se vale da definição de estratégia de Porter[2] (a tomada de decisões coerentes sobre a configuração das atividades da empresa).

Deveria ser fácil ver como uma descrição esmerada das atividades singulares, realizadas por uma empresa para gerar uma proposta de valor distinta ao cliente, consegue sintetizar sua estratégia. Uma descrição relativamente simples na declaração de estratégia faz uma caracterização incisiva, que não poderia pertencer a nenhuma outra empresa. É essa a meta. Quando essa declaração tiver sido internacionalizada por todos os colaboradores, será fácil entender como a atividade rotineira de cada um contribui para o sucesso geral da empresa – e como tomar corretamente as decisões que seu trabalho exige.

Como criar e formular uma declaração de estratégia

O processo de desenvolver a estratégia e de formular a declaração que capte sua essência ao comunicar, deve envolver colaboradores de todas as áreas da empresa e de todos os níveis hierárquicos. Além disso, é preciso dar extrema atenção à redação da declaração propriamente dita. Aliás, essa pode ser a parte mais impactante do processo de desenvolvimento da estratégia. Em geral, é na discussão acalorada em torno de uma única palavra, que a estratégia é cristalizada e os executivos passam a entender de verdade o que ela envolverá.

O resultado final deve ter um enunciado breve que reflita os elementos de uma estratégia eficaz. Deve ser acompanhado de observações detalhadas que esclareçam nuances da estratégia (para evitar qualquer interpretação equivocada) e enumerem suas implicações.

A estratégia terá força de verdade somente quando os empresários da companhia estiverem convencidos de que a conduta do pessoal na linha de frente, agora com novos poderes como acontece na GEAP, será norteada pelos mesmos princípios que regem o comportamento da cúpula.

Tendo conhecimento das nuances relatadas nas páginas precedentes, deve-se então elaborar a estratégia da empresa. Mas como colocar em uma planilha as informações obtidas?

Análise SWOT

A análise SWOT notabilizou-se na década de sessenta, e é um instrumento muito útil na preparação e organização do planejamento estratégico. Por intermédio dela, pode-se relacionar metodicamente em um gráfico quais são as forças, as fraquezas, as oportunidades e as ameaças que rondam a empresa, ajudando a gerenciá-las para melhorar o desempenho.[7, 8]

O nome SWOT é um acrônimo que tem origem em quatro palavras do idioma inglês:

Strength = força
Weakness = fraqueza
Opportunities = oportunidades
Threats = ameaças.

Pela sua simplicidade, é utilizado por empresas de todos os ramos e portes e tem sido ensinado nos cursos de administração como uma ferramenta importante para auxiliar na formulação de um mapa estratégico.

A função primordial da análise SWOT é possibilitar a escolha de uma estratégia adequada – para que se alcancem determinados objetivos – a partir de uma avaliação crítica dos ambientes interno e externo.

A figura 8.1 na pág. 262, que representa um gráfico clássico da análise SWOT, ilustra a listagem dos possíveis pontos fortes, das oportunidades, das fraquezas e das ameaças em quatro quadrantes. Tal sistema foi estendido para mostrar o significado que cada um dos elementos tem na estratégia. Além da lista de pontos fortes e fracos, mostra-se também como eles se relacionam com aspectos ligados a oportunidades e ameaças[9].

SWOT

Strength **Forças**	**W**eakness **Fraquezas**
Opportunities **Oportunidades**	**T**hreats **Ameaças**

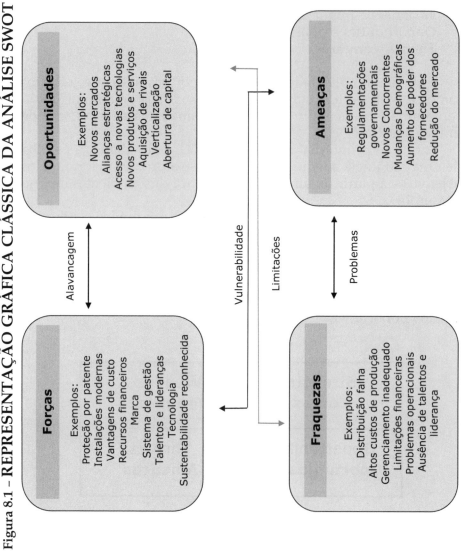

Figura 8.1 – **REPRESENTAÇÃO GRÁFICA CLÁSSICA DA ANÁLISE SWOT**

Morris[10] dá grande ênfase a oportunidade, assim como Druker, e considera este foco estratégico fundamental para construir uma análise SWOT eficiente e que contribua para montar o mapa estratégico, que posto em prática pode levar a empresa ao sucesso.

Praticamos o SWOT na empresa referência algumas vezes, o que permitiu uma boa participação dos colaboradores em geral. O processo deve ter uma liderança (guardião) que conheça bem a empresa e dar oportunidade a todos presentes de contribuírem.

Balcanced Scorecard

O Balanced Scorecard (que já ficou conhecido no mercado pela sigla BSC)[11], é uma abordagem de mensuração que organiza metas de desempenho para o planejamento estratégico e seu acompanhamento, segundo quatro perspectivas:

1. Financeira que descreve os resultados tangíveis da estratégia em termos financeiros tradicionais, como retorno sobre o investimento (ROI), valor para o acionista, lucratividade, crescimento de receita e custos unitários mais baixos.
2. Cliente que define os impulsionadores do crescimento da receita. Inclui resultados genéricos de clientes, como satisfação, aquisição, retenção e crescimento, bem como a proposição de valor diferenciado que a organização tem a intenção de oferecer para gerar vendas e fidelidade do público alvo.
3. Interna de processo que identifica os objetivos operacionais, de gestão de clientes, inovação e processo normativo e social para criar e entregar a proposição de valor para o cliente e melhorar a qualidade e produtividade dos processos operacionais.
4. Aprendizado e crescimento que identifica os ativos intangíveis que são mais importantes para a estratégia. Os objetivos nessa perspectiva identificam que trabalhos (capital humano), quais sistemas (capital de informação) e que tipo de clima (capital organizacional) são exigidos para dar suporte aos processos internos de criação de valor. Os administradores usam o BSC para descrever e comunicar as suas estratégias, alinhar

unidades de negócio e serviços compartilhados para criar sinergias, estabelecer prioridades para iniciativas estratégicas e portar e orientar a implementação da estratégia.

Por mais de uma década, em todo o mundo, organizações diversas (industriais e de serviços, setor privado e público, com e sem fins lucrativos) têm usado o BSC para melhorar o desempenho pela execução eficaz e concentrada da estratégia.

O BSC reduz a pressão sobre os administradores para encontrar e instalar a estrutura perfeita. Quando os administradores aplicam o scorecard empresarial para funções e unidades, essas unidades se tornam bem alinhadas às outras e à empresa. O processo começa na aplicação do BSC em um nível alto, permitindo que os objetivos e temas estratégicos sejam transmitidos em cascata para os níveis inferiores, onde são interpretados e personalizados segundo a situação específica enfrentada pelas unidades organizacionais de cada nível inferior.

Experimentamos essa ferramenta na empresa referência no nosso dia a dia, contratando um consultor que tinha expertise, lendo os livros e artigos publicados sobre a matéria, desenvolvendo workshops com os colaboradores e realizando na Universo Qualidade (ver anexo A, na pág. 371), eventos sobre a matéria, inclusive, trazendo para o palco os representantes do BSC no país[12].

Confessamos nossas dificuldades principalmente na integração das várias unidades de negócio e do planejamento dos indicadores do mapa estratégico.

Vale ainda considerar a pesquisa e publicação de Freitas[13] com o tema: estratégia existe, mas a implementação é difícil. Um estudo sobre a Evolução da Gestão Estratégica nas organizações brasileiras, realizada pela consultoria 3 GEN, com 42 empresas, revelou que somente 9% delas tinham modelo de gestão estratégica completamente desenvolvido. Um terço tinha mapa estratégico desenvolvido parcial ou totalmente, e destas, somente um quarto comunicavam e compartilhavam a estratégia regularmente.

Dia dos sonhos

Expusemos anteriormente, enfoques sobre o que seja modelo de negócio (capítulo 7), assim como planejamento estratégico e estratégias para sua implementação.

Para desenvolver o planejamento estratégico dentro do sistema GEAP, deve-se envolver o maior número possível de colaboradores considerados talentos, líderes com responsabilidades funcional e por áreas, e também o CEO e toda alta administração. Sugerimos nominar o encontro como "Dia dos Sonhos", pois sugere inovação, criatividade e possíveis mudanças. Neste dia, deve-se obter dos colaboradores selecionados, contribuições para o entendimento sobre o modelo de negócios da empresa, se ele é atual e está alinhado com as necessidades e os movimentos do mercado. Deve-se também obter contribuições para as estratégias a serem desenvolvidas e implantadas para o sucesso da empresa não só atual, mas principalmente no futuro de 3, 5 e 10 anos. Ouvir dos colaboradores o que eles acham sobre os pontos fortes e fracos da companhia e as oportunidades para melhoria do negócio. O que percebem como ameaças e incertezas no mercado, no país e no mundo.

Previamente para aqueles colaboradores selecionados, deve-se enviar capítulos de livros sobre as matérias a serem discutidas. Sugerimos os livros do Peter Drucker[4], Gary Hamel[1], Noel Tichy[20], James Collins[21], Michael Potter[6], Joan Magretta[14] e artigos não só desses autores, como também de Prahalad[15], Kaplan[16], Wilson[17], Norton[18].

Partimos do princípio de que as lideranças conhecem esses livros clássicos e sempre que possível, devem oferecer aos demais colaboradores resumos da matéria para facilitar o seu dia a dia. O material poderá ser enviado impresso ou pela intranet.

As informações oferecidas aos colaboradores são aquelas por nós relatadas de maneira condensada nas páginas anteriores.

Pode ser sugerido também para leitura, artigos de revistas e ou jornais sobre os componentes do mercado, no qual estão inseridos os concorrentes, fornecedores e cadeia de valor, assim como empresas que mostram exemplos de boa gestão e adequada operação.

A revista *Exame*[19] publicou uma pesquisa do IBGE sobre demografia, mostrando que no Brasil está em curso o amadurecimento da população, com o máximo possível de pessoas trabalhando, o que os especialistas chamam de bônus demográfico, que abre janelas de oportunidades. Nesta publicação é chamada a atenção para o enorme crescimento futuro das áreas de educação, saúde, lazer e recreação, higiene e beleza, móveis, construção, etc.

Dependendo da atividade e do porte da empresa, deve-se variar o número de colaboradores participantes do dia dos sonhos. Recomendamos que sejam envolvidos os considerados empresários (veja capítulo 5 – Organograma e Sistema de Comunicação), substitutos (quando houver) e alguns considerados talentos ou especiais dos diferentes setores da empresa.

Acreditamos que numa grande empresa (faturamento maior que 200 milhões/ano e ou mais de 2000 colaboradores), possam participar deste evento cerca de 2 a 3% dos colaboradores. Para uma empresa média, cerca de 5%, e nas pequenas empresas de 10 a 20% dos colaboradores.

Os colaboradores devidamente aculturados e preparados pelas leituras e outras comunicações, deverão ser divididos, a cada dia, em grupos de no máximo 12 pessoas. Estes serão subdivididos em novos grupos de 4 pessoas, em locais separados, para discutirem e debaterem os temas escolhidos, lembrando a necessidade de pensar grande – macro – e ao mesmo tempo nos detalhes – micro.

A coordenação deverá ser sempre do líder principal da companhia (proprietário, acionista, CEO, diretor geral ou superintendente) e do responsável pelo PH. É importante não haver um substabelecimento.

Com o mote: a organização deve ser movida pelo mercado, solicita-se reflexões e manifestações sobre:

- O futuro certamente já aconteceu em algum lugar.
- O futuro será inventado com ou sem sua participação.
- Nos negócios há um ciclo interminável de obsolescências, a ideia original deixará de ser apropriada e uma nova deve substituí-la.
- Deve-se sempre prestar atenção ao como e o quê.

Em seguida pede-se contribuições para algumas questões, tais como:

- Nosso negócio é perene?

PLANEJAMENTO ESTRATÉGICO – PLANO DE AÇÃO

- Qual será a evolução e possível transformação?
- O que diferencia nossa empresa no momento?
- Discuta e descreva o modelo de negócio da nossa empresa.
- A teoria do negócio é conhecida por todos na organização?
- Como estamos em relação aos concorrentes?
- Quais as dez crenças mais comuns sobre o modelo de negócio entre os nossos principais concorrentes?
- Quais os dez enfoques que os clientes jamais fariam sobre nossa empresa?
- Estamos olhando o mercado de maneira diferente?
- Estamos buscando novas oportunidades? Quais estamos perdendo?
- Devemos nos desenvolver fazendo mudanças incrementais (contínuas) e ou fazendo mudanças quânticas (radicais)? Quais?
- Devemos definir novas fontes de vantagem competitiva. Quais?
- Deveríamos desenvolver novos negócios na nossa área de atuação e/ou fora dela?
- O que vai pelo mundo e pelo nosso país? Quais mudanças estão acontecendo? Mudanças de classes sociais, econômicas, demográficas, de costumes?
- Deve-se questionar o produto, serviço, canal de distribuição, etc.
- Quais são os fatores que influenciam a compra de nosso produto/serviço? O local, a marca, a qualidade, a tradição, a confiança, a clientela, o design, etc.
- Devemos desenvolver novas competências?
- Devemos mudar nosso mix de clientes e receitas?
- Estamos no caminho certo?
- Nossa visão está correta?
- Devemos mudar de rumo, de modelo? Qual? Como?

Na sequência, devem ser construídas hipóteses para um possível novo modelo de negócio da empresa e definir quais estratégias a serem implantadas para um futuro de sucesso:

- Delineie uma nova plataforma de crescimento.
- Quais os nossos pontos fortes e fracos para agirmos nesta trajetória?

Finalmente com a participação de todos, emergirá o modelo ideal possível, objetivos e estratégias para o futuro.

Exemplos práticos que tivemos em nossa experiência na empresa referência da implantação do Dia dos Sonhos:

Foi pedido a cada um dos grupos:

a) Reflexão e discussão sobre o conteúdo do material distribuído/recebido.

Veja algumas considerações que obtivemos dos participantes, resultante do preparo prévio:

- Deve-se propor metas arrojadas para surgir ideias revolucionárias.
- Inovação é igual a sobrevivência.
- Deve-se excluir nostalgia, negação e arrogância.
- É preciso haver dinamismo e agilidade, fatores de sobrevivência e sucesso.
- Para mudar é preciso apoio do líder do negócio.
- Mesmo estando no "topo", tem que continuar buscando o melhor – melhoria contínua.
- É importante ouvir os clientes internos e externos, dentre eles, os fornecedores.
- É fundamental identificar os líderes e os talentos: eles sabem discernir o que é bom e estimular a criação de ideias.
- Deve-se investir nas pessoas para que se sintam valorizadas. Somente tecnologia não é suficiente para ter sucesso.
- É importante o fortalecimento da marca.
- A empresa deve procurar antecipar-se ao mercado.
- Antes de ser a maior, ser a melhor.
- A importância da empresa é ser ativa e pró-ativa.
- Ficar atento ao mercado e ou inclusive aos não clientes.
- Desenvolver o autoconhecimento.
- Identificar, criar e desenvolver competências essenciais.
- Superar expectativas.
- Colaborar para a quebra de paradigmas.
- Procurar a visão além do alcance.
- Esgotar as possibilidades.
- Qual a nossa missão?
- Qual o nosso sonho?
- Que diferença fazemos?

PLANEJAMENTO ESTRATÉGICO – PLANO DE AÇÃO

b) Considerações sobre a empresa:
- Atua com criatividade e inovação.
- Tem clientes das classes B, C e D.
- Tem a meta de 92% de satisfação no atendimento ao cliente.
- Apresenta ótimo controle financeiro.
- Está profissionalizada em busca de resultados.
- Investe no desenvolvimento dos colaboradores.
- Pratica preços justos.
- Tem uma forte gestão.
- Tem foco na redução de custos.
- Procura romper a barreira do número de clientes.
- Se empenha para estar entre os 3 maiores do seu mercado.

c) Sugestões para uma forma de crescimento:
- Foco no cliente.
- Ter novos produtos e serviços.
- Criação de mega centros resolutivos.
- Ter parcerias – exemplo – vender cursos da Universidade Corporativa.
- Prospectar novas praças.
- Fortalecer a marca.
- Oferecer treinamento com foco no relacionamento com clientes.
- Ter produtos e serviços para a terceira idade.
- Ter parcerias com grandes redes de distribuição.
- Ter parcerias com administradora de cartões de créditos.
- Ter projetos culturais com incentivos fiscais.
- Criar departamento de novos negócios.
- Ter tripé com foco no cliente, custo e crescimento.
- Ter foco no relacionamento com o fornecedor.
- Modernizar o canal de distribuição.
- Harmonizar o atendimento.
- Procurar a resolubilidade.
- Ter foco em responsabilidade social.
- Valorizar os profissionais.
- Segmentar os serviços.
- Desenvolver a casa do cliente: eventos e relacionamento.
- Modernizar os canais de comunicação (internet).

De uma maneira geral (cerca de 90%), os empresários, mas não todos os colaboradores, conhecem o modelo de negócio das empresas, naturalmente com leves nuances, e conhecem as hipóteses sobre as quais ela foi criada e desenvolvida. Assim, segundo Drucker[4], conhecem as hipóteses sobre a missão da empresa e hipóteses a respeito das competências essenciais necessárias para a realização da missão. Perguntas quanto a operação, o atendimento, o marketing, a filosofia, os recursos humanos, a TI e a gestão são importantes neste quesito.

Essas hipóteses precisam se encaixar perfeitamente bem com a realidade dos dias atuais. Em geral, são necessários muitos anos de trabalho, novas ideias, experimentação e reflexão para se atingir uma teoria clara, consistente e válida para o negócio. Além disso, ela precisa ser conhecida e compreendida em toda a empresa.

À medida que passa o tempo, a teoria tem que ser testada e é fundamental, quando ela não funciona mais, um diagnóstico precoce e repensar uma nova teoria. Consequentemente, deve-se tomar providências para mudar políticas e práticas às novas realidades do ambiente, definindo uma nova missão e as novas competências a serem desenvolvidas e/ou adquiridas. Veja-se o exemplo da GE, citado também anteriormente (capítulo 1.1).

Preventivamente, é preciso estudar aquilo que acontece fora da empresa, em especial com os não clientes, os quais são mais numerosos. A empresa também precisa ser movida pelo mercado.

Desse modo, as perguntas a respeito do seu ambiente, sua missão e competência essenciais, devem ser realizadas formalmente de tempos em tempos.

No dia dos sonhos, ao trazer para discussão não só o modelo de negócio, mas também as estratégias para o sucesso futuro da empresa, nota-se uma certa mescla das proposições. Estas, na maioria dos casos, não mudam substancialmente o modelo, mas contribuem para novos e importantes focos no negócio que, lembrados, poderão ser substancialmente importantes para o grupo estratégico realizar o planejamento futuro.

Ainda deve-se fazer uma pesquisa com todos os participantes, pedindo opinião sobre o dia dos sonhos com os seguintes itens:

- O material enviado para suporte a esta sessão foi adequado?
- O cronograma para o dia de hoje possibilitou um bom entendimento?

PLANEJAMENTO ESTRATÉGICO – PLANO DE AÇÃO

- A condução da atividade pelos coordenadores foi apropriada?
- Como foi o resultado do esforço de todos?
- Que expectativas você criou ao participar da sessão dos sonhos?
- Você acha que faltou algum tópico que não foi abordado?

Veja algumas respostas que recebemos:

- Gostaria de participar da continuidade dos trabalhos e celebrar os resultados.
- Estou esperando a consolidação dos dados e disseminação das informações.
- Deve-se colocar em prática as sugestões para a empresa atingir o sucesso.
- É importante a condensação das ideias e também novos desafios para o ano que vem.
- O que somos já sabemos, o que seremos?
- Tenho a impressão de que existe foco, mas há muito o que fazer e quero participar de tudo.

Dada as contribuições, pôde-se verificar o interesse e o orgulho dos colaboradores de participar desta fase do planejamento.

Vamos trazer a experiência vivida na empresa referência.

Sugestões:

- Ampliação da medicina preventiva de forma a se equiparar a medicina curativa.
- Investir na verticalização do processo de atendimento.
- Implementar terapias alternativas (entre elas acupuntura, homeopatia, terapia holística).
- Hospitais próprios com especialidades definidas.
- Abertura da nossa Universidade Corporativa para outras instituições.
- Desenvolver área de seguros, não só de saúde, mas de vida e previdência.
- Desenvolver a cirurgia estética.
- Desenvolver a clínica de vacinas.

- Criar um flat para idosos e/ou casa de repouso e convivência para a terceira idade.
- Investir consistentemente na harmonização do atendimento.
- Modernização dos canais de comunicação.
- Modernização dos centros de diagnóstico e hospitais próprios.
- Estreitamento de relacionamento com os credenciados.
- Melhoria do sistema de custos hospitalares.
- Utilização dos dados estratégicos e epidemiológicos.
- Criação de centro médico resolutivo em áreas estratégicas.
- Programa nutricional para os clientes em geral.
- Criar novo produto, com nova marca, para as classes A e B.
- Perseguir o indicador de 92% de satisfação dos clientes.
- Ter custo como um dos diferenciais da empresa.
- Valorizar a marca.
- Desenvolver ainda mais a responsabilidade social.
- Iniciar escola de negócio na área da saúde (administração, enfermagem, fisioterapia, etc.), graduação e pós-graduação.
- Expandir atuação geográfica.
- Centro de reabilitação para obesos (médicos especialistas, nutricionistas, fisioterapeutas, psicólogos, personal trainer, etc.).
- Desenvolver consultoria em gestão empresarial.
- Implantar canal de TV a cabo, voltado para a área da saúde.
- Criar uma seguradora.
- Abrir academias de ginástica.
- Hotel para pacientes em preparo, pré-internação e em recuperação.
- Abertura estratégica de centros de diagnósticos fixos e cuidados móveis.
- Abertura de distribuidora de materiais e medicamentos e empréstimo de materiais aos clientes.
- Financeira com cartão de crédito da marca da operadora.
- Foco nas doenças do futuro.
- Investimento em pesquisa e desenvolvimento.

Como pôde ser observado, na contribuição dos colaboradores para o grupo de empresários responsáveis pelo preparo do planejamento estratégico para os anos seguintes, não houve questionamento do modelo de negócio da empresa, pois ele ainda era atual e adequado.

Planejamento Estratégico – Plano de ação

O material do dia dos sonhos, construído pelos colaboradores e devidamente consolidado, deverá ser oferecido ao grupo de empresários considerado estratégico, que podem ser os responsáveis pelo financeiro, recursos humanos, operação, comercial, jurídico, TI, naturalmente, dependendo da construção do sistema de comunicação da empresa/organograma.

A estes também foram distribuídas anteriormente as mesmas cópias dos livros e artigos considerados importantes para leitura e participação pró-ativa nas reuniões.

Com este material de leitura e de participação e contribuição dos colaboradores do grupo dos sonhos, o grupo estratégico deve aplicar o sistema SWOT.

Após a conclusão do planejamento pela equipe de estratégia, deve-se comunicar a toda empresa (mas especialmente àqueles que contribuíram com as considerações e ideias iniciais), o planejamento para o período determinado (3, 5 ou 10 anos). Alguns cuidados devem ser tomados: o que é verdadeiramente estratégico e detalhado não deve ser revelado, porque poderá deixar de ser competitivo. Entretanto, deve-se formular uma declaração de estratégia simples, clara e sucinta, que todo colaborador possa usar como bússola na hora de tomar decisões difíceis.

Toda declaração de estratégia, deve começar com o objetivo e resultado que se propõe a produzir. Se uma nação, por exemplo, não sabe ao certo o que deseja obter com uma campanha militar, como esperar que sua meta seja atingida? A definição de objetivo deve incluir não só a meta final, mas também um prazo para sua consecução.

Na GEAP, recomendamos que do planejamento estratégico para 3, 5 ou 10 anos, deve-se tirar o plano de ação para o ano seguinte. Novamente deve-se lembrar que é uma tarefa plural do grupo estratégico, e absolutamente não singular do CEO.

Deste plano de ação para o ano seguinte, emergirá o Programa de Ação (PA) dos empresários e o Programa de Ação de Equipes (PAE), e em seguida, o Orçamento. Os Programas de Ação contém as metas e os indicadores que os empresários e colaboradores formularam. Assim é construído o mapa estratégico da empresa.

9. Programa de Ação (PA) e Programa de Ação de Equipes (PAE)

Não perca tempo em calcular a possibilidade de sucesso.
Apenas fixe a meta e comece.
Provérbio Chinês

A capacidade para aceitar responsabilidades
indica a medida de um homem.
Roy L. Smith

Terminado o planejamento estratégico da empresa para um determinado período (3, 5 ou 10 anos), o grupo de empresários intitulado estratégico, juntamente com as lideranças relevantes, extrai deste contexto as prioridades de como conduzir a empresa no ano seguinte. É o que chamamos de "plano de ação" para aquele determinado ano.

Com este enfoque para o próximo período, os considerados empresários deverão desenvolver seu Programa de Ação (PA).[1,2] Este programa é a maneira pela qual os empresários se comprometem a executar metas que foram confiadas a eles por delegação, procurando sempre o necessário alinhamento, não só com aqueles para os quais respondem, mas também com os do seu nível hierárquico e os subordinados.

Pode-se dizer que o Programa de Ação é o instrumento básico do processo de parceria e comprometimento entre a empresa e os empresários, na busca significativa de resultados futuros e sucesso.

O Programa de Ação do empresário é um processo de definição

de responsabilidade do que vai ser feito, com o estabelecimento de metas e prazos, além dos meios efetivos para alcançá-los. Sua execução contribuirá para colocar a empresa em um futuro estado de crescimento qualificado e desejado.

O PA do empresário atende as seguintes questões:

O que eu faço?	O negócio (prioridades)
Como eu faço?	Como será conduzido o negócio (táticas, direção e comprometimento)
O que se espera do que será realizado e quando acontecerá?	Resultados e prazos
Com quem será realizado e quanto vai custar?	Equipe e orçamento
Quais as dificuldades?	Fatores críticos e apoios requeridos
Na sua ausência (por qualquer dos motivos), quem é o indicado para substituí-lo?	Substituto

Dessa maneira, visualizado, escrito e apresentado, o Programa de Ação é o documento da parceria estabelecida entre a empresa e o empresário, e a maneira pela qual o Planejamento Estratégico e o Plano de Ação serão postos em ação, devendo ser obrigatoriamente avaliados periodicamente. Características também importantes deste programa são: o trabalho em conjunto dos empresários e colaboradores; a redução do risco de insucesso; a percepção de possíveis fraquezas existentes e como contorná-las; a necessidade do trabalho em equipe; a previsão dos recursos necessários para a concretização do resultado desejado; o alinhamento da política da empresa quanto ao atendimento e superação das expectativas dos clientes no que tange prazo, preço e qualidade; e, finalmente, o importante desenvolvimento das pessoas para não só melhorar a sua performance, mas também para crescer dentro da empresa. Assim, poderíamos resumir o programa de ação de cada empresário como apresentado na página seguinte.

Programa de Ação (PA)

Área: ....

Responsável:...

Setor: ....

Responsável: ....

NEGÓCIO E PRIORIDADES:

COMO CONDUZIR O NEGÓCIO:

RESULTADOS DESEJADOS E PRAZOS:

EQUIPE E ORÇAMENTO:

FATORES CRÍTICOS E APOIOS REQUERIDOS:

SUBSTITUTO:

Portanto, cada empresário terá seu PA, e este será apresentado mensalmente em reuniões formais, distribuído sob a forma de colunas nas quais estarão inseridas a meta, o peso dado a esta meta (a somatória deve ser 100), o prazo (mês) para ser concluído, os indicadores alcançados e sua respectiva nota naquele mês, uma coluna para comentários, uma coluna para a nota final e outra para a nota do PA. Vide quadro 9.1.

Naturalmente, o empresário de cada setor terá suas próprias metas (baseando-se no Plano de Ação/Planejamento Estratégico). Nossa sugestão é que o número de metas fique entre 10 e no máximo 20. Dependendo de cada empresa, este mapa poderá conter as metas obrigatórias, ou seja, presentes e comuns para todos os empresários do setor, área, ou mesmo da empresa. Citamos como exemplos: a satisfação dos clientes deve atender um determinado índice (92% é o ideal), que sua área apresente pelo menos duas propostas de melhoria contínua por colaborador/ano, que aconteça pelo menos 40 horas de treinamento por colaborador/ano.

Cada responsável por determinada área/setor abraçará a responsabilidade de fazer acontecer o que foi planejado para o ano. Um exemplo de possíveis metas da área de patrimônio humano:

Quadro 9.1 – METAS DO PATRIMÔNIO HUMANO

	PESO
Definição de grade salarial e benefícios	3%
Comunicação da partilha e revisão do sistema de comunicação	5%
Alinhar eixos da universidade corporativa com o modelo de avaliação do fator atribuído	2%
Reformulação e reimplantação das ferramentas do GEAP	5%
Definir o programa da universidade corporativa	15%
Inaugurar a universidade corporativa	1%
Atingir 1000 alunos no 10º ciclo da academia do conhecimento	5%
Desenvolver o conceito de *coach* e *team building*	2%
Desenvolver e implantar o modelo Programa de Ação de Equipes (PAE)	20%
Estruturar a área de comunicação interna	5%
Aplicar, conduzir e divulgar pesquisa do cliente interno	10%
Realizar 4 eventos culturais e de networking	2%
Atingir 92% de satisfação dos clientes	10%
Planejar 40h de treinamento colaborador/ano	5%
Fazer acontecer 2 propostas de melhoria contínua colaborador/ano	10%

Agora você deve estar perguntando se o patrimônio humano é só isto, ou tudo isto. O exemplo dado foi de uma grande empresa, na qual o patrimônio humano abrangia os setores de departamento de pessoal, treinamento e desenvolvimento, recrutamento e seleção e administração de terceiros (SAT), cada qual com um empresário responsável que, por sua vez, tinha também um programa de ação com no mínimo 5 e no máximo 10 metas. Por exemplo, o setor de recrutamento e seleção tinha as seguintes metas:

- Média de 23 dias para o preenchimento de vagas dos operacionais especializados.
- Controlar e manter a cota estipulada pelo DRT de 5% de colaboradores, preenchidas por PNE's (portadores de necessidades especiais), e 10% dos cargos administrativos com menores aprendizes.
- Atingir 12% de recrutamento interno em relação as vagas em aberto.
- Integrar 100% dos colaboradores admitidos.
- Avaliar os profissionais que, no período de experiência, estiveram abaixo da média.
- Reformular o guia para recolocação de profissionais.

Para uma empresa de médio porte, poderá haver dois setores no PH, enquanto que no de pequeno porte, somente um. Não se pode esquecer a tendência da possível terceirização não só do departamento de pessoal, como também o de recrutamento e seleção e de treinamento e desenvolvimento. Mas mesmo que isso ocorra, deverá haver pelo menos um Programa de Ação em cada uma das áreas controladas pelo PH da empresa contratante e que apresentará, mensalmente, os resultados das metas previamente estabelecidas.

Outros exemplos de metas que podem estar inseridas nos Programas de Ação de empresários de diferentes setores/áreas: reduzir a perda de clientes em x%, realizar uma reunião de Comunicafé com os colaboradores por quinzena, atingir o índice de absenteísmo de x% ao ano, atingir o índice de turn-over de x% ao ano, atingir hora-extra zero, alcançar lucro líquido superior a x% da receita, reduzir preços na compra de materiais diversos, centralizar a compra de serviços e de materiais, desenvolver inventário nos estoques do almoxarifado, analisar as despesas de comissão da área comercial, e assim por diante. Pode haver um sem-número de metas possíveis de serem atingidas, mas elas têm que ser distribuídas entre os vários empresários das diferentes áreas e, principalmente, estarem enquadradas e atendendo o Planejamento Estratégico/ Plano de Ação.

Mais uma vez, deve-se destacar que este processo de construção e acompanhamento do PA não pode perder de vista:

a) O enfoque e a contribuição para metas que dão impacto nos resultados.
b) A concentração nas prioridades e nas oportunidades.
c) A atenção aos clientes internos e externos.

A construção do PA deve ser um processo que ocorre de baixo para cima, isto é, do liderado para o líder. Neste momento, ambas as partes, devem acordar o peso a ser dado àquela meta. Líder e liderado são facilmente visualizados no sistema de comunicação (capítulo 6).

Uma vez construído o PA, mensalmente os empresários responsáveis se reúnem para avaliar os Programas de Ação de seus liderados, como ocorre na elaboração do PA. De uma maneira geral (há particularidades no sistema de comunicação):

- Os responsáveis funcionais avaliam seus PA's com seus responsáveis de gestão executiva.
- Os responsáveis pela gestão executiva avaliam seu PA com os da gestão de unidades de negócio.
- Os responsáveis por negócios e/ou responsáveis por serviços avaliam seus PA's com os responsáveis por área.
- Os responsáveis por área avaliam seus PA's com o CEO.

Uma vez realizadas as apresentações de todos os PA's, os responsáveis de cada área enviam para a área de Patrimônio Humano (PH) a avaliação parcial (mensal) do Programa de Ação (PA) de todos os seus responsáveis liderados, de modo a se manter o registro fiel dos resultados alcançados.

Uma observação importante, principalmente nos dias atuais do mundo globalizado, onde intensas concorrências e necessárias alterações estratégicas acontecem no mercado: o PA não é e não pode ser pétreo. Diante de alguns acontecimentos inesperados e importantes, as metas de um empresário podem ser repactuadas desde que os seus parceiros e líder estejam de acordo.

Programa de Ação de Equipes (PAE)

Um bom modelo de gestão empresarial prepara os líderes e os colaboradores para fazerem a estratégia acontecer. É preciso desenvolver, sobretudo, um processo rigoroso de diálogo que guie uma boa discussão sobre o que fazer, como fazer, com quem fazer e por que fazer, sempre buscando a superação de resultados. A GEAP leva em conta as pessoas em uma realidade operacional. Larry Bossidy e Ram Charam[3] no livro *EXECUTION – The Discipline of Getting Things Done*, defendem a tese de que as operações das empresas devem ser vinculadas aos objetivos estratégicos e às capacidades humanas.

A GEAP oferece, como um dos meios de conduzir esse trabalho, o modelo do PAE – Programa de Ação de Equipes

Na Gestão de Alta Performance (GEAP) que praticamos, metas e prazos não são responsabilidade e primazia somente dos empresários que preparam seu Programa de Ação (PA) advindo, na sequência, a participação nos resultados da empresa. Também os colaboradores em geral, formando equipes, devem ter metas com prazos estabelecidos. Este é o Programa de Ação de Equipes (PAE), que busca o envolvimento, comprometimento, desenvolvimento e contribuição dos colaboradores para um melhor resultado empresarial. Constitui importante pilar deste sistema de gestão, promovendo um esforço conjunto das pessoas da empresa, envolvendo 100% dos colaboradores e lideranças, levando à gestão participativa, transparente e colaborativa.

Este método (PAE), alinha os colaboradores com sua liderança imediata e é construído com metas claras, definidas previamente no Plano de Ação da Empresa e também com aspectos "micro", por isso é mais dinâmico e com características da área e da unidade de negócio na qual estão inseridos líder e liderados.

Definir a meta, o comportamento e resultado esperados das

diferentes equipes e de cada indivíduo na empresa, é uma grande empreitada, mas também é uma maneira de organizar expectativas e prioridades. Como dissemos, este método alinha líderes e liderados, e torna transparente os horizontes do Plano de Ação, como exemplo, reduzir custos, garantir qualidade e fundamentalmente a satisfação do cliente.

Verifica-se, portanto, que as lideranças imediatas coordenam os trabalhos de metas, prazos e encontros de feedback com os colaboradores, e o PH atua como facilitador dessas dinâmicas, como centralizador desse conjunto de informações, e, finalmente, como o responsável pelo cálculo de notas e quantias que cada pessoa receberá na partilha de resultados.

A avaliação de cada colaborador e da equipe com suas metas, acontece mensalmente por meio do diálogo entre líder e liderado. Nossa experiência mostrou que em razão da dinâmica deste método (PAE) ser muito sensível aos diferentes movimentos da empresa, da unidade de negócio, ou mesmo somente da área, é possível haver alterações mensais nas metas das equipes e até na individual, como por exemplo, uma mudança de prédio, reforma ou a adição de novas tecnologias. Assim, o PAE é mais dinâmico por ter, também, uma visão micro/local.

As diferentes necessidades que surgem no dia a dia, precisam ser adequadamente entendidas pelos colaboradores, como desafios e serem enquadradas no PAE daquele mês, trimestre ou mesmo semestre. O início de uma reforma em qualquer das áreas da empresa, tende a demandar cuidado extra e especial com a limpeza, comunicação, segurança, atenção aos clientes. Consequentemente, o PAE de algumas equipes estará sujeito à revisão das metas de consumo de materiais e satisfação dos clientes, por exemplo, indicadores que podem sofrer alguns impactos temporários, fora do padrão anteriormente estabelecido.

Modelo do PAE

O PAE é dividido em 3 partes:

1. De três a cinco metas individuais (exemplo: pontualidade, participação em programas de responsabilidade social, participação no Comunicafé, participação no programa de melhoria de processos), com peso de 30%.
2. Três competências individuais: (exemplo: assertividade, iniciativa, autodesenvolvimento), com peso de 30%.
3. Três metas de equipe qualitativas e quantitativas (exemplo: satisfação dos clientes de 92%, três propostas de melhoria contínua/ano), com peso de 40%.

Parece difícil a logística deste método, principalmente em uma empresa com grande número de colaboradores, entretanto, um bom suporte tecnológico facilita o controle das informações.

O PA e o PAE são métodos muito importantes na GEAP e caracterizam a parceria, confiança, responsabilidade, trabalho em equipe e união para fazer acontecer resultados muito além dos esperados.

O resultado da aplicação do PAE para os colaboradores ao longo do tempo são:

- Sabem quais são as prioridades da empresa.
- Conhecem o que os líderes esperam deles.
- Acompanham o resultado mensal da empresa, da unidade de negócio e de seu desempenho.
- Aprendem a trabalhar em equipe, alinhados com a empresa.
- Entendem quais são seus desafios e oportunidades na carreira.

Para a empresa, os frutos dessa ferramenta são:

- A empresa deixa claro quais são as prioridades e metas organizacionais.
- Os líderes têm um veículo que os ajuda a conectar as pessoas aos resultados desejados.

- O clima interno é muito bom uma vez que a comunicação constante facilita os relacionamentos.
- Índices importantes como turnover, absenteísmo, volume de ações trabalhistas são menores do que os registrados pelo mercado.
- A empresa tem mais condições de conseguir a superação de resultados e, consequentemente, oferecer partilha aos colaboradores.

10. Orçamento

Se tudo está sob controle,
você está indo muito devagar.
Mario Andretti

Transforme as medições em parte da gestão
e não da contabilidade.
Michael Hammer

Elaborar orçamento continua sendo um dos maiores desafios das empresas e a maioria não tem conseguido desenvolver expertise e tradição nesta matéria.

Quando a empresa não é grande, com pequeno faturamento e poucos colaboradores, o orçamento é "praticamente caseiro", mas não menos importante. Nas empresas maiores, a liderança de realizar o orçamento é do departamento financeiro.

O saber quanto vai gastar e receber no ano ou no semestre é fundamental, assim como projetar o EBTIDA e o resultado final.

Dois tópicos merecem realce. Primeiro, conhecer as despesas da empresa e, portanto, o custo de cada atividade. Depois a integração das pessoas de todos os níveis da empresa no planejamento estratégico para em seguida realizar o "budget" com segurança, para que ele seja cumprido. O orçamento aloca recursos a fim de dar apoio às direções escolhidas.

Orçamentos determinados somente pela alta administração, costumam ser desastrosos, ocorrendo queixas de alocações injustas, porque são os gestores e colaboradores que têm a visão prática dos recursos necessários para que o trabalho planejado possa ser executado.

ORÇAMENTO

A curto prazo, o horizonte da maioria das empresas leva a mudanças e movimentações necessárias, ditadas principalmente pela concorrência e consequente alteração de recursos, tornando quase impossível um orçamento pétreo. E isto não é fácil.

Aqui vale destacar o orçamento de Gary Hamel[1], em seu livro, *O Futuro da Administração*, no qual relata que às vezes o verdadeiro obstáculo à inovação é a falta de flexibilidade na alocação de recursos. Com frequência, os programas mais antigos recebem abundantes injeções de capital, ano após ano, enquanto as novas iniciativas não. É por isso que as empresas deixam o futuro escapar. Elas investem demais "no que é", em detrimento de "no que poderia ser".

Na maioria das empresas, o poder de um gestor está diretamente relacionado aos recursos de que ele dispõe e controla – perder recursos é perder status e influência – e se o projeto embrionário não se harmonizar com as prioridades da alta direção não recebe financiamento.

É interessante também o posicionamento de Ricardo Semler[2], no livro *Virando a Própria Mesa*, no qual aponta a importância da flexibilidade de mudança do orçamento nas empresas de nosso país. Referindo ainda que o orçamento muitas vezes torna-se um amontoado de números, muitos dos quais inexplicáveis ou de confiabilidade duvidosa.

Por outro lado, reforça que para o processo ser eficaz, precisa ser simples, de rápida leitura e compreensão e, para isto, os números devem ser poucos, de grande importância e tratados com entusiasmo. O autor reforça essa posição em outra publicação, *The Seven-Day Weekend*[3].

Algumas pesquisas com altos executivos[4] e discussões com analistas seniores de empresas de grande expressão, apresentam as queixas mais comuns quanto aos orçamentos: consomem muito tempo, frequentemente são um obstáculo a mudanças, fortalecem comando e controle verticais dentro da organização, concentram-se na redução de custos e não no aumento de valor, não refletem as necessárias iniciativas emergentes, estimulam o uso de estratégias com interesses puramente individuais ou de departamentos, são atualizados com frequência insuficiente, baseiam-se muitas vezes em hipóteses sem um verdadeiro fundamento e reforçam barreiras entre departamentos.

Jack Welch[5], manifestou-se sobre o tema em seu livro *Paixão por*

Vencer: As Respostas. Ele faz alusão de que "na maioria das vezes, o orçamento oculta oportunidades ousadas de crescimento, pois quase sempre tem pouco a ver com a realidade". Segundo o autor os orçamentos devem prever um número otimista – o melhor cenário.

Nossa contribuição, dentro da GEAP, tem os seguintes tópicos sobre o orçamento:

- É construído tecnicamente e com independência, com a liderança do departamento financeiro (naturalmente, quando necessário, com o auxílio das demais áreas), não recebendo influência de possíveis interessados na alocação de recursos.
- É preparado para se ter uma visão geral de alocação de recursos e é transparente e motivador de todo o pessoal da empresa. Dessa maneira, os colaboradores vão entender, mensalmente, o impacto do possível descumprimento das metas orçamentárias. Por outro lado, precisam saber também como sua contribuição através do Programa de Ação (PA) e do Programa de Ação de Equipes (PAE) faz a diferença.
- É realizado somente após consumado o planejamento estratégico, que no "Dia dos Sonhos" reuniu os empresários, líderes e talentos para avaliar não só a situação atual da empresa, mas as possibilidades e desafios futuros.
- Deve alocar recursos, seguindo a filosofia da delegação planejada e em conformidade com as metas contidas no Programa de Ação (PA) dos empresários e no Programa de Ação de Equipes (PAE) dos colaboradores em geral.

11. RESULTADOS

Só é gerenciado aquilo que se mede.
Kaoru Ishikawa

Os números governam o mundo.
Pitágoras

Toda empresa, qualquer que seja, elabora um documento que demonstra seus resultados. Na pior das hipóteses é somente o obrigatório balanço anual (lembramos, entretanto, que poucos sabem ler um balanço e tirar indicadores).

Independentemente do porte, as empresas (incluindo até as informais) devem fazer avaliações mensais de seus resultados, entendendo que a empresa é como a casa das pessoas, na qual os gastos só podem ser realizados dentro das possibilidades financeiras existentes.

Deve haver, no mínimo, um livro-caixa com lançamentos de despesas e receitas que, ao fim do mês, indicará o resultado financeiro. Esse material poderá servir, com certos exercícios, para construir alguns custos de suas principais atividades. Tudo é importante, por menor que sejam os valores, pois o que pode ser medido pode ser melhorado. Uma análise sobre o número e valor das vendas, assim como uma avaliação da satisfação dos clientes, ajudará a compor os resultados da empresa no mês. Como dissemos anteriormente, isto é o mínimo que se espera de uma empresa que pretende ter sucesso.

Na era da informação e da tecnologia é possível adquirir sistemas que, oferecem relatórios importantes, inclusive financeiros, para todos os empresários.

Naturalmente, cada empresa constrói seu relatório mensal de resultados (RM) de acordo com suas características e porte. Vamos dar alguns exemplos ilustrativos do que temos visto em nosso dia a dia e passíveis de serem usados como modelo e com as necessárias modificações, ser útil para a empresa que vai preparar seu RM.

Um exemplo de Resultados Mensais (RM) é o modelo que os proprietários de um flat recebem mensalmente, da empresa administradora[1] (quadro 11.1).

Outro exemplo é de uma empresa de prestação de serviços, com cerca de 3000 colaboradores e faturamento anual de cerca de 400 milhões de reais[2] (quadro 11.2, 11.3, 11.4 e 11.5).

Dependendo do porte da empresa e do interesse, poderá ser construído até um RM da área do patrimônio humano e/ou comercial. Por exemplo, na área de PH:

a) Quantidade de empresários, colaboradores diretos, colaboradores indiretos, temporários, terceiros e estagiários.
b) Receita por colaborador, salário médio, porcentagem de horas extras, absenteísmo, turnover, propostas de melhoria contínua, horas de treinamento, e possivelmente com alguns outros enfoques, ter elementos que ajudem a gestão da área, da corporação e/ou unidade.

Também na área comercial, dependendo do seu porte e interesse, pode ser construído um RM. Exemplos:

a) Despesas com colaboradores da área, corretagem e marketing.
b) Ingresso de novos clientes, perda de clientes, preço médio de vendas, venda de produtos agregados e, da mesma maneira que o PH, ter elementos para a melhoria da gestão e resultados empresariais.

Com estas demonstrações planilhadas, como nos exemplos acima citados, qualquer pessoa poderá acompanhar o negócio nas suas várias etapas. Ao final do mês, deve-se fazer comparações de resultados não só entre meses, mas também com o acumulado do ano e com isso verificar tendências (sazonais, por exemplo). Estes resultados mensais e anuais permitem também o acompanhamento do planejamento estratégico e do plano de ação.

Reunião de resultados (RM)

a) Da Corporação

Nada é mais importante do que os resultados da empresa.

Dentro do modelo da GEAP, os resultados corporativos do mês devem estar prontos até o fim da primeira semana do mês seguinte. Devem ser apresentados em reunião formal, liderada pelo CEO e/ou diretor financeiro e/ou controller. É uma reunião aberta, com presença obrigatória dos empresários responsáveis pelas diferentes áreas estratégicas, por exemplo: PH, TI, Comercial, Jurídico, Operacional. Podem estar presentes também outros empresários como os de gestão de negócios, gestão executiva, gestão funcional e substitutos. Mas nunca será demais enfatizar que é uma reunião aberta e transparente, na qual poderão estar presentes também colaboradores e convidados, sendo uma oportunidade para que todos entendam melhor o negócio e assim possam contribuir, cada qual a sua maneira, para o resultado da empresa.

Quando algum número apresentado não for plenamente entendido, pode ser solicitado entendimentos e esclarecimentos. O debate é bem-vindo e deve ser plenamente exercitado sem constrangimento.

Premissas Básicas:

- Deve acontecer mensalmente na corporação central e, se houver, em todas as unidades de negócio e/ou filiais da empresa.
- A agenda de reuniões de resultado deve ser montada de maneira que todas ocorram o mais rápido possível, após a divulgação do resultado oficial.
- Os líderes dos setores – administrativos e técnicos[3] - devem participar mensalmente dos encontros.

Objetivos essenciais:

- Gerar transparência corporativa.
- Dar diretrizes claras aos colaboradores.
- Educar os colaboradores a entenderem seu grau de contribuição e comprometimento para a construção dos resultados da corporação.
- Promover o desenvolvimento dos líderes e liderados no que diz respeito ao entendimento do negócio e não só do seu setor.

- Desenvolver o diálogo entre os diversos setores em torno do resultado.
- Desafiar os líderes e liderados a melhorarem os resultados.
- Identificar novos pontos de possível melhoria e trabalhar para que ocorram.
- Desenvolver o espírito da delegação planejada e trabalho em equipe.
- Proporcionar o engajamento das pessoas.
- Promover o alinhamento entre os objetivos e prioridades dos diversos setores.
- Promover o *empowerment* – mais responsabilidade com mais autonomia.

b) Da unidade de negócio

Na sequência, se a empresa tiver unidades de negócio (fábricas, hospitais, laboratórios) ou filiais, mesmo se for o caso em outros municípios ou estados, os resultados da corporação e das unidades devem ser imediatamente apresentados aos responsáveis pelas unidades ou filiais.

Quem deve participar das reuniões de resultados nas unidades de negócios:

- Responsáveis da unidade.
- Líderes de todos os setores da unidade.
- Lideranças técnicas da unidade.
- Responsável da área operacional corporativo.
- Responsável do patrimônio humano corporativo.
- CEO ou representante da corporação.

Principais componentes da reunião de resultados nas unidades:

1. Apresentação do resultado corporativo

A apresentação do resultado corporativo tem como objetivo permitir ao colaborador do setor, conhecer os resultados da corporação que ele ajuda a construir.

RESULTADOS

Esta parte da reunião é mais informativa e normalmente conduzida pelo CEO ou representante do conselho da corporação.

Deve ser apresentado com linguagem simples, de fácil entendimento para os diferentes líderes e pessoas participantes da reunião.

Aos poucos, os colaboradores começam a entender que a empresa é como a casa das pessoas: os gastos devem ser realizados dentro das possibilidades financeiras existentes. Eles passam a conhecer a receita, e podem contribuir para o equilíbrio das despesas. Percebem também que se a receita está menor do que a esperada, os gastos precisam ser rapidamente revistos para evitar o "estouro" do orçamento.

Um outro enfoque é que o orçamento não pode ser "levado à risca" para possibilitar as despesas. Se a entrada de recursos não for efetivada, e assim houver problemas de caixa, as despesas também devem ser revistas.

Aos poucos os colaboradores vão se familiarizando com os números da organização e podem reconhecer o papel da sua unidade na construção dos resultados corporativos, bem como seu próprio papel nos resultados.

2. Apresentação do resultado da unidade de negócio ou filial

A apresentação dos resultados da unidade começa com a exposição da planilha elaborada pela área de controladoria, chamada de RM ou relatório mensal que contém os dados da performance da unidade ou filial.

A apresentação dos resultados tem o objetivo, além de mostrar transparência, de apresentar os resultados específicos desta área operacional.

O responsável da unidade deve apresentar os dados e pedir manifestação dos colaboradores a respeito dos indicadores de performance. Indicadores que podem ser apresentados, por exemplo, em hospitais: média de permanência dos pacientes, número de cirurgias realizadas no day hospital, volume de exames pedidos, utilização de protocolos, utilização de antibióticos, taxa de infecção hospitalar, índice de satisfação do cliente, etc.

Na sequência, o responsável pela gestão da unidade convida os líderes presentes a manifestarem seus pareceres sobre os resultados do mês em seus setores e também sobre as ações que estão sendo tomadas no mês vigente, com o objetivo de superar os resultados planejados.

Este responsável deve – sempre – desafiar todos, mas principalmente os líderes na busca de melhores resultados, enfrentando as dificuldades com empenho e criatividade, naturalmente com os recursos disponíveis.

3. Apresentação de indicadores de desempenho em pontos fundamentais da unidade

Aqueles pontos-chaves – ligados diretamente à construção do resultado – que estão merecendo atenção especial da unidade, devem ser tratados na reunião de resultados.

O líder do setor, que está buscando superar algum problema detectado anteriormente, deve apresentar as ações realizadas no mês e os resultados alcançados.

Toda ação realizada deve ser passível de mensuração, de maneira que se possa tangibilizar a melhoria obtida.

As apresentações devem ser breves e diretas. O líder, nesse momento, estará treinando sua habilidade de comunicação e liderança.

A participação ativa dos colaboradores treina, engaja, compromete, promove seu crescimento e o da empresa.

c) Apresentação dos resultados de satisfação do cliente

A apresentação do resultado de satisfação do cliente é muito importante e fundamental na reunião de resultados da corporação e das unidades de negócio e/ou filiais.

Cada líder deve manifestar-se diante dos resultados de seu setor.

Quando os resultados não atenderem ao planejado, o líder não deverá se justificar, mas apresentar caminhos de solução.

O responsável da unidade ou filial deve estimular cada líder a conhecer os clientes em profundidade, saber os motivos de sua possível insatisfação e colher "dicas" do que satisfaz ou não o cliente.

Recomenda-se avaliar as reclamações/críticas dos clientes e não apenas mostrar o índice de satisfação do mês. Dar atenção ao NPS, indicador de máxima relevância (capítulo 1.4.2).

Duração da reunião de resultados
A reunião de resultados deve ter duração de 1h a 1h30min, dependendo do volume de assuntos a tratar

O que fazer com as informações da reunião de resultados?
Cada líder tem o papel de disseminar as informações e as lições tiradas da reunião de resultados.

Os demais colaboradores não presentes podem e devem ter acesso às informações.

O programa de ação de equipes – PAE – dos colaboradores, contém metas de resultados conectadas com os resultados que a corporação, unidade ou filial devem atingir.

Quadro 11.1 – DEMONSTRATIVO DE RESULTADOS DO MÊS E DO EXERCÍCIO

INFORMAÇÕES GERAIS	MÊS				ACUMULADO			
	Realizado	Orçado	Var (R$)	Var (%)	Realizado	Orçado	Var (R$)	Var (%)
Número de apartamentos no pool								
Taxa de Ocupação								
Fator de Ocupação								
Diária Média Bruta								
Diária Média Líquida com Café da Manhã								
Diária Média Líquida de Impostos e Refeições								
Margem do Lucro Operacional Bruto s/ Receita Líquida (%)								
(+) Receita								
Receita Líquida de Hospedagem								
Outras Receitas Líquidas de Hospedagem								
Receitas Líquidas de Serviços								
Receitas Operacionais Líquidas								
Total das Receitas Líquidas								
(-) Despesas Fixas								
Taxa de Condomínio Aptos do Pool								
Custos Folha ou Rep. ou Serviços - Vendas/Revendas								
Custos Folha ou Rep. ou Serviços - Hospedagem								
Custos Folha ou Rep. ou Serviços - Administração								
Custos Folha ou Rep. ou Serviços - Manutenção								
Custos Folha ou Rep. ou Serviços - Operações								
Total das Despesas Fixas								
(-) Despesas Variáveis Operacionais								
Despesas de Vendas com Outras Receitas								
Despesas Gerais e Administrativas								
Despesas Operacionais								
Despesas de Café da Manhã								
Materiais de Apartamento								

Tarifas Públicas									
Despesas Financeiras e Bancárias									
Comissão de Cartões de Crédito									
Taxas de Marketing e/ou Franquia									
Despesas com Comissão e Agências e Reservas									
Gastos Gerais com Vendas e Marketing									
Provisão para devedores duvidosos									
Serviços Terceirizados									
Despesas com Manutenção									
Total das Despesas Operacionais									

Total das Despesas (Fixas e Variáveis)

Lucro Operacional Bruto (GOP)

(-) Despesas da Propriedade									
Taxa de Administração s/ Lucro Operacional Bruto (GOP)									
Taxas Municipais (IPTU)									
Seguro dos Bens do Apartamento									
Aquisições/Serviços da Sociedade									
Depreciação e Amortização									
Fundo de Reposição de Ativos - FRA									
Total das despesas da propriedade									

Resultado Líquido das Operações

(-) Rendimentos									
Aluguel Fixo									
Aluguel Variável									
Créditos de Impostos de Aluguéis - Pessoas Jurídicas									
Sub-Total de Rendimentos									

Lucro Antes da Apuração do IRPJ e CSLL

Imposto de Renda da Pessoa Jurídica – IRPJ									
Contribuição Social sobre Lucro Líquido – CSLL									

Lucro/Prejuízo da Sociedade no Exercício

Distrb. Contábil Linear por Apto (Aluguel Fixo + Variável)				

Quadro 11.2 – DEMONSTRAÇÃO DE RESULTADOS MENSAIS

Empresa	Demonstração de Resultados Mensais (RM) - Consolida					
Rubricas	Jan	Fev	Mar			
	R$ no Mês	R$ no Mês	R$ no Mês	Var % Mês Anterior	% R$ S/ Receita Líquida	Pr e
Receita (Recebimento)						
A						
B						
C						
Outros Impostos						
Receita Líquida						
Custo Operacional						
A						
B						
C						
Resultado Operacional Bruto						
Despesas						
Despesas Administrativas						
Despesas Comerciais						
Despesas Financeiras						
Receitas Financeiras (-)						
Geração Interna de Caixa (EBTIDA)						
Investimentos						
Investimentos Anteriores						
Imposto de Renda e CSLL						
Juros de Empréstimos						
REFIS						
Resultado Líquido						
Pagto. Proc. Trabalhista						
Pagto. Proc. Cíveis						
Resultado Líquido das Provisões						
Quantidade de Clientes						
A						
B						
C						
Indicadores de Resultados						
Preço Médio/Cliente						
Custo Médio/Cliente						
Custo Operacional						

Real ado	% S/ Receita Líquida	R$ em Mil					
		Acumulado					
		R$ no Mês	Var % Mês Anterior	% R$ S/ Receita Líquida	Previsto em R$	Var % Real X orçado	% S/ Receita Líquida

Quadro 11.3 – DEMONSTRAÇÃO DE RESULTADOS MENSAIS

COMPOSIÇÃO DE CUSTO OPERACIONAL						
Rubricas	Jan R$	Fev R$	Mar R$	Var % Mês Anterior	% R$ S/ Receita Líquida	Previst
Recebimento Líquido						
Credenciados						
A B C D E						
1 Total						
Serviços Próprios						
A B C D E F						
2 Total desp. Serv. Próprios						
Apoio Operacional						
A B C D E F G H						
3 Total/Apoio						
TOTAL CUSTO OPERACIONAL (Σ 1+ 2+3)						

Resultados

		Acumulado				
R$ EM MIL						
Var % Real X Orçado	% S/ Receita Líquida	R$	% R$ S/ Receita Líquida	Previsto	Var % Real X orçado	% S/ Receita Líquida

Quadro 11.4 – DEMONSTRAÇÃO DE RESULTADOS MENSAIS

DESPESAS ADMINISTRATIVAS/COMERCIAIS

Rubricas	Jan R$	Fev R$	Mar R$	Var % Mês Anterior	% R$ S/ Receita Líquida
Recebimento Líquido					
Despesas Administrativas					
Conselho Auditoria/Serv. Gerais Serviço Finanças Patrimônio Humano Serviço de Informática Serviços Jurídicos					
Total Despesas Administrativas					
Pagto. Proc. Cíveis Pagto. Proc. Trabalhistas					
Despesas Comerciais					
Comissões Depto. de Marketing Vendas Relacionamento Cliente A Relacionamento Cliente B Relacionamento Cliente C Apoio Comercial					
Total Despesas Comerciais					

RESULTADOS

			Acumulado					
revisto	Var % Real X Orçado	% S/ Receita Líquida	R$	% R$ S/ Receita Líquida	Previsto	Var % Real X orçado	% S/ Receita Líquida

Quadro 11.5 – DEMONSTRAÇÃO DE RESULTADOS MENSAIS

COMPARATIVO MÊS/ANO ANTERIOR E MÊS/ANO ATUAL													R$ EM MIL
Rubricas				Variação		Acumulado				Variação		Orçamento/Ano	
	Mar/Antes		Mar/Atual				Mar/Antes		Mar/Atual				Acumulado	
	R$	%	R$	%	V	%	R$	%	R$	%	R$	%	R$	%
1 Recebimento Líquido														
A														
B														
C														
Outros Impostos														
2 Receita Líquida														
Custo Operacional														
A														
B														
C														
3 Resultado Operacional Bruto Despesas														
Despesas Administrativas														
Despesas Comerciais														
Despesas Financeiras														
Receitas Financeiras (-)														
4 *Geração Interna de Caixa (EBTIDA)*														

Comparativo Mês/Ano Anterior e Mês/Ano Atual (continuação)

Investimentos do Ano									
Investimentos Anteriores									
Imposto de Renda e CSLL									
Juros de Empréstimos									
REFIS									

5 Resultado Líquido

Pgto. Proc. Trabalhista									
Pagto. Proc. Cíveis									
(*) Provisão PLR 2.005									

6 Resultado Líquido das Provisões

Quantidade de Clientes

A						
B						
C						
D						
E						
F						
G						

Indicadores de Resultados

Preço Médio/Cliente			
Custo Médio/ Cliente			
Custo Operacional			

12. PARTICIPAÇÃO NOS RESULTADOS – PARTILHA

*Diretrizes Básicas para a Construção da Remuneração
dos Empresários e Colaboradores*

> *Quem não faz sacrifícios não alcança benefícios.*
> Marquês de Maricá

> *Não é porque certas coisas são difíceis, que nós não ousamos.
> É porque nós não ousamos que tais coisas são difíceis.*
> Sêneca

Componentes da remuneração[1]

- Retirada Mensal (RM): é o salário ou pró-labore do empresário/colaborador, compatível com as referências do mercado, assim como seu grau de capacidade profissional e maturidade.
- Remuneração Variável (RV) – Partilha: é vinculada a obtenção e superação das metas e resultados pactuados. A RV para os empresários está atrelada ao seu Programa de Ação (PA) e Fator Atribuído (FA) e para os colaboradores, em geral, relacionado ao Programa de Ação de Equipes (PAE)

Os empresários devem ter conhecimento do seu cargo dentro da empresa e posição no sistema de comunicação (capítulo 6), no qual são classificados como responsáveis: Estratégicos, Negócios, Executivos e Funcionais. Consequentemente, poderão fazer jus

Participação nos Resultados – Partilha

no fim do ano a,b,c,d,e, de salários como remuneração variável, dependendo primeiro do resultado financeiro da empresa e, segundo da sua avaliação (nota) no Programa de Ação (PA) e no Fator Atribuído (FA).

Os colaboradores devem ser avaliados pelo Programa de Ação de Equipes (PAE) e podem ainda conquistar um valor, como variável, decorrente da sua participação no Programa de Melhoria Contínua (capítulo 13.1).

Dessa maneira, pode-se construir a Partilha, para um determinado período (anual ou semestral), com regras bem estabelecidas. Citamos como exemplo uma experiência que tivemos e que é possível ter como referência de resultado o EBITDA* anual, que nada mais é que o resultado operacional do negócio (isto é, o que se faturou menos as despesas do período: custo operacional, comercial e administrativo), ou ainda ter como base o lucro líquido final após as provisões (de custos ligados ao negócio), despesas financeiras e provisão para IR/CSLL.

Nestas duas condições estabelece-se um indicador esperado. Por exemplo, o que superar o EBTDA de 8%, ou um resultado final - resultado líquido das provisões de 3%. Na primeira hipótese, o que exceder 8% do EBITDA poderá ser partilhado, e na segunda hipótese, o que exceder 3% do resultado líquido final. Uma segunda regra (conceito) é que sobre o que exceder o percentual estipulado, será aplicado a partilha de 30% na 1º ou 2º hipótese.

Assim, esquematicamente os critérios de partilha seguem o seguinte esquema:

Critérios de partilha

Resultados mínimos da empresa

EBITDA> = 8%

⌐⟫ Resultado líquido de provisões e impostos >= 3%

⌐⟫ Valor potencial de partilha: 30 % do excedente do EBITDA de 8%

⌐⟫ Limitado à soma do potencial de remuneração de todos os

empresários

---

* **EBITDA** - **E**arnings **B**efore **I**ncome **T**ax **D**epreciation and **A**mortization.

Exemplo:

FATORES INDIVIDUAIS DE CADA PARCEIRO

Estratégico .... até 5 salários/ano
Gestão Negócios .... até 4 salários
Gestão Executiva .... até 3 salários
Gestão Funcional .... até 2 salários
Colaboradores .... até 1 salário

Valor de partilha (sai do EBITDA) X fator individual X nota P.A. X nota F.A= R$ valor da remuneração

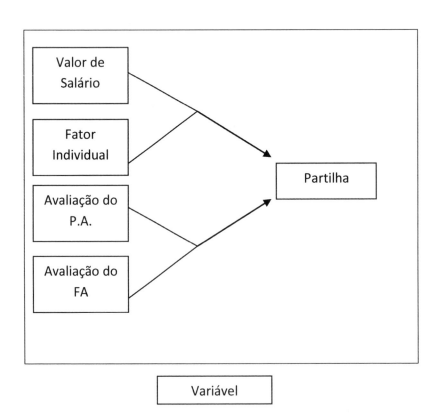

SIMULAÇÃO DE RESULTADOS – BASE 100

MODELO DE GESTÃO COM APURAÇÃO DO EBITDA	BASE 100 PERCENTUAL	SIMULAÇÃO DA BASE DE CÁLCULO EM REAIS (MIL)
A) RECEITA BRUTA	105,7	211,4
B) IMPOSTOS	5,7	11,4
C) (A-B)= RECEITA LÍQUIDA	100	200
D) CUSTO OPERACIONAL	66,9	133,8
E) (C-D)= RESULTADO (LUCRO/PREJUÍZO) OPERACIONAL	33	66
F) DESPESAS ADMINISTRATIVAS	7,3	14,6
G) DESPESAS COMERCIAIS	9,0	18,0
H) DESPESAS FINANCEIRAS	1,6	3,2
I) TOTAL DAS DESPESAS DE F+G+H	17,9	35,8
J) GERAÇÃO INTERNA DE CAIXA (EBITDA) C-DFGH	15,2	30,4
K) INVESTIMENTOS	2,8	2,7
L) IMPOSTO DE RENDA	4,8	4,8
M) JUROS S/ EMPRÉSTIMO	0,8	0,8
N) REFIS II	0,7	0,7
O) RESULTADO LÍQUIDO (J-(K+L+M+N))	6,1	21,4
P) PROVISÕES TRABALHISTAS E CIVIS	0,7	0,7
Q) PROVISÃO PARA PARTILHA	1,6	4,3
R) RESULTADO LÍQUIDO DAS PROVISÕES (O-(P+Q))	3,8	16,4

EBITDA em %. Aplicação da Partilha de 30% sobre o que excede a 8%, neste caso (15.2-8)=7.2

Aplicando o critério de cálculo sobre valores teremos como exemplo:

1 EBITDA DE 15,2%= 30,4

2 EBITDA DE 8,0%= 16,0

3 EBITDA EXCEDENTE 7,2%= 14,4

4 BASE DE CÁLCULO (30%x14,4)= 4,3

VALOR MÁXIMO DE PARTILHA = 4,3

MONTAGEM EXEMPLO DO LIMITE DA PARTILHA CONFORME POLÍTICAS DA EMPRESA			VALORES SIMBÓLICOS – APENAS EXEMPLOS DE CÁLCULO	
SISTEMA DE COMUNICAÇÃO		REAIS (MIL)		
	QUANT	REMUNERAÇÃO	FATORES	VALOR MÁXIMO
MÁXIMO MULTIPLICADOR DE REMUNERAÇÃO PARTILHA	EXECUTIVO	BASE (EM R$)		PARTILHA (R$/MIL)
ESTRATÉGICO	3	33	5	594
GESTÃO NEGÓCIOS	8	15	4	480
GESTÃO EXECUTIVA	13	6	2	156
GESTÃO FUNCIONAL	23	9	3	621
OPERACIONAL	2048	1	1	2048
VALOR MÁXIMO DE PARTILHA				3899

Exemplo:

JOSÉ ABREU		REAIS (MIL)		VALOR MÁXIMO	MÉDIA PA/FA	VALOR PARTILHA
GESTÃO NEGÓCIOS	QUANT	REMUNERAÇÃO	FATOR		8,5	R$ 51.000,00
	1	R$ 15.000,00	4	R$ 60.000,00		

Participação nos Lucros e Resultados (PLR) é um estímulo à produtividade e cria um vínculo entre colaboradores e empregadores quanto à obtenção de resultados, evitando confrontos e afastando preconceitos.

Além de ser uma forma de aferir a eficiência de um empreendimento, o lucro proporciona meios para uma efetiva distribuição de renda. Este é o espírito do dispositivo instituído pela Constituição de 1988 e regulamentado em 1994, embora a legislação tivesse uma finalidade mais imediata na época.

A indexação de salários deixou de ser norma, uma vez que os reajustes anuais são determinados basicamente pelas condições do mercado de trabalho. Houve anos em que grande parte dos reajustes salariais, negociados na data-base de cada categoria, ficou abaixo da inflação. Em 2010, observou-se que os reajustes foram iguais ou acima da taxa anual de inflação, como atesta o Dieese, o que não invalida a PLR.

É essencial que a participação dos colaboradores seja conduzida pela empresa, a partir da avaliação da situação financeira de cada uma e da conjuntura com que se defronta. Como bem mencionou

Participação nos Resultados – Partilha

o professor José Pastore[2], da FEA/USP, surge uma distorção quando a PLR é tida como uma espécie de 14º salário ou qualquer forma de complementação salarial, sem compromisso com a produtividade. Neste caso, o consumidor é que teria de pagar pelo benefício.

A PLR cumpre o seu papel quando resulta de uma negociação entre colaboradores e empresas em torno de metas a alcançar, em termos quantitativos ou qualitativos. Na negociação, as partes podem fixar como objetivo a produção de um determinado número de unidades durante um período, ou a meta de qualidade a alcançar, com o intuito de fazer face à concorrência e resultados positivos.

Tudo isso acaba resultando em lucro, tendo como pressuposto o empenho dos colaboradores em ações para evitar o desperdício de recursos, em disposição para aprendizado de novas técnicas e aculturamento em geral, bem como sugestões para a melhoria contínua e aprimoramento dos processos de produção.

Trata-se, portanto, de uma parceria. Vale notar que a PLR não é apenas uma prática proveitosa para empresas que já vêm tendo bom desempenho no mercado e que desejam manter os seus colaboradores motivados. Pode ser ainda mais útil para aquelas empresas que se veem diante de dificuldades e que precisam contar com um esforço maior de seus colaboradores. Para isso, é preciso que estes tenham conhecimento dos desafios a enfrentar e a segurança de que lhes caberá uma recompensa na partilha dos resultados alcançados.

Algumas observações e contribuições importantes para acontecer a realização da partilha:

Primeira: Deve haver participação do Sindicato da Categoria e um registro do acordo que seria uma forma de comprovar os termos dessa participação (PLR), para não haver o caráter salarial e não estar sujeito à tributação, como, de fato, concordou e determinou o Superior Tribunal de Justiça.

Segunda: A 8º turma do Tribunal Superior do Trabalho (TST) decidiu que o pagamento aos colaboradores de valores relativos à participação nos lucros e resultados de uma empresa, pode ocorrer de uma forma parcelada e mensal, como acontece, por exemplo, na Volkswagen através de negociação coletiva.

Terceira: Julgamos ser tão importante ou mais que as anteriores, a satisfação, o orgulho e a felicidade dos colaboradores participantes do PLR. Na empresa referência, na qual foi desenvolvida a GEAP, ouvimos comentários no grupo de empresários: "vou trocar o carro", "vou blindar o carro", "é a minha oportunidade de viajar ao exterior com a família", "vou terminar de pagar meu apartamento". Porém o que mais nos sensibilizou, foram as palavras dos colaboradores de menor poder de renda. Ouvimos os seguintes comentários: "vou refazer o muro de casa, que caiu há algum tempo", "vou *ajeitar* o telhado de casa para a época das chuvas", "vou azulejar a minha cozinha", "vou pagar os atrasados da faculdade da minha filha", "vou pagar minhas dívidas"; "vou comprar roupas novas para meus filhos". Tudo isso dito na maior simplicidade possível e revelando o quanto a partilha (PLR) representou para cada um deles. Naturalmente, vendo que verdadeiramente acontece, os colaboradores estarão mais dispostos ainda a contribuir com a empresa para melhores resultados nos próximos anos. Por outro lado, sempre que a empresa puder e tiver resultados para isso, o PLR pode ser aumentado. É a socialização, bem conduzida, da relação empregador X colaborador.

C. INSTRUMENTOS PARA POTENCIALIZAR PESSOAS E RESULTADOS

13. Ferramentas

Ferramenta é considerada um instrumento necessário à prática operacional e, no sentido figurativo, um meio para alcançar um fim.

Em gestão, utiliza-se frequentemente a palavra "ferramenta" mais no sentido figurativo, o que aconteceu algumas vezes quando tratamos de vários temas nos capítulos anteriores.

Na medida que as organizações amadurecem na busca do aperfeiçoamento contínuo, passam a utilizar métodos (ferramentas) que possam auxiliar a levá-las mais rapidamente à liderança do seu segmento de mercado.

Com este enfoque, destacamos algumas ferramentas que consideramos especiais, bem definidas e que utilizamos no dia a dia da GEAP, reconhecidas e identificadas na literatura e na prática diária, que contribuíram destacadamente para a melhoria do resultado empresarial.

Neste capítulo vamos apresentar os métodos que vivenciamos no dia a dia da GEAP e recomendamos que sejam aplicados:

13.1 – Melhoria Contínua – Genius.
13.2 – Diálogo com os colaboradores – Comunicafé.
13.3 – Melhoria de processos – Siga.
13.4 – Benchmarking.
13.5 – Clube do Livro/Revista.
13.6 – Clube dos Pensadores.
13.7 – Associação dos Colaboradores.

13.1 - PROGRAMA DE MELHORIA CONTÍNUA - GENIUS

> As inovações precisam ser manipuladas
> por seres humanos normais.
> Peter Drucker

> Pedras no caminho? Guardo todas.
> Um dia ainda vou construir um castelo!
> Fernando Pessoa

Executivos do mundo todo descobriram o óbvio, isto é, que não há ninguém melhor que os próprios empresários e colaboradores, envolvidos no dia a dia do trabalho na empresa, para saber quais melhorias e mudanças precisam ser feitas para gerar resultados superiores.

Esta ferramenta é denominada no Japão, de Kaizen, que significa melhoria. Nela há a melhoria contínua gradual em todos os níveis da organização, destacando-se as funções mais simples da organização, que estão na base da pirâmide ou "chão de fábrica" (gemba, em japonês).

Visa eliminar desperdícios e a maximização da produtividade e rentabilidade sem um significativo aumento de custos e principalmente ser motivação para os colaboradores. No fundo, o Kaizen permite às companhias baixarem custos e melhorar a qualidade de produtos e serviços. Torna-se, portanto, uma arma poderosa na luta contra os concorrentes. Todavia, o sucesso do Kaizen requer mudança cultural. Todos na empresa devem identificar os diferentes tipos de desperdício no trabalho para poder eliminá-los. E se essa ferramenta não funcionar é porque os níveis mais altos da empresa não assumiram o compromisso de participação. Por outro lado, a prática do Kaizen cria grande satisfação nos colaboradores, reduz o absentismo e o turnover[1].

Na Toyota (Japão), por mais de quarenta anos, a melhoria contínua foi movida pela crença na capacidade de empregados comuns resolverem problemas algumas vezes complexos. O Sistema Toyota de produção – *Thinking People System* (Sistema de Gente que Pensa), recebeu em 2005 mais de 560 mil ideias de melhoria[2].

Por isso, neste modelo de gestão (GEAP), foi instituído o Programa de Melhoria Contínua que poderá ser denominado de maneira que desperte mais atenção, como por exemplo, programa Genius ou Click de Melhoria. Tem como objetivo incentivar a participação de todos os colaboradores na melhoria contínua de todos os procedimentos das diferentes áreas, oferecendo premiações, como o pagamento da participação das sugestões implantadas. Com este foco, é oferecida uma verdadeira oportunidade de aumento da remuneração variável aos colaboradores.

Diretrizes

As propostas de melhoria poderão ser apresentadas em grupo ou individualmente, sendo obrigatória a participação dos autores na implantação da proposta. Cabe aos empresários e líderes, incentivar a participação de todos seus colaboradores.

Apresentação / envio das propostas

Os colaboradores, com uma ideia de melhoria, preenchem o formulário do programa, informando a situação atual e a sugestão de melhoria (vide quadro 13.1.1).

Eles podem pedir apoio a outros setores que não o seu, como por exemplo, da área financeira, tecnologia da informação, manutenção, compras, etc., estes setores poderão ou não ser incluídos no formulário como apoiadores.

As propostas devem ser entregues e explanadas ao responsável do setor para o qual se está sugerindo a melhoria.

O colaborador não precisa necessariamente pertencer à área para a qual sugeriu uma proposta.

Implantação

O responsável pelo setor ou área envolvida terá o prazo de duas semanas para avaliar a proposta recebida e dar um parecer sobre sua viabilidade e aplicação. Caberá a este responsável envolvido, a avaliação e eventual aprovação da proposta de melhoria contínua, sendo obrigação do colaborador proponente, participar da implantação da melhoria.

Se necessário, o responsável pelo setor, ou o colaborador proponente poderá solicitar apoio e participação de colaboradores de outras áreas na avaliação e implantação da proposta de melhoria.

Caso a proposta não seja aprovada, o responsável pelo setor deverá preencher no documento que está inserida a proposta, o motivo da inviabilidade e explicar ao colaborador as razões do parecer negativo. Às vezes a negativa é momentânea, por uma série de circunstâncias. No entanto, se a proposta for mesmo interessante, poderá permanecer em um banco de inteligência de melhorias e/ou inovação da empresa (vide quadro 13.1.1).

Quadro 13.1.1 – PROGRAMA DE MELHORIA CONTÍNUA – GENIUS

NOME COMPLETO DOS PARTICIPANTES DA PROPOSTA	UNIDADE / SETOR
RAMAL PARA CONTATO:	**DATA:**
PARA QUEM ESTA PROPOSTA É ENCAMINHADA:	

FAÇA UM BREVE RESUMO DA SITUAÇÃO ATUAL:

QUAL É A PROPOSTA DE MELHORIA: QUAIS OS BENEFÍCIOS QUE A PROPOSTA IRÁ PROPORCIONAR?

É IMPRESCINDÍVEL A APRESENTAÇÃO DOS CÁLCULOS PARA PROPOSTAS REFERENTES À ECONOMIA, PRODUTIVIDADE OU RECEITA

Colaborador: destaque este canhoto e envie ao PH, para maior controle de sua proposta

- -

PROTOCOLO DE ENTREGA DA PROPOSTA AO LÍDER		
Nome dos autores da proposta:		
Data:	Unidade:	Ramal:
Para quem você entregou sua proposta:		Setor:
Sua proposta refere-se a:		

Ferramentas

( ) APROVADA

ASSINALE A(S) CATEGORIA(S) EM QUE SE ENQUADRA A PROPOSTA

ECONOMIA – Redução de gastos com materiais ou serviços em um ano.
( ) A – Redução de – PREMIAÇÃO DE R$
( ) B – Redução de – PREMIAÇÃO DE R$
( ) C – Redução de – PREMIAÇÃO DE R$
( ) D – Redução de – PREMIAÇÃO DE R$
( ) E – Redução de – PREMIAÇÃO DE R$

RECEITA – Acréscimo de receita (R$) para a empresa em um ano.
( ) A – Acréscimo de – PREMIAÇÃO DE R$
( ) B – Acréscimo de – PREMIAÇÃO DE R$
( ) C – Acréscimo de – PREMIAÇÃO DE R$
( ) D – Acréscimo de – PREMIAÇÃO DE R$
( ) E – Acréscimo de – PREMIAÇÃO DE R$

PRODUTIVIDADE – Aumento de produtividade na atividade/trabalho/setor. Medido através de indicadores oficiais/histórico, corporativo/unidade/setor.
( ) A – Incremento de % – PREMIAÇÃO DE R$
( ) B – Incremento de % – PREMIAÇÃO DE R$
( ) C – Incremento de % – PREMIAÇÃO DE R$
( ) D – Incremento de % – PREMIAÇÃO DE R$

QUALIDADE – Melhorias nas propriedades, nos atributos ou nas condições dos serviços prestados aos Clientes Internos e/ou externos.
( ) A – Melhoria beneficiou Clientes Internos - PREMIAÇÃO DE R$
( ) B – Melhoria beneficiou Clientes Internos e Externos - PREMIAÇÃO DE R$
( ) C – Melhoria beneficiou Clientes Externos - PREMIAÇÃO DE R$
( ) D – Melhoria beneficiou Clientes Externos e Internos e será implantada em outros locais - PREMIAÇÃO DE R$

DATA DA IMPLANTAÇÃO DA PROPOSTA: _____/_____ /_____

RESPONSÁVEL PELO SETOR / DEPARTAMENTO:

( ) REPROVADA

DATA DE REPROVAÇÃO: _____/_____ /_____   ASSINATURA:

UTILIZE ESTE CAMPO PARA JUSTIFICAR O MOTIVO DA REPROVAÇÃO DA PROPOSTA.

Avaliação da proposta de melhoria contínua

Após a implantação da proposta, o responsável pelo setor/área envolvida fará a avaliação da melhoria e determinará o valor do prêmio, de acordo com os resultados esperados, em tabela previamente construída. Além disso, este responsável deverá colher aprovação da avaliação do prêmio com o seu superior.

Em caso de dúvidas, a área de PH e/ou responsável pela controladoria ou o financeiro, se não houver controller, deverão ser consultados no estabelecimento do real valor da economia ou produtividade obtida.

Após a aprovação, a proposta de melhoria contínua deverá ser encaminhada à área de Patrimônio Humano para que seja efetuado o registro e programado o pagamento aos colaboradores.

Os pagamentos ocorrerão mensalmente, após a implantação e comprovação da viabilidade da proposta de melhoria.

Valorização das propostas de melhoria contínua

- O valor do pagamento será de acordo com a Tabela indicada no Programa de Melhoria Contínua.
- O prêmio será em dinheiro e o seu valor máximo será previamente estabelecido por proposta de melhoria.
- O prêmio das propostas apresentadas em grupo é dividido em partes iguais entre os proponentes.
- Um colaborador demitido não será excluído do processo de pagamento, exceto se demitido por justa causa.
- Os valores referentes aos prêmios do Programa de Melhoria Contínua serão pagos mensalmente, independentemente dos critérios para a participação nos resultados (partilha) serem ou não atingidos.
- O Programa de Melhoria Contínua deve ser coordenado pela área de Patrimônio Humano. A premiação dos colaboradores deve ser divulgada nos boletins informativos da empresa e em quadros de aviso.

Fatores de avaliação

Poderão ser considerados os indicadores de maior interesse da empresa em determinado período para focar no Programa de Melhoria Contínua. Exemplo: economia, produtividade, receita, estoque, cliente, meio ambiente, qualidade, segurança, área ocupada, etc. Cada indicador terá "x" níveis de resultados esperados pela melhoria.

Cada nível de resultado indica imediatamente o valor do pagamento a receber pelo colaborador.

Para empresas de grande porte, sugerimos como prêmio máximo (100 pontos) a quantia de R$ 2.000,00. Para empresas de médio porte, o valor de R$ 500,00 ou R$ 1.000,00.

Exemplo de indicadores de melhoria que podem ser escolhidos e uma tabela de pontuação:

	A	B	C	D	E
1. Economia	3	15	35	75	100
2. Produtividade	10	40	60	80	100
3. Qualidade	4	5	6		
4. Segurança	3	4	5		
5. Diversos	2	3	4		

Valor da Unidade de Melhoria (UMP)= R$ 20,00 ou R$ 10,00 ou R$ 5,00. Prêmio Máximo: 100 pontos

Indicadores

Economia - Exemplo: Redução de gastos com materiais ou serviços de terceiros em um ano

	Redução em reais- R$		Prêmio
	de	até	Pontos
A	1,00	1.000,00	3
B	1.001,00	7.000,00	15
C	7.001,00	15.000,00	35
D	15.001,00	19.999,00	75
E	Acima de	20.000,00	100

Produtividade - Exemplo: Redução em horas do tempo de execução de serviços em um mês

	Redução em horas		Prêmio
	de	até	Pontos
A	1,00	35,00	10
B	35,10	110,00	40
C	110,10	200,00	60
D	200,10	310,00	80
E	Acima de	310,00	100

INDICADORES DE MELHORIA PARA OS CLIENTES E MEIO AMBIENTE

Qualidade - Melhorias nas propriedades, nos atributos ou nas condições dos serviços prestados aos clientes internos ou externos:

	Melhoria	Prêmio/ Pontos
A	Melhoria beneficiou clientes internos	4
B	Melhoria beneficiou clientes internos e externos	5
C	Melhoria beneficiou clientes internos e externos e será implantada em outros locais, além do local de trabalho do proponente	6

Segurança - Propostas com intuito de evitar agressão ao meio ambiente, melhoria nas condições de trabalho, eliminação de riscos de acidentes e melhorias em limpeza e arrumação:

	Melhoria	Prêmio/ Pontos
A	Melhoria beneficiou a área do proponente	3
B	Melhoria beneficiou outras áreas no mesmo endereço	4
C	Melhoria foi implantada também em outros endereços da empresa	5

Diversos - Qualquer proposta de melhoria que não seja englobada nos itens anteriores, mas que seja importante para a empresa:

	Melhoria	Prêmio/ Pontos
A	Melhoria beneficiou o trabalho do proponente	2
B	Melhoria beneficiou o grupo de trabalho dentro da área do proponente	3
C	Melhoria será implantada em outros locais além do local de trabalho do proponente	4

Os valores devidos em função da proposta de melhoria apresentada, individualmente ou em grupo, serão pagos mensalmente, independentemente de qualquer outro Programa de Participação nos Resultados.

Mensalmente, a área de Patrimônio Humano organizará uma cerimônia de entrega de prêmios onde serão convidados os colaboradores premiados, seus líderes, além dos empresários e os colaboradores aniversariantes do mês e aqueles interessados em presenciar o evento, desde que não interfira no seu ritmo de trabalho.

Na cerimônia, os colaboradores premiados apresentam uma síntese de sua contribuição e são homenageados com um cheque simbólico, que deve ser entregue pelo seu líder imediato. Neste momento, são realizados registros com fotos que serão exibidas nos meios de comunicação da empresa (capítulo 5). Os aniversariantes do mês da unidade de negócio são parabenizados com um bolo, velinhas, algumas "guloseimas", refrigerantes e um coro de "parabéns a você".

Observamos um impacto muito grande com esta ferramenta, não só com os premiados e seus líderes, mas em toda empresa. Independentemente do valor recebido, o sentimento de satisfação e orgulho é enorme entre os participantes, uma vez que eles sentem estar contribuindo para com a prosperidade e sucesso da empresa.

Para a avaliação do leitor, damos um exemplo prático do ocorrido em uma empresa de prestação de serviços com cerca de 3000 colaboradores, na qual a UPM foi de R$ 14,40. Em seis meses, foram apresentadas e aprovadas 936 propostas de melhoria contínua (em média 156 por mês), distribuídas da seguinte maneira: 98 de economia, 120 de produtividade, 574 de qualidade, 101 de segurança e 43 como diversos. Neste período, a economia calculada foi de R$ 135.800,00/mês. A produtividade conquistada foi de 4.634 horas, em média de 772,33/mês. Neste período, a empresa pagou aos colaboradores R$ 106.873,00, o que representa R$ 17.812,00/mês. Pode-se deduzir que financeiramente foi um ótimo negócio para a empresa, mas não é este, de longe, o principal foco do programa, como comentamos anteriormente.

Vale a pena relatar algumas sugestões, entre milhares, que presenciamos no Programa de Melhoria, para o leitor avaliar as contribuições.

Exemplos de Qualidade:
- Qualidade A: incluir no sistema de contas a pagar, um campo para cadastrar o e-mail do fornecedor.
- Qualidade B: incluir mensagens no verso do holerite como a crença (filosofia) da empresa, metas corporativas, etc.
- Qualidade C: criar um guichê para atendimento preferencial a gestantes, idosos e pessoas com filhos recém-nascidos. Quando não houver cliente preferencial, o guichê ficará livre para atendimento aos demais clientes.

Exemplos de segurança:
- Segurança A: colocar um corrimão na rampa do almoxarifado para que o PNE (Portador de Necessidades Especiais) tenha mais facilidade de locomoção.
- Segurança B: colocar etiquetas nas tomadas, identificando 110 ou 220, evitando acidentes ou queima de aparelhos.
- Segurança C: disponibilizar placas em todas as unidades para a informação: piso molhado.

Exemplos de diversos:
- Diversos A: colocar um suporte para o telefone da rouparia.
- Diversos B: colocar um "bate cadeiras" nas salas de reunião, evitando que encostem na parede e danifiquem a pintura.

Exemplos de Economia:
- Economia A: que o bolo utilizado na premiação Genius não seja mais comprado e sim feito na própria empresa.

Ferramentas

- Economia B: trocar o produto higienizador e protetor para a marca "x", com custo menor.
- Economia C: centralizar na recepção uma planilha, na qual será inserida a solicitação de motoboy, evitando que sejam chamados dois ou mais no mesmo horário e que pessoas não autorizadas solicitem o serviço.
- Economia D: trocar o contrato de manutenção dos elevadores para a empresa "x" que realiza a operação a um custo menor.
- Economia D: comprar um data show para os treinamentos, economizando o gasto com a locação.
- Economia D: trocar o atual fornecedor de papel sulfite, pela empresa "x", que tem um custo menor.
- Economia D: reduzir as cópias dos contratos, uma vez que algumas são impressas desnecessariamente.
- Economia D: reativar o poço artesiano deixando de usar água da Sabesp.

Exemplo de Produtividade:
- Produtividade A: não realizar um relatório diário para o setor de custo, mas aproveitar o já existente no sistema, acrescentando os dados do dia.
- Produtividade B: Alterar no call center a ordem das ligações para que fiquem em ordem decrescente, agilizando a procura.
- Produtividade C: unificação dos estoques em um único e intercalar o horário dos dois colaboradores.
- Produtividade D: que seja feita a migração automática de todas as comissões do pessoal de vendas para o sistema de rentabilidade.

Você deve estar se perguntando: espera aí, essas sugestões dadas pelos colaboradores para serem implantadas, deveriam ter vindo espontaneamente sem a necessidade de um Programa de Melhoria Contínua? E mais ainda, sugestões tão simples e óbvias são premiadas? Sim, claro que aquelas de produtividade, receita e economia são mais facilmente avaliadas em relação as outras melhorias tais como: qualidade, segurança e diversas. Entretanto, no conjunto, todas trazem uma mensagem de melhoria, por menor que seja, e contribuem para desenvolver a empresa para um rótulo "mais que perfeita".

Por isso, quanto a simplicidade das propostas seguem-se três observações. Primeira: não espere que a maioria dos colaboradores contribua com alguma coisa sem ser estimulado. Segunda: a melhoria contribui para a qualidade do produto ou serviço e beneficia o cliente e, logicamente, os resultados. Terceira: a proposta de melhoria estimula os colaboradores a procurar soluções para problemas, contribuindo para o sucesso da empresa e seus resultados, o que o leva a sentir-se parte do contexto, do sonho empresarial que está sendo vivido.

Pode-se deixar para os empresários os problemas mais complexos e de maior repercussão, esperando que eles também se saiam bem. E para os possíveis gênios, destrinchar alguma coisa semelhante à teoria dos jogos e o comportamento econômico ou o entendimento dos primórdios da formação do sistema solar.

Como dissemos no início deste capítulo, os grandes executivos jamais enxergariam as facetas abordadas no programa de melhoria e realmente não devem fazê-lo, porque estão voltados para outros e maiores problemas da empresa. Entretanto, precisa de alguém para olhar para aqueles "pequenos problemas" e para isto, nada melhor que a base da pirâmide.

Você, leitor, empresário, desenvolva o Programa de Melhoria Contínua com os indicadores mais importantes para a empresa, classifique as propostas para aquele indicador com os níveis (A, B, C, D...) que achar necessário, construa a tabela ou pontuação a sua maneira e estime o Valor da Unidade de Melhoria (UPA) que melhor atenda o interesse da empresa.

O Programa de Melhoria Contínua é uma ferramenta importante do programa da GEAP. Experimente. Teste. Não haverá arrependimento.

Melhoria contínua e inovação

Sobre este tema, talvez o leitor devesse conhecer o conceito e as formas de encarar a inovação, também importante para várias linhas de negócio (capítulo 1.4.5).

Em nosso país, algumas empresas incentivam os colaboradores a participar de propostas de melhoria e inovação. A Vale publica em seu site - www.vale.com/inovação - alguns resultados da iniciativa, visando a melhoria dos processos produtivos, divulgando que

FERRAMENTAS

em 30 dias, foram inscritos mais de 7 mil propostas nas áreas de segurança, economia de energia e reciclagem. A cada ano, o prêmio (i)nova Vale tem novas categorias.

No Espírito Santo, uma equipe responsável pela manutenção da Estrada de Ferro Vitória a Minas, criou uma máquina hidráulica que diminui o esforço físico e dá total segurança aos empregados que retiram parafusos dos trilhos. Um grupo do Complexo de Tubarão, em Vitória, desenvolveu um dispositivo que dá mais segurança e eficiência à operação de direcionar minério para as correias transportadoras que carregam navios. Outro grupo de Tubarão, criou uma solução simples e eficaz, que praticamente dobrou o número de horas sem parada para manutenção dos ventiladores hidráulicos, equipamentos de quase 40 toneladas imprescindíveis para fabricar as pelotas de minério de ferro. Já o grupo de Minas Gerais, desenvolveu um dosador para um dos principais insumos do processo de produção de minério, o floculante, reduzindo seu consumo, melhorando a qualidade do produto final e diminuindo o tempo para a execução da tarefa.

Estimular os colaboradores para sugerir melhorias e inovação para a linha de produção, é uma prática disseminada entre as grandes companhias. Mas poucas empresas foram tão a fundo nesse processo quanto a Arcelor Mittal Tubarão. Desde 2002, a siderúrgica colocou em prática 2759 ideias sugeridas por seus 4600 funcionários. Juntas, elas trouxeram uma economia de 596 milhões de reais. Para estimular a criatividade da equipe, a Arcelor organiza um concurso anual e premia os projetos com potencial de gerar as maiores economias. O vencedor de 2010 foi um robô que custou 3.500 reais e substitui soldadores na produção do aço. Em seis meses, a inovação reduziu os custos de fabricação em 3 milhões de reais. Os três operadores que inventaram a engenhoca já apresentaram o projeto em outras fábricas da Arcelor e a iniciativa pode, em breve, virar uma solução global para a companhia.

O grupo Camargo Corrêa recebeu 897 inscrições, apresentadas por funcionários de 19 empresas, de cinco países, na segunda edição do Prêmio Ideias e Práticas – Inovação Sustentável. Alinhadas à gestão sustentável dos negócios, visam melhorias em processos, produtos, serviços e redução de custos. É o caso de um dos projetos finalistas, o da aquisição de madeira sustentável da Amazônia pela construtora do grupo, na usina hidrelétrica de Jirau, em Rondônia. Com ele, a empresa espera conseguir uma economia de quase

R$ 2 milhões ao comprar 50 mil m³ de madeira serrada certificada até 2012, protegendo a floresta.

Ouvir os funcionários é lucrativo para o Algar

O estímulo aos seus 18 mil funcionários para a discussão e apresentação de propostas de melhoria de processos, revelou-se um bom negócio para o grupo mineiro Algar, que atua nos setores de telecomunicações, agronegócio, hotelaria, entre outros. Desde 2001, o grupo baseado em Uberlândia (MG), registrou um retorno de R$ 235 milhões com a implantação dos 700 projetos apresentados.

Esses são exemplos de grandes e enormes empresas, mas insistimos que é possível e deve haver movimentos de melhoria e, sempre que possível, inovação, principalmente nas pequenas e médias empresas. Mais uma vez, vale ressaltar que as lideranças dessas empresas precisam "arregaçar as mangas" para fazer acontecer.

13.2 – Diálogo com os Colaboradores – Comunicafé

*A comunicação não-verbal, especialmente
a linguagem corporal, é responsável pela impressão
que temos das pessoas que falam conosco.*
Spencer Johnson

*Devemos julgar um homem mais pelas suas
perguntas que pelas respostas.*
Voltaire

Temos insistido nos vários capítulos deste livro sobre a importância da comunicação e diálogo, a maioria das vezes informal, entre todas as pessoas da empresa. Seja em que momento for: durante as refeições, no elevador, no corredor, será sempre uma oportunidade para empresários e líderes trocarem informações, inclusive com colaboradores, se for o caso, até da vida pessoal. Isso aproxima, une as pessoas que podem, consequentemente, se tornarem íntimas. Esta iniciativa ajuda a construir o tão desejado ótimo clima organizacional.

Entretanto, existem instrumentos formais para que isso aconteça, embora informalmente. Chamamos este capítulo de Diálogo com os Colaboradores – Comunicafé, que é muito importante e até um canal oficial de comunicação com as pessoas que compõem o quadro da empresa. O Comunicafé possibilita o diálogo e o debate informal com os colaboradores, levando informações genéricas sobre a empresa e, muitas vezes, dentro de um programa previamente estabelecido, o estímulo para o desenvolvimento de algumas práticas importantes para aquele período (ética empresarial ou satisfação do cliente, entre outras). Neste encontro, os empresários podem fazer o diagnóstico do clima empresarial, das expectativas, ansiedades, insatisfações, críticas e sugestões de forma direta com os colaboradores[1].

Estimulando o diálogo, é possível informar e debater qualquer tema de interesse, além de atenuar eventuais conflitos. Deve ser conduzido por um empresário que conheça a corporação em seus pormenores, seja consensualmente respeitado pela comunidade, goste de comunicação e exerça a função com bom critério e satisfação.

A reunião pode ter a presença de até oito colaboradores de diversas áreas da empresa e/ou da unidade de negócio. A comunicação aos colaboradores que irão participar, deverá ser realizada por um representante da área do PH ou pelo responsável do setor no dia da reunião (figura 13.2.1).

Figura 13.2.1

Bem vindos ao
Comunicafé

Nome do colaborador e função:

01 – _____
02 – _____
03 – _____
04 – _____
05 – _____
06 – _____
07 – _____
08 – _____

Nome do condutor e cargo:

_____

A ser distribuída a todos no evento

Na hora marcada, o condutor e os colaboradores sentam-se ao redor de uma mesa com uma ordem predeterminada. É servido um café e sucos, que serão tomados informalmente por todos, durante o diálogo (figura 13.2.2).

Figura 13.2.2 – **DISTRIBUIÇÃO DOS PARTICIPANTES**

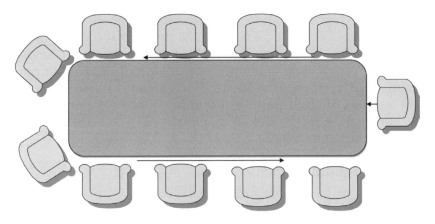

Etapas da reunião e orientações gerais

Cabe ao condutor:

- Conhecer o nome e a função dos colaboradores que irão participar.
- Preparar material a ser informado e debatido.
- Chegar antes do horário para recepcionar os colaboradores com interesse legítimo e satisfação.
- Informar o tempo de duração da reunião (1h30 a 2h).
- Distribuir o conteúdo da figura 13.2.1 para todos os participantes.
- Começar falando dele mesmo – contando resumidamente sua história.
- Pedir para as pessoas se apresentarem.
- Fazer um mapa da mesa e seus participantes ajuda, e muito, a realizar o relatório final (figura 13.2.2).
- Oferecer e insistir para que seja tomado um café ou um suco durante o encontro.

- Após as apresentações iniciais e para aquecer, perguntar, por exemplo:
  – O que vocês acharam da...?
  – O que pode ser melhorado na...?
  – Existe problema com...?

O condutor pode iniciar a reunião, dando em poucos minutos as boas-vindas e abordando um tema de interesse atual para a empresa, como Código de Ética, Índice de Satisfação dos Clientes, participação na Academia do Conhecimento, etc. Em seguida, ele dá a palavra a cada colaborador, começando da direita para a esquerda, portanto, no sentido anti-horário, do primeiro ao oitavo.

O tempo estimado para esta reunião é de uma hora e meia a duas horas, para que todos se manifestem e, às vezes, podendo haver uma segunda rodada.

Cabe ao condutor ainda:
- Estimular o colaborador mais tímido a falar (sobre o que ele queira).
- Exercer leve condução para o colaborador não "sair dos trilhos".
- Contornar a tendência de alguns colaboradores de só manifestarem agradecimentos e elogios a empresa, pois é outra a finalidade do encontro.
- Não permitir "longas exposições".
- Responder às perguntas naturalmente, esclarecendo todas as questões de maneira clara.
- Ter cuidado com perguntas e/ou pedidos indiscretos.
- Parte educativa a ser debatida:
  – O tema a ser debatido e o material será recebido junto com a relação dos colaboradores que estão presentes.
  – Explore o tema no início da sessão.
  – Distribua cópia (se for o caso) para os participantes.
  – Peça que todos leiam o conteúdo em silêncio.
  – Solicite que cada um leia em voz alta um parágrafo.
  – Coordene o assunto, estimule o diálogo e trabalhe sobre possíveis conclusões, em conjunto com o grupo.
  – Esta fase não deve durar mais de quinze minutos.
- Quando determinado assunto vier à tona, ouvir as opiniões de todos os presentes.

- Anotar em documento apropriado, durante o evento (quadro 13.2.1), os temas mais abordados, insatisfações, sugestões, sentimentos, dúvidas, posicionamentos e possíveis conflitos. Anotar, também, perguntas que porventura o condutor não teve condições de responder naquele momento, mas que se comprometeu a conhecer a respeito e posteriormente informar ao colaborador. Após a reunião, não sair da sala sem antes preencher os relatórios.

Quadro 13.2.1 – OBSERVAÇÃO DO CONDUTOR

OBSERVAÇÕES DO CONDUTOR		
Condutor:		Tema:
Data:	Horário:	Local:
Condutor, você como líder tem potencial para identificar talentos. Identificou algum hoje, durante este Comunicafé?		
Nº e nome do Colaborador	Comentários sobre o colaborador	
01		
02		
03		
04		
05		
06		
07		
08		
Aspectos gerais do encontro		

Após o evento, o condutor envia o relatório para a área de PH com um breve e sucinto relato do acontecido. Poderá indicar, se houver, os colaboradores que mais se sobressaíram na reunião e que poderiam ser os destaques ou talentos da unidade e/ou empresa quadro 13.2.2).

Quadro 13.2.2 – RELATÓRIO GERAL DE CONTRIBUIÇÕES

Condutor:		Tema:	
Data:	Horário:		Local:
	Descreva de maneira mais clara possível as contribuições dos colaboradores sobre:		
Ambiente de Trabalho			
Infraestrutura			
Operacional			
Rotinas / Processos			
Patrimônio Humano			
Destaques			
Gestão de Alta Performance - GEAP			

Dependendo do número de condutores e, naturalmente, de colaboradores presentes, é possível e desejável que cada colaborador participe pelo menos duas vezes ao ano de um Comunicafé.

Esta ferramenta é de contato direto e informal com os colaboradores. É poderosa. Esses encontros, com a proximidade e intimidade entre os colaboradores, os levará a uma união e comprometimento para o bem da empresa, o que, muitas vezes, não acontece naturalmente. É comum os colaboradores trabalharem em um mesmo setor ou setores próximos e não se conhecerem bem, inclusive quanto a suas avaliações e pontos de vista empresarial e social. Eles próprios se surpreendem com o fato, pois na maioria das vezes, no dia a dia, ficam em um breve cumprimento: "bom dia", "boa tarde", "boa noite", "tudo bom?" e pouco mais.

Com o evento, os colaboradores saem amistosos, melhor informados e orgulhosos de terem se "ombreado" com os líderes e contribuído, de alguma maneira, para a solução de alguns problemas da empresa.

O PH, de tempos em tempos, deve reunir as informações e fazer um diagnóstico do clima da unidade ou da área da corporação.

13.3 - Melhoria de Processos

A ordem e a simplificação são os primeiros
passos para o domínio de um assunto.
Thomas Mann

Ponha os processos em primeiro lugar.
Michael Hammer

Não faz muito tempo, continuidade e estabilidade eram as palavras de ordem das corporações. Hoje, porém, clientes cada vez mais exigentes e concorrentes crescentemente competitivos, fazem com que as empresas persigam de maneira obstinada a melhoria do desempenho. Uma das maneiras para que isso ocorra é através da construção de processos, que nada mais é que uma sequência contínua de fatos ou operações que apresentam certa unidade ou se reproduzem com regularidade[1].

Embora uma empresa organizada funcionalmente realize todas as atividades relativas à transformação de um pedido do cliente em dinheiro para a companhia, na maioria das vezes, ela não o faz em forma de processo. As atividades são realizadas de maneira desordenada e sequencialmente por departamentos que, muitas vezes, desconhecem a atuação uns dos outros e têm metas diferentes. O resultado é o conflito, a ineficiência, a variação, a improvisação, com consequente realização de trabalho que não agrega valor, além de aumentar os gastos indiretos.

O gerenciamento e melhoria de processos[2] é uma abordagem que visa melhorar o desempenho empresarial centrada no processo disciplinado e na sua execução cuidadosa. O desenho de um processo garante a possibilidade de sua repetição de forma coerente. Ele concorre para que as atividades sejam pensadas, projetadas e realizadas em um contexto empresarial. Quando os colaboradores percebem que suas atividades individuais são parte de algo maior, alinham-se em torno de objetivos comuns. Quando um processo tem um desenho explícito de ponta a ponta, as pessoas podem realizá-lo de forma consistente e melhorá-lo, se necessário, de maneira disciplinada. O gerenciamento de processos garante que estes sejam bem projetados, obedecidos e que permaneçam atualizados.

A figura central no gerenciamento e melhoria de processos é chamado de "proprietário do processo". É ele que lidera e coordena as pessoas que trabalham sobre um processo para que o entendam e o desenvolvam, utilizando as ferramentas necessárias para transformá-lo, se for o caso[3].

As recompensas do gerenciamento e melhoria de processos são enormes:

- Evita o desperdício de recursos e de tempo, pois um processo rigoroso impulsiona o desempenho.
- Oferece benefícios ao alinhar todos em volta de um objetivo comum, orientado ao cliente.
- Fornece o parâmetro ideal para uma possível reengenharia que, no fundo, é o redesenho deliberado e holístico de todo o trabalho.

Além destes, aquelas empresas que se propuserem a enfrentar esse desafio, receberão recompensas extraordinárias, não só em termos de economia de custos, mas também em agilidade de maneira geral, e em particular, no lançamento de novos produtos e serviços, determinando grandes saltos na satisfação do cliente e consequentes aumentos acentuados de rentabilidade.

Nas chamadas empresas baseadas em processos, as pessoas trabalham em equipes. Sua remuneração poderá estar atrelada a resultado, os empresários são *coaches* (treinadores), os sistemas de computadores são integrados para dar suporte aos processos de ponta a ponta, e a cultura incentiva tanto a responsabilidade individual como a coletiva.

A identificação e descrição dos processos com visão multifuncional e sempre foco no cliente, representa uma das ferramentas contempladas em diferentes práticas de gestão e em especial na GEAP. Mas é preciso uma visão multifuncional e para que se entenda este conceito, é suficiente observar o caminho que o cliente ou o seu pedido percorre na empresa, como citamos anteriormente.

Para oferecer serviços aos clientes é necessário que haja atividade integrada de várias pessoas localizadas em vários departamentos e até em áreas diferentes (figura 13.3.1). O cliente usa a estrutura da empresa de maneira horizontal e não vertical[4].

Figura 13.3.1 – **ENFOQUE MULTIFUNCIONAL**

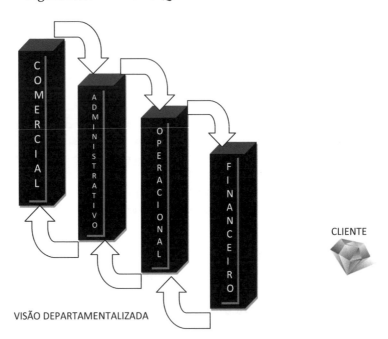

Antes da visão multifuncional, pensava-se nos processos como sendo atividades realizadas por um departamento específico. Os feudos departamentais cresceram em meio a esses conceitos.

Depois de identificar os principais processos que influem na qualidade dos serviços ou produtos e que interferem na qualidade de atendimento ao cliente, começa o preparo de sua descrição formal (mapeamento).

Pensando no que poderia acontecer com cada cliente, passo a passo, recomenda-se às equipes montar, em primeiro lugar, fluxogramas que ofereçam uma macrovisão do processo.

FERRAMENTAS

Essa ferramenta simples de entender e usar é realmente a melhor opção para visualizar os processos antes de descrevê-los e documentá-los[5] (figura 13.3.2).

Figura 13.3.2 – FLUXOGRAMA DE PROCESSOS

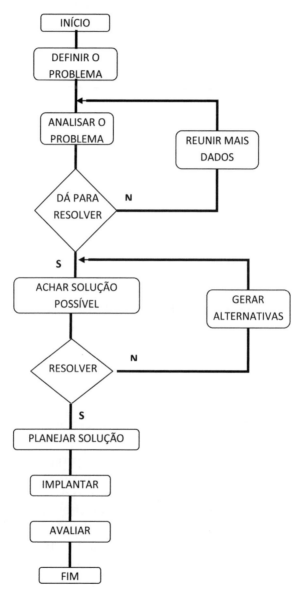

A partir desse início, segue o desdobramento de cada um dos diferentes caminhos que o cliente pode percorrer.

Ao desenhar o fluxo de qualquer processo, depara-se com momentos de decisão que significam que há naquele ponto mais de uma alternativa de ação. Diferentemente de uma linha de produção que admite poucas variáveis, no caso de prestadoras de serviço, os clientes não seguem necessariamente a mesma rotina. É frequente usar no fluxograma a figura representada pelo losango, para identificar as diferentes opções de continuidade do processo. As equipes responsáveis pelo desenho do processo devem considerar o passo seguinte adequado àquela situação.

Por intermédio de reuniões bem organizadas, as equipes multifuncionais de melhoria de processos, formadas a partir de representantes dos vários setores envolvidos em sua execução e gerenciamento, fazem um *brainstorming*, desenham o fluxograma macro, discutem as características de funcionamento e partem para o desenho de um novo fluxograma, agora detalhado. Com esse material pronto, podem tranquilamente realizar a descrição e documentação do processo.

As descrições de processo podem adotar vários formatos, devendo o conteúdo e a forma do documento estarem adequados ao nível de habilidade e compreensão daqueles que deverão executá-los. Quanto maior a habilidade de quem executa um processo, menor a exigência de detalhamento de sua operação.

Como exemplo, vale apresentar uma interessante metodologia de descrição de processos chamada "descrição passo a passo", com a seguinte construção:

1. Quem faz as ações.
2. A ordem sequencial na qual elas ocorrem.
3. O que fazer e como fazer.

Analisando o processo, é possível promover seus primeiros pontos de melhoria, eliminar passos desnecessários (burocracia, retrabalho) e inserir indicadores de tempo e exatidão.

Os processos, depois de descritos e documentados, devem ser implementados e executados dentro do padrão. Cada processo descrito gera um documento que recebe um número específico, seguido do ano de sua origem. Esses dados não mudam e devem permanecer os mesmos enquanto esse processo existir.

Ferramentas

Ao contrário disso, o número da versão vigente pode sofrer quantas alterações forem necessárias, o que significa que cada vez que um ou mais membros da equipe observar oportunidade de melhoria, deve implementá-la e atualizar a versão vigente.

É importante que os processos sejam de conhecimento daqueles que os executam. Para tanto, pode-se sugerir que tenham numeração única, de forma a caracterizá-los, da seguinte maneira:

- Área à qual pertencem.
- Ano de referência da descrição.
- Número sequencial do processo.
- Número da versão vigente – este número é alterado sempre que houver alterações (melhorias) no processo.

O controle da versão vigente, assegura às áreas estarem seguindo o padrão atual, não cometendo o erro de considerar para o trabalho processos obsoletos. Exemplo:

DPA 008/11-03.

DPA – descrição de processo administrativo.

008 – número sequencial do processo.

11 – ano em que o processo foi descrito em sua primeira versão.

03 – número da versão vigente.

Mediante o que pode ser chamado lista de distribuição, é possível garantir a presença dos processos nas diversas áreas.

Nesse tipo de documento é cruzado o nome das áreas existentes com o nome dos processos realizados nesse setor.

A lista de distribuição, junto com os processos documentados, pertencentes a cada área, pode compor pastas específicas. A lista pode estar disponível em ordem numérica e/ou em ordem alfabética. Manter as duas alternativas, facilita ao colaborador localizar o processo que o interessa e tirar dúvidas mais rapidamente.

Todo profissional deve compreender o sistema e ser preparado para executar suas responsabilidades dentro dele e, na integração de novos colaboradores, recomenda-se treinamento na metodologia de descrição de processos.

A elaboração de processos tem 9 parágrafos distintos:

1. *Nome do processo*: o nome a ser colocado no processo deve ser claro e simples.

2. *Objetivo*: definir sucintamente os propósitos do processo.
3. *Cargos envolvidos no gerenciamento e execução do processo*: aqui estão relacionados mais nomes, uma vez que são mencionados todos os cargos que realizarão passos do processo, assim como os cargos das lideranças envolvidas diretamente na condução dos passos na supervisão dos mesmos.
4. *Setores envolvidos no processo*: são mencionados todos os setores que executam um ou mais passos do processo.
5. *Procedimentos*: segue-se a descrição passo a passo.
6. *Processos complementares*: são mencionados todos os processos e tabelas utilizadas em conjunto com o processo.
7. *Glossário*: este espaço é reservado para esclarecer terminologias muito específicas de uma área ou termos que possam ser desconhecidos pela maioria das pessoas.
8. *Anexos*: a quase totalidade dos processos tem documentos padrão a preencher ou consultar e, por isso, é importante que constem como parte integrante da descrição dos processos para manter a homogeneidade de compreensão de todos os que precisam ser treinados para a sua execução.
9. *Participantes da descrição do processo*: toda descrição deve contar com representantes dos setores envolvidos.

Análise crítica

Todo processo, depois de descrito por representantes das equipes envolvidas em seu gerenciamento e/ou execução, deve passar pelo crivo de alguém que tenha visão ampla e possa avaliar sua adequação. No caso de haver alguma restrição, o responsável pela análise crítica devolve o processo para nova revisão. Para o processo ser colocado em operação, precisa contar com a aprovação de pessoa designada. Em geral, a responsabilidade sobre os processos administrativos fica a cargo da diretoria administrativa, enquanto os da área operacional ficam por conta do responsável pela área.

A equipe que vai analisar e descrever um processo na busca por soluções diferenciadas, pode ser formada por 4 a 10 colaboradores e, como vimos, dependendo do processo, não obrigatoriamente da mesma área.

Os colaboradores se reunirão no mínimo duas horas por semana, estabelecidas previamente, para atuar na melhoria do processo escolhido. As melhorias propostas devem, se possível, ser informatizadas e implantadas em até 60 dias após o término da jornada.

A informática na descrição dos processos da empresa – Siga

Monteiro de Mello e Natali Jr.[6], em publicação anterior, relatam que reuniões para a discussão e descrição de processos, fluxogramas, alterações em documentos, assim como centenas de informações, precisam ser organizadas para que as equipes de melhoria possam aprimorar cada vez mais os processos da empresa.

A cada alteração há a necessidade de atualizar a documentação. Para informatizá-los, utiliza-se um programa de computador para "compilar" e registrar essas informações. Entre várias opções, pode-se utilizar o Word, da Microsoft, que além de permitir a edição dos textos, facilita a montagem de tabelas, inclusão de figuras, gráficos, etc.

Graças a esse poderoso editor de textos, as alterações nas descrições dos processos são efetuadas rapidamente, o que garante maior agilidade no preparo da documentação e distribuição para as áreas envolvidas. Isso sem contar a qualidade final dos documentos, que, sem sombra de dúvida, facilita sua leitura e compreensão.

Uma grande vantagem do departamento de informática participar das equipes de melhoria é ter um contato inicial com todos os envolvidos nos processos, reduzindo a possível falta de informações que as pessoas têm com relação aos sistemas informatizados.

Tão importante quanto a participação do departamento de informática na preparação de documentação é a colaboração dos futuros usuários na definição dos sistemas de informática. Entretanto, é preciso ter cuidado para não desenvolver sistemas com inúmeros recursos ou opções, que em grande parte não serão utilizados ou que nem sequer serão necessários.

Outras vezes, são desenvolvidos sistemas com telas complicadas e também pouco operacionais, dificultando sua utilização. Isso é um grande problema, pois criará uma certa antipatia do usuário em relação ao sistema, o que poderá pôr a perder todo um processo de desenvolvimento.

Quando o futuro usuário participa das definições de um sistema, ele se torna "cúmplice" do desenvolvimento e, quando este for implantado, verá que as suas sugestões foram utilizadas e que o sistema vai de encontro a suas necessidades. Além disso, o simples fato de ele ter participado da análise e de algumas das fases de desenvolvimento, já cria uma certa aprovação do sistema.

Dezenas ou até mesmo centenas de processos podem ser documentados, mas, como dissemos anteriormente, é preciso visão global dos departamentos da empresa, pois um processo pode fornecer resultados para outras áreas ou precisar obter algumas informações de outros departamentos.

É comum um determinado departamento agir isoladamente, como se fosse único, e muitas vezes se considerar o departamento mais importante da empresa. Mas com a descrição de processos e sua informatização, percebe-se que os departamentos são apenas peças de uma engrenagem dentro de um mecanismo muito maior e, que em uma empresa, todos eles são importantes (afinal de contas, se um determinado departamento não tem importância, deveria ser extinto).

Praticamente todo processo dentro da empresa que ainda não esteja integrado a sistemas informatizados, poderá ser incorporado a qualquer momento, como:

- Inspeção de recebimento de materiais e controle de estoques.
- Emissão de pedidos de compras dentro do padrão.
- Sistemas de cotação.
- Cadastros de fornecedores qualificados.
- Indicadores de desempenho de fornecedores.

No entanto, antes de iniciar a descrição dos processos e o desenvolvimento desses sistemas, deve-se dispor de um software (Word) e adotar padronização que permita localizar e gerenciar os diversos processos que serão executados. Primeiro, é preciso definir uma codificação para os diversos processos descritos. Segundo, esses processos devem ser gerenciados e disponibilizados de tal forma que qualquer profissional envolvido tenha fácil acesso à última versão.

Esse sistema deverá permitir as seguintes operações:

- Manutenção do cadastro (inclusão, alteração e exclusão de processos).
- Consulta de processos, pesquisa por palavras-chaves. Exemplificando, você pode querer pesquisar todos os processos que envolvam fornecedores. Para isso, digita-se a palavra FORNECEDOR e o sistema fornece uma relação de todos os processos quem contêm essa palavra.
- Emissão de relatórios e impressão dos processos.

Nossa experiência

Nossa experiência em descrição de processos, decorreu da participação da empresa referência no movimento pela Qualidade já no fim dos anos 1980. Vale destacar nossa política, na época, de não impor o sistema da Qualidade a todas unidades de negócio. A adesão foi voluntária, liderada, evidentemente, pelo gestor responsável da unidade. Assim, dentro de um ambiente suave, amistoso e democrático, algumas unidades de negócio e áreas que aderiram ao sistema da Qualidade, caminharam aceleradamente para a conquista de certificações ISO 9000 e 14000, entre outras (capítulo 4.1.3).

O que se pode observar é que estas unidades de negócio, algumas das quais até indicadas para estar entre as melhores empresas para se trabalhar, foram as que mais rapidamente se ajustaram ao sistema de gestão que estamos descrevendo (GEAP), e que melhor conheciam a ferramenta de melhoria de processos.

Movimento Siga e Siga Conexões

Interessante também foi uma experiência na empresa, liderada pela área de TI para melhoria de processos. Este movimento foi denominado "Siga" e "Siga Conexões" (quando envolvia mais de uma área) e, naturalmente, recebia participantes de todas as áreas de interesse para aquele processo a ser descrito. A iniciativa acabou sendo um sucesso e os colaboradores que participavam da descrição dos processos, sentiam orgulho por pertencer àquela equipe da empresa.

O projeto Siga desenvolvido pela área de TI, visava reduzir a burocracia, eliminar papel, racionalizar e gerir processos com agilidade e baixo custo. Com isso, contribuía para maior eficácia e eficiência da empresa com redução de custos e elevação da satisfação do cliente. Neste projeto, foi constituído um Comitê da Qualidade, cujos integrantes conheciam bem as principais ferramentas básicas da Qualidade, tais como: benchmark, fluxograma, análise de Pareto, *brainstorming*, diagrama de causa e efeito (espinha de peixe), histogramas, diagrama de dispersão, gráficos ou cartas de controle, gráfico de controle por atributos[3].

Foram selecionados inúmeros projetos a serem trabalhados – "fase de fotografia", e encontradas várias ocorrências (não conformidades) prontamente corrigidas.

Neste movimento, foi testada a participação de colaboradores sem nenhum retorno financeiro imediato, mas apenas pela satisfação de estarem colaborando para melhores resultados da empresa o que, evidentemente, iria beneficiá-los na participação nos resultados como já descrevemos em capítulos anteriores. Este teste foi reconhecido como vencedor, pois havia até uma "disputa" pela participação nas equipes. Este e outros inúmeros exemplos, mostram que o comprometimento e participação dos colaboradores estão mais atrelados à crença – visão, missão, valores e, consequentemente, clima empresarial – do que propriamente resultado financeiro imediato.

FERRAMENTAS

13.4- BENCHMARKING - REFERENCIAIS PARA AS MELHORES PRÁTICAS

*O pressuposto operacional hoje é que alguém,
em algum lugar, tem uma ideia melhor.*
Jack Welch

*O segredo de um negócio é que saibas
algo que ninguém mais sabe.*
Aristóteles Onassis

Benchmarking é um método que tem como objetivo realizar comparações entre referências (benchmarks) de processos, práticas ou medidas de desempenho (satisfação do cliente, motivação dos colaboradores, resultados da empresa) entre organizações, para levá-las a níveis de superioridade e vantagem competitiva. Baseia-se no enfoque de que a maneira eficaz para promover uma mudança é aprendendo com a experiência de outros.

Entretanto, o benchmarking só pode trazer real vantagem competitiva quando se opta por adaptar, com criatividade, as melhores práticas a sua já existente, em vez de simplesmente copiá-las.

Como outras áreas da gestão, o benchmarking como ciência de comparação de processos, práticas e medidas de desempenho, está "chegando". O benchmarking deve estar focalizado naqueles poucos processos vitais que exercerão maior influência para atingir os objetivos da empresa. Nos Estados Unidos, as empresas têm sido muito influenciadas na área da Qualidade pelo Prêmio Malcom Baldrige (capítulo 1.4.3), onde a necessidade de benchmarking é uma exigência declarada no critério de qualificação. Esta ferramenta deve ser implantada também durante o desenvolvimento de uma Gestão da Qualidade Total (GQT) e, sem dúvida, em qualquer tipo de gestão.

O benchmarking tem dois enfoques principais: o operacional e o da gerência. Em particular, merecem ênfase especial os três primeiros passos do processo operacional que define:

a. O que tomar como referência (benchmarks).
b. Quem tomar como referência.
c. O acesso a fontes de informação e coleta de dados.

O processo de gerência, por sua vez, contempla tudo o que tem de ser feito para assegurar que o benchmarking seja realizado de forma eficaz, como por exemplo, os treinamentos para a sua implantação.

São quatro os tipos de benchmarking:
a. Interno: é a comparação entre operações semelhantes dentro da própria organização.
b. Externo:
b.1 - competitivo: é a comparação com o melhor dos concorrentes diretos e leva a resultados mais óbvios.
b.2 - funcional: é a comparação das mesmas funções em setores distintos entre empresas com processos semelhantes.
b.3 - genérico: é a comparação de processos de trabalho com outros que tenham processos exemplares de trabalhos inovadores.

Detalhes de como proceder para planejamento, implantação e gerenciamento do benchmarking, podem ser obtidos no excelente livro de Robert Camp: *Benchmarking dos Processos de Negócios*[1].

Em interessante publicação, Sarah Lincoln e Art Price[2], revelam o que os livros de benchmarking não dizem:

- Se a maioria leva de 9 a 12 meses para completar um estudo de benchmarking, os autores aconselham que faça rápido ou nem faça.
- A escolha dos benchmarks é considerada uma arte e não é fácil atingir o alvo.
- Estudos amplos e superficiais são úteis no desenvolvimento

FERRAMENTAS

de estratégias e metas, mas estudos restritos e profundos descobrem os tesouros ocultos de um processo ou prática de uma empresa.

• É uma ilusão encontrar as melhores empresas para parcerias exatamente nas áreas que estão sendo estudadas.

• Embora o propósito seja mudar um processo ou prática para melhor, isto não é facilmente aceito dentro da corporação, portanto administre a mudança desde o início.

O benchmarking interno e o competitivo (externo) têm sido usados com frequência e sucesso, pois encontram-se neles grandes oportunidades de melhoria. Brent James, da International Helth Care, demonstrou que 85% da prática médica não é baseada em ciência. Segundo esse autor, citado por Rider - C.T.[3], os cuidados médicos e práticas que o profissional aprendeu, foram passadas de geração em geração sem uma análise rigorosa e científica dos diferentes métodos e seus resultados. Em consequência, há uma enorme e inexplicada variação na prática médica. Isso acontece, inclusive, dentro de uma mesma instituição, pois os médicos do "staff" nem sempre foram treinados nela e praticam condutas adquiridas em outros serviços, muitas vezes diferentes.

Com esse enfoque das melhores práticas, foi realizado o benchmarking entre a Clínica Mayo de Rochester, a Cleveland Clinic e o Henry Ford Health System de Detroit. Os resultados foram considerados fantásticos, e a Clínica Mayo reduziu em 30% suas despesas com os atos operatórios, representados por muitos milhões de dólares.

A mesma Clínica Mayo decidiu fazer o benchmarking interno, isto é, comparar a prática de algumas operações realizadas pelo seu "staff". Observaram grande variação não só no ato cirúrgico, mas também no pré e no pós-operatório. Compararam, por exemplo, a laminectomia lombar (operação para hérnia de disco) e verificaram que de 11 cirurgiões (em muitas cirurgias realizadas), o assinalado com o número 2, tinha para seus pacientes uma média de 5,5 dias de internação, e o de número 10 somente 1,5 dia. O reflexo quanto ao custo foi de US$ 13,813 e US$ 9,019 respectivamente e, diga-se de passagem, com o mesmo padrão de Qualidade. O benchmarking foi realizado também para outras operações como carótido-endoarterectomia, shunt vascular periférico e até para partos. O resultado final foi a melhoria e padronização das práticas, maior satisfação dos clientes e enorme redução de custos, possibilitando maiores investimentos na melhoria da Qualidade.

Outra utilização do benchmarking está na construção de guidelines (revisão da literatura das evidências científicas de determinado assunto), muito utilizados no serviço de saúde americano para práticas de enfermagem, médica e até na padronização de condutas para a redução da infecção hospitalar.

Na construção de um guideline para a padronização de diagnóstico, conduta e terapêutica, procura-se ouvir todo o "staff" envolvido na prática, a opinião de um expert no assunto e também realizar a comparação dessa prática com a de muitos outros centros médicos. Isto é feito pela pesquisa da literatura, dando-se maior valor aos trabalhos de pesquisa prospectivos, randômicos e que tenham seus resultados submetidos a analise estatística. Esse benchmarking é importante para incorporar as melhores e modernas práticas que estão ocorrendo em todo o mundo[4].

O benchmarking pode ser realizado também quando o CEO ou alguém do conselho ou ainda algum responsável estratégico da empresa ingressa em uma associação de classe e, às vezes, tem até a possibilidade de participar da diretoria desta entidade. Nela sempre há, formal ou informalmente, troca de ideias e de pensamentos entre os empresários, obtendo informações "frescas" sobre o ramo de negócio.

Frequentemente são feitas amizades que possibilitam visitas aos concorrentes e comparações ou troca de informações que nada mais são do que o benchmarking informal. Caro leitor, não considere esta hipótese perda de tempo e "chata". Vale o possível "sacrifício" pelo bem da empresa.

Nós aplicamos a ferramenta, nos atualizamos e aprendemos muito com a experiência dos pares na Abramge (Associação Brasileira de Medicina de Grupo).

Sobre o tema benchmarking, escrevemos capítulo de livro[5] e artigos publicados na revista da Abramge.[6,7]

É possível saber como outras empresas enfocam e conduzem seus negócios em diferentes áreas (marketing, atenção a clientes, atendimento a qualidade, vendas, atenção à liderança e talentos, estratégias de gestão, responsabilidade social, comunicação interna, negociação, inovação, relacionamento, finanças, etc.), convidando representantes, diretores, presidentes e acionistas de empresas de grande projeção para se apresentarem em entidades como a

Universo Qualidade (ver anexo A, na pág. 371), para exporem e debaterem com a plateia suas concepções e práticas.

O relacionamento informal com os apresentadores em perguntas e respostas imediatas permitia, sem dúvida, um benchmarking – uma comparação do que estava sendo apresentado com aquela que os ouvintes desenvolviam em sua empresa. Algumas vezes, assistentes mais interessados chegaram a marcar visitas com os palestrantes de empresas consideradas padrão e "top" nas áreas debatidas. Muitas e muitas lições foram tiradas como resultado desses eventos em 15 anos de atividade da Universo Qualidade (capítulo 2).

13.5 - CLUBE DOS PENSADORES

Penso, logo existo.
Descartes

Todos os homens pensam.
Heráclito

Aprendemos ainda, quando fazíamos parte da diretoria do SESI (Serviço Social da Indústria) com o Professor Doutor Paulo de Castro Correia[1], na época superintendente da instituição, a importância de incutir nos colaboradores a prática de pensar. Pode até parecer um tanto ridículo este foco, pois nós humanos nos diferenciamos na escala animal, fundamentalmente porque pensamos. Mas pensamos de maneira organizada, com propriedade, refletindo e procurando tirar um resultado positivo que influencie realmente nossas vidas e no caso da empresa que contribua para seu sucesso? Poucas vezes a resposta é sim.

O doutor Paulo Correia tinha sobre sua mesa uma placa bonita e charmosa onde estava escrito "PENSE" e nos dizia: "nas suas horas de trabalho a cada dia, pare e utilize sistematicamente alguns minutos para pensar sobre o seu setor na empresa, listando problemas e refletindo sobre soluções".

Desta maneira disciplinada, conseguíamos realmente resultados especiais.

Certa vez soubemos, através de um ex-aluno e parente do Dr. Antonio Ermirio de Morais[2], que ele nos fins de semana, ficava pensando, trancado no seu escritório na casa onde residia, pelas manhãs até o meio-dia, quando então abria as portas para almoçar com a família.

Naturalmente tendo exercitado o pensar disciplinado e

conhecendo pessoas especiais que o praticavam, a primeira iniciativa que tomamos na empresa referência foi mandar fazer placas azuis com a palavra "PENSE" em branco (para destaque) e distribuí-las aos empresários e colaboradores mais próximos para colocarem sobre suas mesas ou alguma prateleira onde ficasse visível.

Com o tempo, imaginamos alguma coisa mais ousada e "fundamos" um clube dos pensadores. Uma vez divulgado, a participação era espontânea, bastando o colaborador se inscrever para receber a placa e um regulamento.

CLUBE DOS PENSADORES

REGULAMENTO

- Colocar a placa "Pense" em lugar visível (mesa) no local de trabalho.
- Procurar estabelecer dia e horário para a prática do pensamento organizado na carreira e no negócio (POCANÉ).
- Escrever em um pequeno caderno e sucintamente o pensamento, as ideias e reflexões. Date cada uma das inserções. Sugestão:
  - a- Página ímpar carreira, página par negócio, ou
  - b- Tinta de cor carreira e tinta azul ou preta negócio, ou
  - c - Metade do caderno carreira e outra metade negócio.
- Este caderno é seu, confidencial, e será muito interessante para sua leitura, meditação e reflexão no futuro.
- Você verá que os pontos de vista poderão mudar com o tempo, novas experiências, novas informações e reflexões.
- Muitas vezes carreira e negócio vão se entrelaçar.
- Esta prática deve ser "light". Não seja obsessivo e nem ansioso.
- Não há cobranças.
- Muitas vezes o "insight" vem fora de hora, anote em qualquer papel e reflita no horário da prática e, se for o caso, insira no caderno.
- Realizaremos, descompromissadamente, reuniões informais, periódicas, para trocar ideias e discutir temas de interesse.

Acredite, leitor, o quanto esta maravilhosa ferramenta auxilia pessoas dentro da sua intimidade de vida e carreira, e o quanto estes colaboradores contribuem, pelo simples exercício mental, com soluções para a empresa.

Placa a ser colocada sobre a mesa

Esta ferramenta pode ser usada para toda a empresa, contribuindo de grande maneira para a área de Inovação (capítulo 1.4.5) e de Melhoria Contínua – Genius (capítulo 13.1). As boas e, às vezes, grandes ideias ocorrem nesse momento. No caso da Toyota, por exemplo, seus funcionários referem-se ao Sistema Toyota de Produção como *Thinking People System* (Sistema de Gente que Pensa). Recomendamos sobre o tema Pensar e Refletir, os livros de Wanderley Ribeiro Pires[3], Warren Bennis[4] e Gary Hamel[5].

13.6 - Clube do livro / revista

A leitura engrandece a alma.
Voltaire

O hábito da leitura ajuda o crescimento intelectual.
Jacques Marcovitch

Este clube se concretiza com as lideranças, entendendo o quanto ele contribui para o autodesenvolvimento e consequentemente para a empresa, tomando a iniciativa de fundá-lo e dar sequência ao seu processo de funcionamento. Deve ser bastante informal, aberto a todo público da organização – sem discriminação – e bastante divulgado para obter ingresso de associados.

O clube do livro e/ou revista é um forte aliado à disciplina, à comunicação de como falar em público, ao aculturamento dos empresários e colaboradores, ao orgulho de pertencer a um grupo singular e de alinhamento a novos enfoques, e em todas as áreas do conhecimento, nas quais a empresa atua.

O ingresso no clube não deve ser obrigatório, mas somente daqueles empresários e colaboradores que espontaneamente queiram se desenvolver – autodesenvolvimento – e, assim, melhorar suas competências, inclusive na construção do Fator Atribuído (FA) (capítulo 4).

As revistas, artigos ou livros e capítulos a serem resumidos e expostos, serão selecionados pelos principais líderes da empresa ou algumas vezes pelos próprios integrantes do grupo, mas sempre com o aval do líder do clube. O apresentador será escolhido dentro de um rodízio entre os componentes do grupo, e terá um tempo de aproximadamente 30 dias para se preparar. Naturalmente, todos os pertencentes ao grupo saberão o tema e o material que vai ser apresentado na próxima sessão e assim, se quiserem, poderão também nesse período fazer suas leituras.

No dia e hora da reunião, o apresentador terá no máximo 30 minutos para sua exposição, que poderá ser acompanhada de transparências. Essa condição faz exercitar a importante capacidade de síntese.

Na sequência, deverá haver debate sobre o tema entre os componentes do grupo, sempre mediado pelo líder.

O evento não deve exceder 50 a 60 minutos.

Para não haver muita dispersão de assuntos, pode-se no começo do ano focar a área e o tema a ser desenvolvido, seguindo o planejamento estratégico da empresa. No caso de gestão, pode ser: clientes, ética, inovação, comunicação, qualidade, etc.

Às vezes, "encaixamos" o clube no Caldeirão do Conhecimento, e outras na Academia do Conhecimento (Capítulo 2 - PH). Mas pode acontecer também no horário do almoço, um pouco mais prolongado ou próximo ao fim do expediente.

Nossa experiência neste campo foi muito boa e concordamos, com Falconi[1], que o método é um sucesso. No entanto, acreditamos que a nossa maneira de fazer, além de exercitar compromisso, é mais democrático, menos rígido, mais prazeroso e assim tem mais elementos para se perpertuar.

Em uma unidade de negócio da empresa referência, com um seleto grupo de profissionais, exercitamos o clube da revista durante 20 anos, com os mesmos critérios apresentados anteriormente. Interessante confessar que, além de aculturar os profissionais pertencentes ao grupo, as próprias lideranças aprendiam e se atualizavam.

Não será aqui elencado quais livros/revistas devem ser escolhidos para a leitura e exposição, pois cada empresa terá suas preferências. Mas podemos afirmar, pela experiência, que esta é uma ferramenta que congrega, educa e atualiza as pessoas – empresários e colaboradores – e contribui, a sua maneira, para o sucesso da empresa.

13.7- Associação dos Colaboradores

Não pode haver amizade sem confiança,
nem confiança sem integridade.
Samuel Johnson

O mundo é algo singular que
torna possível a pluralidade.
Husserl

Deve ser incentivada por todos os líderes da empresa a construção de uma Associação dos Colaboradores (que será conhecida por uma determinada sigla), na qual podem estar contempladas também as possíveis unidades de negócio ou filiais. Esta associação terá como objetivo contribuir para desenvolver a qualidade de vida dos colaboradores e familiares, estabelecendo convênios comerciais vantajosos que facilitem o acesso dos associados aos bens de consumo e serviços existentes no mercado, e promover atividades culturais e esportivas para o público em questão.

A administração da entidade, eleita a cada dois ou três anos, deverá ter presidente, secretário e tesoureiro, havendo ainda um conselho fiscal, no qual deverão ter assentos os empresários mais qualificados e até os pertencentes a área estratégica. O presidente eleito, entre as muitas funções, também representará os colaboradores no Comitê de Ética da corporação (Capítulo 1.4.1).

A empresa deverá dispor de uma área para locar a administração da associação, que deve estar totalmente integrada à alta direção, que poderá a qualquer momento, por motivos justos e relevantes, dissolver a diretoria. Um fato assim nunca ocorreu em 25 anos de atividade na empresa referência do sistema de gestão (GEAP).

Para ingresso na Associação, que é indiscriminada e facultativa, os colaboradores deverão preencher ficha de adesão, que autoriza o desconto dos seus vencimentos (não devendo ultrapassar 30% deste total), referente ao valor da contribuição mensal da Associação e das despesas mensais porventura realizadas nos estabelecimentos conveniados.

Uma Associação desse tipo deve cobrar mensalidades ao redor de 1 a 2% do salário do colaborador, havendo, entretanto, um teto que será estimado na oportunidade. Por outro lado, sugere-se que a empresa contribua com um valor mensal que pode ser igual ou semelhante ao valor da soma das contribuições dos associados/colaboradores ou uma porcentagem do faturamento ou do lucro líquido.

Na empresa referência, mais de 90% dos colaboradores aderiram em razão dos benefícios e pela possibilidade de desfrutar com os demais colaboradores e família, uma vida social e esportiva.

Entre muitos benefícios possíveis, vimos prosperar com descontos consideráveis, convênios com:

- Seguro de vida em grupo.
- Convênio odontológico.
- Convênio médico.
- Convênios com lojas de roupa e calçados, parques, agências de turismo, seguro de automóveis e residenciais, quadra de esportes, consultoria jurídica, livraria, papelaria e materiais escolares, restaurantes, farmácias e drogarias, óticas, relojoaria, bancas de jornal e revistas, etc.

A Associação também deve comemorar dias especiais como dia das mães, dos pais, das crianças, dia internacional das mulheres, etc. Além disso, promover festas, inclusive de confraternizações de fim de ano, com oferta a todos os associados de uma cesta de Natal.

Em fase mais adiantada da Associação, naturalmente com a participação da empresa, pode até ser feita a aquisição de um clube de campo. Muita pretensão? Não é!

Na empresa que desenvolvemos, foi adquirido em Parelheiros, a 35 km do centro de São Paulo, uma área de 60000m² com todas as mordomias imagináveis: casa para hospedagem, casa de caseiro, piscinas, churrasqueiras, quiosques, campos de futebol e vôlei, capela, salão de jogos, playground, etc.

Com esta descrição, verifica-se o quanto uma Associação de Colaboradores bem administrada pode contribuir para desenvolver um clima organizacional do bem, congregando pessoas e famílias em momentos de lazer, o que facilitará a união no trabalho, na empresa e principalmente na formação de equipes.

Deve ser confeccionado o Manual do Associado, no qual estará inserido todo o regulamento e benefícios oferecidos e distribuídos aos colaboradores, inclusive quando da admissão na empresa.

A Associação pode fazer um pequeno jornal das últimas notícias, que pode também ser divulgada pela intranet. Por outro lado, no quadro de avisos da empresa, pode haver notícias da Associação e, inclusive, fotos dos eventos sociais e esportivos.

Nesta integração, a Associação divulga outras atividades da empresa como, por exemplo, os cursos da Academia de Conhecimento.

Dessa maneira, forma-se uma rede que envolve colaboradores, empresários, famílias e, muitas vezes, outras pessoas da cadeia de valor – terceiros e outros prestadores de serviços, o que facilita a interação e o desenvolvimento da confiança entre as pessoas pertencentes àqueles grupos.

Naturalmente esta é apenas uma sugestão de como construir uma Associação de Colaboradores. É evidente que cada empresa terá uma maneira própria de fazer que isso aconteça. Verificamos que a contribuição que esta entidade dá no contexto da formulação de um ambiente agradável para trabalhar é incomparável, com consequências muito boas para o resultado da empresa.

Epílogo e Reflexões

Neste momento, gostaríamos de estar "na pele" e na alma do leitor, para avaliar seu sentimento quanto à contribuição recebida após a leitura dos diferentes capítulos deste livro.

Procuramos em todos os momentos, mostrar não só o que fazer, mas principalmente como fazer.

A Gestão Empresarial de Alta Performance Baseada em Pessoas (GEAP), foi posta em prática, na totalidade, em empresa da área de saúde – Amesp Sistema de Saúde – e suas unidades de negócio em São Paulo: Hospitais Jaraguá, Itacolomy, Itatiaia, Iguatemi e Novolab – Laboratório de Análises Clínicas. Essas empresas foram alienadas, em momento especial, pela Medial Saúde e esta, logo em seguida pela Amil Assistência Médica. Como se sabe, movimento como este acontece frequentemente em grandes e pequenas empresas, nacionais e internacionais por razões diversas.

Na Amesp Sistema de Saúde, certamente faltou um sólido programa de sucessão, que aconselhamos seja desenvolvido logo que uma empresa esteja madura, como aconteceu, por exemplo, na Gerdau e Votorantim.

No Brasil as empresas estão sujeitas a dificuldades como altos impostos, juros extorsivos, infraestrutura cara e ruim, altíssimas tarifas públicas, usando como exemplo a energia elétrica, custo de mão de obra elevado demais em consequência de encargos, justiça lenta e ineficiente, excesso de burocracia, etc. No entanto, devemos lembrar que isso ocorre para todos, e se uma empresa não tem bons resultados com um modelo de negócio atual, sendo superada pela concorrência, é porque não está havendo um diagnóstico correto das suas dificuldades e, consequentemente, estão sendo prescritos remédios que atacam sintomas e não as causas do problema.

Como dissemos na introdução, frequentemente a responsável pela ineficiência e maus resultados é a gestão pouco ou nada eficaz. Entendendo que além da metodologia correta, é fundamental ter foco nas pessoas em todos os momentos, pois são elas que fazem os resultados acontecerem, pode-se fazer uma gestão de sucesso em todas as áreas e em qualquer empresa.

A aplicação da Gestão Empresarial de Alta Performance Baseada em Pessoas (GEAP), descrita neste livro em seus diferentes capítulos, pode ser realizada simultaneamente, o que não aconselhamos pela dificuldade em batalhar ao mesmo tempo em tantas e diferentes frentes. Nós mesmos, não fizemos assim e a GEAP foi construída no decorrer dos anos.

Sob o ponto de vista prático, a aplicação da metodologia (parte B) e das ditas principais ferramentas (parte C) deste livro, leva a resultados quase imediatos, mas na maioria das vezes não duradouros. Para que isso ocorra devem ser intensamente utilizados os ensinamentos contidos no estado da arte (parte A), com o que, aí sim, se desenvolve um círculo virtuoso (Figura 1).

Figura 1 – CÍRCULO VIRTUOSO DA GESTÃO

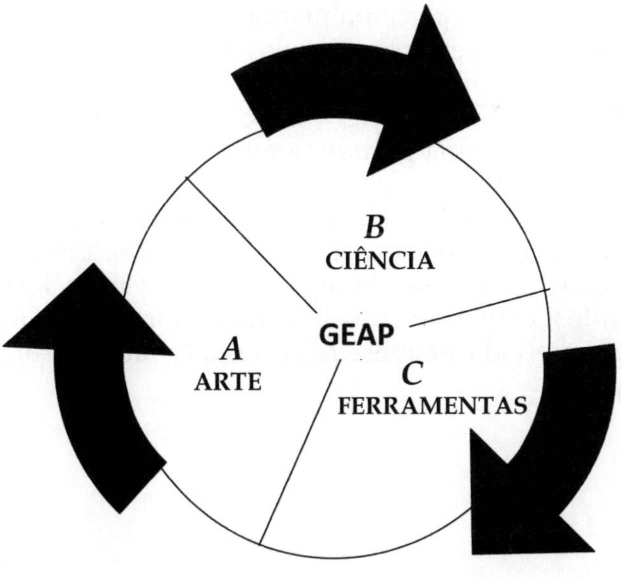

ARTE

Cultura
Patrimônio Humano
Liderança

Competências/Fator Atribuído
Comunicação
Sistema de Comunicação

CIÊNCIA

Modelo de Negócio
Planejamento Estratégico
Programa de Ação

Orçamento
Resultados
Participação nos Resultados

FERRAMENTAS

Melhoria Contínua
Diálogo com os Colaboradores
Associação dos Colaboradores
Melhoria de Processos

Benchmarking
Clube dos Pensadores
Clube do Livro/Revista

O livro foi escrito, principalmente, porque nossos amigos e ex-colaboradores, agora exercendo suas funções em outras empresas, insistiram que esta fórmula de sucesso (GEAP) devia ser divulgada a fim de ser perenizada. Esses colaboradores julgam, ainda hoje, que fazem parte de uma grande família, que por sinal encontra-se anualmente em reuniões informais de aspecto festivo no fim de cada ano. De início cerca de 100 pessoas, no ano retrasado 200 e, no último ano mais de 300 antigos colaboradores estiveram presentes com a devida divulgação do evento. Todos felizes, bem colocados, contando suas histórias e fortemente abraçados à cultura desenvolvida naquele período, que tanto se orgulham de ter participado.

Notas

Introdução

1. Modificado da versão de Ronald Kapaz – *Deixe sua Marca – Breve Reflexão sobre um Tempo. Cara & Coroa* – Credit Suisse Hedging-Griffo, pg 42-46, inverno 2010.
2. *Empresas Perenes.* Gracioso F.
3. *Valores Humanos no Trabalho.* O'Donnell K.
4. *A Gestão de Pessoas no Brasil.* Tanure B, Evans P, Pucik V.
5. *Evolução da Cirurgia.* Mello J B.
6. *Evolução da Medicina com Qualidade.* Mello J B.
7. *A Ciência da Gestão.* Nobrega C.
8. *Movidos Por Ideias.* Salibi Neto J, Magaldi S.

A - Estado da Arte. Pontos essenciais para perpetuar o negócio.

1. Cultura Empresarial

1. *Dicionário da Língua Portuguesa.* Houaiss A.
2. *Dicionário de Filosofia.* Abbagnamo N.
3. Evangelho de Jesus Cristo segundo João (Jo 20,19-31).
4. *Empresas Perenes.* Gracioso F.
5. *Valores Humanos no Trabalho.* O'Donnell K.
6. *Confiar e Servir.* Odebrecht E.

1.1 - Credos / Ato de Fé

1. *Dicionário da Língua Portuguesa.* Houaiss A.
2. *A Fé à Luz da Psicanálise.* Dolto F, Sévérin G.
3. Vinícius de Moraes – poeta, compositor, escritor, jornalista, cineasta e diplomata.
4. *Falar com Deus.* Carvajjal F F.

5. *O Motor da Liderança.* Tichy N M, Cohen E.
6. *Jack Welch - O Executivo do Século.* Slater R.
7. *Administrando em Tempos de Grandes Mudanças.* Drucker P.
8. *Gestão à Brasileira.* Tanure B.
9. *A Arte de Gerir Pessoas em Ambientes Criativos.* Paschoal J W A.
10. Nelzow M. *Exame*, São Paulo, Ed. Abril, pg 115, fev 2010.

1.2 – Visão

1. *Valores, Crenças, Missão, Visão e Política da Qualidade.* Oliveira W F.
2. *O Processo de Criação da Visão.* Shaaf D.
3. *Paradoxo Global.* Naisbitt J.
4. *A Formação do Líder.* Bennis W.
5. *Feitas para Durar - Práticas Bem-Sucedidas de Empresas Visionárias.* Collins J C, Porras J I.
6. *Liderança de Alto Nível.* Blanchard K.

1.3 – Missão

1. *A Terceira Competência - Um Convite a Revisão do Seu Modelo de Gestão.* Gomes J F.
2. *Empresas à Deriva.* Welch J.

1.4 - Valores – Mais do que palavras

1. Carlos Alberto Libânio Christo – Frei Betto é frade dominicano e escritor. *Folha de São Paulo,* São Paulo, A16, 17 mar. 2005.
2. *Le Suicide: Etude de Sociologie.* Durkheim E.
3. *Talentos Ocultos: Como as Melhores Empresas Obtêm Resultados Extraordinários com Pessoas Comuns.* O'Reilly C A, Pfeffer J.

364 PRÁTICAS DA GESTÃO EMPRESARIAL DE ALTA PERFORMANCE

4. *Exame.* São Paulo; Editora Abril, pg 28-31, fev. 2005.
5. *A Terceira Competência - Um Convite a Revisão do Seu Modelo de Gestão.* Gomes J F.
6. *Empresas à Deriva.* Welch J.
7. *Sobre os Nossos Valores.* Mello J B, Ortega M. Monografia de palestra de encerramento do 8º ciclo da Academia Amesp do Conhecimento. Nov. 2004.
8. *Valores – Mais do que Palavras.* Mello J B, Ortega M 2005.
9. *Valores – O que Define o Futuro de uma Corporação? Seu Caráter!.* Mello J B, Ortega M.
10. *Managing By Values.* Dolan S L, Garcia S, Richley B.

1.4.1- Ética

1. *Ética - O Primeiro Valor.* Mello J B.
2. *Ética Empresarial.* Mello J B, Ortega M.
3. *Dicionário da Língua Portuguesa.* Houaiss A.
4. *Ética Empresarial.* Srour R H.
5. Herbert de Souza (Betinho) foi um sociólogo e ativista dos direitos humanos. Hemofílico, concebeu e dedicou-se ao projeto Ação da Cidadania contra Fome e a Miséria e pela Vida. Tem vários livros publicados.
6. *A Escolha de Sofia.* Styron W.
7. Tzvetam Todorov, filósofo e linguista búlgaro. Professor da École Pratique de Hautes Etudes e da Universidade de Yale. Diretor do Centro Nacional de Pesquisa Científica de Paris.
8. *Variações Sobre Ética e Cultura.* Reale M.
9. *A Ética nas Empresas.* Aguilar F J.
10. *A Ética no Mundo da Empresa.* Teixeira N G.
11. *Uma Questão de Caráter.* Badaracco Jr J L.
12. Leandro Zancan, advogado associado da Barbosa, Müssnich & Aragão, especializada em Ética Corporativa e Pessoal Empresarial.
13. Manhães Moreira Associados, escritório com especializações voltadas para as atividades empresariais.
14. Peter Nadas foi superintendente e presidente executivo e atualmente é presidente do Conselho de Curadores da Fides. Conferencista e escritor.

1.4.2 - Clientes

1. Caio Blinder. Jornalista em Nova York. É um dos apresentadores do programa "Manhattan Connection" da TV GNT.
2. Moutella C. http:// cmoutella.sites. uol.com.br.
3. Diogo A. Entrevista à revista *Melhor*; ago. de 2005, e participação na Universo Qualidade no evento: O Atendimento na Era da Revolução do Cliente. Jun 2002 – ver anexo A, na pág 371.
4. *Quem Joga Pelo Empate Perde.* Troiano J.
5. Jobs S. Entrevista à revista *Business Week* em 1998. *Veja.* Edição especial. São Paulo: Ed. Abril. Out 2011.
6. *Liderança de Alto Nível.* Blanchard K.
7. *Liderando a Revolução.* Hamel G.
8. *Sobreviver, Crescer e Perpetuar - Tecnologia Empresarial Odebrecht.* Odebrecht N.
9. *Clientividade.* Mello J B, Ortega M, Busso T D.
10. *As Razões Pelas Quais Você Não Entende Seu Cliente.* Spielmann R.
11. *Cliente, Eu Não Vivo Sem Você.* Almeida S.
12. Belinsky A. Gerente do Instituto Akatu para o consumo consciente, organização não governamental.
13. *A Real Medida da Boa Reputação.* Cunha L.

NOTAS

14. *Leve-me Para a Lua - É o Que Desejam os Clientes.* Arrussy L.
15. *Como Incorporar as Competência do Cliente.* Prahalad C K, Ramaswany V.
16. *A Lógica do Consumo - Verdades e Mentiras sobre Por Que Compramos.* Lindstrom M.
17. *Muito Além do Nosso Eu.* Nicolelis M.
18. *A Agonia do Mercado de Massa.* Periscinoto
19. *Marketing 3.0 - As Forças Que Estão Definindo o Novo Marketing Centrado no Ser Humano.* Kotler P, Kartayaya H, Sitiawan I.
20. *Como Reconquistar o Cliente?* Peppers D, Rogers M.
21. *Gerente Um a Um.* Peppers D, Rogers M.
22. Universo Qualidade. *Lógica do Consumidor.* Evento de agosto de 2010. Ver anexo A, na pág. 371.
23. *Pré-Vendas: A Esquecida Missão do Pós-Vendas.* Andreassa L. Artigo disponível em: http://lionandreassa.wordpress.com/2010/05/25/pre-vendas-a-esquecida-missao-do-pos-vendas/. Acessado em 27/04/2012.
24. Marchese A. Jornalista e professor de pós-graduação da Escola Superior de Propaganda e Marketing.

1.4.3 - Célula da Qualidade/Excelência

1. *A Estratégia em Ação - Balanced Scorecard.* Kaplan R S, Norton D P.
2. *Faltam Líderes.* Falconi V.
3. *Dicionário da Língua Portuguesa.* Houaiss A.
4. *Qualidade - A Revolução da Administração.* Deming W E.
5. *Qualidade no Século XXI.* Juran M.
6. *CCQ Korio - Princípios Gerais dos Círculos de Controle da Qualidade.* Ishikawa K.
7. *Conferência Internacional de Qualidade - Gestão para Excelência.*

Feigenbaum A V.
8. *Qualidade é Investimento.* Crosby P.
9. *Administrando em Tempos de Grandes Mudanças.* Drucker P.
10. *O Lado Humano da Qualidade.* Möller C.
11. *Benchmarking na Área da Saúde.* Mello J B, Ortega M.
12. Carol M. Gilmore é membro da ICAHO e expôs a matéria "Qualidade na Saúde" em seminário realizado em São Paulo.
13. *Jack Welch - O Executivo do Século.* Slater R.
14. *Paixão por Vencer - As Respostas.* Welch J, Welch S.
15. *The Six Sigma Revolution.* Eckes G.

1.4.4 - Agilidade

1. *A Maior Angústia.* Blecher N.
2. Heidrick & Struggles é empresa especialista mundial e referência na pesquisa e procura de executivos, assim como em estratégia de gestão.
3. *Execution.* Bossidy L, Charan R.
4. Korn Ferry é consultoria internacional de Recursos Humanos, que também realiza pesquisas nesta área.

1.4.5 - Criatividade, Ideias e Inovação

1. *Dicionário da Língua Portuguesa.* Houaiss A.
2. *Inovação e Espírito Empreendedor.* Drucker P.
3. Marco Antônio Lampoglia, diretor da Active Educação e Desenvolvimento Humano, é psicólogo, analista do comportamento humano, mestre em filosofia social pela PUC.
4. *Inovação - Como Criar Ideias que Geram Resultados.* Silva A C T.
5. *A Arte e a Disciplina da Criatividade na Empresa.* Kao J.
6. *O Poder das Ideias - PDI.* Bellino R.

7. *O Pensamento Lateral*. Bono E.
8. Ethevaldo Siqueira é escritor, consultor e jornalista especializado em novas tecnologias, trabalhando atualmente como colunista do jornal *O Estado de São Paulo*. Recebeu vários prêmios nesta área. Foi professor da ECA (USP).
9. Silvano Raia é PhD pela Universidade de Londres, Professor Emérito da Faculdade de Medicina da USP e pioneiro do transplante de órgãos no Brasil. Lidera atualmente o Projeto CIPETRO para assimilar novas técnicas baseadas em regeneração celular e novas tecnologias em transplante de órgãos.
10. *Muito Além do Nosso Eu*. Nicolelis M.
11. *A Arte da Inovação*. Kelley T, Littman J.
12. Tania Casado, mestre, doutora e professora da Faculdade de Economia e Administração (FEA) da USP. A Descoberta do Talento, *Veja*, São Paulo, 30 ago. 2004.
13. *Innoscience*. Artigo disponível em: HTTP://www.3minovacao.com.br/2011/09/23/gestão-da-inovação-na-pratica/.
14. *Empresas Despertam para a Inovação*. *O Estado de São Paulo*, São Paulo, B3 Economia, 23 jan. 2012.
15. *Pesquisa e Inovação - Aguarda-se Lei Que Crie e Consolide o Marco Constitucional Adequado*. Mello J B, Ortega M.
16. *Inovar - A importância de Ser Diferente*. Mello J B, Ortega M.
17. *Como Gerar Inovações nas Empresas*. Agarwal S.

1.4.6 - Lucro como consequência
1. *O Estigma do Lucro*. Gurovitz H, Blecher N.
2. Zottolo P. Ex presidente da Phillips e da Nívea no Brasil. In: *Exame*, São Paulo, pg 20-25, 30 mar. 2005.

3. *Sobre Direitos e Deveres*. Lahoz A.

1.4.7 - Paixão e Compaixão
1. *Dicionário de Filosofia*. Abbagnano N.
2. *Paixão por Vencer - As Respostas*. Welch J, Welch S.
3. *As Paixões e os Interesses - Argumentos Políticos Para o Capitalismo Antes do Seu Triunfo*. Hirschman A O.
4. *O Futuro da Administração*. Hamel G, Breen B.
5. *Madre Teresa - Vem, Ser a Minha Luz*. Kolodiejchuck B.
6. *Minha Vida e Minhas Experiências Com a Verdade*. Gandhi M K.
7. Cecília Meirelles, poetisa, jornalista e escritora.
8. Alejandro De La Garza, padre, administrador e arquiteto. Congregação Missionários de Cristo.
9. *O Futuro da Administração*. Hamel G, Breen B.
10. *Falar com Deus*. Carvajjal F F.
11. *Walking the Talking - Building a Culture for success*. Taylor C.

2. Recursos Humanos e seu papel estratégico
1. *O Verdadeiro Poder*. Falconi V.
2. Deepak Chopra, médico endocrinologista, indiano, radicado nos Estados Unidos é filósofo de reputação internacional.
3. *Motivação 3.0*. Pink D.
4. Laércio Cosentino, presidente da Totvs, foi presidente da Microsiga.
5. *Valor Carreira. As Melhores na Gestão de Pessoas*. São Paulo, n° 9, Out 2011.
6. Aon Hewitt – empresa global de consultoria e terceirização de recursos humanos, realiza pesquisas nesta área.
7. *Como Evoluem os Executivos*. Handfield-Jones H.

Notas

8. *O Valor do Talento nas Corporações.* Ortega M.
9. *Sobre Talentos - Dada Sua Escassez no Mundo dos Negócios, Deve-se Procurar Entendê-los e Administrá-los.* Mello J B, Ortega M.
10. *Dicionário da Língua Portuguesa.* Houaiss A.
11. *Empresas Precisam Alinhar Mais os Talentos à Estratégia.* Ruyle K.
12. *Os Multiplicadores de Talentos* - Jorge Paulo Lemman, Marcel Telles, Carlos Alberto Sicupira. Correa C.
13. Marcelo Odebrecht é o atual presidente da Construtora Odebrecht.
14. 60° Fórum Revista *Consumidor Moderno, Consumidor Moderno,* São Paulo, pg. 40-45, Abr 2005.
15. *A Era do Talento.* Chowdhury S.
16. *Clever: Leading Your Smartest, Most Creative People.* Goffe R, Jones G. 2010.
17. *Talentos Ocultos: Como as Melhores Empresas Obtêm Resultados Extraordinários com Pessoas Comuns.* O'Reilly C A, Pfeffer J.
18. *Transformando Suor em Ouro.* Bernardinho J.
19. *O Poder da Confiança.* Covey S.
20. *Possível Reter Talentos?* Marins L.
21. Eboli M. Professora da Faculdade de Economia e Administração (FEA) da USP. Tem foco em Universidade Corporativa. Contribuiu para a construção da UC da empresa referência.
22. *Valorize o Saber, Segure seu Petróleo.* Friedman T. *O Estado de São Paulo,* São Paulo, A12, 14 mar 2012.
23. *Educação.* Veiga E, Saldaña P. *O Estado de São Paulo,* São Paulo, A14, 28 Mar 2012.
24. *Cai Total de Leitores.* Rodrigues M F. *O Estado de São Paulo,* São Paulo, A24, 29 Mar 2012.
25. *Era do Conhecimento.* Ortega M., Mello J B.

26. *Educação Corporativa.* Meister J C.
27. *Universidades Corporativas - 2° Seminário Nacional de Educação Corporativa.* Eboli M. 1999.
28. *Educação Corporativa no Brasil: Mitos e Verdades.* Eboli M.
29. *Talento & Competitividade.* Souza C.
30. *Pormade. In Valor Carreira,* São Paulo, n° 9, Out 2001.
31. *Pássaros Feridos.* McCoullagh C.
32. D&F Consultoria Empresarial. Liderança do Dr. Didier Maurice Klotz, eng. naval e administrador.
33. *Sobreviver, Crescer e Perpetuar - Tecnologia Empresarial Odebrecht.* Odebrecht N.
34. *Só o Sucesso é Capaz de Reter Talentos.* Welch J.
35. *Relações de Confiança são mais Valorizadas pelo Alto Escalão.* Lippi R. *Valor Eu e Carreira,* São Paulo, D10, 24 Out 2010.

3. Liderança baseada em valores

1. *Liderança e Seus Diversos Focos.* Mello J B, Ortega M.
2. Anexo A ver pág. 371.
3. *A Formação do Líder.* Bennis W.
4. *Atrair e Reter Talentos - O Novo Desafio.* Covey S.
5. *Super Dicas Para se Tornar Um Verdadeiro Líder.* Gaudêncio P.
6. *Inteligência Emocional.* Goleman D.
7. *O Monge e o Executivo.* Hunter J C.
8. *Liderando a Mudança.* Kotter J P.
9. *Liderança Baseada em Valores.* Kuczumarski S S, Kuczmarski T D.
10. *O Que é Gerenciar e Administrar.* Magretta J, Stone N.
11. *O Lado Humano da Empresa.* McGregor D.
12. *Virando a Própria Mesa.* Semler R.
13. *The Seven-Day Weekend.* Semler R.
14. *O Motor da Liderança.* Tichy N M, Cohen E.
15. *Sobreviver, Crescer e Perpetuar - Tecnologia Empresarial Odebrecht.* Odebrecht N.

16. Alves J T. Palestra realizada na Universo Qualidade em Maio de 2005. Anexo A, ver pág. 371.
17. Cintra M F. Palestra realizada na Universo Qualidade em Maio de 2005. Anexo A, ver pág. 371.
18. Tigre F. Palestra realizada na Universo Qualidade em Maio de 2005. Anexo A, ver pág. 371.
19. *Valores - Mais do Que Palavras.* Mello J B, Ortega M.
20. *Blink - The Power of Thinking Without Thinking.* Gladwell M.
21. *Escolhas: Algumas Delas Podem Determinar o Destino de Uma Pessoa, Família ou Uma Nação.* Aylmer R.
22. *Developing Leaders for the Global Frontier.* Gregersen H B, Morrisen A J, Black J S. (Lane H W, DiStefano J J, Maznevski M), in *International Management Behavior*, Wiley-Blackwell; 4 edition.
23. *O Verdadeiro Poder.* Falconi V.
24. *Unnatural Leadership.* Dotlitch L D, Cairo PC.
25. *Transformando Suor em Ouro.* Bernardinho.
26. *Liderança no Fio da Navalha.* Linsky M, Heifetz R A.
27. Cornetta L C. Palestra realizada na Universo Qualidade em Maio de 2005. Anexo A na pág. 371.
28. Bernhoeft R. Consultor de empresas e autor do livro *Cartas a um Jovem Herdeiro*.
29. *Virei chefe. E agora?.* Citrin J, Neff T.
30. *Dicionário da Língua Portuguesa.* Houaiss A.
31. Max Weber. Sociólogo, historiador, economista alemão.
32. *O Desafio da Liderança Contemporânea – Desejo, Poder e Ética – Relato Pessoal.* Braga J A.
33. Hofstede G H. Citado por Tanure B. 2010.
34. *Gestão à Brasileira.* Tanure B.
35. Denison D R, Mishra A K. Citado por Tanure B.

36. *História de Consultor.* Zorzi E.

4. Competências - Fator Atribuído

1. *A Terceira Competência - Um Convite a Revisão do Seu Modelo de Gestão.* Gomes J F.
2. Contribuições de material da D&F Consultoria Empresarial.
3. *Desenvolvendo Competências Consistentes.* Green P C.
4. *O Livro das Competências.* Resende E.

5. Comunicação Interna Empresarial

1. *Tecnologia, Gerência e Sociedade.* Drucker P.
2. *Administrando em Tempos de Grandes Mudanças.* Drucker P.
3. *Liderando a Revolução.* Hamel G.
4. *O Motor da Liderança.* Tichy N A, Cohen E.
5. *Feitas para Durar - Práticas Bem-Sucedidas de Empresas Visionárias.* Collins J, Porras J.
6. *Made in Japan.* Morita A, Reingold E M, Shimomura M.
7. *Jack Welch - O Executivo do Século.* Slater R. .
8. *Paixão por Vencer - As Respostas.* Welch J, Welch S.
9. *Mensagem a Garcia.* Hubbard E.

6. Sistema de comunicação

1. Material modificado do preparado por D&F Consultoria Empresarial.

B - A CONCRETIZAÇÃO DOS MÉTODOS E DE PARCERIA

7. Modelo de Negócio – A base para o sucesso empresarial

1. *Administrando em Tempos de Grandes Mudanças.* Drucker P. 8.
2. *O Homem que Inventou a Administração.* Drucker P.
3. *O Motor da Liderança.* Tichy N, Cohen E.

Notas

4. *Liderando a Revolução.* Hamel G.
5. *Feitas para Durar - Práticas Bem-Sucedidas de Empresas Visionárias.* Collins J C, Porras J I.
6. *Good to Great - Empresas Feitas para Vencer.* Collins J .
7. *O Que é Gerenciar e Administrar.* Magretta J, Stone N.
8. *A Estratégia do Oceano Azul.* Kim W C, Mauborgne R.
9. *Preço Baixo e o Que Mais?.* Durão M.
10. *A Receita do Habib's.* Carvalho D.
11. *Samuel Klein e Casas Bahia.* Award E.
12. *Administração Estratégica.* Serra F, Torres M C, Torres A P.
13. *Gol de Placa na Web.* Dalmazo L.
14. *Eles Criaram um Novo Mercado.* Coppola M.
15. *Locadora On-line Prevê Crescimento de 350%.* Oscar N, Topel D.

8. Planejamento Estratégico

1. *Liderando a Revolução.* Hamel G.
2. *A Hora da Estratégia.* Porter M. .
3. *Árvores não Crescem até o Céu.* Drucker P (Salibi Neto J).
4. *Administrando em Tempos de Grandes Mudanças.* Drucker P.
5. *Não Faça Planos. Trabalhe.* Mintzberg H.
6. *Estratégia Competitiva.* Porter M.
7. *Administração Estratégica.* Serra F, Torres M C S, Torres A P.
8. *Como fazer o Planejamento Estratégico do Plano de Negócios.* Dornelas J. Artigo disponível em: http://www.igf.com.br/aprende/dicas/dicasResp.aspx?dica_Id=2828 Acessado em 16/05/2012.
9. Figura modificada da publicação de Serra F, Torres M C S, Torres A P.
10. *O Modelo da Oportunidade.* Morris D.
11. *A Estratégia em Ação - Balanced Scorecard.* Kaplan R S, Norton D P.
12. Universo Qualidade, Anexo A (ver pág. 371), evento de março de 2000 e agosto de 2000.

13. *Estratégia Existe, Mas Implementação é Difícil.* Freitas J P.
14. *O Que é Gerenciar e Administrar.* Magretta J, Stonen N. .
15. *Em Busca do Novo.* Prahalad C K.
16. *Balanced Scorecard.* Kaplan R..
17. *Cenários Que Levem a Ação.* Wilson I.
18. *O Alinhamento em Primeiro Lugar.* Norton D.
19. *Vinte Anos Para Ficar Rico.* Vital N.
20. *O Motor da Liderança.* Tichy N M, Cohen E,
21. *Feitas para Durar - Práticas Bem-Sucedidas de Empresas Visionárias.* Collins J. Porras J I.

9. Programa de Ação (PA) e Programa de Ação de Equipes (PAE)

1. Contribuições de material original da D&F Consultoria Empresarial.
2. *Sobreviver, Crescer e Perpetuar - Tecnologia Empresarial Odebrecht.* Odebrecht N.
3. *Execution.* Bossidy L, Charam R.

10. Orçamento

1. *O Futuro da Administração.* Hamel G, Breen B.
2. *Virando a Própria Mesa.* Semler R.
3. *The Seven-Day Weekend.* Semler R.
4. *As 10 maiores armadilhas do Orçamento.* Leahy T.
5. *Paixão por Vencer - As Respostas.* Welch J, Welch S.

11. Resultados

1. Flat administrado por Atlântica Hotels International.
2. Contribuições de material desenvolvido pela D&F Consultoria Empresarial.
3. Setores técnicos como exemplos: engenheiros, médicos, enfermeiros, advogados, entre outros.

12. Participação nos Resultados – Partilha

1. Contribuições de material

desenvolvido pela D&F Consultoria Empresarial.

2. José Pastore é sociólogo, especialista em relações do trabalho e desenvolvimento institucional. Professor de Relações do Trabalho da Faculdade de Economia e Administração (FEA) da USP. Pesquisador da FIPE

C – INSTRUMENTOS PARA POTENCIALIZAR PESSOAS E RESULTADOS

13 -Ferramentas
13.1 - Programa de Melhoria Contínua - Genius

1. *Melhoria Contínua através do Kaisen.* Briales J A., Ferraz F T., Artigo disponível em: http://www.viannajr.edu.br/revista/eco/doc/artigo_70002.pdf. Acessado em 28/03/12.
2. *O Futuro da Administração.* Hamel G, Breen B.
3. Contribuições de material desenvolvido pela D&F Consultoria Empresarial.

13.2 – Diálogo com os Colaboradores – Comunicafé

1. Contribuições de material desenvolvido pela D&F Consultoria Empresarial.

13.3- Melhoria de Processos

1. *Dicionário da Língua Portuguesa.* Houaiss A.
2. *A Empresa Voltada Para Processos.* Hammer M.
3. *Indicadores e Ferramentas da Qualidade.* Perigo G B.
4. *Descrição de Processos e Utilização de Fluxogramas.* Ortega M.
5. Figura 6.1.4 do capítulo Indicadores e Ferramentas da Qualidade de Gilberto Barbosa Perigo. In: *Qualidade na Saúde.* Mello J B,

Ortega M. São Paulo: Best Seller.
6. *A Agenda.* Hammer M.
7. *Contribuição da Informática Para a Qualidade na Saúde.* Monteiro de Mello A, Natali Jr S.

13.4 - Benchmarking - Referenciais para as Melhores Práticas

1. *Benchmarking dos Processos de Negócio.* Camp R.
2. *O Que os Livros de Benchmarking não Dizem.* Lincoln S, Price A.
3. *Aligning Your Improvement Strategy for the Biggest Payback.* Rider C T.
4. *Guidelines na Área da Saúde.* Szelbracikowski M.
5. *Benchmarking na Área da Saúde.* Mello J B, Ortega M.
6. *Referenciais para as Melhores Práticas da Qualidade: Benchmarking.* Mello J B, Ortega M.
7. *Benchmarking - Processo de Melhoria Contínua.* Ortega M, Mello J B.

13.5 - Clube dos Pensadores

1. Paulo de Castro Correia foi superintendente do SESI (Serviço Social da Indústria) e criou a Associação Paulista para Correção dos Defeitos da Face e em seguida ergueu o Hospital dos Defeitos da Face, com caráter multidisciplinar.
2. Antonio Ermírio de Moraes, empresário, engenheiro metalúrgico e presidente do Conselho de Administração do grupo Votorantim.
3. *Do Reflexo a Reflexão.* Pires W R.
4. *A Formação do Líder.* Bennis W.
5. *Liderando a Revolução.* Hamel G.

13.6 - Clube do livro / revista

1. *O Verdadeiro Poder.* Falconi V.

Anexo A – PALESTRAS SOBRE TEMAS ESSENCIAIS DE GESTÃO*

Temas	Palestrantes	Empresa
Qualidade no Atendimento Abr/97	Henrique Aronovich	Tam
	Raimundo J. Bruzzi	Banco Boston
	Vera M. Giangrande	Pão de Açúcar
Qualidade e Estratégia Ago/97	Gustavo G. Boog	Boog & Associados
	Celia Marcondes Ferraz	Ticket Serviços
	Sonia Liggieri	Xerox do Brasil
	Jadir Araújo	McDonalds
Desenvolvimento de Pessoas Out/97	Roberto Mingroni	Método Engenharia
	José Wilson A. Paschoal	Abril
	Fernando Tadeu Perez	Volkswagen
Satisfação do Cliente Nov/97	Marcio Fagundes	Alcoa Alumínios
	Ana Cristina L. França	Associação Brasileira de Qualidade de Vida
	Ariel J. Soares	GM Brasil
Saúde Ocupacional Mar/98	Hugo Paulo Ehrentreich	Rolamentos Scheffer
	Francesco Galgano	Associação Brasileira de Alumínio (ABAL)
	Luiz Eduardo Moreira Coelho	Sindicato da Sociedade dos Advogados de São Paulo
Liderança Abr/98	Rubens Dalney Bisulli	Cargill
	Fátima Ali	Abril
	Eduardo Germano Wohlgemuth	Weg
	Sadey Vaz da Silveira Filho	Copesul
Qualidade de Vida nas Empresas Mai/98	Eduardo Forléo	Pasteur Mérieux Connaught
	Sergio Candio	Villares
	Adroaldo Palis Guimarães	Du Pont
	Nelson Chaves	MEDyTA
	Armando R. Carrasco	Caterpillar
	James N. Alcântara	Amesp Sistema de Saúde
Qualidade ISO 9000 Jun/98	Gilberto B. Périgo	RPC Eng. da Qualidade
	Vera Rosolen	Citibank
	Rogério Chér	Minter Trading
	Marlene Ortega	Hospital Itatiaia

* Proferidas na Universo Qualidade entre abril 1997 e agosto de 2010.

Temas	Palestrantes	Empresa
Qualidade na Saúde Ago/98	A. Blanton Godfrey	Instituto Juran (USA)
	Genésio Antonio Körbes	Hospital Moinhos de Vento (RS)
	Luíz Roberto Londres	Clínica São Vicente (RJ)
	Reynaldo André Brandt	Hospital Albert Einstein (SP)
Qualidade Para Manter Clientes Out/98	Roberto Josué	Sfotway Informática
	Vera M. Giangrande	Pão de Açúcar
	Valéria Camarero	Natura
	Henrique Aronovich	Tam
Talentos Nov/98	Petros Katalifós	Siemens
	Raul Rosenthal	Banco Bozano, Simonsen
	Ugo Franco Barbieri	Arthur A. Biederman
	Reinaldo Chaguri	Danone
Marketing de Relacionamento Mar/99	Eduardo Souza Aranha	Souza Aranha Marketing & Direto
	Ivan Pinto	Pritchett do Brasil
	Jimmy Cygler	Resolve! Global Marketing
Valor para o Cliente Mai/99	Maria M. Marcheggiano	McDonald's
	Marlene Ortega	Amesp Sistema de Saúde
	Eduardo dos Santos	Folha de São Paulo (ClubFolha)
	Waldez Luiz Ludwig	VL.3 Aprendizagem
Qualidade de Vida nas Empresas Jun/99	Cleise Zolin Garjulli	Bank Boston
	Sebastião Aparecido Silva	Magazine Luiza
	Maria Aparecida Fonseca	Pão de Açúcar
	Adroaldo Palis Guimarães	Du Pont
Gestão de Pessoas Ago/99	Bete Saraiva	Abril
	Petros Kalifós	Siemens
	Vivaldo Mendes	Menadel Empreendimentos Culturais
	Marlene Ortega	Amesp Sistema de Saúde
Líderes Out/99	Paulo Russo	Taktika Promoção e Assessoria Esportiva
	Marcelo França	Domino's Pizza
	Ivo Gramkowv	Tigre
	Simon Franco	Simon Franco Recursos Humanos
	Roberto Shinyashiki	Instituto Gente

Anexo A — Palestras Sobre Temas Essenciais de Gestão

Temas	Palestrantes	Empresa
Estratégias de Gestão Nov/99	Jorge Roberto Manoel	PricewaterhouseCoopers
	Jair Ribeiro da Silva Neto	Banco Chase Manhattan
	Eloi D'Avila de Oliveira	Grupo Flytour
	Ricardo Diniz	Reuters Serviços Econômicos
Balanced Scorecard Mar/00	Antonio de Pádua Atanes Mendes	Pádua & Associados Consultoria
	Marcelo Pestana Viera	CETREL
	André Luis T. de Abreu	Alcoa Alumínio
Gestão da Inteligência Mai/00	Luiz Carlos de Queirós Cabrera	PMC – AMROP International
	Fernando Flávio Pacheco	PUC – PR
	César Souza	Odebrecht Of America
	Marlene Ortega	Amesp Sistema de Saúde
	Prof. J. C. Bemvenutti	Consultor
Interfaces da Gestão Digital Jun/00	Alberto Albertin	Fundação Getúlio Vargas
	Dorival Dourado	Abril
	Carlos Carnevali	Cisco Systems
	Pedro Donda	Americanas.com
	Aleksandar Mandic	IG
Medidas Objetivas para Gerir o Desempenho Empresarial – Balanced Scorecard Ago/00	Antonio de Pádua Atanes Mendes	Pádua & Associados Consultoria
	Marlene Ortega	Amesp Sistema de Saúde
ISO 9000 Ago/00	Eduardo G. Wohlgemuth	WEG Indústria
	Luiz Carlos do Nascimento	Petrobrás
	Marta Rettelbusch de Bastos	CPqD
	Martinus C. W. Bakhuizen	Ericsson Telecomunicações
	Marlene Ortega	Amesp Sistema de Saúde
	Geraldo Takeo Nawa	Abinee
O Estilo de Gestão de 5 Líderes de Verdade Out/00	Fernando Tigre	São Paulo Alpargatas
	Pierre d'Archemont	Valeo Térmico Motor
	Dante Iacovone	Motorola do Brasil
	Luís Henrique Dalul	Móveis Casa Verde
	Maria Cristina Dalul	Móveis Casa verde

PRÁTICAS DA GESTÃO EMPRESARIAL DE ALTA PERFORMANCE

Temas	Palestrantes	Empresa
Marketing do Novo Século Nov/00	Ivan Pinto	Ivan Pinto Comunicações de Marketing
	Paulo Vasconcelos	DataListas
	Jimmy Cygler	Resolve! Global Marketing
	Rubens Stephan	Metro MD
	Marcos Gouvêa de Souza	GS&MD
Produtividade e Qualidade de Vida Mar/01	Marcelo Alceu A. Lima	Merck Sharp& Dhome
	Ricardo Gonçalves	Nestlé
	René Mendes	Consultor
	Flávio Corrêa Próspero	Associação Brasileira de Qualidade de Vida
	Waldez Luiz Ludwig	Consultor
	Marlene Ortega	Amesp Sistema de Saúde
	Liliana Deize Madeira	Amesp sistema de Saúde
	Ana Cristina Limongi França	Prof. FEA/USP e Fundação Vanzolini Poli/USP
Gestão Ambiental Mai/01	José Domingos G. Miguez	Consultor
	Haroldo Mattos de Lemos	Marcondes Advogados Associados
	Augusto L. Tambelli Fagioli	Scania Latin America
	Heraldo J. Marques da Silva	Amesp Sistema de Saúde
	Jorge E. Reis Cajazeira	Bahia Sul Celulose
	Édis Milaré	Consultor
	Jorge J. Soto Delgado	OPP Química
	Eduardo B. Barcellos	Marcondes Advogados Associados
	Hamilton Nobre Casara	IBAMA
	Edson Alabarce da Silva	ABS – Quality Evaluations inc.
Estratégias Para a Condução de Negócios Jun/01	Alberto Pfeifer	Consultor
	Laércio Cosentino	Microsiga
	Marlos Miele	M. Officer
	Stravos P. Xanthopoylos	Consultor
	Gianfranco Sgro	TNT Logistics
	Fernando Cabral	Genexis do Brasil
	Sergio Alves	Suzano Papel e Celulose
	Marco Aurélio de Almeida	Suzano Papel e Celulose
	André Ribeiro Coutinho	Symnetics

ANEXO A – PALESTRAS SOBRE TEMAS ESSENCIAIS DE GESTÃO

Temas	Palestrantes	Empresa
Como Construir Imagem e Administrar Crises - Ago/01	Mário Rosa	Escritor e consultor
Recursos Humanos – Estratégias de Sucesso na Gestão de Competências Out/01	Marcos Nascimento	Accenture
	Raimundo Ramos	Brasil Telecom
	Waner Luis Carboni da Costa	Arvin Meritor
	Ulrico Barini Filho	Embraer
	Maria Inês Costa	CB Center
	Karen Louise Mascarenhas	VR
CRM – Planos Efetivos para Ajustar o Foco no Cliente Nov/01	Renato Labbate	Datasul
	Ulrich Mielenhausen	Tam
	Ivan Rodrigues	Unibanco
	Luiz Felippe Wancelotti	Cultura Inglesa
	Miguel Feyo	Consultor
	Silvana Sganzerlla	Amesp Sistema de Saúde
Carreira e Qual idade de Vida – Quanto é o Bastante? Mar/0 2	Robert Wong	Korn/Ferry
	Ricardo Diniz	Reuters
	Esdras Vasconcellos	Consultor
	Cecília Shibuya	Associação Brasileira de Qualidade de Vida
	Fernando Tadeu Perez	Itaú
	Adib Jatene	Professor FM USP/HCor
	Içami Tiba	Médico e escritor
Terceirização: Rota de Transformação das Organizações – Riscos, Desafios e Sucessos Mai/02	Lívio Giosa	Trevisan
	José Lima de Andrade Neto	Petrobrás
	Regis Noronha	Atento
	Sérgio Pinto Martins	Justiça do Trabalho
O Atendimento na Era da Revolução do Cliente – A Linguagem das Pessoas, Processos e Sistemas Jun/02	Alexandre Diogo	Instituto Brasileiro de Relações com o Cliente
	Francisco de Carvalho	McDonald's
	Andrea Genovesi	Unibanco / Uni Class
	Jaime Garfinkel	Porto Seguro
	Manoel Amorim	Telefonica
	Peter Furukawa	Submarino
	Chieko Aoki	Blue Tree Towers

Temas	Palestrantes	Empresa
Responsabilidade Social – Virtude e Resultados Empresariais Ago/02	Lívio Giosa	ADVB
	Márcia Tedesco	SERASA
	Cláudio Lottemberg	Hospital Albert Einstein
	Thomas Lanz	Giroflex
	Roberto Gonzalez	ABAMEC - SP
Gerenciamento de Projetos – Modelo e Metodologia Para Obter Melhores Resultados Out/02	Mario Mariotto	Ductor Implantação de Projetos
	Paulo Ferrucio	Lucent Technologies
	Roberto Tinoco	General Motors
	Didier Maurice Klotz	D&F Consultoria Empresarial
	André Barcaui	ESI International
Qualidade Moderna – Gestão de Processos e Percepção do Cliente Nov/02	José Luiz Tejon Megido	OESP Mídia
	Gilberto Périgo	AAP
	Giacomo Regaldo	Teksid do Brasil
	Alexandre Périgo	AAP
Código de Ética nas Empresas – Dilemas, Desafios, Modelos e Benefícios Mar/03	Joaquim Manhães Moreira	MMAA
	Peter Nadas	FIDES
	Randal Luiz Zanetti	OdontoPrev
	Aloy Campagnoni Andrade	GE do Brasil
	Anna Sharp	Inst. Núcleo do Ser
Liderança de Impacto – Moldando o Futuro Pessoal e Empresarial Mai/03	Raymond Rood	Azusa Pacific University (USA)
	Odir Pereira	Pacifc Shore Partners
	Jean Jacques Salim	Prof. FGV
Comunicação Interna Corporativa – Na Sustentação da Estratégia e na Gestão das Crises Jun/03	Christina Carvalho Pinto	Grupo Full Jazz de Comunicação
	Saul Bekin	S.B&C.A
	Lírio Cipriani	Instituto Avon
Muito Além das Técnicas de Negociação Ago/03	Valentina Caran	Valentina Caran Imóveis
	Diógenes Dalle Lucca	GATE (SP)
	Prof. Gretz	Consultor
Soluções Para o Estresse das Pessoas nas Empresas Out/03	José Roberto Leite	Consultor
	Nicolas Schor	Qualis
	Ronaldo Coelho	Slim Spa Urbano
	Carlos Henrique Cezar	Pão de Açúcar

Anexo A – Palestras Sobre Temas Essenciais de Gestão

Temas	Palestrantes	Empresa
A Busca da Realização Pessoal e Profissional Nov/03	Roberto Shinyashiki	Instituto Gente
	Max Gehringer	Consultor
	Waldez Luiz Ludwig	Ludwig Aprendizagem Ltda.
Comportamento e Etiqueta dos Profissionais – Os Reflexos nas Organizações Mar/04	Cláudia Matarazzo	Consultora
	Mário Rosa	Escritor e consultor
Relacionamento com Clientes – Tendências e Inovações Mai/04	Francisco José de Toledo	Toledo & Associados
	Gary Schulze	Companhia Athletica
	Fernando Terni	Nokia Brasil
Qualidade e Excelência – Modelo Disney Jul/04	Ginha Nader	Consultora
A Força da Marca – Marketing e Comunicação, Ferramentas para o Sucesso da Empresa Ago/04	Alex Periscinoto	Sales, Periscinoto, Guerreiro & Associados
	Luiz Lara	Lew, Lara
	Simone Camargo	Consultora
A Era do Talento – A Batalha das Organizações para Compreender, Contratar e Reter Pessoas de Alta Performance Out/04	Craig Bruce	Hewitt Associates
	Winston Pegler	Rey & Berndtson Consultores
	Victor Martínez	Thomas International Brasil
	Selma Fernandes	Telemar
Mente, Físico e Espírito – Como Harmonizar Esta Trilogia - Nov/04	Mariá Giuliese	Psicóloga, Lens & Minarelli
	José Rubens D'Elia	Consultor
	Leila Navarro	Consultor
Inovação & Criatividade – Fórmula do Desenvolvimento Empresarial Mar/05	Antonio Carlos Espeleta	3M
	Ila Brajon	Arquiteta e consultora
	Roberta Nahas	Spezzato
	Waldez Ludwig	Ludwig & Associados
Fórum Nacional de Liderança – A Palavra dos Presidentes Mai/05	Luis Carlos Cornetta	Motorola
	José Tadeu Alves	Merck, Sharp & Dohme
	Manoel Felix Cintra Neto	BM&F
	Fernando Tigre	Kaiser

PRÁTICAS DA GESTÃO EMPRESARIAL DE ALTA PERFORMANCE

Temas	Palestrantes	Empresa
Engenharia da Marca – Construção, Sustentação e Sucesso Jun/05	Francisco Madia	Madia Mundo Marketing
	Lusia Nicolino	Terra
	Marcos Le Pera	Le Pera
Responsabilidade Social – Modelos de Atuação e Múltiplas Experiências Sociais Ago/05	Vanda Nunes	SGS – System & Services Certification
	Dilermando N. Júnior	Petroquímica União
	Jefferson Ricardo Romon	Fundação Bradesco
	Rodrigo Mendes	Fundação Rodrigo Mendes
Modelos de Negócios que Impulsionam Vendas Out/05	Luiz Antônio Galebe	Shop Tour
	José Luiz Tejon Megido	OESP Mídia
Qualidade de Vida – O Diferencial das Pessoas de Sucesso Nov/05	Carlos Alberto Pastore	Consultor
	Abraham Kasinky	Consultor
	Malcom Montgomery	Consultor
Futuro do Emprego – Políticas, Propostas e Tendências Mar/06	Almir Pazzianotto	Consultor
	João Antonio Felício	CUT
	Hélio Zylberstajn	Consultor
Marca – Seduzindo Mentes e Corações Mai/06	José Roberto W. Penteado	ESPM
	Luis Grottera	TBWA – BR
	Walter Zagari	Record
Empresas de Sucesso – Seus Valores e Suas Pessoas Set/06	Daniel Feffer	Suzano Holding
	Hugo Marques da Rosa	Método Engenharia
	Ozires Silva	OSEC - UNISA
Qualidade de Vida – A Busca de Alternativas Reais Nov/06	Wanderley Pires	Escritor e consultor
	Marco Laurindo	Consultor
Vendas com Suporte em Marketing, Marketing com Foco em Vendas Mar/07	Luiz Marins	Escritor e consultor
	Marcos Cobra	Professor e consultor
Estilo de Vida – Sua Escolha para Viver Bem Nov/07	Fernanda Young	Apresentadora e consultora
	Leila Navarro	Consultor
	José María Gasalla	Consultor

Anexo A – Palestras Sobre Temas Essenciais de Gestão

Temas	Palestrantes	Empresa
Cenário Econômico Financeiro – Vitrine de Oportunidades e Ameaças Mar/08	Carolina Falzoni	Credit-Suisse Hedging-Griffo
	Walter Cestari	Associação Nacional das Corretoras
	Gustavo Cerbassi	Escritor e consultor
Relacionamento – Competência, Técnica e Arte Jun/08	Mario Castelar	Nestlé
	Luís Paulo Rosenberg	Rosenberg Consultores Associados
	Wanderley Pires	Escritor e consultor
Ações de Sustentabilidade – Que Você, Sua Empresa e Todos Nós Podemos Fazer Ago/08	Mark Essle	MatosGrey
	Joel Bastos	Ernst&Young
	Hugo Penteado	Banco Real
Escolhas que vão Influenciar Sua Vida – Êxito Profissional, Virtudes e Imagem Nov/08	Claudio Garcia	DBM
	Lilian Graziano	ABVQ
	Thais Alves	Consultora
Regras de Ouro em Tempos de Crise Fev/09	Marlene Ortega	Universo Qualidade
As Tendências da Relação Empresa – Fornecedor (Solução de Problemas, Capacitação e Inovação) Mar/09	Fernando Abache	Consultor
	Ricardo Tortorella	SEBRAE - SP
Valor da Marca – O Caminho Para o Coração dos Clientes Jun/09	Gilson Nunes	Brand Finance
	Sílvia Quintanilha	Millward Brown Brazil
	Ângela Hirata	Alpargatas
Inovação – Pensar e Agir Diferente Para Liderar Ago/09	José Miguel Chadadd	Anpei
	Ricardo Voltolini	Consultor
	Silvio Meira	C.E.S.A.R
	José Luiz Tejon Megido	ESPM
Preparando Pessoas e Empresas para a Realidade das Mudanças Nov/09	Arthur Shaker	Casa de Dharma
	Gilberto Cury	Sociedade Brasileira de Programação Neurolinguística
	Waldez Ludwig	Ludwig Aprendizagem Ltda.

Temas	Palestrantes	Empresa
A Dança em Vendas – Uma Abordagem Poderosa Para Conduzir a Relação Comprador-Vendedor Mar/10	Carlo Hauschild	Sandler Training
Talentos na Mira Empresarial – Elementos Essenciais no Trabalho Abr/10	Thais Blanco	Hewitt Associates
	Marcelo Avelino	Casas Bahia
	Victor Martinez	Thomas International Brazil
Finanças Pessoais – Como Construir Seu Bem-Estar Financeiro Jun/10	Fabiano Calil	Consultor
	William Eid Jr.	FGV
	Rogério Thomé	XP Investimentos
A Lógica do Consumidor – As Mudanças na Relação Empresa – Cliente – Sociedade Ago/10	Silvia Quintanilha	Millward Brown
	Thiago Costa	FAAP
	Ricardo Sapiro	Unilever

Anexo B - CÓDIGO DE ÉTICA DA AMESP SISTEMA DE SAÚDE

Apresentação

No decorrer de mais de 40 anos, os acionistas e colaboradores da empresa criaram o conceito e consequente reputação de uma empresa sólida, íntegra e de elevados padrões de qualidade e conduta.

De consenso, nestas quatro décadas, foram criados os nossos valores, Visão, Missão e Ato de Fé. Agora também, dos nossos colaboradores, emergiu o Código de Ética da empresa, que reforça o compromisso com a moral e a integridade.

Este documento oferece a todos os partícipes, o conhecimento das diretrizes que devem ser seguidas no dia a dia das nossas atribuições e atividades na organização.

Conselho Diretor

CÓDIGO DE ÉTICA

TÍTULO I - FINALIDADE

Artigo 1 - Os princípios que norteiam nossa atuação fundamentam a imagem da empresa ética, confiável e vocacionada para a qualidade e preservação da vida humana.

Parágrafo Único – Este Código de Ética estabelece as diretrizes que devem ser respeitadas, em nossa ação profissional, para atingirmos padrões éticos cada vez mais elevados no exercício de nossas atividades. Reflete nossa cultura e os compromissos assumidos com os quais nos relacionamos.

Artigo 2 - Este Código de Ética aplica-se a todos os colaboradores do Grupo.

TÍTULO II – CREDO

Artigo 3 - O Grupo tem a convicção de que para se consolidar e desenvolver, deve partir de objetivos empresariais e princípios éticos precisos, que sejam compartilhados pelos colaboradores de suas Empresas.

Artigo 4 - Somos uma Organização que atua no seguimento de prestação serviços à população, com rígida observação na qualidade, buscando com isso a satisfação dos nossos clientes e a obtenção de resultados.

Artigo 5 - Trabalhamos incansavelmente para manter a reputação de empresa sólida e confiável, centrada na responsabilidade empresarial e social, sempre agindo de forma honesta, justa, legal e transparente.

Artigo 6º - Nossa ação deve ser sempre marcada pela integridade, confiança e lealdade, bem como pelo respeito e valorização do ser humano, em sua privacidade, individualidade e dignidade.

Artigo 7 - Não admitimos qualquer atitude orientada por preconceitos relacionados a origem, raça, religião, classe social, sexo, cor, idade, incapacidade física e quaisquer outra forma de discriminação.

Artigo 8º - Somos convictos da relevância da responsabilidade empresarial e social, como Empresa Cidadã com firmes compromissos com as comunidades onde atuamos.

Artigo 9 - Os Colaboradores devem ter o compromisso de zelar pelos princípios, valores e imagem do Grupo, de manter postura compatível e de atuar em defesa dos interesses da empresa e clientes, guiados pelos mais elevados padrões éticos e estrito respeito à legalidade.

TÍTULO III – DAS AÇÕES DOS COLABORADORES

Capítulo I – NORMAS FUNDAMENTAIS

Artigo 10 - Empregue, no exercício das suas funções, a mesma atitude que uma pessoa honrada e de caráter íntegro empregaria na relação com outras pessoas e na administração dos seus próprios negócios.

Artigo 11 – Atue sempre em defesa dos melhores interesses do Grupo, mantendo sigilo sobre negócios da Empresa.

Anexo B – Código de Ética da Amesp Sistema de Saúde

Artigo 12 – É fundamental que suas atitudes e comportamentos reflitam sua integridade física e profissional.

Artigo 13 – Avalie cuidadosamente situações que podem caracterizar conflito, entre os seus interesses e os da Empresa, e/ou conduta não aceitável do ponto de vista ético – mesmo que não causem prejuízos tangíveis à Empresa.

Capítulo II – ATITUDES NÃO ACEITÁVEIS, DENTRE OUTRAS

Artigo 14 – Ter relações comerciais, na condição de representante do Grupo, com empresas em que você ou pessoas de seu relacionamento familiar ou pessoal tenham interesse ou participação – direta ou indireta, sem prévia autorização do superior hierárquico.

Artigo 15 – Manter relações comerciais particulares, de caráter habitual, com clientes ou fornecedores da Empresa. Relações comerciais eventuais com clientes ou fornecedores não são proibidas, mas devem ser comunicadas previamente, por escrito, ao superior.

Artigo 16 – Usar seu cargo, função ou informações sobre negócios e assuntos da Empresa ou de seus clientes, para influenciar decisões que venham a favorecer interesses próprios ou de terceiros.

Artigo 17 – Ter qualquer atitude que discrimine as pessoas com quem mantemos contato, em função de cor, sexo, religião, origem, classe social, idade ou incapacidade física.

Artigo 18 – Contratar ou indicar parentes sem comunicação e autorização da área de Patrimônio Humano.

Artigo 19 – Usar equipamentos e outros recursos da Empresa para fins particulares ou de terceiros, não autorizados.

Artigo 20 – Envolver-se em atividades particulares, não autorizadas, que interfiram no tempo de trabalho dedicado à Empresa.

Artigo 21 – Usar para fins particulares ou repassar a terceiros tecnologias, metodologias, conhecimentos e outras informações da Empresa ou por ela desenvolvidas ou obtidas, sem prévia autorização.

384 PRÁTICAS DA GESTÃO EMPRESARIAL DE ALTA PERFORMANCE

Artigo 22 – Manifestar-se em nome da empresa quando não autorizado nem habilitado para tal.

Capítulo III – ATITUDES LOUVÁVEIS E RECOMENDÁVEIS, DENTRE OUTRAS

Artigo 23 – Reconhecer honestamente os erros cometidos e comunicar imediatamente ao seu superior hierárquico.

Artigo 24 – Questionar as orientações contrárias aos princípios e valores da Empresa.

Artigo 25 – Apresentar críticas construtivas e sugestões visando aprimorar a qualidade do trabalho.

Capítulo IV – RELACIONAMENTO COM CLIENTES

Artigo 26 – O compromisso com a melhor prestação de serviços aos nossos clientes/usuários deve refletir-se no respeito à vida e na busca por soluções que atendam a suas necessidades, com diminuição de seu sofrimento, observando-se os preceitos legais e éticos.

Artigo 27 – O atendimento ao cliente deverá ser adequado às normas técnicas e de acordo com o contratado. As informações em qualquer porta de atendimento, devem ser rápidas, claras, precisas e transparentes. O cliente sempre deverá ter pleno conhecimento do procedimento que será adotado para a solução de seu problema de forma adequada e no prazo por ele esperado. Tal postura deverá ser adotada também nos casos onde por determinação contratual não houver possibilidade de adoção do procedimento.

Parágrafo único – Deve-se evitar o tratamento preferencial a quem quer que seja por interesse ou sentimento pessoal.

Capítulo V – RELACIONAMENTO COM ACIONISTAS

Artigo 28 – O relacionamento com os acionistas deve se basear na comunicação – precisa, transparente e oportuna – de informações que lhes permitam acompanhar as atividades e a performance da Empresa, bem como tomar decisões.

Anexo B – Código de Ética da Amesp Sistema de Saúde

Capítulo VI – RELACIONAMENTO DENTRO DA EMPRESA

Artigo 29 – As relações no ambiente de trabalho devem pautar-se pela cortesia, disciplina, respeito e compaixão. O espírito de equipe deverá prevalecer. Lealdade e confiança são condutas esperadas de acordo com os princípios e valores da Empresa.

Artigo 30 – Quando no papel de gestor de pessoas, tenha em mente que seus colaboradores o tomarão como exemplo. Assim, suas ações devem constituir modelo de conduta para sua equipe.

Artigo 31 – Não se admite o uso do cargo para solicitar favores ou serviços pessoais, muito menos para impor-se ou em função dele tomar atitudes arbitrárias e injustas.

Artigo 32 – É fundamental reconhecer o mérito de cada um e propiciar igualdade de acesso às oportunidades de desenvolvimento profissional existentes, segundo as características, competências e contribuições de cada colaborador. Não se admite, baseada em relacionamento pessoal, nenhuma decisão que afete a carreira profissional de subordinados.

Capítulo VII – RELACIONAMENTO COM O PODER PÚBLICO

Artigo 33 – Observe os mais elevados padrões de honestidade e integridade em todos os contatos com administradores e funcionários do setor público, evitando sempre que sua conduta possa parecer imprópria. Abstenha-se de manifestar opinião sobre atos ou atitudes de funcionários públicos ou de fazer comentários de natureza política.

Artigo 34 – Ao defender os interesses da Empresa, aja com confiança nos padrões de atuação de nosso Grupo e observe os mais elevados princípios éticos e o respeito às leis e normas vigentes.

Capítulo VIII – RELACIONAMENTO COM FORNECEDORES

Artigo 35 – A escolha e contratação de fornecedores deve sempre ser baseada em critérios técnicos, profissionais, éticos e nas necessidades da Empresa. Devendo ser conduzida por meio de processos predeterminados, tais como concorrência ou cotação de preços, que garantam a melhor relação custo-benefício.

Parágrafo Primeiro: Evite negócios com fornecedores de reputação duvidosa.

Parágrafo Segundo: Os mesmos padrões de conduta devem ser aplicados no relacionamento com empresas as quais prestamos serviços.

Capítulo IX – RELACIONAMENTO COM CONGÊNERES

Artigo 36 – Não devem ser feitos comentários que possam afetar a imagem dos congêneres. Trate os congêneres com o mesmo respeito com que esperamos ser tratados.

Parágrafo Único: É proibido fornecer informações da Empresa aos congêneres.

TÍTULO IV – DISPOSIÇÕES FINAIS

Capítulo I – DÚVIDAS E OMISSÕES

Artigo 37 – Comunique imediata e formalmente ao seu superior hierárquico sempre que você sentir ou estiver em situação que possa caracterizar conflito de interesses, ou quando suspeitar ou tiver conhecimento de fatos que possam prejudicar a Empresa ou que contrariem ou pareçam contrariar os princípios deste Código. Ao fazer isto, você está se preservando, cumprindo seu dever e reforçando os princípios éticos da Empresa.

Parágrafo Único – Os problemas éticos, em sua maioria, não são criados pelas próprias pessoas, mas surgem diante delas, obrigando-as a enfrentá-los. As linhas gerais deste Código permitem avaliar grande parte das situações, mas não detalham, necessariamente, todos os problemas que podem surgir em seu dia a dia. Assim, eventualmente, poderão surgir dúvidas sobre qual deve ser a conduta mais correta a adotar. Nesses casos, procure ajuda ao seu superior hierárquico ou em casos especiais ao Comitê de Ética.

Anexo B – Código de Ética da Amesp Sistema de Saúde

Capítulo II – COMITÊ DE ÉTICA

Artigo 38 – A gestão do Código de Ética cabe ao Comitê de Ética, que é responsável por sua comunicação, atualização e aplicação.
Parágrafo Primeiro – Cabe ao Comitê de Ética avaliar permanentemente a atualidade e pertinência deste Código, bem como determinar as ações necessárias para a divulgação e disseminação dos mais elevados padrões de conduta ética dentro da Empresa.

Parágrafo Segundo – Compete ainda ao Comitê, assumir o julgamento de casos de violação do Código de Ética de maior gravidade e deliberar sobre dúvidas de interpretação do texto.

Artigo 39 – O Comitê de Ética será presidido pelo Presidente do Conselho Diretor e composto dos seguintes empresários:

Responsável por Recursos Humanos

Responsável pela Consultoria Jurídica

Responsável pelo Atendimento ao Cliente

Responsável pelo Planejamento e Gestão

Responsável pelo Comercial

Responsável pela Operação

Responsável pela Associação dos Funcionários.

Parágrafo Único – As reuniões ocorrerão ordinariamente a cada quinze dias, e extraordinariamente sempre que houver necessidade e por convocação do presidente do Comitê.

Artigo 40 – Este Código entrará em vigor a partir de sua completa divulgação.

Anexo C – EXCELENTES EXEMPLOS DE FILOSOFIAS EMPRESARIAIS

BOTICÁRIO

Visão
Ser reconhecida por colaboradores, parceiros, clientes e segmento onde atua como uma das mais importantes referências mundiais em beleza, e fazer com que suas ações para a preservação da vida estabeleçam uma forte identificação com a sociedade.

Missão
Criar produtos e serviços que enalteçam a beleza e promovam o bem-estar das pessoas, traduzindo essa intenção em valores percebidos pelos clientes, para conquistar a sua fidelidade e assegurar o crescimento e rentabilidade do negócio.

Valores
- Respeito e comprometimento mútuos.
- Participação e trabalho em equipe.
- Objetivos e metas claros e definidos.
- Reconhecimento pelos resultados.
- Desenvolvimento pessoal e profissional.
- Valorização da vida e do meio ambiente.
- Inovação e qualidade.
- Empreendedorismo e ousadia.

GERDAU

Visão
Ser global e referência nos negócios em que atua.

Missão
Gerar valor para nossos clientes, acionistas, equipes e a sociedade, atuando na indústria do aço de forma sustentável.

Valores
- Ter a preferência do cliente.
- Segurança das pessoas acima de tudo.
- Pessoas respeitadas, comprometidas e realizadas. Excelência com simplicidade.
- Foco em resultados.
- Integridade com todos os públicos.
- Sustentabilidade econômica, social e ambiental.

NATURA

Visão

A Natura, por seu comportamento empresarial, pela qualidade das relações que estabelece e por seus produtos e serviços, será uma marca de expressão mundial, identificada com a comunidade das pessoas que se comprometem com a construção de um mundo melhor, por meio da melhor relação consigo mesma, com o outro, com a natureza da qual faz parte, com o todo.

Missão

Criar e comercializar produtos e serviços que promovam o bem-estar/estar bem. Bem-estar é a relação harmoniosa, agradável do indivíduo consigo mesmo, com seu corpo. Estar bem é a relação empática, bem-sucedida, prazerosa do indivíduo com o outro, com a natureza da qual faz parte, com o todo.

Crenças

- A vida é um encadeamento de relações.
- Nada no universo existe por si só.
  Tudo é interdependente.
- Acreditamos que a percepção da importância das relações é o fundamento da grande evolução humana na valorização da paz, da solidariedade e da vida em todas as suas manifestações.
- A busca permanente do aperfeiçoamento é o que promove o desenvolvimento dos indivíduos, das organizações e da sociedade.
- O compromisso com a verdade é o caminho para a qualidade das relações.
- Quanto maior a diversidade das partes, maior a riqueza e vitalidade do todo.
- A busca da beleza, legítimo anseio de todo ser humano, deve estar liberta de preconceitos e manipulações.
- A empresa, organismo vivo, é um dinâmico conjunto de relações. Seu valor e sua longevidade estão ligados a sua capacidade de contribuir para a evolução da sociedade e seu desenvolvimento sustentável.

AMERICAN EXPRESS DO BRASIL

Visão	Ser a marca de serviços mais respeitada no mundo.
Missão	Antecipar, atender e superar as expectativas de cada segmento do mercado com relação a sistemas de pagamentos, serviços financeiros e de viagens.
Valores	• Compromisso com o cliente. • Qualidade e integridade. • Trabalho em equipe. • Respeito pelos funcionários. • Boa cidadania. • Vontade de vencer. • Responsabilidade pessoal.

ODEBRECHT INTERNACIONAL

Missão	Tendo como base os princípios da TEO, a missão da empresa é alcançar a excelência nas suas áreas de atuação como fator de diferenciação, promovendo compromissos de longo prazo com as comunidades onde atua, assentes na confiança, na melhoria das condições de vida das pessoas, na redução dos impactos ambientais e na conservação dos recursos naturais.
Visão	A Odebrecht BPC e uma organização formada por pessoas de conhecimento, capacitadas e focadas na satisfação dos seus clientes, desenvolvendo soluções inovadoras, no âmbito da Engenharia, que contribuam para um mundo melhor.
Valores	• Confiança nas pessoas, na sua capacidade e no seu desejo de evoluir. • Servir o cliente, com ênfase na responsabilidade comunitária e ambiental, produtividade e qualidade. • Parceria com base no sucesso do empreendimento, partilhar os resultados obtidos. • Reinvestimento dos resultados, com oportunidades de trabalho e desenvolvimento das comunidades.

GRUPO ABRIL

Visão
Ser a companhia líder em multimídia integrada, atendendo aos segmentos mais rentáveis e de maior crescimento dos mercados de comunicação e educação no Brasil.

Missão
A Abril está empenhada em contribuir para a difusão de informação, cultura e entretenimento, para o progresso da educação, a melhoria da qualidade de vida, o desenvolvimento da livre iniciativa e o fortalecimento das instituições democráticas do país.

Valores
- Excelência.
- Integridade.
- Pioneirismo.
- Valorização das Pessoas.

Princípios
- Foco no cliente.
- Rentabilidade.
- Competitividade.
- Trabalho em equipe.

SUZANO PAPEL E CELULOSE

Visão
Estar entre as maiores e mais rentáveis empresas de base florestal do mundo e ser reconhecida pelas práticas de respeito às pessoas e ao meio ambiente.

Missão
Oferecer produtos de base florestal renovável, celulose e papel, destacando-se globalmente pelo desenvolvimento de soluções inovadoras e contínua busca da excelência e sustentabilidade em nossas operações.

Valores
- Integridade e Segurança.
- Responsabilidade socioambiental.
- Excelência.
- Visão Global.
- Liderança.
- Empreendedorismo.
- Relações de Qualidade.
- Paixão.

CPFL ENERGIA

Visão

Energia é essencial ao bem-estar das pessoas e ao desenvolvimento da sociedade. Nós acreditamos que produzir e utilizar energia de forma sustentável é vital para o futuro da humanidade.

Missão

Prover soluções energéticas sustentáveis, com excelência e competitividade, atuando de forma integrada à comunidade.

Princípios

• Criação de Valor:
O Grupo CPFL cria valor em tudo o que faz. Por isso, ele existe: para gerar valor para os seus acionistas e para os públicos com os quais interage.

• Compromisso:
Assegurar que as atividades empresariais e as condutas profissionais espelhem com fidelidade a transparência, a busca do cumprimento dos Princípios e das Diretrizes Éticas da CPFL Energia e dos contratos, obrigações e pactos assumidos com seus públicos de relacionamento.

• Segurança e Qualidade de Vida.
• Austeridade.
• Sustentabilidade.
• Confiança e Respeito.
• Superação.
• Empreendedorismo.

GRUPO PROMON

Crenças

- Uma empresa é um sistema vivo, parte integrante de um ecossistema social, econômico e natural com o qual interage, do qual depende e pelo qual é corresponsável.
- O conhecimento será instrumento de realização dos indivíduos e da sociedade se utilizado de forma compartilhada e consciente.

Razão de ser

- A Promon é uma comunidade de profissionais, estruturada com base no conhecimento, identificada pela sua capacidade de inovar que, tendo a busca da excelência como conceito-guia, quer:
  - Empreender e prover soluções de infraestrutura que criem valor para os clientes e para as demais partes interessadas.
  - Proporcionar condições de realização profissional e humana aos seus profissionais.
  - Ser agente ativo do processo de desenvolvimento da sociedade e de preservação do meio ambiente.

Comunidade significa ter coisas em comum, entendimentos partilhados que transcendam as partes em que a empresa está dividida. Comunidade implica a disposição de observar princípios e regras, mas implica também a colaboração voluntária, muito mais rica e menos programada. Colaboração não é altruísmo. Ela surge quando pessoas partilham uma causa, sentem fazer parte de um destino comum. Uma comunidade pode ser descrita, pode ser mapeada em termos formais, mas tem também um significado emocional, um sentimento de ligação, de união. Comunidades têm corpo, mas também têm alma.

Valores

- Integridade.
- Respeito.
- Confiança.
- Dignidade.
- Equidade.
- Justiça.
- Independência.
- Bom humor.

AMESP SISTEMA DE SAÚDE

Ato de Fé

Patriotismo: Você Brasil, é o país que amamos. Seja sempre abençoado.

Visão

Ser uma empresa digna da confiança das pessoas por provê-las de cuidados com a vida e bem-estar.

Missão

- Preservar a saúde e a qualidade de vida das pessoas, com competência profissional, ética, respeito e moderna tecnologia.
- Procurar a valorização e a comunicação constante com os clientes internos e externos.
- Distinguir-se pela melhor gestão da qualidade, excedendo às expectativas e obtendo contínuo progresso em todas as áreas.

Valores

- Ética.
- Educação e Formação de Pessoas.
- Respeito às Pessoas – Clientes Internos e Externos.
- Agilidade.
- Inovação.
- Qualidade/Excelência.
- Lucro como consequência.

Pensamento

- Devemos não somente evitar de lançar preocupações desnecessárias sobre os outros, mas também ajudá-los a enfrentar as que têm.
- Sempre que possível auxiliaremos os outros nas suas tarefas humanas, nos fardos que a própria vida lhe impõe.
- Quando tiver terminado o seu trabalho, faça o do irmão, ajudando-o com tal delicadeza e naturalidade, que nem mesmo o favorecido irá reparar que você está fazendo mais do que em justiça deveria fazer.

Máxima

Agir com paixão.

BIBLIOGRAFIA

Abbagnamo N. - *Dicionário de Filosofia*. São Paulo: Martins Fontes, 2000.

Agarwal e. – *Como Gerar Inovação nas Empresas*. O Estado de São Paulo, São Paulo, N2, 26 mar. 2012.

Aguilar F J. - *A Ética nas Empresas*. Rio de Janeiro: Jorge Zahan, 1996.

Almeida S. - *Cliente, Eu Não Vivo Sem Você*. Salvador: Casa da Qualidade. 1995.

Arrussy L. - *Leve-me Para a Lua - É o Que Desejam os Clientes*. Consumidor Moderno, São Paulo, pg. 114, mai. 2005.

Awad E. - *Samuel Klein e Casas Bahia*. São Paulo: Novo Século, 2005.

Aylmer R. - *Escolhas: Algumas Delas Podem Determinar o Destino de Uma Pessoa, Família ou Uma Nação*. Rio de Janeiro: Impetus, 2004.

Badaracco Jr. J L. - *Uma Questão de Caráter*. Rio de Janeiro: Rocco, 2007.

Bellino R. - *O Poder das Ideias - PDI*. Rio de Janeiro: Elsevier, 2004.

Bennis W. - *A Formação do Líder*. São Paulo: Atlas, 1996.

Bernardinho (Bernardo Rocha de Rezende) - *Transformando Suor em Ouro*. Rio de Janeiro: Sextante, 2006.

Blanchard K. - *Liderança de Alto Nível*. Porto Alegre: Bookman, 2011.

Blecher N. - *A Maior Angústia*. Exame, São Paulo, 26 jan. 2005.

Bono E. - *O Pensamento Lateral*. Rio de Janeiro: Record - Nova Era, 2002.

Bossidy L, Charan R. - *Execution*. New York: The Random House Group, 2002.

_____. - *Encarando a Nova Realidade*. Rio de Janeiro: Campus, 2004.

CampR. - *Benchmarking dos Processos de Negócio*. Rio de Janeiro: Qualitymark, 1996.

Carvajjal F F. - *Falar com Deus. 7 vol*. São Paulo: Quadrante, 1991.

Carvalho D. - *A Receita do Habib's*. Exame, São Paulo, pg. 66-67, nov. 2005.

Chowdhury S. - *A Era do Talento*. São Paulo: Pearson Education do Brasil, 2003.

Citrin J M, Neff T J. - *Virei Chefe. E Agora?*. Rio de Janeiro: Elsevier, 2005.

Collins J. - *Good to Great - Empresas Feitas para Vencer*. Rio de Janeiro: Elsevier, 2006.

_____. - *Como as Gigantes Caem*. Rio de Janeiro: Elsevier, 2010.

Collins J C, Porras J I. - *Feitos para Durar - Práticas Bem-Sucedidas de Empresas Visionárias*. Rio de Janeiro: Rocco, 1995.

396 PRÁTICAS DA GESTÃO EMPRESARIAL DE ALTA PERFORMANCE

Coppola M. - *Eles Criaram um Novo Mercado*. Exame, São Paulo, pg 82-82, set. 2005.

Correa C. - *Os Multiplicadores de Talentos - Jorge Paulo Lemman, Marcel Telles, Carlos Alberto Sicupira*. Exame, São Paulo, pg. 113-119, 24 mar. 2010.

Covey S. - *Atrair e Reter Talentos - O Novo Desafio*. HSM Management, São Paulo, pg 30-33, mai/jun. 2002.

Covey S. - *O Poder da Confiança*. Rio de Janeiro: Elsevier, 2008.

Crosby P B. - *Qualidade é Investimento*. Rio de Janeiro: José Olímpio, 1979.

Cunha L. - *A Real Medida da Boa Reputação*. O Estado de São Paulo, São Paulo, N8, 19 mar. 2012.

Dalmazo L. - *Gol de Placa na Wweb*. Exame, São Paulo, pg. 116-117, abr. 2010.

Deming W E. - *Qualidade - A Revolução da Administração*. São Paulo: Saraiva, 1990.

Dolan S L, Garcia S, Richley B. - *Managing By Values*. New York: Palgrave MacMillan, 2006.

Dolto F, Sévérin G. - *A Fé à Luz da Psicanálise*. Campinas: Versus, 2010.

Dotlich D L, Cairo P C. - *Unnatural Leadership*. San Francisco: Jossey Bass, 2002.

Drucker P. - *Tecnologia, Gerência e Sociedade*. Petrópolis: Vozes, 1973.

_____. - *Inovação e Espírito Empreendedor*. São Paulo: Pioneira, 1987.

_____. - *Administrando em Tempos de Grandes Mudanças*. São Paulo: Pioneira, 1998.

_____. - *O Homem que Inventou a Administração*. Rio de Janeiro: Elsevier, 2006.

Durão M. - *Preço Baixo e o Que Mais?*. Exame, São Paulo, pg. 80-81, dez. 2007.

Durkheim E. - *Le Suicide: Etude de Sociologie*. Paris: Press Universitaires de France, 1930.

Eboli M. Coletâneas - *Universidades Corporativas - 2º Seminário Nacional de Educação Corporativa*. São Paulo: Schmukler Editores, 1999.

_____. - *Educação Corporativa no Brasil: Mitos e Verdades*. São Paulo: Gente, 2004.

Eckes G. - *The Six Sigma Revolution*. New York: John Wiley & Sons, 2001.

Falconi V. - *Faltam líderes*. Exame, São Paulo, pg. 168, mai. 2000.

_____. - *O Verdadeiro Poder*. Nova Lima: INDG Tecnologia e Serviços Ltda, 2009.

Feigenbaum A V. - *Conferência Internacional de Qualidade - Gestão para Excelência*. São Paulo: Qualitymark, 1997.

Freitas J P. - *Estratégia Existe, Mas Implementação é Difícil*. Gazeta Mercantil, São Paulo, C9, 12 nov. 2008.

BIBLIOGRAFIA

Gandhi M K. Autobiografia - *Minha Vida e Minhas Experiências Com a Verdade.* São Paulo: Palas Athena, 1999.

Gaudêncio P. – *Super Dicas Para se Tornar Um Verdadeiro Líder.* São Paulo: Saraiva, 2007.

Gladwell M. - *Blink - The Power of Thinking Without Thinking.* New York: Brown & Company, 2005.

Goleman D. - *Inteligência Emocional.* Rio de Janeiro: Objetiva, 1995.

Gomes J F. - *A Terceira Competência - Um Convite a Revisão do Seu Modelo de Gestão.* Rio de Janeiro: Qualitymark, 2004.

Gracioso F. - *Empresas Perenes.* São Paulo: Atlas, 2010.

Green P C. - *Desenvolvendo Competências Consistentes.* Rio de Janeiro: Qualitymark, 1999.

Guilmore C M. In: Mello J B, Ortega M. - *Qualidade na Saúde.* São Paulo: Best Seller, 1998.

Gurovitz H, Blecher N. - *O Estigma do Lucro. Exame,* São Paulo, pg. 20-25, 30 mar. 2005.

Hamel G. - *Liderando a Revolução.* Rio de Janeiro: Campus, 2000.

Hamel G, Breen B. - *O Futuro da Administração.* Rio de Janeiro: Campus, 2007.

Hammer M. - *A Empresa Voltada Para Processos. HSM Management,* São Paulo, pg. 6-9, jul/ago. 1998.

_____. - *A Agenda.* Rio de Janeiro: Campus, 2001.

Handfield-Jones H. - *Como Evoluem os Executivos. HSM Management,* São Paulo, pg. 101-108, nov/dez. 2000.

Hirschman A O. - *As Paixões e os Interesses - Argumentos Políticos Para o Capitalismo Antes do Seu Triunfo.* São Paulo: Paz e Terra, 2000.

Houaiss A. - *Dicionário da Língua Portuguesa.* Rio de Janeiro: Objetiva, 2001.

Hubbard E. - *Mensagem a Garcia.* STS Publicações, 2000. Originalmente publicado na revista *Philistine,* fev. 1899.

Hunter J C. - *O Monge e o Executivo.* Rio de Janeiro: Sextante, 2004.

Ishikawa K. - *CCQ Korio - Princípios Gerais dos Círculos de Controle da Qualidade.* São Paulo: IMC International Sistemas Educativos, 1988.

Jobs S. Veja. São Paulo: Abril. Edição Especial, out. 2011.

Juran J M. - *Qualidade no Século XXI. HSM Management,* São Paulo, pg. 96-104, 3 vol. 1997.

Kao J. - *Jamming - A Arte e a Disciplina da Criatividade na Empresa.* Rio de Janeiro: Campus, 1997.

Kaplan R. - *Balanced Scorecard. HSM Management,* São Paulo, pg. 120-126, nov/dez. 2008.

Kaplan R S, Norton D P. - *A Estratégia em Ação - Balanced Scorecard*. Rio de Janeiro: Campus, 1997.

Kelley T, Littman J. - *A Arte da Inovação*. São Paulo: Futura, 2002.

Kim W C, Mauborgne R. - *A Estratégia do Oceano Azul*. Rio de Janeiro: Elsevier, 2005.

Kolodiejchuk B. - *Madre Teresa - Vem, Ser a Minha Luz*. Lisboa: Atheleia, 2008.

Kotler P, Kartajaya H, Setiawan I. - *Marketing 3.0 - As Forças Que Estão Definindo o Novo Marketing Centrado no Ser Humano*. Rio de Janeiro: Elsevier, 2010.

Kotter J P. - *Liderando a Mudança*. Rio de Janeiro: Campus, 1997.

Kuczmarski S S, Kuczmarski T D. - *Liderança Baseada em Valores*. São Paulo: Educator, 1999.

Lahoz A. - *Sobre Direitos e Deveres*. Exame, São Paulo, pg. 26-30, 30 mar. 2005.

Leahy T. - *As 10 maiores armadilhas do Orçamento*. HSM Management, São Paulo, pg. 138-142, mai/jun. 2002.

Lincoln S, Price A. - *O Que os Livros de Benchmarking não Dizem*. HSM Management, São Paulo, pg. 70-74, jul/ago. 1997.

Lindstrom M. - *A Lógica do Consumo - Verdades e Mentiras sobre Por Que Compramos*. Rio de Janeiro: Nova Fronteira, 2009.

Linsky M, Heifetz R A. - *Liderança no Fio da Navalha*. Rio de Janeiro: Campus, 2002.

Magretta J, Stone N. - *O Que é Gerenciar e Administrar*. Rio de Janeiro: Elsevier, 2003.

Marins L. - *É Possível Reter Talentos? Consumidor Moderno*, São Paulo, pg. 32, ago. 2005.

McCullough C. - *Pássaros Feridos*. Bertrand Brasil, 1994.

McGregor D. - *O Lado Humano da Empresa*. São Paulo: Martins Fontes, 1980.

Meister J C. - *Educação Corporativa*. São Paulo: Makron Books, 1999.

Mello J B. - *Evolução da Cirurgia*. In: Moraes I N, Mello J B, Nahas P. - *Residente de Cirurgia*. São Paulo: Rocca, 1992.

_____. - *Evolução da Medicina com Qualidade*. In: Mello J B, Ortega M. - *Qualidade na Saúde*. São Paulo: Best Seller, 1998.

_____. - *Ética - O Primeiro Valor*. Medicina Social, São Paulo, pg. 10-12, jan fev. 2001.

Mello J B, Ortega M. - *Qualidade na Saúde: Práticas e Conceitos - Normas ISO nas Áreas Médico-Hospitalar e Laboratorial*. São Paulo: Best Seller, 1998.

_____. - *Referências para as Melhores Práticas da Qualidade: Benchmarking*. In:

BIBLIOGRAFIA

Mello J B, Ortega M. - *Qualidade na Saúde*. São Paulo: Best Seller, 1998.

_____. - *Benchmarking na área da Saúde*. Medicina Social, São Paulo, pg. 17 18, fev. 1998.

_____. - *Ética Empresarial*. Medicina Social, São Paulo, pg. 7-8, jul/ago/set. 2003.

_____. - *Sobre Talentos - Dada Sua Escassez no Mundo dos Negócios, Deve-se Procurar Entendê-los e Administrá-los*. Medicina Social, São Paulo, pg. 20 21, out/nov,dez. 2004.

_____. - *Pesquisa e Inovação - Aguarda-se Lei Que Crie e Consolide o Marco Constitucional Adequado*. Medicina Social, São paulo, pg. 22-23, jan/fev mar. 2005.

_____. - *Liderança e Seus Diversos Focos*. Medicina Social, São Paulo, pg 17 21, abr/mai/jun. 2005.

_____. - *Valores - Mais do Que Palavras*. Medicina Social, São Paulo, pg. 12-14, jul/ago/set. 2005.

_____. - *Escolhas - A Jornada da Vida*. Medicina Social, São Paulo, pg. 31-32, out/nov/dez. 2005.

_____. - *Inovar - A importância de Ser Diferente*. Medicina Social, São Paulo, pg. 32-33, jan/fev/mar. 2006.

_____. - *Valores - O Que Define o Futuro de Uma Corporação? Seu Caráter!*. Medicina Social, São Paulo, pg 33-34, out/nov/dez. 2006.

Mello J B, Ortega M, Busso T D. - *Clientividade*. Medicina Social, São Paulo, pg. 31, abr/mai/jun. 2006.

Mintzberg H. - *Não Faça Planos. Trabalhe*. Exame, São Paulo, pg. 50-52, 15 jan. 2004.

Möller C. - *O Lado Humano da Qualidade*. São Paulo: Pioneira, 1994.

Monteiro de Mello A, Natali Jr. S. - *Contribuição da Informática Para a Qualidade na Saúde*. In: Mello J B, Ortega M. - *Qualidade na Saúde*. São Paulo: Best Seller, 1998.

Morita A, Reingold E M, Shimomura M. - *Made in Japan*. São Paulo: Cultura, 1986.

Morris D. - *O Modelo da Oportunidade*. HSM Management, São Paulo, pg. 56-62, set/out. 2005.

Naisbitt J. - *Paradoxo Global*. Rio de Janeiro: Campus, 1998.

Nicolelis M. - *Muito Além do Nosso Eu*. São Paulo: Companhia das Letras, 2011.

Nobrega C. - *A Ciência da Gestão*. Rio de Janeiro: Editora Senac Rio, 2004.

Norton D. - *O Alinhamento em Primeiro Lugar*. HSM Management, São Paulo, pg. 106-112, mai/jun. 2007.

PRÁTICAS DA GESTÃO EMPRESARIAL DE ALTA PERFORMANCE

Odebrecht E. - *Confiar e Servir*. Rio de Janeiro: Versal Editores, 2007.

Odebrecht N. - *Sobreviver, Crescer e Perpetuar - Tecnologia Empresarial Odebrecht*. Salvador: Odebrecht, 1987.

O'Donnel K. - *Valores Humanos no Trabalho*. São Paulo: Gente, 2006.

Oliveira W F. - *Valores, Crenças, Missão, Visão e Política de Qualidade*. In: Mello J B, Ortega M. - *Qualidade na Saúde*. São Paulo: Best Seller, 1998.

O'Reilly C A. Pfeffer J. - *Talentos Ocultos: Como as Melhores Empresas Obtêm Resultados Extraordinários com Pessoas Comuns*. Rio de Janeiro: Campus, 2001.

Ortega M. - *Descrição de Processos e Utilização de Fluxogramas*. In: Mello J B, Ortega M. - *Qualidade na Saúde*. São Paulo: Best Seller, 1998.

_____. - *O Valor do Talento nas Corporações*. Gazeta Mercantil, São Paulo, A2, 11 ago. 2004.

Ortega M, Mello J B. - *Era do Conhecimento*. Medicina Social, São Paulo, pg. 18-19, nov, 1999.

_____. - *Benchmarking - Processo de Melhoria Contínua*. Medicina Social, São Paulo, pg. 10-11, dez. 1999.

Oscar N, Topel D. - *Locadora On-line Prevê Crescimento de 350%*. O Estado de São Paulo, São Paulo, B16, 3 de ago. 2010.

Paschoal J W A. - *A Arte de Gerir Pessoas em Ambientes Criativos*.São Paulo: Record, 2004.

Peppers D, Rogers M. - *Gerente Um a Um*. Rio de Janeiro: Campus, 2000.

_____. - *Como Reconquistar o Cliente? Cliente S.A*, São Paulo, pg. 58, mai jun. 2010.

Perigo G B. - *Indicadores e Ferramentas da Qualidade*. In: Mello J B, Ortega M. - *Qualidade na Saúde*. São Paulo: Best Seller, 1998.

Periscinoto A. - *A Agonia do Mercado de Massa*. Consumidor Moderno, São Paulo, pg. 25-29, ago. 2005.

Pink D. - *Motivação 3.0*. Rio de Janeiro: Campus, 2010.

Pires W R. - *Do Reflexo a Reflexão*. Campinas: Komedi, 2007.

Porter M. - *Estratégia Competitiva*. Rio de Janeiro: Campus, 1996.

_____. - *A Hora da Estratégia*. HSM Management, São Paulo, pg. 7-10, nov dez. 1997.

Prahalad C K. - *Em Busca do Novo*. HSM Management, São Paulo, pg. 6-12, mar/abr. 1998.

Prahalad C K, Ramaswamy V. - *Como Incorporar as Competência do Cliente*. HSM Management, São Paulo, pg. 41-52, mai/jun. 2000.

Reale M. - *Variações Sobre Ética e Cultura*. O Estado de São Paulo, São Paulo, A2, 11 fev. 2006.

BIBLIOGRAFIA

Resende E. - *O Livro das Competências*. Rio de Janeiro: Qualitymark, 2000.

Rider C T. - *Aligning Your Improvement Strategy for the Biggest Payback*. Juran Institute's Conference on Managing for Total Quality, Wilton (CT), 1996.

Ruyle K. - *Empresas Precisam Alinhar Mais os Talentos à Estratégia*. Valor Econômico, São Paulo, D16, 31 mar. 2010.

Salibi Neto J, Drucker P. - *Árvores Não Crescem Até o Céu*. HSM Management, São Paulo, pg. 13-22, jan/fev. 2006.

Salibi Neto J, Magaldi S. - *Movidos por Ideias*. Rio de Janeiro: Elsevier, 2010.

Semler R. - *Virando a Própria Mesa*. São Paulo: Best Seller, 1988.

_____. - *The Seven-Day Weekend*. London: The Random House Group, 2003.

Serra F, Torres M C, Torres A P. - *Administração Estratégica*. Rio de Janeiro: Reichmann & Affonso Editores, 2004.

Shaaf D. In: Allen R. - *O Processo de Criação da Visão*. HSM Management, São Paulo, pg. 18-22. jul/ago, 1998.

Silva A C T. - *Inovação - Como Criar Ideias que Geram Resultados*. Rio de janeiro: Qualitymark, 2003.

Slater R, - *Jack Welch - O Executivo do Século*. São Paulo: Negócios Editora, 1999.

Souza C. - *Talento & Competitividade*. Rio de Janeiro: Qualitymark, 2000.

Spielmann R. - *As Razões Pelas Quais Você Não Entende Seu Cliente*. Gazeta Mercantil, São Paulo, A3, 11 fev. 2009.

Srour R H. - *Ética Empresarial*. Rio de Janeiro: Campus, 2000.

Styron W. - *A Escolha de Sofia*. São Paulo: Geração, 2010.

Szelbracikowski M. - *Guidelines na Área da Saúde*. In: Mello J B, Ortega M. - *Qualidade na Saúde*. São Paulo: Best Seller, 1998.

Tanure B. - *Gestão à Brasileira*. São Paulo: Atlas, 2010.

Tanure B, Evans P, Pucik V. - *A Gestão de Pessoas no Brasil*. Rio de Janeiro: Elsevier, 2007.

Taylor C. - *Walking the Talking - Building a Culture for success*. London: The Random House Group, 2005.

Teixeira N G. - *A Ética no Mundo da Empresa*. São Paulo: Pioneira, 1991.

Tichy N M, Cohen E. - *O Motor da Liderança*. São Paulo: Educator, 1999.

Troiano J. - *Quem Joga Pelo Empate Perde*. Consumidor Moderno, São Paulo, pg. 82, ago. 2005.

Vital N. - *Vinte Anos Para Ficar Rico*. Exame, São Paulo, pg. 34-37, 17 nov. 2010.

Welch J. - *Só o Sucesso é Capaz de Reter Talentos*. Exame, São Paulo, pg. 124-125, 20 dez. 2006.

_____. - *Empresas à Deriva. Exame,* São Paulo, pg. 98-99, abr. 2008.

Welch J, Byrne J A. - *Jack Definitivo.* Rio de Janeiro: Campus: 2001.

Welch J, Welch S. - *Paixão por Vencer - As Respostas.* Rio de Janeiro: Elsevier, 2007.

Wilson I. - *Cenários Que Levem a Ação. HSM Management,* São Paulo, pg. 94-98, jun. 2002.

Zorzi E. - *História de Consultor.* Rio de Janeiro: Qualitymark, 2003.

Para contatar os autores:

joamel@uniqual.com.br

marlene@uniqual.com.br
